COMMERCE

DE LA
GRANDE-BRETAGNE,

ET
TABLEAUX

DE SES

IMPORTATIONS ET EXPORTATIONS PROGRESSIVES,

Depuis l'année 1697 jusqu'à la fin de l'année 1773.

Par le Chevalier CHARLES WHITWORTH, Membre du Parlement.

OUVRAGE TRADUIT DE L'ANGLOIS.

A PARIS,
DE L'IMPRIMERIE ROYALE.

M. DCCLXXVII.

AVANT-PROPOS.

« CE n'est pas uniquement la guerre, a dit un célèbre Écrivain, qui décide de la prépondérance des Nations *(a)*, comme on l'a cru jusqu'à « nos jours : depuis un demi-siècle le commerce y a beaucoup plus influé. « Tandis que les Puissances du continent mesuroient & partageoient l'Europe « en portions inégales, que la politique, par ses ligues, ses traités & ses « combinaisons, mettoit toujours en équilibre ; un peuple maritime formoit, « pour ainsi dire, un nouveau système ; & soumettoit, par son industrie, la « terre à la mer, comme la Nature l'y a soumise elle-même par ses loix. « Elle créoit ou développoit ce vaste commerce qui a pour base une excellente « Agriculture, des manufactures florissantes, & les plus riches possessions des « quatre parties du monde. C'est cette espèce de monarchie universelle que « l'Europe doit ôter à l'Angleterre, en redonnant à chaque État maritime, « la liberté, la puissance qu'il a droit d'avoir sur l'élément qui l'environne. »

Je doute fort qu'on pût mettre sous un jour plus lumineux, l'importance du commerce ou les avantages nationaux que l'Angleterre en a tirés. Ce seroit un travail aussi agréable qu'utile de s'étendre sur ce sujet, de spécifier les avantages d'un commerce bien réglé, ses effets sur les différentes classes de citoyens, sur l'Agriculture, sur les Manufactures, & en particulier sur la population qui, étant seule, cesseroit d'être un bien ; en un mot, de faire voir comment il contribue à multiplier les jouissances, à augmenter le bonheur des individus, & à accroître d'une manière permanente la force & le pouvoir d'une Nation ; mais une Préface laisse un espace trop resserré pour une telle Dissertation, qui d'ailleurs n'est pas très-nécessaire au projet que j'ai conçu de montrer les mouvemens & les changemens survenus successivement dans nos importations & exportations depuis l'année 1697 jusqu'au temps actuel *(b)*.

On s'est fixé à ce période, parce que ce n'est que depuis la Révolution, que les Anglois paroissent avoir été parfaitement convaincus des avantages réels du commerce, ou au moins qu'ils semblent s'en être fait un système suivi.

(a) Histoire philosophique & politique des Établissemens & du Commerce des Européens dans les deux Indes, *tome VII, page 269, in-douze.*

(b) Les Tables vont jusqu'à la fin de 1773 ; il n'a pas été possible de les continuer jusqu'au moment actuel, parce que les comptes pour 1774 n'étoient pas encore en état.

Depuis Guillaume le Conquérant jufqu'à Élifabeth, le commerce d'Angleterre rouloit uniquement fur l'exportation de l'étain, du plomb, de la laine, du cuir, du fer, & de quelques autres productions en petit nombre, fuffifantes pour acheter les articles étrangers néceffaires à un peuple qui ne connoiffoit pas encore le luxe. Cependant de temps à autre, durant ce période, nous apercevons quelques foibles tentatives pour l'établiffement ou l'encouragement des manufactures *(c)*.

Il paroît que fous Élifabeth on fit des Effais mieux combinés & plus heureux pour étendre notre commerce & notre navigation. Sous fon règne fut établie une Compagnie du Levant, & on conclut un traité de commerce avec le Czar de Mofcovie. Les expéditions de Drake & les découvertes de Raleigh contribuèrent à faire prendre un rang à l'Angleterre parmi les Nations commerçantes : mais ni Élifabeth, ni Jacques, ne paroiffent avoir eu des idées fort vaftes fur le commerce; ils s'y entendoient fi peu, qu'ils ne furent pas même diriger les opérations de notre commerce intérieur, qui cependant, vu notre fituation infulaire, exige bien peu de capacité; peut-être ne faut-il que laiffer aller les chofes felon leur cours naturel. Tout ce que ces Souverains avoient donc à faire, étoit d'écarter les obftacles & les entraves; & au contraire ils les augmentèrent par des monopoles & des Lettres patentes fans nombre *(d)*.

L'établiffement de nos Colonies américaines fous les règnes de Jacques & de Charles, a été le principe d'un immenfe commerce pour les temps à venir. La vérité nous oblige pourtant de convenir que ces établiffemens font peu d'honneur à l'un & à l'autre de ces Souverains. Jacques s'attendoit que les aventuriers s'enrichiroient par des découvertes de mines d'or & d'argent; & il efpéroit que la part qu'il fe réfervoit, ferviroit à le rendre indépendant du Parlement. On ne voit dans fes chartes que l'efprit rétréci d'un Monopoleur & les petites vues de l'exclufif.

Charles confidéra l'Amérique comme un afyle pour ceux qu'il ne pouvoit pas protéger, ou comme une retraite convenable pour ceux qu'il vouloit éloigner.

(c) En 1338, fous Édouard III, l'exportation de la laine non travaillée fut défendue, ainfi que l'importation des draps étrangers pour l'hiver.

(d) Les octrois de ces monopoles & Lettres patentes, augmentèrent confidérablement les revenus de la Couronne, & donnèrent lieu à de fréquentes remontrances du temps d'Élifabeth & de Jacques. Quoique cela n'ait point de rapport au fujet que nous traitons, qu'il nous foit permis cependant de remarquer en paffant, que la Couronne employoit alors ces moyens pour augmenter fon revenu; & qu'ils devroient toujours être évalués & ajoutés au montant des octrois parlementaires, par ceux qui veulent comparer les revenus levés fur le peuple dans ces temps-là avec ceux qu'on lève aujourd'hui.

Avant ce temps, & lorfque l'Angleterre n'étoit point encore comptée au nombre des Nations commerçantes, l'Efpagne & le Portugal avoient des poffeffions immenfes dans les Indes. Leurs conquêtes firent leur ruine: éblouies par l'immenfe quantité d'or qui foudain abonda chez elles, ces Puiffances abandonnèrent l'Agriculture, les Arts & les Manufactures. Il étoit réfervé aux Hollandois d'apprendre à ces Conquérans inconfidérés, qu'ils avoient fait un très-mauvais marché en échangeant l'induftrie contre les richeffes. Les Hollandois s'élevèrent fur leurs ruines, & ils devinrent les voituriers & les facteurs du monde; l'accroiffement du commerce & l'établiffement d'une marine formidable, marchèrent chez eux fur une même ligne: leurs fuccès ne pouvoient que donner de l'ombrage à leurs voifins. Les Anglois furent les premiers à prendre l'alarme: le long Parlement & Cromwell ranimèrent l'émulation mercantile. Par l'acte de navigation, ils fondèrent les grands avantages que depuis nous avons tirés du commerce de nos Colonies: la guerre avec la Hollande, la tentative fur Saint-Domingue & la prife de la Jamaïque, fervirent à augmenter, en même temps notre commerce & nos forces navales.

Charles II, au commencement de fon règne, parut difpofé à favorifer ces objets importans; mais il les facrifia bientôt à fes intrigues avec la Cour de France, de même que fon fucceffeur facrifia tout à une fauffe dévotion & à une vraie cupidité pour le defpotifme. Ainfi ce ne fut qu'à la Révolution que l'on vit le commerce s'établir fur un fyftème réglé; & encore ne commença-t-on à bien l'entendre que fous George Ier *(e)*.

C'eft donc à l'époque de la Révolution, que les Tables fuivantes commencent; ces Tables, dans la première partie, contiennent les montans annuels de la valeur des importations des différens pays avec lefquels nous commerçons, & de nos exportations pour lefdits pays, ainfi que l'excédant qui réfulte de la comparaifon des importations & exportations refpectives: elles font rangées par ordre chronologique. Cette partie eft terminée par une Table générale de toutes nos importations & exportations.

Dans la feconde partie, les Tables contiennent les mêmes montans des importations de chaque pays particulier & des exportations pour chacun

---

(e) Les Loix du commerce les plus judicieufes qui aient jamais été faites, font celles de la première année de Guillaume & de Marie, *chap. XII & XXIV;* & de la huitième année de George Ier, *chap. XV.* Par les deux premières, on accorda des gratifications pour l'exportation du blé lorfqu'il n'excédoit pas un prix limité. Par la dernière, on fupprima tout-à-la-fois près de deux cents taxes fur des matières crûes importées, ou fur des manufactures angloifes exportées; la différence dans les fommes d'importations & d'exportations à cette époque, vers l'année 1722, frappera les lecteurs.

defdits pays. Dans celles-ci, les pays font rangés par ordre alphabétique; & aux importations & exportations, on a joint les excédans refpectifs de chaque année.

Ces Tables font relevées des comptes annuels rendus par les bureaux de comptabilité à la Chambre des Communes ; ainfi elles font auffi authentiques & auffi exactes qu'il foit poffible : il faut pourtant convenir qu'on ne doit pas abfolument s'en rapporter à ces comptes. Ils font certainement exacts par-tout où il y a des droits à payer ou des gratifications à recevoir; mais quand ce n'eft le cas ni de l'un ni de l'autre, les déclarations faites à la Douane peuvent excéder la valeur réelle des importations ou exportations. La vanité, le defir de paroître embraffer un commerce très-étendu, ou de poffêder de grands biens, & divers autres motifs peut-être moins excufables, peuvent avoir quelquefois donné lieu à des déclarations exagérées qui font tout au moins une fourberie innocente.

Mais quelque degré d'inexactitude qu'on fuppofe pouvoir réfulter de ces caufes, elle ne peut pas nuire effentiellement à l'objet qu'on s'eft propofé dans ces Tables. Cet objet, comme nous l'avons dit, eft de faire voir la diminution ou l'augmentation progreffive que nos importations & exportations ont éprouvée : or les mêmes raifons pour faire des déclarations exceffives, ont également fubfifté depuis l'année 1722 *(f)*. Ce fut alors qu'on retira prefque tous les droits fur l'importation des matières crûes ou fur l'exportation des marchandifes manufacturées : ainfi, à l'exception de quelques cas particuliers & pour quelques caufes paffagères, il n'y a pas lieu de croire qu'il fe foit fait à telle époque plutôt qu'à telle autre de ce période, qui eft de plus d'un demi-fiècle, un plus grand nombre de fauffes déclarations.

Ces Tables ne nomment point les articles ou les objets qui forment nos importations & exportations, mais feulement leur valeur en efpèces; & c'eft par-là qu'on eftime en général la balance du commerce.

Il faut convenir néanmoins que quiconque s'imagineroit que la balance de l'argent donne feule la vraie balance du commerce, fe tromperoit lourdement. Il y a deux fortes de balances du commerce; favoir, celle de l'argent & celle de l'induftrie : la balance de l'argent pourroit être beaucoup en notre faveur, quoique cependant celle du commerce fût en général contre nous; c'eft ce qui arriveroit fi nous commerçions avec un pays d'où nous tirerions des matières travaillées ou des articles qui, n'étant pas de première néceffité, ne feroient pas fufceptibles d'être améliorés par l'induftrie, &

____

(f) Même depuis l'acte rapporté ci-deffus, c'eft-à-dire de la VIII.ᵉ année de George I.ᵉʳ, *c. XV.*

auquel

auquel nous enverrions des matières crûes de chez nous ou du produit des Pays étrangers. L'Espagne s'est ruinée par son commerce avec ses établissemens dans les deux Indes ; la balance de l'industrie étant totalement contre elle.

D'un autre côté, il peut se faire que la balance de l'argent soit contre nous, & que cependant la balance du commerce nous soit en général favorable ; c'est ce que l'on verroit si nous commercions avec un pays pour lequel nous n'exporterions que des choses produites ou manufacturées dans le nôtre, & qui nous fourniroit des matières crûes ou des choses de nécessité première & indispensable ; alors la balance de l'industrie seroit en notre faveur, & je crois que tel est l'état de notre commerce avec la Russie.

•« On sait , dit le Président de Montesquieu *(g)*, que souvent en Hollande, de certains genres de marchandises venues de loin, ne s'y « vendent pas plus cher qu'ils n'ont coûté sur les lieux mêmes. Voici la raison « qu'on en donne : un Capitaine qui a besoin de lester son vaisseau, prendra « du marbre ; il a besoin de bois pour l'arrimage, il en achettera ; & pourvu « qu'il n'y perde rien, il croira avoir beaucoup fait. C'est ainsi que la Hollande « a aussi ses carrières, ses forêts : non-seulement un commerce qui ne donne « rien peut être utile, un commerce même désavantageux peut l'être. J'ai « ouï dire en Hollande, que la pêche de la baleine en général, ne rend « presque jamais ce qu'elle coûte ; mais ceux qui ont été employés à la « construction du vaisseau, ceux qui ont fourni les agrès, les apparaux, les « vivres, sont aussi ceux qui prennent le principal intérêt à cette pêche. « Perdissent-ils sur la pêche, ils ont gagné sur les fournitures. »

Ainsi lorsqu'on veut trouver la balance du commerce d'un peuple, on doit prendre en considération toutes ces circonstances, aussi-bien que la différence dans la valeur des importations & exportations.

Pour faciliter au Lecteur la combinaison de ces deux balances, celle de l'industrie & celle de l'argent ; les Tables (contenant la valeur de nos importations & exportations) sont précédées d'une Introduction où on détaille tous les articles dans lesquels consistent nos importations & exportations, & qui forment l'objet principal de notre commerce avec les différens pays du monde.

Il y a certains signes qui caractérisent un commerce avantageux ; & le Lecteur doit toujours les avoir en vue en étudiant cette balance combinée de commerce.

(g) Esprit des Loix, *liv. XX, chap. VI.*

Par exemple, le commerce qui confiste dans l'exportation de manufactures du produit de notre pays, eft extrêmement avantageux; la balance
de l'induftrie étant pour lors entièrement en notre faveur, fans aucune
déduction.

Si les retours pour cette exportation, confiftent en importation de
matières crûes pour être manufacturées ici, ce commerce devient dou-
blement avantageux.

On ne doit point regarder comme défavantageux un commerce qui
échange des manufactures pour des manufactures, ou des denrées pour des
denrées.

L'échange de denrées pour denrées deviendroit encore plus avantageux
fi celles qu'on importe étoient réexportées: un pareil échange eft à defirer
fous un double point de vue; il fert à nous procurer un fonds pour l'achat
d'autres productions ou denrées de première néceffité : il crée un fonds
pour entretenir un corps de Matelots & une école pour les former; & il
paye en même temps la dépenfe de l'augmentation de notre Marine
marchande. Lorfque la Hollande faifoit elle feule tout le commerce du
fud au nord de l'Europe, les vins qu'elle achetoit en France lui fervoient de
fonds pour acheter les denrées du nord. C'eft encore de cette manière
qu'une grande partie de nos exportations pour l'Amérique, confifte dans
la réexportation de denrées achetées dans d'autres pays.

Au détail des articles qui forment nos importations & exportations, on
a joint une courte defcription de la fituation, du climat & de l'étendue de
chacun des différens pays avec lefquels nous commerçons. Cette defcription,
au premier coup d'œil, peut paroître appartenir plus proprement à la
Géographie qu'au Commerce, & il eft à fuppofer que le Lecteur eft déjà
affez inftruit fur cette matière; mais le Commerce eft fi étroitement lié
avec la Géographie, que l'on a cru qu'il ne feroit pas inutile de rappeler
ces circonftances, même à ceux qui les connoiffent déjà : d'ailleurs cette
matière eft traitée fi légèrement, qu'il fera aifé de s'apercevoir qu'on n'a
eu que cela uniquement en vue, & qu'on ne s'eft point propofé d'inftruire
les perfonnes qui n'ont là-deffus aucunes connoiffances.

L'Auteur fe flatte que fon ouvrage dans l'état où il l'offre au Public,
pourra être de quelque utilité.

Il fera confulté par ceux qui font chargés de faire des règlemens pour le
commerce, auffi-bien que par ceux qui cherchent à profiter eux-mêmes
de fes avantages; il peut fervir à réfuter les fauffes affertions que l'intérêt
particulier & des vues intéreffées avancent trop fouvent au détriment du

bien public, & les dangereuses conséquences qu'on tire de ces assertions. Enfin ce sera un correctif aux sombres prophéties de ceux qui ne cessent de nous alarmer par les dangers chimériques d'une dépopulation générale, d'un engourdissement de commerce & d'un prochain anéantissement de notre crédit.

D'après les preuves incontestables rassemblées dans cet Ouvrage, il est évident que notre commerce en général, & l'excédant de nos exportations sur nos importations, ont toujours été en augmentant depuis la révolution jusqu'à ce jour. Il faut donc en conclure que le royaume n'a point souffert de diminution dans sa population, que le commerce ne languit point, & que notre crédit ne court aucun risque.

C'est dans cette confiance que l'Auteur offre son Ouvrage au Public, bien persuadé que tout ce qui tend à porter du jour sur nos intérêts de commerce, ne peut manquer d'être favorablement accueilli par une Nation qui a eu la sagesse de subordonner presque tous ses autres intérêts à celui de son commerce, qui a eu assez de sagacité pour faire la découverte suivante, & assez de vertu pour agir en conséquence de cette découverte *(h)* :
« Que par la guerre, le vainqueur est presque aussi à plaindre que le vaincu ; qu'il ne s'est fait entre eux qu'un échange de sang & de blessures ; mais que par le commerce, il faut nécessairement que le peuple conquérant, introduise l'industrie dans un pays qu'il n'auroit pas conquis, si l'industrie s'y fût trouvée ; qu'il ne conserveroit pas, si en le gardant il ne faisoit pas en sorte que l'industrie y prît racine. »

____

(h) Hiftoire Philofophique & Politique, *tome VII, page 310.*

INTRODUCTION.

L'AVANT-PROPOS de cet Ouvrage en a si bien détaillé le plan, qu'il ne nous reste que peu de chose à dire à cet égard ; à moins qu'il ne soit nécessaire de répéter ici, que la description suivante des divers pays avec lesquels nous commerçons, n'a d'autre but que de rappeler à la mémoire leur situation & leur climat, & de donner une idée générale des productions & des besoins de chacun. Cette description est précédée d'un Tableau abrégé des quatre grandes divisions du globe, ou, comme on dit plus communément, des quatre parties du Monde. Au reste, on ne verra ici que des extraits des Auteurs qui ont traité ce sujet avec plus d'étendue, principalement Guthrie & Postlethwaite. Ce n'étoit guère dans un Ouvrage tel que celui-ci qu'on pouvoit donner du neuf : aussi l'on n'a prétendu qu'au mérite de l'exactitude dans cette compilation.

La description des divers pays, & le détail des articles de nos importations & de nos exportations, marchent dans le même ordre que les Tables où se trouve la valeur de ces exportations & de ces importations : le Lecteur observera que, tant dans les Tables que dans l'Introduction, le terme *exportation* signifie tout ce qui sort de la Grande-Bretagne pour être porté chez l'Étranger ; & le terme *importation,* les choses importées des divers pays dans la Grande-Bretagne.

TABLEAU DES PRODUCTIONS ET DES MANUFACTURES de la Grande-Bretagne & de ses dépendances.

PRODUCTIONS.

FROMENT, Orge, Seigle, Avoine, Maïz, Chanvre, Lin, Bestiaux, Laine, Peaux, Sel, Étain, Cuivre, Plomb, Fer, Alun, Couperose, Pierre calaminaire, Pierres de diverses sortes pour bâtir, paver, &c. Ardoise, Terre à foulon, Terre à pipe & Argile de potier.

MANUFACTURES PROVENANT DE L'AGRICULTURE.

SUIF, Beurre, Fromage, Drêche, Bierre, Cidre, Liqueurs spiritueuses, Poiré.

MANUFACTURES PROVENANT DE LA SOIE.

BLONDES, Velours, Brocards, Satins, Taffetas, Damas, Lustrines, Étoffes de soie, nommées *mantua;* Taffetas, nommés *sarsenet.*

MANUFACTURES PROVENANT DE LAINE, POIL ET COTON.

DRAPS de diverses sortes, Serges, Perpétuanes, Sayettes, Raz-de-Châlons, Étoffes de diverses espèces, Revêches, Flanelles, Basins, Futaines, Camelots, Moëres, Étoffes de poil & soie, nommées *grograms,* Couvertures, Peluches, autres Couvertures de poil pour lits, Tapis.

MANUFACTURES PROVENANT DU LIN ET DU CHANVRE.

TOILES de diverses sortes, Dentelles, Fil, Ficelles, Cordages & Papier.

MANUFACTURES

MANUFACTURES PROVENANT DES BOIS.

VAISSEAUX & Bâtimens de toutes fortes; Fûtailles de toutes efpèces.

MANUFACTURES PROVENANT DU MÉTAL.

Artillerie.... { Canons.......... | Mortiers......... } de fer & de fonte.

Munitions.. { Boulets.......... | Dragées......... | Balles de canon.... | Bombes......... | Grenades royales.... } de plomb.

Monnoies & Orfévrerie.... { Or. | Argent. | Cuivre.

Gros uftenfiles de maifon... { Cloches de toutes grandeurs. | Chaudières. | Fourneaux. | Statues de bronze ou de plomb, ou Grilles.

Fûtailles & Uftenfiles de cuifine, ou pour autres ufages domeftiques... } de { Fer. | Airain. | Cuivre. | Étain. | Plomb. | Argent.

Inftrumens tranchans...... | Pompes.............. | Armes............... | Armures de toutes fortes... } de { Fer. | Airain. | Acier.

Fil.. { d'Or........ | d'Argent...... | de Cuivre...... | de Fer........ | d'Airain....... | d'Acier....... } pour Dentelles & Broderies.

MANUFACTURES PROVENANT DE PEAUX ET DE POIL DE BÉTES.

PARCHEMIN, Vélin, Cuir, Peaux (dont on fait des fourrures pour habits), Chapeaux & Bonnets, Souliers & Bottes, Selles, Harnois & Équipemens de chevaux, Gants & Habillemens, Carroffes & Chaifes, Meubles, Couvertures de livres, &c.

SUR LE CONTINENT DE L'AMÉRIQUE SEPTENTRIONALE.

Grains.	Caftors.	Fanons de Baleine.
Beftiaux (Chevaux).	Loutres.	Poix.
Bœuf.	Renards.	Goudron.
Porc.	Daims.	Térébenthine.
Riz.	Racoons.	Douves de pipes & de barils.
Tabac.	Mufquash & divers autres.	Mâts de vaiffeaux.
Fourrures où Peaux de bêtes fauvages, telles que	Saffafras... Serpentaire. } & autres drogues.	Bois de cèdre. Sapins.
Ours.	Huile de poiffon.	Planches, &c.

Sucre & Rum.	Coton.	Écailles de Tortue.
Mélasse ou Sirop de sucre.	Cacao.	Drogues & Conserves de sucrerie.
Indigo.	Piment.	
Gingembre.	Eau de citron.	

EUROPE.

LE continent de l'Europe s'étend depuis le 35.ᵉ degré de latitude septentrionale, jusqu'au 72.ᵉ (ce qui fait 37 degrés) & il contient, du Nord au Sud, une étendue d'environ 2200 milles.

Sa longitude, du 9.ᵉ degré au 80.ᵉ, comprend 71 degrés, & de l'Est à l'Ouest environ 4260 milles.

Les principaux ROYAUMES, PAYS & ÉTATS sont :

ROYAUMES.	VILLES CAPITALES.	LATITUDE Septentr. D. M.	LONGIT. D. M.
Angleterre	Londres	51. 32.	20. 40.
Écosse	Édimbourg	50. 0.	15. 50.
Irlande	Dublin	53. 20.	12. 0.
Hollande	Amsterdam	52. 25.	24. 0.
Flandre	Bruxelles	50. 50.	23. 30.
France	Paris	48. 45.	21. 30.
Espagne	Madrid	40. 25.	14. 45.
Portugal	Lisbonne	38. 45.	9. 30.
Allemagne	Vienne	48. 20.	37. 15.
Suisse	Bâle	47. 45.	26. 30.
Genève	Genève	46. 15.	25. 38.
Italie	Rome	41. 50.	34. 55.
Venise	Venise	45. 20.	33. 5.
Savoie	Chambéry	45. 30.	27. 25.
Piémont	Turin	44. 55.	26. 52.
Gènes	Gènes	44. 30.	30. 0.
Parme	Parme	44. 20.	32. 42.
Milan	Milan	45. 20.	31. 15.
Mantoue	Mantoue	45. 15.	33. 10.
Modène	Modène	44. 35.	33. 28.
Luques	Luques	43. 45.	33. 0
Toscane	Florence	43. 50.	34. 10.
Naples	Naples	41. 15.	37. 30.
Pologne	Cracovie	50. 0.	42. 20.
Hongrie	Bude	47. 38.	42. 12.
Moscovie	Moskou	55. 40.	64. 0.
Suède	Stockolm	59. 25.	39. 40.
Danemarck	Copenhague	56. 45.	32. 30.
Norwège	Bergen	61. 0.	24. 15.
Tartarie	Cafa	45. 30.	65. 0.
Turquie	Constantinople	41. 30.	55. 0.

Les principales ISLES DE L'EUROPE sont:

	LATITUDE Septent.			LATITUDE Septent.	
	D.	M.		D.	M.
La Grande-Bretagne	54.	0.	Texel	53.	15.
L'Irlande	53.	30.	Rugen	54.	30.
L'Islande	66.	0.	Gothland	58.	0.
Fero	62.	0.	Zélande	56.	0.
Les Orcades *ou* Orkneys	59.	0.	Funen	56.	0.
Les Hébrides *ou* Western	58.	0.	Mona	55.	30.
Shetland	61.	0.	Orland	57.	0.
Isle de Man	54.	0.	Açores *	38.	0.
Anglesea	53.	30.	* La principale de ces Isles s'appelle *Thereza*.		
Wight	50.	30.	Majorque	39.	0.
Sheppey	51.	30.	Minorque	39.	30.
Thanet	51.	30.	Iviça	38.	0.
Isles de Scilly *ou* Sorlingues	50.	0.	Cadiz	36.	30.
Holy-Island	55.	45.	Corse	42.	0.
Portland	50.	30.	Sardaigne	38.	0.
Jersey	49.	0.	Sicile	37.	30.
Garnesey	49.	30.	Malte	35.	0.
Alderney *ou* Aurigny	49.	45.	Elbe	42.	0.
Isle de Rhé	49.	30.	Candie	34.	0.
Oleron	46.	0.	Chypre	36.	0.
Belle-Islé	47.	15.	Rhodes	36.	0.
Isle de Hières	43.	0.	Zante	37.	0.
Walcheren	55.	30.	Céphalonie	37.	30.
Schowen	51.	45.	Corfou	38.	0.
Voorn	52.	0.	Négrepont	38.	0.
Gorée	52.	0.			

Principales RIVIÈRES DE L'EUROPE.

Tamise.	Duine.	Meuse.	Guadiane.
Severne.	Seine.	Lick.	Minho.
Humber.	Loire.	Elme.	Jago.
Trent.	Rhône.	Weser.	Duro.
Tweed.	Garonne.	Elbe.	Pô.
Medway.	Dordogne.	Oder.	Adige.
Shannon.	Saône.	Dnieper *ou* Boristhène.	Arno.
Boyne.	Durance.	Niester.	Tibre.
Tay.	Charente.	Bog.	Volterno.
Dalécarlie.	Danube.	Vistule.	Kama.
Torneo.	Escaut.	Niemen.	Oby.
Wolga.	Moselle.	Ebre.	
Don *ou* Tanaïs.	Rhin.	Guadalquivir.	

A S I E.

LE continent de l'Asie s'étend depuis le 1.er degré de latitude septentrionale jusqu'au 72.e (ce qui comprend une étendue de 71 degrés) & il contient, du Nord au Sud, environ 4260 milles.

Sa longitude s'étend du 55.e degré, au 180.e (ce qui comprend 125 degrés) & elle contient de l'Est à l'Ouest environ 7500 milles.

Les principaux ROYAUMES, PAYS & ÉTATS sont:

ROYAUMES.	VILLES CAPITALES.	LATITUDE Septent.		LONGIT.	
		D.	M.	D.	M.
Turquie	Burse	40.	1.	58.	30.
Arménie	Erzerom	40.	0.	76.	0.
Géorgie	Teflis	42.	30.	83.	0.
Syrie	Alep	35.	15.	71.	41.
Phénicie	Tyr	32.	45.	69.	30.
Judée	Jérusalem	31.	20.	69.	0.
Arabie	Médine	26.	15.	26.	15.
Perse	Hispahan	32.	30.	86.	0.
Tartarie	Samarcande	40.	0.	85.	0.
Mogol	Agra	27.	20.	.98.	0.
Inde	Goa	15.	40.	113.	0.
Pégu	Pégu	17.	0.	136.	0.
Bisnagar	Bisnagar	15.	0.	119.	0.
Golconde	Golconde	19.	15.	121.	0.
Bengale	Bengale	23.	10.	136.	0.
Siam	Siam	14.	15.	138.	30.
Malacca	Malacca	2.	30.	137.	30.
Cochinchine	Haïso	15.	0.	146.	0.
Tonquin	Tonquin	20.	15.	145.	0.
La Chine	Pékin	40.	0.	130.	30.

Les principales *ISLES DE L'ASIE* font:

	LATITUDE Septent.			LATITUDE Septent.	
	D.	M.		D.	M.
Les Maldives divifées en treize Attalons	3.	o.	Nero	3.	30.
Male	3.	o.	Poulové	15.	o.
Ceylon	8.	o.	Amboine	3.	30.
Symda ... Sud.	3.	o.	Ifles Philippines	15.	o.
Sumatra	1.	o.	Luçon *ou* Manilles	15.	o.
Java	7.	o.	Mindanao	7.	o.
Bali	5.	o.	Tandaye	12.	o,
Maduré	6.	o.	Mindora	13.	o.
Borneo	1.	o.	Cube	11.	o.
Cumbavé	7.	o.	Saint-Jean	7.	o.
Ifles de Moluques	1.	o.	Macao	22.	o.
Tymor	9.	o.	Ifles du Japon	35.	o.
Temate ... Nord.	1.	o.	Niphon *ou* Japon	35.	o.
Tydor	9.	o.	Gimo *ou* Sacock	32.	o.
Motyr	o.	30.	Xicoco *ou* Tolcoefi	33.	o.
Machian	o.	15.	Ifle des Larrons	15.	o.
Bachian	o.	15.	Formofe	23.	o.
Célèbes *ou* Macaffar	3.	o.	Cocos	15.	o.
Ceram	3.	o.	Haynan	19.	o.
Flores	7.	o.	Andemaon	13.	o.
Solar	7.	o.	Bombay	19.	o.
Gilolo	1.	o.	Ormus	27.	o.
Banda *ou* Lantor ... Sud.	4.	30.	Baharem	26.	15.
			Mafcarenhas ... Sud.	3.	o.

Principales *RIVIÈRES DE L'ASIE.*

L'Euphrate *ou* Frat.	Jemma.	Chriftena.	Kiang *ou* la rivière Bleue
Le Tigre *ou* Tegil.	Hoang *ou* la rivière Jaune.	Tapte.	Palimalon.
Le Jourdain.	Ghammas.	Guenga.	Ilment.
Cobacquet.	Jehun.	Pégu.	Tiriti.
Fazzo.	Tartan.	Menan.	Syri.
Cur.	Yem *ou* Rudha.	Mecom.	Succadano.
Caibar.	Margha.	Gemini.	Carkang.
Nageran.	Jenifée.	Cofmin.	Langhoang.
Bendimer.	Pifida.	Croceus.	Daranda.
Hendemend.	Ochard.	Che.	Lochman.
L'Inde.	Palifanga.	Ta.	Aras.
Le Gange.	Abiamus.	Zibit.	Oxus.

AFRIQUE.

LE continent de l'Afrique s'étend depuis le 35.ᵉ degré de latitude septentrionale jusqu'au 35.ᵉ de latitude méridionale (ce qui comprend 70 degrés). Il renferme, du Nord au Sud, environ 4200 milles.

Sa longitude s'étend depuis le 3.ᵉ degré jusqu'au 83.ᵉ (80 degrés) & de l'Est à l'Ouest elle comprend 4800 milles.

Les principaux ROYAUMES, PAYS & ÉTATS font:

ROYAUMES.	VILLES CAPITALES	LATITUDE Septent.		LONGIT.	
		D.	*M.*	*D.*	*M.*
Barbarie	Fez	33.	0.	14.	45.
Maroc	Maroc	30.	0.	12.	10.
Alger	Alger	33.	50.	24.	0.
Tunis	Tunis	33.	0.	32.	36.
Tripoli	Tripoli	29.	15.	38.	20.
Barca	Barca	30.	0.	48.	30.
L'Égypte	Le Caire	29.	30.	62.	20.
Biledulgerid	Darha	28.	30.	13.	45.
Zaara	Zuenziga	26.	0.	20.	0.
Nigritie	Tombute	14.	30.	10.	0.
Guinée	Saint-George de Mina	6.	0.	22.	0.
Benin	Benin	8.	0.	25.	30.
Éthiopie	Chaxumo	13.	45.	16.	15.
Abyssinie	Brava	33.	0.	68.	30.
Nubie	Duncula	30.	0.	61.	45.
Gongo	Saint-Salvador	33.	50.	39.	40.
Monomotapa	Monomotapa	33.	0.	51.	13.
Monœmugie	Chicora	29.	15.	52.	15.
Zangebar	Melinda	30.	0.	70.	0.
Cafrerie	Sofala	29.	30.	60.	15.

Les principales ISLES DE L'AFRIQUE font :

	LATITUDE Septent.			LATITUDE Septent.	
	D.	M.		D.	M.
Ifles de Canarie.............	27.	30.	Sainte-Hélène..............	15.	15.
L'Ifle de Canarie eft la principale.	27.	30.	Saint-Matthieu.............	3.	0.
Ténériffe...................	27.	30.	Saint-François.............	6.	0.
Lancerota..................	28.	0.	L'Afcenfion...............	8.	0.
Forteventura...............	27.	0.	Annahon..................	3.	0.
Gomera...................	27.	0	Corpo Santo...............	5.	0.
Palma....................	28.	0.	Bourbon *ou* Mafcareigne........	22.	0.
Fez......................	27.	0.	Maurice *ou* Sainte-Apollonie.....	20.	0.
Les Ifles du Cap-Verd.......	17.	0.	Dio Rodriguez.............	21.	0.
Saint-Iago................	15.	0.	Del Amirante..............	3.	0.
Saint-Nicolas..............	17.	30.	Ifles du Prince.......... Nord.	2.	0.
Sainte-Lucie..............	18.	0.	Fernando Pou.............	3.	0.
Saint-Antoine.............	18.	30.	Lampedoufe...............	33.	0.
Saint-Vincent.............	18.	15.	Panthabrea...............	34.	0.
Du Sel...................	17.	15.	Limofa...................	33.	0.
Du Feu...................	13.	30.	Zimbala..................	34.	0.
Brava....................	13.	30.	Galata...................	34.	0.
Bonavifta.................	16.	0.	Sainte-Marie.......... Sud.	16.	30.
Mago.....................	15.	0.	Roquepiz.................	6.	30.
Madère...................	32.	30.	Galega...................	8.	30.
Zocotora..................	12.	0.	Angra....................	22.	30.
Madagafcar *ou* Saint-Laurent. Sud.	20.	0.	Anayotta *ou* Mayotta..........	13.	0.
Les Ifles de Comori..........	12.	30.	Denatal..................	9.	0.
Saint-Thomas..............	0.	0.	Mombafe.................	4.	0.

Principales RIVIÈRES DE L'AFRIQUE.

Le Nil.	Saint-Jean.	Ominirabi.	Zizus.
Le Niger.	Guadilbarbara.	Abanbus.	Dos Cavallos.
Zaire.	Rio Mayor.	Gambea.	Saint-George.
Zambro.	Rio Grande.	Dara.	Sainte-Marie.
Zambèze.	Nubie *ou* Ghir.	Suz.	Sainte-Lucie.
Anggra.	Siveria de Cofta.	Tenfio.	Multiva.
Rio de Spiritu Santo.	Volta.	Saint-Ambroife.	Andra.
Sénégal.	Baly.	Quilmanfi.	Cebu.
Quilimango.	Rio del Infante.	Dos Camarones.	Ambrifi.
Quilimajugo.	Rio del Rey.	Coanes.	Sira.
Mofambique.	Triplo.	Angoxa.	Sofala..
Canfili.	Magrida.	Magadoxo.	Pulcher.

AMÉRIQUE.

LE continent de l'Amérique s'étend depuis le 80.ᵉ degré de latitude septentrionale jusqu'au 57.ᵉ de latitude méridionale (137 degrés). Il comprend, du Nord au Sud, environ 8220 milles.

Sa longitude s'étend du 240.ᵉ degré au 349.ᵉ, ce qui fait 109 degrés, & de l'Eſt à l'Oueſt environ 6540 milles.

Les principaux ROYAUMES, PAYS & ÉTATS ſont :

ROYAUMES.	VILLES CAPITALES.	LATITUDE Septent.		LONGIT.	
		D.	M.	D.	M.
Canada	Québec	47.	0.	306.	0.
Acadie *ou* Nouvelle-Écoſſe	Annapolis *ou* Port-Royal	44.	40.	312.	30.
Nouvelle-Angleterre	Boſton	42.	30.	310.	20.
Nouvelle-Yorck	New-Yorck	40.	0.	307.	40.
Nouvelle-Jerſey	Perth	40.	45.	307.	15.
Maryland	Sainte-Marie	39.	0.	299.	0.
Penſylvanie	Philadelphie	40.	30.	306.	0.
Virginie	James-Town	36.	10.	304.	0.
Floride *ou* Louiſiane	Saint-Auguſtin	29.	30.	293.	25.
Caroline	Charles-Town	32.	45.	297.	10.
Vieux Mexique *ou* Nouvelle-Eſpagne.	Mexique	20.	30.	270.	30.
Nouveau Mexique *ou* N.ᵉ-Grenade.	Santa-Fé	37.	0.	260.	0.
Panama		9.	0.	293.	45.
Terre-Ferme	Santa-Fé de Bogota	4.	0.	302.	10.
Caribana	Surinam	5.	55.	322.	15.
Guiane	Monoa el Dorado	2.	0.	316.	12.
Pérou	Lima	12.	30.	297.	0.
Chili	Saint-Iago de Chili	34.	0.	303.	0.
Bréſil	Saint-Salvador	12.	30.	345.	0.
Paragna *ou* la Plata	L'Aſſomption	25.	40.	321.	30.
Tucuman	Saint-Iago del Eſtero	27.	45.	312.	30.
Magellanique	Saint-Philippe	53.	0.	302.	30.

Les principales ISLES DE L'AMERIQUE *font:*

	LATITUDE Nord.			LATITUDE Nord.	
	D.	M.		D.	M.
Barlovento *ou* Ifles des Caraïbes...	15.	0.	Les Ifles de Salomon...... Sud.	10.	0.
Saint-Chriftophe..............	17.	15.	Les Ifles fous le vent...........	11.	30.
Sainte-Lucie..............	13.	30.	La Trinité............ Nord.	10.	0.
Saint-Vincent.............	13.	0.	La Marguerite.............	11.	0.
Saint-Martin.............	19.	0.	La Tortue.............	11.	0.
Sainte-Croix.............	17.	30.	Orchilla.............	12.	0.
Les Barbades.............	12.	30.	Rocca.............	12.	15.
Barboude.............	17.	30.	Bonayre.............	12.	15.
Nevis.............	17.	0.	Oruba.............	12.	30.
Grenade.............	12.	0.	La Californie.............	35.	0.
Anguille.............	19.	0.	Hifpaniola.............	18.	30.
Tabago.............	11.	0.	La Jamaïque.............	18.	30.
La Martinique.............	14.	30.	Cuba.............	22.	0.
La Dominique.............	15.	30.	Portorico.............	20.	0.
La Guadeloupe.............	16.	15.	Bermudes *ou* les Ifles de l'Été....	32.	0.
Marie-Galante.............	16.	0.	La Cayenne.............	5.	0.
Montferrat.............	17.	0.	Long-Ifland.............	39.	0.
Antigoa.............	17.	30.	Rhode-Ifland.............	40.	0.
La Defirade.............	16.	30.	La Providence.............	11.	0.
Lucayes *ou* les Ifles de Bahama....	27.	0.	Saint-Thomas.............	20.	0.
			Terre-neuve.............	48.	0.
Lucayone eft la principale de ces Ifles.............	27.	0.	Les Ifles de Cumberland.......	68.	0.
La Nouvelle-Providence.......	27.	0.	Les Ifles des États...........	54.	0.
Guanahani *ou* Saint-Lavadon.....	26.	0.	Terre de Feu *ou* les Ifles de Magellan.	55.	0.

Principales RIVIÈRES DE L'AMÉRIQUE.

La rivière des Amazones	Magdeleine.	Rio Blanco.	Rio de los Camarones.
Le Paraguai *ou* Rio de la Plata.	Sainte-Marthe.	Rio Negro.	Araganatuba.
	Miary.	Rio Vermego *ou* Vermeil	Araquay.
Canada *ou* S.'-Laurent.	Sciope.	Rio Salado *ou* Salé.	Defaguadero.
Miffiffipi *ou* S.'-Louis.	San-Francifco.	Rio Grande.	Sainte-Marguerite.
Rio del Nort.	Parama.	Rio Bravo.	San-Yago.
Rio del Spiritu-Sanéto.	Chucagua.	Rio Janeyro.	San-Miguel.
Conneéticut.	May.	Rio Efcondido.	San-Matheo.
Rivière d'Hudfon.	Panuco.	Rio de Montanas.	Paranayba.
Delaware.	Malaguay.	Rio de Carnaveral.	Pacache.
Sufquehana.	Caffanar.	Rio de Pahnas.	Madera *ou* Cayana.
Potomack.	Guiacara.	Rio de la Croce.	Maragnan *ou* Xauxa.
Oronoko *ou* Paria.	Anaya.	Rio de los Patos.	

LES détails qui suivent se rapportent à la seconde partie de cet Ouvrage, où l'on donne une relation succinte des divers Pays & des articles généraux dont chaque espèce de commerce est composée, comme aussi la variation des importations & exportations; & pour plus grande facilité on renvoie aux pages 83 & suivantes.

A F R I Q U E, *pages 83 & 84.*

L'Afrique est une péninsule d'une prodigieuse étendue, qui se joint à l'Asie par l'isthme de Suez, langue de terre d'environ 60 milles. Sa latitude est de 37 degrés Nord, & 35 Sud; & sa longitude de 18 degrés Ouest, & 50 Est. Son étendue, du Nord au Sud est d'environ 4300 milles, & de l'Est à l'Ouest d'environ 4600. Elle est bornée au Nord par la Méditerranée qui la sépare de l'Europe; au Sud par l'Océan méridional, à l'Est par l'isthme de Suez, la mer Rouge & la mer des Indes qui la séparent de l'Asie; & à l'Ouest par le grand océan Atlantique, qui est entre l'Afrique & l'Amérique.

On voit par sa situation, que, relativement à son commerce, l'Afrique pourroit l'emporter sur les trois autres parties du Monde, étant au centre & ayant avec toutes les autres une communication prompte & facile. Elle a une étendue de côtes d'environ 3300 lieues, & un grand nombre de rivières navigables, & d'excellens ports profonds & sûrs, à l'abri du vent, & situés de manière qu'on pourroit les rendre imprenables. Avec tous ces avantages, depuis la destruction de Carthage, l'Afrique a fait peu de figure dans le monde, soit par sa politique, soit par son commerce.

Le commerce d'Afrique a commencé vers la fin du règne d'Édouard VI. Vers la treizième année du règne d'Élisabeth, il a été donné à une Compagnie. Charles II, par ses Lettres patentes du 10 Janvier 1662, lui a accordé une Charte, sous le nom d'*Aventuriers royaux d'Angleterre*, faisant le commerce d'Afrique. Elle fut retirée dix ans après; & le 27 Septembre 1672, la concession en fut faite à une nouvelle Compagnie. En 1697, le Parlement prit ce commerce en considération, & passa un acte pour le rendre libre pendant treize ans; depuis ce temps le commerce d'Afrique a été libre à tous les Sujets de Sa Majesté: comme la Compagnie a dépensé des sommes considérables à élever des forts & faire des établissemens, la Chambre des Communes, en 1730, accorda 10,000 liv. pour entretenir lesdits forts, & elle continua de donner une pareille somme, à l'exception d'un intervalle de deux ou trois ans, jusqu'à 1752, qu'il fut passé un acte accordant 112,142 liv. sterl. pour indemniser la Compagnie de ses chartes, terres, forts, esclaves, munitions de guerre, livres, papiers & de tous ses effets. Les propriétés & les biens de l'ancienne Compagnie ont été transportés à l'association des Marchands faisant le commerce d'Afrique; & depuis ce temps il a été donné différentes sommes d'argent jusqu'à la concurrence de 10,000 liv. par an.

Les importations d'Afrique, consistent en drogues, ivoire, gommes & dents d'Éléphant.

Les exportations pour ce Pays, sont la poudre à canon, les bois d'inde, le fer, le rum, la quincaillerie, les verroteries, le tabac, les liqueurs spiritueuses, les étoffes de laine & les manufactures Angloises de toutes sortes.

Les exportations ont presque toujours excédé les importations d'une somme considérable. Les premières s'étant élevées de 100,000 à 700,000 ou 800,000 liv. par an ; & les dernières de 27,000 à 90,000 liv.

CANARIES, *pages 85 & 86.*

LES Canaries, anciennement appelées les *Isles Fortunées*, sont à l'Ouest de la côte Beledulgerid en Afrique, entre les 27.e & 29.e degré latitude Nord, & les 12.e & 19.e longitude Ouest. Leur nombre entier est de douze ; mais il n'y en a que sept assez considérables pour être citées : savoir Langarote, Puortoventura, grande Canarie, Ténériffe, (où croît le véritable vin de Malvoisie) Gomera, Hiero & Palma.

Ces Isles abondent en fruits délicieux, particulièrement en raisins qui produisent ces vins précieux, dont la majeure partie est importée en Angleterre.

La grande Canarie, qui donne son nom aux autres, a cinquante lieues environ, de circonférence, & sa fertilité est telle, qu'on y fait deux récoltes par an.

Ténériffe, la plus grande de ces Isles, après la grande Canarie, a quarante lieues environ de circuit. C'est un pays fertile, abondant en vin, grains & huile ; cette Isle est cependant presque entièrement couverte de montagnes : entre elles est le Pic. M. Glass observe qu'en arrivant à cette Isle par un beau temps, on aperçoit aisément le Pic à une distance de quarante lieues, & à une distance de cinquante lorsque l'on en sort. Les Carthaginois furent les premiers peuples qui découvrirent ces Colonies & qui y formèrent des établissemens ; mais les Romains ayant détruit cette République, il n'y eut plus aucune navigation à la côte occidentale d'Afrique, & les Canaries furent de nouveau ignorées du reste de l'Univers, jusqu'à l'année 1405 qu'elles furent découvertes par les Espagnols qui en sont toujours restés les maîtres.

Les importations des Canaries, consistent en vin, sucre, sang de dragon, gomme, grenades, citrons, limons, oranges.

Depuis vingt ans les importations & exportations ont considérablement diminué : leur excédant respectif a eu de fréquentes variations ; mais depuis l'année 1763, les exportations ont excédé considérablement les importations ; le montant des premières étant d'environ 40,000 liv. par an, & celui des dernières de 10,000.

DANEMARCK ET NORWÈGE, *pages 87 & 88.*

LE Danemarck, proprement dit, est divisé en deux parties par la Baltique ; savoir la péninsule, tenant au continent d'Allemagne & les isles. La première qui contient le Duché de Holstein, le Jutland méridional ou Slefwick & le Jutland septentrional, est bornée à l'Ouest & au Nord par la mer d'Allemagne ; à l'Est par cette partie de la mer qu'on appelle *Catégat* & le Sund de Midelfort, & au Sud par l'Elbe.

Sa plus grande longueur, du Nord au Sud, est d'environ soixante & quinze lieues ; mais il n'a guère que vingt-cinq lieues de largeur, si l'on n'y comprend pas les isles.

Le Danemarck n'a aucunes rivières navigables pour des Vaisseaux d'un certain port de tonneaux. On en exporte fort peu de marchandises : elles consistent principalement en bestiaux qu'on envoie dans les Pays-bas. Il y a si peu de manufactures que cela ne vaut pas la peine d'en parler.

Copenhague, où se fait le principal commerce du Royaume, en est la Capitale.

Son port, qui eſt très-commode, paſſe pour être non-ſeulement un des plus beaux de la Baltique ; mais, à tous égards, un des meilleurs de l'Europe.

La Norwège eſt entre les 58 & 68 degrés de latitude Nord, & les 5 & 15 degrés de longitude Eſt ; elle eſt d'ailleurs ſi peu connue du reſte de l'Europe, qu'il eſt difficile de fixer ſes dimenſions avec préciſion. Elle eſt bornée au Nord & à l'Oueſt par l'Océan ſeptentrional, au Sud par le Scagerac, entrée de la Baltique ; & à l'Eſt par une chaîne de montagnes qui la ſéparent de la mer.

Les principales ſources des richeſſes de ce Pays, ſont ſes vaſtes forêts de ſapins ; il a pareillement des mines de fer & de cuivre, & même quelques-unes d'argent. Le produit des bois & des mines, avec la poix, le goudron & le poiſſon, forme ce qu'on peut appeler les productions de ce Pays.

Les articles que la Grande-Bretagne tire du Danemarck & de la Norwège, ſont le fer, le merrein, les grains, la morue, les planches & les mâts.

Nous y exportons des lingots, du plomb, du tabac, du riz, de la cochenille, de l'argent monnoyé, du plomb à tirer, de la quincaillerie, de la poterie, des laineries, des ſoies ouvrées, du cuir, de la mercerie, des meubles, de l'épicerie, de l'indigo.

Les draps & les ſoies ouvrées ſont aſſujettis à des droits exorbitans ; ces articles deviennent trop chers pour la conſommation du Pays, & en conſéquence nous en exportons fort peu pour le Danemarck.

Ces importations en Angleterre, ainſi que celles de la Norwège, qui ont monté environ à 60,000 liv. ont très-peu varié, & les importations ont de même été aſſez uniformes juſqu'en 1762. A cette époque, les exportations ont beaucoup excédé les importations, & depuis elles ont encore augmenté conſidérablement.

Il eſt à propos d'ajouter ici une circonſtance qui intéreſſe fort toutes les Nations qui commercent avec la Baltique ; je veux parler des droits payés par les bâtimens étrangers, paſſant le Sund par le canal étroit qui ſe trouve entre la Scanie & l'iſle de Zélande ; ces droits ſont en proportion de la groſſeur du Vaiſſeau, & de la valeur de la cargaiſon telle qu'elle eſt portée dans ſes lettres de chargemens.

Cette taxe, qui forme la principale partie des revenus du roi de Danemarck, a allumé plus d'une guerre dans le Nord de l'Europe. Elle a été ſouvent conteſtée par les Anglois & les Hollandois, & pendant quelque temps la Suède a refuſé de le payer ; mais par le traité conclu en 1720, entre cette Puiſſance & le Danemarck, ſous la garantie de Sa Majeſté Britannique George I, les Suédois ſont convenus de payer les mêmes droits que les Sujets de la Grande-Bretagne & des Pays-bas. Le droit ſe paye à Elſeneur, ville ſituée ſur le Sund à l'entrée de la Baltique, & à environ ſix lieues de Copenhague.

PAYS à L'EST, pages 89 & 90.

Sous cette dénomination, on entendoit autrefois la Norwège, la Suède, le Danemarck, la Pologne, la Pruſſe & toutes les autres parties de la Baltique, ſans y comprendre Narva. Le commerce excluſif de ces Pays avoit été donné à une compaanie de Marchands, appelée *la Compagnie de l'Eſt.* La Charte d'incorporation fut accordée par la Reine Éliſabeth en 1579, & confirmée par Charles II. Les priviléges excluſifs de cette Compagnie, ont été depuis en partie révoqués par des actes du Parlement ;

d'autres

d'autres fe font éteints d'eux-mêmes, de manière que ce commerce eft actuellement libre; & quoique la Compagnie fubfifte, ce n'eft plus que de nom.

Le Comptoir avoit d'abord été établi à Elbing; mais le peu de largeur de l'Elbe & les baffes eaux qui y font fréquentes, en rendant la navigation incertaine & incommode, on en a retiré le Comptoir pour l'établir à Dantzick, à Riga & à Konigfberg.

Quoiqu'il fe faffe en général un grand commerce avec chacune de ces Places, c'eft celle de Dantzick qui eft la plus confidérable. C'eft par cette voie que paffent prefque toutes les marchandifes Britanniques confommées en Pologne : celles qui font envoyées de la Grande-Bretagne dans la Pologne, furpaffent de beaucoup celles qui viennent de Pologne dans la Grande-Bretagne. Tous les articles Britanniques, de quelque dénomination qu'ils foient, y font admis, en payant des droits très-modiques; & nous y débitons une infinité d'articles qui ne nous font plus demandés dans d'autres pays.

Les articles importés de l'Eft, font le merrein, la graine de lin, le froment, le feigle, de riches fourrures, des plumes, des planches, des mâts, des rames, des douves, des poutres, de la poix, du goudron, du fuif, de la potaffe, de la cire, du miel, de la laine filée, de l'amidon, &c.

Les articles que nous y exportons, font du fer de toutes les efpèces, du fer-blanc, du cuivre, du plomb, de l'alun, de l'anis, de la canelle, du café, du gingembre, des figues, du houblon, du tabac manufacturé de toutes les efpèces, du piment, de l'étain, des manufactures de Manchefter & de Norwich, des draps de laine, des bas, des chapeaux, de la bierre, des briques & des tuiles, de la flanelle, du verre, des poteries, de l'indigo, du cuir, du fucre en grande quantité, des toiles à voile, des fels, de la groffe quincaillerie, de la drèche, des liqueurs, &c.

Les importations de l'Eft ne font pas fixes; quelquefois elles n'ont pas excédé 60 à 70,000 liv. & dans d'autres années, elles fe font élevées à 3 & 400,000 liv. Depuis environ une trentaine d'années, elles ont monté au-delà de 200,000 liv.

Les exportations n'ont pas été plus uniformes : de 29,000 liv. elles fe font élevées jufqu'à 220,000 liv. Pendant une quinzaine d'années, jufqu'en 1769, leur terme moyen a été d'environ 140,000 liv. mais depuis 1769, elles font confidérablement diminuées; il y a cependant lieu d'efpérer que la caufe de cette diminution ne fera que paffagère. Il paroît, par ces relevés, que les importations excèdent les exportations; mais comme les articles importés font, ou des chofes de première néceffité, ou des matières crues & non manufacturées, la balance de ce commerce eft confidérablement en notre faveur.

INDES ORIENTALES, pages 91 & 92.

La Compagnie qui fait le commerce de cette partie du Monde, eft la plus floriffante & la plus riche qui foit en Europe; c'eft ce qui paroît par le nombre de gros bâtimens qu'elle emploie conftamment, par le profit immenfe qu'elle tire de fes établiffemens, par fes vaftes magafins & entrepôts pour fes marchandifes, par leur vente en Angleterre, & par les Loix & Statuts particuliers faits en faveur de cette Compagnie.

Cette affociation fut formée fur la fin du règne d'Élifabeth, la charte de la Compagnie étant datée de 1599. Cette charte a été renouvelée par Jacques I.ᵉʳ, & enfuite par Charles II, qui ont confidérablement étendu fes priviléges.

f

Cette Compagnie, à qui, dans ſes commencemens, les Hollandois & le Grand-Mogol avoient cauſé de grands dommages, commença à décliner dans le temps de la révolution. La guerre avec la France & l'Eſpagne la réduiſit enſuite aux dernières extrémités ; & comme il ne paroiſſoit guère poſſible de la ſoutenir, on en forma une nouvelle.

Celle-ci fut incorporée au mois de Septembre de l'année 1698, & elle fut miſe en poſſeſſion des mêmes priviléges dont l'ancienne avoit joui, en vertu de la charte de Charles II : cependant la première Compagnie continua ſon commerce, comme auparavant, juſqu'au 1.ᵉʳ Octobre 1701.

Les deux Compagnies ſubſiſtèrent pendant quelque temps dans un état ſéparé ; mais s'étant aperçues que leur ſéparation nuiroit à leurs intérêts communs, & deſirant prévenir un grand nombre d'inconvéniens qui en réſultoient, tant pour elles, que pour la Nation en général, elles convinrent enſemble de différens articles d'union.

En conſéquence, en 1702, la Reine donna une nouvelle charte d'union aux deux Compagnies, ſous le nom *de Compagnies unies de Marchands, faiſant le commerce des Indes orientales.* Cette charte étoit en ſubſtance la même que celles qui avoient été accordées par les rois Charles & Guillaume, tous les règlemens faits pour l'adminiſtration de l'ancienne Compagnie, ayant été adoptés par les deux Compagnies unies : auſſi la Compagnie actuelle doit être plutôt regardée comme l'ancienne continuée ou rétablie, que comme une aſſociation formée ſur un nouveau plan.

Les articles importés de l'Inde dans la Grande-Bretagne ſont l'or, les diamans, la ſoie crue, les drogues, le thé, le poivre, l'arak, la porcelaine, du ſalpêtre pour la conſommation de la Métropole, des ſoies travaillées, des mouſſelines, des cotons peints, des toiles de coton ; & de toutes les manufactures de l'Inde, pour l'exportation aux Pays étrangers.

Les articles que nous y exportons ſont le plomb, les lingots, le vif-argent, toutes ſortes de manufactures de laine & de quincaillerie.

Les importations de ce commerce ont monté de 200,000 liv. à plus de 1,000,000 liv. & depuis l'annnée 1763, elles n'ont jamais été au-deſſous de cette ſomme. Les exportations qui, année commune, montent à 1,000,000 par an, ont très-peu varié : les importations ont communément excédé les exportations ; mais on doit ſe ſouvenir que les articles que nous importons, augmentent prodigieuſement notre exportation dans les autres parties, ainſi que nos manufactures intérieures.

FLANDRE, *pages 93 & 94.*

La Flandre, la première province des Pays-bas, a environ vingt-trois lieues dans ſon étendue, du Sud-oueſt au Nord-eſt, y compris les parties Françoiſe, Autrichienne & Hollandoiſe. Elle eſt bornée au Sud par le Hainaut, l'Artois & une partie de la Picardie ; à l'Oueſt par la mer du Nord ; au Nord par la même mer, & par un bras de l'Eſcaut appelé *le Hond,* qui la ſépare de la Zélande ; & à l'Eſt par le marquiſat du Saint-Empire, le Brabant & une partie du Hainaut.

La Flandre françoiſe eſt bornée au Nord par une partie de la mer du Nord ; au Nord-eſt par la Flandre Autrichienne & une partie du Hainaut ; à l'Eſt & au Sud par la même province ; & au Sud-oueft & à l'Oueft, par l'Artois & une partie de la Picardie.

Lille, qui eft le principal canal du commerce de ce pays, eft la capitale de la Flandre françoife. Cette ville a été autrefois célèbre par une manufacture confidérable de ferges & autres étoffes de laine, dont elle faifoit trois cents mille pièces par an ; mais la guerre ayant ruiné les habitans, un grand nombre d'entr'eux ont cherché un afile dans d'autres pays, & cette émigration a confidérablement diminué le commerce de la province.

Le commerce de la Flandre, en général, ne peut jamais devenir bien lucratif pour fes habitans, à caufe de l'éloignement où ils font de la mer. Néanmoins ils font par terre un commerce affez confidérable avec la France, quoiqu'ils en retirent peu de bénéfice, par la raifon qu'ils reçoivent de France une grande quantité de vin & d'eau-de-vie, qu'ils font obligés de payer en argent.

Le commerce de la Flandre avec les Hollandois ne lui eft guère plus avantageux, parce qu'elle achette des manufactures, que fa fituation l'empêche de tirer directe-ment des lieux d'où les Hollandois les tirent pour les lui vendre, & par conféquent elles lui coûtent beaucoup plus cher.

C'eft avec l'Efpagne & les Indes occidentales, qu'elle fait le commerce le plus avantageux. Elle achette pour ces pays les articles qu'elle croit néceffaires, foit pour fon propre compte ou par commiffion ; mais dans cette circonftance encore, fon éloignement de la mer diminue beaucoup les profits qu'elle feroit fur cette branche de commerce, la meilleure dont elle foit en poffeffion.

Nous reçevons de Flandre du vert-de-gris, de la toile, de la dentelle, du fil, des tapifferies, des chiffons, des rubans de fil, de la cire.

Nous y envoyons, en retour, du coton, de la laine, du bois de Brefil, du piment, du poivre, du tabac, de la couperofe, du fer, du plomb, des draps de laine, des flanelles, des étoffes, des cotons peints, des marchandifes des Indes, des facs, de la litarge, des bois de teinture & de l'indigo.

Les importations de ce commerce ont généralement monté de 100,000 liv. à 200,000 liv. mais il paroît qu'en 1767, elles ont paffé 268,322 liv. Les exportations ont augmenté de 200,000 liv. à 1,000,000 liv. & depuis quatre ou cinq ans elles ont continué d'augmenter. Les exportations ont toujours confi-dérablement furpaffé les importations.

FRANCE, pages 95 & 96.

La France eft fituée dans la partie occidentale de l'Europe, entre le 42.ᵉ & le 51.ᵉ degrés de latitude Nord. Elle eft bornée au Nord par la Manche & les Pays-bas, au Sud par la Méditerranée & les monts Pyrénées ; à l'Eft par l'Allemagne, la Suiffe & l'Italie, & à l'Oueft par le golfe de Gafcogne.

Autrefois la France étoit divifée en douze provinces, dont chacune avoit fon Parlement féparé. Ces Affemblées donnoient leur confentement aux Loix paffées pour l'adminiftration civile de leurs provinces refpectives ; mais ces diftributions font changées depuis l'année 1614, & le Royaume eft actuellement divifé en trente-fix départemens, communément appelés *Généralités.*

Ce Royaume, par fa pofition, eft peut-être un de ceux dont les poffeffions font les plus arrondies, & un des plus propres pour tous les objets de puiffance & de commerce. Le commerce eft extrêmement favorifé par le grand nombre de rivières & de canaux dont la Nature & l'Art ont pourvu ce Royaume. Les quatre principales rivières font la Loire, le Rhône, la Garonne & la Seine. Cette dernière reçoit cinq autres rivières, & fi près de Paris, que les marchandifes y font apportées par eau de toutes les parties du Globe. Les provinces les plus intérieures ont une communication facile avec ces rivières, par le moyen de canaux dont plufieurs ont été faits fous le règne de Louis X I V. Le fol eft fertile, les provifions à bon marché, & les habitans ingénieux & portés aux entreprifes.

Malgré tous ces avantages, le commerce intérieur de la France eft fufceptible de beaucoup d'améliorations; & c'eft un objet dont le Gouvernement actuel paroît s'occuper.

Quant à fon commerce étranger, il s'étend fur toutes les parties du Globe. Ses ports fur le canal de l'Océan occidental font fréquentés par toutes les Nations commerçantes de l'Europe, mais particulièrement par les Anglois, les Hollandois & les Italiens. Le commerce de fes ports fur la Méditerranée, principalement de Marfeille avec l'Afie & l'Afrique, eft depuis long-temps très confidérable.

Les articles importés de France dans la Grande-Bretagne, font les toiles, les dentelles, les batiftes, les linons, les brocards, les velours & d'autres riches manufactures avec du vin & de l'eau-de-vie.

Les articles que nous y exportons font le grain, le tabac, le plomb, l'étain, les feuilles de corne & les flanelles.

Les importations de ce commerce, année commune, ont monté de 40 à 50,000 liv. & les exportations de 100 à 200,000 liv. La balance, à l'exception de trois années, a toujours été confidérable du côté des exportations.

ALLEMAGNE, pages 97 & 98.

L'ALLEMAGNE eft divifée en plufieurs Principautés, dont quelques-unes font fort petites: circonftance qui met divers obftacles au commerce. En effet, c'eft de-là que vient cette multiplicité d'accifes & de douanes qu'on trouve non-feulement fur les frontières de chaque État féparé, mais même dans les différentes provinces d'un même État. La variété des efpèces eft un autre empêchement pour le commerce.

Ces mêmes circonftances qui gênent le commerce de l'Allemagne avec les pays étrangers, nuifent encore bien davantage au fuccès de fon commerce intérieur & de fes manufactures. Chaque État eft jaloux de fes voifins, & plutôt que de faciliter l'exportation ou le tranfit des productions ou manufactures d'un État voifin, tous ont recours à l'Étranger. L'Angleterre, la France & la Hollande font un commerce très-confidérable en Allemagne, & il fe vend de grandes quantités de leurs marchandifes refpectives dans les grandes foires, comme celle de Leipfick, de Francfort-fur-le-Mein, de Francfort-fur-l'Oder, &c.

Mais notre commerce avec l'Allemagne fe fait principalement par la voie de Hambourg qui peut fe vanter d'avoir un commerce peut-être auffi étendu que celui d'aucune autre ville de l'Europe. Ses exportations & importations furpaffent celles de plufieurs grands États, même en Allemagne.

En

En effet, cette ville tire de fa fituation des avantages confidérables, tant pour fon commerce intérieur que pour celui qu'elle fait avec l'Étranger. Son port eft très-commode ; dans l'Elbe, fur lequel elle eft fituée, tombent beaucoup d'autres rivières navigables après avoir parcouru quelques-unes des parties de l'Allemagne les plus étendues, les plus riches & les plus commerçantes ; c'eft ce qui fait que toutes les productions & manufactures de l'Autriche, de la Bohème & de la haute & baffe Saxe abondent dans cette ville. Par le Havel & la Sprée elle fait le commerce avec l'Électorat de Brandebourg ; & par un canal qui joint la Sprée à l'Oder, fon commerce s'étend en Siléfie, en Moravie, en Pologne, & prefque jufqu'en Hongrie.

Les Hambourgeois font auffi un grand commerce avec la Ruffie & la Livonie ; & en retour des marchandifes qu'ils envoient dans les parties feptentrionales de l'Empire & de la Pologne, ils reçoivent des quantités confidérables de toile, de fil, de lin fin, de miel, de cire, de graine d'anis, de graine de lin, de drogues, &c. Tous ces articles paffant par l'Oder dans la Sprée, & de-là dans l'Elbe au Marquifat de Brandebourg, les Danois ne fauroient en interrompre le commerce, comme ils le pourroient faire fans cela ; de même qu'ils ne peuvent empêcher en aucune manière les envois confidérables de manufactures Angloifes que les Hambourgeois font dans tous les pays qu'on vient de nommer, lefquels envois forment la principale branche du commerce de Hambourg, & ont beaucoup contribué à l'enrichir.

Hambourg a auffi une grande part à la pêche de la Baleine du Groënland, où cette ville envoie communément cinquante à foixante bâtimens tous les ans.

Le nombre de fes Vaiffeaux, d'un port un peu confidérable, fe monte à environ quatre cents, & trente des principaux font employés au commerce avec Londres.

La factorerie Britannique qui a paffé de la Flandre à Hambourg, y a obtenu en 1610, plufieurs priviléges exclufifs qui lui ont été confirmés par la fuite par une convention avec la Régence, & defquels elle jouit pour le préfent, à l'exception feulement du privilége exclufif d'importer des draps.

Hambourg eft une ville anféatique ; privilége qui n'eft plus auffi important aujourd'hui qu'il l'étoit vers la fin du quatorzième fiècle & au commencement du quinzième, lorfque la ligue anféatique oppofa une forte réfiftance à la tyrannie du fyftème féodal.

Cette ville, dans le cours du dernier fiècle, a été obligée d'abandonner une part dans les diverfes branches de fon commerce aux autres Nations. Celui de Lubeck, qui étoit tombé en décadence, a repris de la vigueur ; Stetin, Koenifberg & Pillau commencent à jouer un certain rôle parmi les villes commerçantes.

Le commerce de Copenhague a beaucoup augmenté. Dans le même temps, Péterfbourg a été tiré du néant, & eft devenu tout-à-coup une grande ville de commerce. La navigation dans la mer noire, ouverte à la Ruffie par fon dernier traité avec la Porte, fi elle eft encouragée convenablement, opérera par la fuite une révolution encore plus fenfible dans le commerce du nord de l'Europe. Depuis les guerres de la reine Anne, la France a beaucoup étendu fon commerce. Le concours de ces diverfes circonftances doit néceffairement diminuer le commerce de Hambourg.

Les articles que nous recevons de l'Allemagne, font : des grains, des grenailles, de la garance, du bois de conftruction, de l'alun, du fer travaillé, de la vaiffelle d'étain, de l'airain, de l'acier, des douves à faire des pipes & des barils, des planches de menuiſerie, des planches de chêne, des cartons pour faire des boîtes, des jouets, du métal battu, de l'émail, des fannons, des cendres, de la couperoſe, des peaux & des cuirs, des toiles de différens pays & de diverſes eſpèces, des chiffons & des peaux de Calabars.

Ceux que nous y envoyons, ſont : du plomb, du charbon, des peaux, du bois de Campêche, des drogues, du piment, du riz, du poivre, du gingembre, de l'étain, du fer travaillé, de l'airain, du métal de compoſition, des quincailleries de Sheffield & de Birmingham, des étoffes de laine, de gros draps de Kent, toutes ſortes de velours de coton de Mancheſter & de Norwich, des étoffes mêlées de ſoie, des toiles de coton, des toiles peintes, de la couperoſe, de l'huile de poiſſon, du café & du ſucre rafiné.

Dans le cours du ſiècle dernier, l'importation des articles venant de l'Allemagne a monté de 300,000 à 7 ou 800,000 livres. En 1763, elle paſſoit la ſomme de 1,000,000. Dans le même eſpace de temps, l'exportation de l'Angleterre pour l'Allemagne a monté de 7 ou 800,000 livres à environ 1,500,000 livres. En 1768 & en 1770, elle a excédé deux millions. Depuis 1717, l'exportation de l'Angleterre a toujours paſſé de beaucoup ſon importation.

H O L L A N D E, pages 99 & 100.

S o u s le nom de *Hollande,* on comprend communément les ſept Provinces-unies. La Province proprement appelée *Hollande,* renfermant la Hollande ſeptentrionale, autrement Weſtfriſe, eſt bornée à l'Oueſt par la mer d'Allemagne, au Nord par le Zuiderzée, à l'Eſt par la même mer Zuiderzée, par la province d'Utrecht & par une partie de la Gueldre, & au Sud par le Brabant Hollandois & par la Zélande.

Amſterdam, la capitale de la Hollande méridionale, a le port le plus grand & le plus ſûr de toute l'Europe. Cette ville eſt en poſſeſſion d'un commerce immenſe. Elle fait elle ſeule la moitié du commerce des Hollandois aux Indes orientales, & elle en dirige la totalité. Son commerce avec l'Eſpagne & les Indes occidentales Eſpagnoles, eſt très-étendu; & celui qu'elle fait au Levant, ainſi qu'avec l'Italie & le Portugal, ne l'eſt pas moins. Elle fait elle ſeule encore tout le commerce de la nation entière dans le Nord. La navigation & le commerce général entre cette ville, la France & l'Angleterre ſont peu de choſe; mais la correſpondance entre les Banquiers ou les Négocians d'argent à Amſterdam, & ceux de Londres & de Paris, & les affaires du change ſont très-conſidérables.

Les articles que nous tirons de la Hollande, ſont : des grains, du vif-argent, des drogues, des épiceries, de la gentiane, du vermillon, de la graine de genièvre, des fannons, de l'airain, de la garance, de l'argol, des jouets, des douves pour les grands tonneaux, des planches de menuiſerie, des couleurs, de l'eau-de-vie de genièvre, des toiles, du fil, des rubans de fil & des dentelles.

Les articles que nous y portons, ſont : de l'airain, des peaux, du piment, du tabac, du bois de campêche, du riz, du café, du fer travaillé, des draps larges, des moires, du fil, des cotons peints, des étoffes, des marchandiſes des Indes & du Levant, des mouſſelines, des toiles peintes, du papier peint, des épiceries, de l'huile de poiſſon & du ſucre rafiné.

L'importation de ce commerce s'eft montée de 3 à 500,000 livres , fi on en excepte l'année 1767, dans laquelle elle a monté à 700,000 livres. L'exportation a excédé conftamment l'importation d'un million par an , & a toujours été d'un à deux millions.

IRLANDE, pages 101 & 102.

CETTE Ifle eft grande à peu-près comme la moitié de l'Angleterre, & fituée par les 5.e & 11.e degrés de longitude occidentale, & par les 51.e & 56.e degrés de latitude feptentrionale. Elle eft bornée à l'Eft par la mer d'Irlande ou le canal Saint-George ; au Nord & au Nord-eft par les ifles Wefternes d'Écoffe ; au Sud par l'embouchure du canal Saint-George , & à l'Oueft par l'Océan Atlantique.

Le terrein y eft très-fertile, & peut-être plus que celui de l'Angleterre. Il y a des pâturages excellens. Les terres labourables y font propres à la culture de toutes fortes de grains. Les Comtés feptentrionaux fourniffent de grandes quantités de lin & de chanvre, & on y élève beaucoup de gros & de menu bétail. La laine eft d'une fineffe extraordinaire. L'Irlande abonde en rivières ; le Shannon, le Liffy, le Boyne, l'Éarne & le Lurgawwater , en facilitant la communication entre les différentes provinces du Royaume, forment beaucoup de baies & de ports également fpacieux & fûrs , dont plufieurs cependant font fufceptibles d'amélioration. Il y a des mines de charbon, de cuivre , d'argent & de plomb, & des carrières de marbre. Ces mines ont été découvertes il n'y a pas long-temps ; mais la découverte & l'exploitation de celles de fer remontent au règne de la reine Élifabeth.

Plufieurs caufes ont contribué à empêcher l'Irlande de faire des progrès auffi rapides ou auffi efficaces que ceux de diverfes autres parties de la domination Britannique. Il y avoit des Colons anglois en Irlande dès le règne de Henri II ; mais dans ce temps-là même, & plufieurs fiècles après, l'Irlande étoit divifée en quantité de petites Principautés indépendantes ; ce n'eft que fous le règne de Jacques I que toutes ces Principautés ont été foumifes au pouvoir de l'Angleterre. Les guerres civiles du temps des Stuards , ont caufé plus de maux, & des maux plus longs dans l'Irlande que dans aucune autre partie de la domination Britannique ; & la réformation s'y eft étendue bien plus lentement qu'en Angleterre ou en Écoffe.

Les articles que nous recevons de ce Royaume, font : des cuirs, des toiles, des provifions, du beurre & du bétail.

Les articles que nous y envoyons, font : du fer , du houblon, de la grenaille, du poivre , du thé , de la cendre perlée, du tabac, de l'indigo , des drogues, des épiceries, des couleurs, de l'alun, du charbon, du coton, des peaux de caftor, de la laine, du bois de Campêche, de la foie, des moires, du fil, des cotons peints, de la poterie de terre, des nattes de lits, du verrot, du métal de compofition, de la bierre, & des fucres plus ou moins rafinés.

L'importation de ce commerce a monté de 200,000 liv. à plus de 1,000,000 ; & depuis l'année 1765, elle n'a jamais été au-deffous de cette fomme. L'exportation a monté d'environ 200,000 liv. à plus de 2,000,000 ; & depuis 1759 , elle a toujours paffé de beaucoup le montant de l'importation.

ITALIE, pages 103 & 104.

L'ITALIE eſt diviſée en pluſieurs États, ſoumis à divers Princes & ayant diverſes formes de gouvernement. Elle eſt ſituée par les 7.ᵉ & 10.ᵉ degrés de longitude orientale, & par les 38.ᵉ & 47.ᵉ degrés de latitude ſeptentrionale. Elle a 600 milles de long & 400 de large. Elle eſt bornée au Nord par la Suiſſe & les Alpes qui la ſéparent de l'Allemagne; à l'Eſt par une autre partie de l'Allemagne & par le golfe de Veniſe; au Sud par la Méditerranée, & à l'Oueſt par cette même mer, par les Alpes & par la rivière de Var qui la ſépare de la France.

La forme de l'Italie eſt cauſe qu'on a beaucoup de peine à déterminer ſon étendue & ſes dimenſions avec exactitude. Quelques-uns prétendent, que d'après les meilleures deſcriptions, elle a environ 750 milles de long, depuis les frontières de la Suiſſe, juſqu'à l'extrémité du royaume de Naples, & environ 400 milles dans ſa plus grande largeur, depuis les frontières du Duché de Savoie, juſqu'à celles des États de Veniſe; quoique dans de certaines parties elle ait à peine 100 milles de large.

Son ſol n'a point ſon pareil pour la fertilité. Ses productions les plus communes conſiſtent en vins, en fruits & en huiles. Si le travail & l'intelligence des cultivateurs étoient en raiſon de la bonté du ſol, ils pourroient même fournir des grains aux Nations étrangères; mais préſentement la production de cette denrée n'eſt que ſuffiſante pour la conſommation des habitans eux-mêmes. En conſéquence, ce ſont les vins, les fruits, l'huile, le fromage, particulièrement celui de Parme, & la ſoie, qui forment la principale partie de leur commerce.

Les principales rivières en Italie, ſont : le Pô, le Var, l'Adige, la Trébia, l'Arno & le Tibre qui traverſe Rome.

Les mers d'Italie, ſont : le golfe de Veniſe ou la mer Adriatique, les mers de Naples, de Toſcane & de Gènes.

Beaucoup de parties de l'Italie abondent en eaux minérales, dont les unes ſont chaudes, les autres tièdes, & pluſieurs ſulfureuſes & ferrugineuſes, & ayant des qualités médicinales. Il y a beaucoup de montagnes & de riches mines d'émeraudes, de jaſpe, d'agate, de porphyre, de lapis-lazuli & d'autres pierres précieuſes. On trouve pareillement, dans quelques parties de cette preſqu'iſle, des mines de fer & de cuivre; & il a été établi près Tivoli, dans le royaume de Naples, un moulin pour forger & fabriquer ces métaux. La Sardaigne, dit-on, renferme des mines d'or, d'argent, de plomb, de fer, de ſoufre & d'alun; mais on néglige de les exploiter. On trouve auſſi dans ce Royaume des criſtaux & des coraux fort curieux, ainſi que de très-beaux marbres de toute eſpèce, dont il s'exporte de grandes quantités.

Gènes, quoique déchue conſidérablement de ſon ancienne ſplendeur, conſerve néanmoins encore ſon goût pour le commerce, qui occupe la Nobleſſe auſſi-bien que les autres claſſes des habitans. Les manufactures qui y fleuriſſent, ſont : celles de velours, celles de damas, celles d'étoffes d'or & d'argent, & celles de papier.

Les Vénitiens ont quelques manufactures de drap écarlate, d'étoffes d'or & d'argent, & une conſidérable de glaces.

Les habitans de Lucques, petite République ſituée ſur la mer de Toſcane, ſont les plus induſtrieux de tous les Italiens. Leur commerce conſiſte en ſucreries, en vins & en fruits, & particulièrement en olives.

L'iſle

L'iſle de Sicile, appelée autrefois le *Grenier de l'Univers* ; quoique la culture du grain y ait diminué conſidérablement depuis quelque temps, continue encore à approviſionner de cette denrée, Naples & d'autres pays. Ses productions dans les trois règnes ſont à peu-près les mêmes que celles qui ſe trouvent dans les autres parties de l'Italie.

Le grand commerce qui ſe fait à Livourne, principal port du grand duché de Toſcane, donne à cet État un rang diſtingué dans l'Italie. Depuis l'avènement du Duc actuel, frère de l'Empereur, il y a été fait de grands changemens dans les départemens de la guerre & de la marine, ainſi que dans les finances & dans la police.

L'État le plus étendu en Italie eſt celui de Naples. Il a une forte population, malgré le grand nombre de ſes couvents. Le ſol eſt riche & fertile ; mais comme il ne reçoit point toute la culture dont il ſeroit ſuſceptible, on n'en tire pas non-plus les productions qu'il pourroit fournir. La ville capitale qui porte le même nom que le Royaume, a un des plus beaux ports de l'Europe.

Les articles que nous tirons de l'Italie, ſont : du corail, du coton, des peaux de moutons, des fruits, des olives, des anchois, des articles pour les teinturiers, de la graine d'anis, des drogues, de la gomme, du ſoufre, de la ſoie écrue, torſe & filée, des chapeaux de paille, des grains pour collier, du vin, de l'huile, du ſavon, du tartre & de la crême de tartre.

Les articles que nous y envoyons, ſont : du fer, de l'étain, du plomb, de grandes quantités de poiſſons, ſavoir ; des pélamides, du hareng, du ſaumon & de la morue de Terre-neuve ; du poivre, du piment & d'autres marchandiſes des Indes ; de la ſalſepareille, des draps larges, des manufactures de laine d'Exeſter, des droguets, des calmandes, des camelots & d'autres étoffes, des raz-de-Châlons, des manu‑factures de laine de Norwich, de Léeds, & des cuirs.

L'importation de ce commerce a monté de 100,000, à environ 8 ou 900,000 liv. Elle a augmenté principalement pendant les années 1769, 1770, 1771 & 1772. L'exportation qui n'alloit qu'à 50,000 liv. a monté dans les années 1772 & 1773, à 7 ou 800,000 liv. En général l'importation a toujours excédé l'exportation.

MADÈRE, pages 105 & 106.

CETTE Iſle eſt ſituée par le 32.ᵉ degré de latitude ſeptentrionale, & par les 17.ᵉ & 18.ᵉ degrés de longitude occidentale de Londres. L'air y eſt plus tempéré & le ſol plus fertile que dans les iſles Canaries. On y voit une ſource remarquable qui coule ſans ceſſe, & ſur les bords de laquelle naiſſent des fleurs & des fruits pendant toute l'année. Les vignobles fourniſſent aux habitans trois ou quatre ſortes d'excellens vins, auxquels la chaleur du ſoleil ajoute beaucoup de qualité. La quantité qu'on en récolte eſt très-conſidérable, & ſe monte annuellement à près de 28,000 pipes, qui ſont exportées pour la Grande-Bretagne, pour le continent de l'Amérique, pour la Barbade & pour les autres Iſles des Indes occidentales.

Le vin eſt le ſeul article que nous recevions de cette Iſle : en retour, nous y envoyons des drogues & divers articles néceſſaires, comme de la bonneterie, des laineries, des droguets & autres manufactures.

h

. Le montant des vins tirés de Madère, a été généralement de 2 à 8,000 liv. par an , & l'exportation qui a toujours furpaffé l'importation , a roulé entre 10 & 40,000 liv.

TERRE-NEUVE, pages 107 & 108.

L'Isle de Terre-neuve , eft fituée à l'Eft du golfe de Saint-Laurent, par les 46.ᵉ & 52.ᵉ degrés de latitude feptentrionale, & par les 53.ᵉ & 59.ᵉ degrés de longitude occidentale. Elle eft féparée de la nouvelle Bretagne par le détroit de Belle-ifle, & du Canada par la baie de Saint-Laurent. Elle a 350 milles de long & 200 de large.

Le fol de cette Ifle n'eft pas bien bon, & il n'eft pas poffible d'en retirer de grands avantages. Le froid y eft fi lon , & fi rigoureux, & la chaleur de l'été, quoique violente, de fi peu de durée, qu'aucune production précieufe ne fauroit y réuffir. L'Ifle eft coupée par plufieurs rivières, & elle a différens ports également commodes & fpacieux. Si jamais le continent venoit à manquer de bois de conftruction, Terre-neuve feroit en état de fuppléer au défaut & d'en fournir des quantités confidérables. On y fait une pêche de morue extrêmement importante fur les bas-fonds, appelés *les bancs de Terre-neuve.* D'après la fupputation la plus modérée, la Grande-Bretagne & l'Amérique feptentrionale, emploient annuellement trois mille petites barques à cette pêcherie, qui eft non-feulement une branche de commerce très-précieufe pour le Marchand , mais auffi un moyen de fubfiftance pour plus de dix mille pauvres qui y font employés, & en même-temps une école excellente pour la Marine royale. On eftime que cette pêcherie rapporte annuellement à la Nation 300 mille livres fterling, dont la remife fe fait en or ou en argent pour la morue envoyée dans le Nord, en Efpagne, en Portugal, en Italie & au Levant. Indépendamment de cette pêcherie , il s'en fait encore à Terre-neuve plufieurs autres très-lucratives, dont cette Ifle retire des avantages qui ne font nullement inférieurs à ceux qu'elle pourroit attendre d'un fol plus fertile que le fien.

Terre-neuve , après plufieurs difputes concernant fa propriété , a été cédée entiè-rement à l'Angleterre par le Traité d'Utrecht en 1713. Les François cependant avoient confervé le privilége de faire fécher leurs filets fur la côte feptentrionale de l'Ifle, & étoient reftés en poffeffion d'une partie très-confidérable de la pêcherie. Par le Traité de Paris, toutes les Ifles dans le golfe & dans la rivière de Saint-Laurent, ont été abandonnées à Sa Majefté Britannique ; il ne refte aux François que la liberté de pêcher dans le golfe de Saint-Laurent, à la diftance de 3 lieues des côtes appartenantes à la Grande-Bretagne ; & hors du Golfe, à la diftance de 15 lieues des côtes de l'ifle du Cap-Breton. Les ifles de Saint-Pierre & de Miquelon leur ont été cédées pour fervir d'abri à leurs pêcheurs.

. L'importation a augmenté par degrés, depuis environ 10,000 liv. jufques à plus de 60,000 ; & l'exportation, depuis environ 20,000 liv. à 80 & 100,000 par an. Autrefois l'importation excédoit généralement l'exportation ; mais depuis quelques années, l'exportation furpaffe de beaucoup l'importation.

PORTUGAL, pages 109 & 110.

. Ce Royaume eft fitué par les 7.ᵉ & 10.ᵉ degrés de longitude orientale, & les 37.ᵉ & 42.ᵉ degrés de latitude feptentrionale. Il a 300 milles de long & 100 milles de large. Il eſt borné au Nord & à l'Eſt par l'Eſpagne, & au Sud & à l'Oueſt par la mer Atlantique.

Ce pays, par ſa forme, eſt diviſé naturellement en trois parties; ſavoir, en Provinces ſeptentrionales, en Provinces du milieu & en Provinces méridionales.

Le ſol du Portugal n'eſt pas en général auſſi fertile que celui d'Eſpagne, principalement en blé. Les Portugais ſont obligés de l'importer des autres pays. Ses fruits ſont les mêmes qu'en Eſpagne, quoiqu'ils n'aient pas une ſi grande ſaveur. Ce pays renferme des mines, mais elles ne ſont pas exploitées. On y trouve des pierres précieuſes, des marbres de différentes eſpèces, & des meules à moulin. Il y a près de Liſbonne une très-belle mine de ſalpêtre.

Le commerce & les manufactures ont fait depuis quelques années des progrès ſurprenans en Portugal. Un Miniſtre entreprenant y a formé pluſieurs nouvelles Compagnies & de nouveaux règlemens qui ont excité de fréquentes plaintes comme étant injuſtes & contraires aux priviléges dont les marchands Anglois jouiſſoient ci-devant, en vertu des Traités les plus ſolennels.

Les articles que nous importons de ce pays, ſont : des fruits ſecs, de l'alun, des drogues, des citrons, des oranges, des figues, des amandes, du bois de Breſil, du bois de Liége, & du thon.

Nous y portons des drogues, du fer, de l'étain, du plomb, du bois de Campêche, du blé, du poiſſon ſalé, de la farine, du beurre d'Irlande, des manufactures d'acier de Birmingham & de Sheffiele, de l'argent travaillé, des armes, des draps larges, des droguets, des revêches, des aunettes, des calmandes & autres étoffes, des bas, des chapeaux, des cuirs & de la couperoſe. Notre commerce d'exportation pour ce pays, qui a toujours excédé celui de l'importation, a monté de 300,000 liv. juſqu'à 1,000,000, & celui de l'importation de 100,000 à 400,000 liv.

RUSSIE, pages 111 & 112.

CE vaſte Empire, ſuivant les deſcriptions les plus authentiques, eſt compoſé de quinze Provinces ou Gouvernemens (quoique M. de Voltaire en compte ſeize), outre une partie de la Carélie, de l'Eſthonie, de l'Ingrie & de la Livonie, qui ont été conquiſes ſur la Suède. C'eſt une opinion générale que cet Empire eſt ſitué par les 23.ᵉ & 65.ᵉ degrés de longitude orientale, & par les 47.ᵉ & 72.ᵉ de latitude ſeptentrionale, & qu'il a 1500 milles de long & 1100 de large.

Il faut cependant obſerver qu'il n'y a guère plus d'un ſiècle que ce pays étoit à peine connu en Europe. Encore ne le connoît-on pas aſſez pour fixer, avec préciſion, ſon étendue & ſes limites.

C'eſt à Pierre le Grand que la Ruſſie eſt redevable de ſon importance dans la balance de l'Europe. On peut le nommer le *Créateur politique* de cet Empire. Ses Succeſſeurs ont ſuivi avec plus ou moins de perſévérance le plan qu'il avoit commencé ou ébauché. Ils ont donné de grands encouragemens à l'Agriculture, aux Arts & aux Manufactures. Dans un Pays ſi vaſte, le ſol ne peut point être propre par-tout pour la culture du blé; cependant la grande fertilité de quelques Provinces, jointe aux ſages règlemens faits par l'Impératrice régnante, aſſure des ſubſiſtances ſuffiſantes à l'empire Ruſſe, & lui promet de l'affranchir de la néceſſité de les tirer des autres pays de l'Europe. Les parties intérieures de cet Empire abondent en rivières, qui ouvrent une communication aisée d'une Province à l'autre. Outre le blé, les autres productions du règne végétal, font : le chêne, le sapin, le lin, le chanvre, la rhubarbe, &c.

On y trouve plusieurs mines, & le peuple se perfectionne tous les jours dans l'art de les exploiter.

La situation & la force de la Russie font telles qu'elle n'a rien à craindre ni à espérer que du commerce. Il seroit inutile de parler de cet objet, d'après d'anciennes relations, à cause des grandes améliorations & des variations survenues dans le commerce. D'après les informations les plus sûres, les exportations de la Russie montent actuellement à quatre millions de roubles par an, & ses importations n'excèdent pas trois millions; de sorte que la balance du commerce est annuellement de 225,000 liv. sterling en sa faveur. Cependant ce calcul est-sujet à des incertitudes occasionnées par les liaisons mercantiles de la Russie avec l'Angleterre, & le temps seul peut les fixer. C'est avec l'Angleterre qu'elle a gagné depuis près de quatorze années, la majeure partie de cette balance. Cependant depuis ce temps-là la Grande-Bretagne a donné de si grands encouragemens à ses Colonies en Amérique, & aux Manufactures de toile d'Écosse & d'Irlande, que ses importations de la Russie font considérablement diminuées. D'un autre côté, les grands avantages que Sa Majesté impériale, à la faveur des derniers Traités entre la Russie & l'Angleterre, a pu se procurer sur la mer Caspienne & dans les parties intérieures d'Asie, contre-balancent de reste toutes les diminutions que la Russie a éprouvées dans ses exportations pour la Grande-Bretagne.

Les productions & les exportations de ce pays en général, font en grand nombre & très-précieuses : ce font des pelleteries & des fourrures de différentes espèces, du cuir de Russie, des toiles & du fil, du fer, du cuivre, des toiles à voile, du chanvre & du lin, de la poix, du goudron, de la cire, du miel, du suif, de la colle de poisson, de l'huile de lin, de la potasse, du savon, des plumes, de l'huile de poisson, de la soie de porcs, du musc, de la rhubarbe & d'autres drogues, du merrein & de la soie écrue de Chine & de Perse.

Son commerce étranger avec le reste de l'Europe, s'est beaucoup accrû depuis ses conquêtes sur la Suède, principalement depuis celle de la Livonie & de l'Ingrie, & depuis l'établissement de la nouvelle ville marchande de Pétersbourg, au moyen duquel sa communication maritime avec le reste de l'Europe, est devenue plus courte & plus sûre. La libre navigation de la mer Noire qu'elle a obtenue à la fin de sa dernière guerre avec la Porte, produira, suivant toute apparence, encore des changemens considérables, non-seulement dans son propre commerce, mais peut-être dans tout le système mercantile de l'Europe.

La Russie fait le commerce par terre avec la Chine, principalement en fourrures; elle en rapporte du thé, des soies, du coton, de l'or, &c. Elle envoie à Bochara, près de l'Oxus, ses marchandises pour lesquelles elle reçoit en retour des soies des Indes, des peaux d'agneaux frisées & de l'argent comptant. Elle commerce aussi avec la Perse par la voie d'Astracan & par la mer Caspienne en soie écrue & en soies travaillées.

Avant Pierre le grand, Archangel sur la mer blanche, étoit la seule communication maritime que la Russie eût avec le reste de l'Europe. Cette navigation étoit sujette

à un

à un long & dangereux voyage. Malgré le déclin du commerce d'Archangel, depuis la conſtruction de Péterſbourg, cette ville exporte une quantité conſidérable de marchandiſes. La dernière guerre entre la Ruſſie & la Porte, prouve évidemment combien le reſte de l'Europe connoiſſoit peu les forces & les reſſources de cet Empire. Une flotte envoyée de la Baltique aux Dardanelles, quatre grandes armées ſur pied, l'établiſſement d'une banque; des conditions ſtipulées avec la Porte, & qu'aucune autre Puiſſance Européenne n'avoit pu obtenir, ſont des évènemens qu'on auroit regardés comme impoſſibles s'ils euſſent été prédits. Cependant on les a vus arriver. Et un an après la fin d'une guerre auſſi diſpendieuſe, l'Impératrice s'eſt trouvée en état de ſupprimer pluſieurs taxes onéreuſes.

Nous tirons de la Ruſſie du fer, du chanvre, du lin, des étoupes, des fourrures, des ſoies de porc, de la graine de lin, des cuirs verts, de la rhubarbe, des toiles, des nattes, des joncs, de la toile à voile, du ſuif, des planches de ſapin, du talc, des colliers de verre, de la cire d'abeilles.

Les articles que nous envoyons en Ruſſie, ſont : l'étain, le plomb, des joyaux, des peaux de caſtor & autres, de l'alun, du poivre, de la cochenille, du plomb à tirer, de l'orfévrerie, de la coutellerie, des manufactures de laine, des revèches, des flanelles, des étoffes de coton de Norwich & de Mancheſter, des cotons peints, des bonneteries, du cuir tanné, de la bière, appelée *aile,* de l'indigo & du ſucre.

Depuis cinquante ans, les importations de ce commerce ont excédé de beaucoup les exportations, & elles ont monté d'environ 90,000 liv. à 1,000,000 liv. En 1769, 1770, 1771 & 1772, elles ont été très-hautes. Les exportations ont monté de 50,000 à 200,000 liv, environ.

ESPAGNE, pages 113 & 114.

CE Royaume eſt ſitué par le 10.ᵉ degré de longitude occidentale & le 3.ᵉ de longitude orientale, & par les 36.ᵉ & 44.ᵉ de latitude ſeptentrionale. Sa longueur eſt de 700 milles, & ſa largeur de près de 500.

Il eſt borné à l'Oueſt par le Portugal & l'Océan atlantique; à l'Eſt par la Méditerranée; au Nord par le golfe de Biſcaye & les Pyrénées; au Midi par le détroit de Gibraltar.

Il eſt actuellement diviſé en quatorze diſtricts, indépendamment des Iſles de la Méditerranée.

Il y a ſi peu d'Auteurs qui aient traité des parties intérieures de ce Royaume, qu'on en avoit très-peu de notions il y a cinquante ans. Le ſol étoit anciennement très-fertile en blé; mais l'Agriculture étant tombée par l'indolence des Eſpagnols, ils ſont actuellement réduits à la néceſſité de tirer des grains de l'étranger. La terre y produit preſque ſans culture, dans pluſieurs endroits, les fruits les plus délicieux; des oranges, des citrons, des prunes, des limons, des amandes, des raiſins & des figues. Il n'y a aucun pays où l'on trouve une ſi grande variété d'herbes aromatiques; elles donnent un goût excellent à leur mouton. Le royaume de Murcie eſt ſi abondant en mûriers, que le produit de la ſoie ſe monte tous les ans à 200,000 liv. Enfin, on connoît peu de pays ſur la terre qui doivent plus à la Nature & moins à l'induſtrie.

Ce royaume abonde en métaux & en minéraux de la même eſpèce & avec la même variété que dans les autres pays de l'Europe. Après le fer de Damas, celui d'Espagne fournit les meilleures armes, & cet article produisoit anciennement un très-gros revenu à la Couronne, parce qu'on y avoit porté à un grand degré de perfection l'art de le travailler. L'Espagne étoit célèbre parmi les anciens pour ses mines d'or & d'argent; ce dernier métal y étoit si abondant, que Strabon, contemporain de César-Auguste, dit, que lorsque les Carthaginois prirent possession de l'Espagne, les ustensiles domestiques & d'agriculture y étoient d'argent. Ces mines ont disparu ; mais on ne sait si elles sont épuisées, ou si elles se sont perdues par la négligence des habitans. Cette dernière cause paroît la plus vraisemblable.

L'or & l'argent forment les principales branches du commerce des Espagnols. Ils importent ces matières de l'Amérique, & les exportent ensuite pour les autres pays de l'Europe. Cadiz est le chef-lieu de ce commerce. On convient généralement que cette ville a les plus beaux magasins de l'Europe. Les marchandises fabriquées en Espagne, & exportées de Cadiz pour l'Amérique, sont de peu de valeur. Mais les droits sur les marchandises étrangères qu'on envoie dans cette partie du monde, produiroient des revenus considérables, si on ne faisoit pas usage de la fraude pour les éluder.

Les manufactures d'Espagne consistent principalement en soieries, en draps, en cuirs & grosse quincaillerie. Le Gouvernement a fait les plus grands efforts pour empêcher les Nations européennes de retirer le principal avantage du commerce de l'Amérique; mais ils n'auront aucun succès tant que les naturels du pays (les Espagnols) ne deviendront pas plus industrieux, & qu'ils ne se mettront pas en état de fournir leurs possessions en Amérique de leurs propres manufactures.

En même temps, la bonne foi & la facilité des Espagnols avec qui les autres Nations font ce commerce de contrebande, font la cause que ces Nations y gagnent davantage que les Espagnols même, le bénéfice net étant rarement de moins de 20 pour cent.

Les articles que la Grande-Bretagne tire d'Espagne, sont : des fruits, de la cochenille, des amandes, des noix, du safran, du quinquina, des laines, des bois de teinture, du bois de Liége, de la salsepareille, des vins, des huiles & de l'indigo.

La Grande-Bretagne y porte de l'étain, du plomb, de la couperose, du blé, du poisson salé, de la grosse quincaillerie, de la poterie, des ouvrages d'horlogerie, des draps larges, des droguets, des calmandes, des revêches, des étoffes de différentes espèces, du cuir & de la cire.

Depuis trente ans les exportations de ce commerce ont excédé considérablement & invariablement les importations. Elles ont monté de 100,000 liv. à un million. Les importations ont accrû par degrés, principalement depuis 1763, & elles ont monté de 100,000 à 600,000 liv.

G I B R A L T A R, pages 115 & 116.

POUR donner un détail clair & distinct de notre commerce par Gibraltar, il est nécessaire de mettre sous les yeux du Lecteur la situation de cette ville & de ce Détroit fameux entre l'Europe & l'Afrique, de laquelle dépendent en grande partie la sûreté & la protection de notre propre commerce, ainsi que de notre commerce d'Italie, du Levant, & celui du poisson salé.

La ville eſt ſituée ſur une preſqu'iſle, & elle a un excellent port. Elle eſt petite, mais bien fortifiée; elle a un grand havre & une forte citadelle, avec deux forts ou redoutes à l'Oueſt & à l'Eſt. Le détroit de Gibraltar eſt à la pointe méridionale de l'Eſpagne, à 16 milles Sud-oueſt de Cadiz, & à 11 milles Nord-eſt de Tanger. Ce Détroit eſt un des plus fameux du monde & des plus célèbres dans l'antiquité. Il a 130 milles de long & 12 de large; c'eſt la ſeule iſſue de la Méditerranée pour paſſer dans l'Océan atlantique.

La proximité où Gibraltar eſt de Cadiz le rend la foire & le centre de toutes les richeſſes de l'Amérique eſpagnole. Il met à la diſpoſition entière de la Grande-Bretagne le commerce des Indes occidentales. Il ſépare l'Eſpagne d'elle-même, & lui coupe par mer la communication avec les différentes parties de ſa domination.

Les articles qu'on importe de Gibraltar dans la Grande-Bretagne ſont : le coton, la laine, la garance, des droguets de Valone, du ſoufre, de la manne, des limons, des grains de genièvre, des anchois, des peaux d'agneaux, de la ſoie, des chapeaux de paille, du fil de coton, des colliers de verre, des eſſences, & de l'huile d'olive.

La Grande-Bretagne y porte du fer, de l'airain, du plomb, des manufactures de coton, des peaux de lapin, de l'alun, de la cochenille, des aſſiettes d'étain, des habits courts, des cotons peints, des toiles d'Irlande, du cuir, de la poterie, des couleurs & du ſucre rafiné.

Les exportations de ce commerce qui ont toujours excédé les importations, ſont ſur leur déclin, depuis l'année 1763; à cette époque, elles montoient à 300,000 liv. les importations, quoiqu'elles aient monté de 10,000 à 150,000 liv. ont auſſi été en diminuant depuis l'année 1769.

SUÈDE, pages 117 & 118.

CE Pays eſt borné au Sud par la mer Baltique, le Sund & le Cattégat ou Scaggerat; à l'Oueſt par les montagnes de Norvège; au Nord par la Lapponie Danoiſe ou Norvégienne & à l'Eſt par la Moſcovie. Il eſt ſitué par les 10.ᶜ & 30.ᶜ degrés de longitude orientale, & par les 56.ᶜ & 69.ᶜ degrés de latitude ſeptentrionale. Il a 800 milles de long & 500 de large.

La Suède diffère très-peu en apparence des Pays qui l'avoiſinent, quoiqu'elle ait l'avantage de pluſieurs rivières navigables. Depuis le temps de Charles XII, les habitans ſe ſont donnés des peines incroyables pour corriger la ſtérilité naturelle de leur pays; ils ont établi des Séminaires d'Agriculture, qui ont eu un très-bon ſuccès dans quelques endroits. En général le ſol y eſt auſſi mauvais que celui de Danemarck & de quelques parties de la Norvège, quoiqu'il ſoit extrêmement fertile dans quelques vallées. Les Suédois n'ont acquis que depuis quelque temps aſſez d'induſtrie pour remédier à l'un & pour améliorer l'autre.

Leurs mers ſont, la Baltique & les golfes de Bothnie & de Finlande, qui ſont des branches de la mer Baltique. Au couchant de la Suède, ſont : le Cattégat & le Sund, qui eſt un détroit de 4 milles de largeur, & qui ſépare la Suède du Danemarck.

La Suède produit des minéraux & des métaux de différentes eſpèces. Mais ſa plus grande richeſſe conſiſte en mines d'argent, de cuivre, de plomb & de fer. Cette dernière branche occupe au moins quatre cents cinquante forges, martinets &

fonderies. On y a auffi découvert une efpèce de mine d'or, mais elle eft de peu de rapport.

Le commerce de ce Pays, confifte principalement en mâts, vergues, planches de fapin, bois de conftruction, goudron, poix, écorces d'arbres, potaffe, uftenfiles de bois, cuirs verts, lin, chanvre, pelleterie, fourrures, cuivre, plomb, fer, cordage & poiffon fec. La manufacture de fer ne s'eft elle-même introduite en Suède qu'au XVI.ᵉ fiècle. En effet, jufqu'à cette époque, les Suédois vendoient la mine de fer brut aux villes Anféatiques, d'où ils le rapportoient enfuite manufacturé en outils. Vers le milieu du XVII.ᵉ fiècle, les Suédois établirent, par le fecours des Hollandois & des Flamands, quelques manufactures de verre, d'amidon, d'étain, de laine, de foie, de favon, de cuir & de moulins à fcie. Depuis ce temps-là ils ont établi des rafineries de fucre, des plantations de tabac & des manufactures de toile à voiles, de coton, de futaine, & d'autres étoffes; des toiles, de l'alun & du foufre, & des moulins à papier & à poudre. On fait en Suède beaucoup d'ouvrages en cuivre, airain, acier & fer. Les Suédois ont auffi des fonderies de canon, des forges pour des armes à feu, des ancres, de menues armes, des moulins à forer & à laminer, des moulins à foulon. Depuis peu ils ont conftruit beaucoup de vaiffeaux pour la vente.

Il y a certaines villes en Suède au nombre de vingt-quatre, qu'on appelle *Villes d'étape,* où les marchands étrangers ont la permiffion d'exporter & d'importer des marchandifes fur leurs propres vaiffeaux. Les villes qui n'ont aucun commerce étranger, quoique fituées près de la mer, font appelées *Villes de plat-pays.* Une troifième efpèce eft appelée *Villes de mines,* parce qu'elles appartiennent à ces diftricts. Vers l'année 1752, les Suédois avoient augmenté confidérablement leurs exportations, & diminué leurs importations, dont la plus grande partie fe fait dans des bâtimens Suédois, parce qu'ils ont actuellement une efpèce d'acte de navigation femblable à celui d'Angleterre.

Stockolm, capitale de Suède, eft une ville d'étape. Son port eft fpacieux & commode, quoiqu'il foit d'un difficile accès. Cette ville eft très-ornée : il y a des établiffemens de manufacture & de commerce, comme dans les autres grandes villes de l'Europe, principalement une banque nationale, dont le capital eft de plus de 400,000 liv.

Nous importons de Suède les deux tiers de fer qu'on travaille en Angleterre, du goudron, de la poix, des mâts & des planches de fapin.

Nous exportons pour la Suède, du tabac, du piment, des drogues, du thé, de l'airain, de l'étain, du fucre, du fer travaillé, des quincailleries, & plufieurs manufactures qui nous font propres, comme celles de coton, de bonneterie, &c.

Les importations de ce commerce qui ont toujours excédé les exportations, font accrues de 150,000 liv. jufqu'à près de 300,000; & les exportations de 10,000 à 60,000 liv.

TURQUIE ET *LEVANT, pages 119 & 120.*

CE Pays eft fitué par les 27.ᵉ & 45.ᵉ degrés de longitude orientale, & les 28.ᵉ & 45.ᵉ de latitude feptentrionale. Il a 1000 milles de long, & 870 de large. Il eft borné au Nord par la mer Noire & la Circaffie, à l'Eft par la Perfe, au Sud

par

par l'Arabie & la mer du Levant, & à l'Oueſt par l'Archipel, l'Hellefpont & la mer Blanche ou la mer de Marmora.

La Turquie pofsède les plus fertiles provinces de l'Afie, & produit avec la plus grande abondance, tout ce qui fert au luxe de la vie malgré l'indolence de fes habitans. On y recueille prefque fans culture de la foie crue, du blé, du vin, de l'huile, du miel, des fruits de toute efpèce, du café, de la mirrhe, de l'encens mâle, des plantes & des drogues odoriférantes. En un mot, la Nature y porte toutes fes productions au plus haut degré de perfection.

Ce pays renferme auffi différens métaux, & fes fources médicinales furpaffent toutes celles des autres pays du Monde connu.

On s'applique très-peu, dans les pays de la domination Turque, aux manufactures & au commerce. La nature de ce Gouvernement détruit cette heureufe fûreté qui eſt la mère des arts, de l'induſtrie & du commerce. C'eſt fans aucun profit que les Turcs pofsèdent des villes & des ports où fe faifoit tout le commerce de l'ancien Monde; il ne leur fert de rien de commander la navigation de la mer Rouge, qui leur ouvre la communication avec l'Océan méridional, & qui leur offre toutes les richeffes de cette partie de l'Afie.

Conſtantinople, qu'ils appellent *Stamboul,* capitale de cet Empire, eſt fituée fur un détroit qui fépare l'Europe de l'Afie, & en communiquant au fud avec la Méditerranée, il ouvre un paffage vers tous les pays de l'Europe, & avec toute la côte d'Afrique fur cette mer. Par le même Détroit, les Turcs communiquent auffi au nord avec la mer Noire, & par le Danube & d'autres grandes rivières, jufque dans l'intérieur de l'Allemagne, de la Pologne & de la Ruffie.

Dans ce vaſte Empire qui produit tout ce qui eſt néceffaire à l'induſtrie & au commerce, les Turcs fe contentent de fabriquer du coton, des tapis, du cuir & du favon. Ils exportent leurs plus précieufes productions, fans leur donner aucune valeur additionnelle par leur travail, favoir, la foie, une infinité de drogues, & des matières pour la teinture. Le commerce intérieur de l'Empire fe réduit à très-peu de chofe, & il eſt entièrement entre les mains des Juifs & des Arméniens. Les Anglois, les François, les Hollandois & les autres Nations européennes y portent leurs marchandifes, & emportent dans les mêmes vaiffeaux celles de Turquie.

Les articles que la Grande-Bretagne importe de la Turquie, confiſtent en laine, gommes, peaux, coton, café, drogues, graines, figues, raifins, buis & bois de cyprès ou bois de teinture & ébène, foie crue, moire, drogues pour la teinture, & tapis.

Les articles que la Grande-Bretagne exporte pour la Turquie, font : du fer, du plomb, de l'étain, du verd-de-gris, de la cochenille, du bois de Campêche, des draps de laine, des quincailleries, des outils de fer, des pendules & des montres.

Les importations de ce commerce font tombées de 300,000 liv. à environ 100,000 liv. & les exportations de 200,000 à 50,000 liv. Les excédans ont varié, mais en général les importations ont depuis quelques années excédé les exportations.

VENISE, pages 121 & 122.

Venise eſt compofée de plufieurs belles Provinces fur le continent de l'Italie, de plufieurs Ifles dans la mer Adriatique, & d'une partie de la Dalmatie. Cette ville forme d'elle-même soixante & douze Isles au fond de la mer Adriatique, & est séparée du continent par un lac de cinq milles d'Italie de largeur, trop peu profond pour que de gros vaisseaux puissent y entrer, ce qui fait sa principale force actuelle.

Les Vénitiens conservent encore quelques-unes de leurs manufactures; des étoffes de soie, des draps écarlate, des tissus d'or & d'argent & de belles glaces. Elles procurent un revenu considérable aux propriétaires. Quoique les manufactures entretenues par les Vénitiens soient en si petit nombre, néanmoins il y a parmi eux beaucoup de marchands qui font un commerce étendu avec d'autres pays, par les rivières de Pô, d'Adige, d'Adde & de Wincid : ils transportent par le secours de ces rivières leurs marchandises de gros volume, dans les provinces riches & peuplées de Lombardie, & ils communiquent avec Milan & Turin. Ils ont aussi une communication avec le Trentin & le Tirol, & même avec la Bavière. Le plomb & l'étain en saumon d'Angleterre, trouvent un très-grand débit à Venise.

Les articles importés de Venise, sont des colliers de verre, du tartre, des huiles, des soies crues, de la potasse, de la crême de tartre.

Les articles que nous y exportons, sont : le fer, l'airain, la joaillerie, des étoffes, des crésaux (espèce de grosse serge à deux envers) & autres manufactures de laine.

Les importations de ce commerce ont monté depuis 30,000 livres jusqu'à 80,000 liv. par année, & les exportations, depuis environ 20,000 liv. jusqu'à 40,000 liv. Si l'on en excepte un très-petit nombre d'années, les importations ont toujours excédé les exportations.

A U R I G N Y, pages 123 & 124.

G A R N E S E Y, pages 125 & 126.

J E R S E Y, pages 127 & 128.

Ces Isles sont situées sur la côte de Normandie, à 60 milles au sud de l'isle de Portland dans le comté de Dorset. Elles forment une grappe d'isles dans la baie du Mont-Saint-Michel, entre le cap la Hogue en Normandie, & le cap Frebelle dans la Bretagne. La distance calculée entre Jersey & Jark, est de quatre lieues, & de neuf entre ces deux isles & Aurigny.

Aurigny a environ 8 milles de circonférence, & est de toutes ces isles celle qui avoisine le plus la Normandie : elle est séparée par un détroit resserré appelé le *Ras de Blanchard,* qui est un passage dangereux dans les gros temps, à cause de deux courans qui se rencontrent; dans d'autres temps ce détroit est sûr, & il a assez de profondeur pour que les plus gros vaisseaux puissent y passer. Cette isle est salubre, & le sol est remarquable par la belle race de vaches qu'il produit.

Garnesey a 13 milles & demi d'étendue du Sud-ouest au Nord-est, & elle n'a dans ses parties les plus larges, que douze milles & demi Est & Ouest. Quoique cette isle soit beaucoup plus belle que celle de Jersey, il s'en faut de beaucoup qu'elle soit aussi précieuse, parce qu'elle n'est point aussi bien cultivée, ni aussi peuplée. Il s'y fait une grande quantité de cidre. Son seul port est à Saint-Pierre;

il eſt gardé par deux forts, l'un appelé le *vieux Château*, & l'autre le *Château Cornet*. Garneſey fait auſſi partie de l'ancien patrimoine Normand.

JERSEY a été connue des Romains, & elle eſt l'iſle la plus avancée dans la baie, par le 49.ᵉ degré 7 minutes de latitude Nord: ſa longitude eſt par le 2.ᵉ degré 26 minutes Oueſt, à 18 milles à l'Oueſt de Normandie. Le côté ſeptentrional de cette iſle eſt inacceſſible, à cauſe des rochers eſcarpés qui s'y trouvent; le côté méridional eſt preſque au niveau de la mer; le terrein le plus élevé dans ſa partie du milieu eſt bien planté, & abonde en vergers, deſquels on tire une quantité incroyable d'excellent cidre. Les vallées ſont fertiles & bien cultivées, & nourriſſent quantité de gros & de menu bétail. Les habitans s'occupent très-peu du labour de leurs terres; ils s'attachent principalement à la culture du cidre, à l'amélioration du commerce, & à la manufacture de bas. Le miel de Jerſey eſt excellent, & l'iſle abonde en poiſſons & en oiſeaux ſauvages de toute eſpèce, qui ſont particuliers à l'iſle, & délicieux.

Jerſey n'a que 12 milles de longueur. Cette iſle étoit anciennement poſſédée par les Carterets, famille Normande. Charles II y trouva deux fois un aſile, étant roi & prince de Galles, dans le temps où aucune autre partie des poſſeſſions Angloiſes n'oſoit le reconnoître. Les bas & les bonnets tricotés ſont la manufacture propre de l'iſle; quelquefois, dans une ſeule ſemaine, on en exporte huit ou dix mille paires. La laine qu'on y travaille eſt tirée d'Angleterre. La quantité qui doit en être exportée, & le port d'où elle peut l'être, ſont déſignées par un acte de la première année du règne de Guillaume & Marie, *chap. XXXII.* Cette iſle fait un commerce conſidérable de poiſſon avec Terre-neuve, & les cargaiſons ſe débitent enſuite dans la Méditerranée.

Les articles importés de ces iſles dans la Grande-Bretagne, conſiſtent en peaux, grains, citrons, toiles, proviſions, telles que le beurre, le vin, &c.

Les articles exportés de la Grande-Bretagne dans ces iſles, conſiſtent en fer, cuivre, étain, houblon, ſemences, alun, bois de Campêche, poivre, laine de caſtor, charbon, coton, thé, tabac, drogues, épices, fer travaillé, verres, couleurs, indigo, nattes, moires, laine filée, vaiſſelle de terre, meubles, ſoie, toiles de coton peintes, marchandiſes de l'Inde, revêches, bonneterie, bière, épicerie, cendres gravelées, marchandiſes mêlées.

Les importations d'Aurigny pendant pluſieurs années, ont été au-deſſous de 100 liv. mais en 1773, elles ſont montées à 600 liv. Les exportations, depuis 500 liv. juſqu'à près de 2,000 liv.

Les importations de Garneſey ſont montées de 20,000 à 100,000 liv. Les exportations ſont montées dans la même proportion, & en général elles ont excédé les importations.

Les importations de Jerſey & les exportations pour cette iſle, ſont au pair avec celles de Garneſey.

A N T I G O A, pages 129 & 130.

ANTIGOA, l'une des iſles des Indes occidentales, eſt ſituée par le 61.ᵉ degré de longitude occidentale, & le 17.ᵉ degré de latitude ſeptentrionale; elle eſt de forme circulaire, & elle a près de 20 milles en tous fens. Cette ifle, qui anciennement étoit regardée comme inutile, a aujourd'hui l'avantage fur toutes les autres. Son port eft un des meilleurs des Indes occidentales. Saint-Jean en eft la capitale, & la réfidence ordinaire du Gouverneur des ifles du Vent; & avant l'incendie de 1769, elle étoit confidérable & riche.

Le climat d'Antigoa eft extrêmement chaud, & les ouragans y font très-fréquens. Le fol eft fablonneux, & en beaucoup d'endroits couvert de bois. Les habitans fe trouvent quelquefois dans une grande difette d'eau, leur principale reffource étant dans celle de pluie; car il ne fe trouve pas un feul ruiffeau dans l'ifle, & très-peu de fources.

Cette ifle contient environ 70,000 acres de terre, & produit, année commune, 160,000 bariques de fucre. La quantité de rum qui s'y fait n'eft pas tout-à-fait de moitié auffi confidérable. On dit qu'elle eft fufceptible d'amélioration, & que le produit du fucre pourroit être augmenté d'un cinquième, & celui du rum de près de moitié.

Les articles importés d'Antigoa dans la Grande-Bretagne, font : le fucre, le cacao, le rum & les melaffes.

Les articles exportés de la Grande-Bretagne pour cette ifle, font : le cuivre, l'étain, le plomb, les meules, le poiffon, le grain, les drogues, toutes fortes d'ouvrages en fer, de la verrerie, du plomb à tirer, de l'acier, des briques, des toiles, des draps de laine, des manufactures de coton, de toiles de coton peintes, des étoffes, de la bonneterie, des fils, des chapeaux, des feutres, de la mercerie, de la papeterie, des meubles, de l'ébenifterie, des livres, des fouliers, du cuir, de la fellerie, des cordages, du favon, des chandelles, de la poix, du goudron, de la réfine, de la cire jaune, des couleurs, de la poudre à canon, du fuif, des pipes, de l'amidon, de la bière, des drogues médicinales, du fucre rafiné.

La valeur des importations a prefque conftamment excédé celle des exportations. Différentes caufes contribuent à les faire varier l'une & l'autre. Les importations ont été auffi bas que 30,000 liv. & dans d'autres temps elles ont monté à près de 400,000 liv. Les exportations ont été quelquefois au-deffous de 9,000 liv. & ont quelquefois auffi paffé 140,000 liv.

BARBADES, pages 131 & 132.

LES ifles des Indes occidentales font en forme d'arc ou de demi-cercle, s'étendant prefque depuis le côté de la Floride feptentrionale, jufqu'à la rivière Oronoque, fur le continent de l'Amérique méridionale. Plufieurs les appellent *Caraïbes*, du nom de leurs premiers habitans, quoique ce foit un terme que la plupart des Géographes n'emploient que pour défigner les ifles au Vent. Les matelots les diftinguent en ifles fous le Vent & ifles au Vent par rapport aux courfes ordinaires des vaiffeaux de l'ancienne Efpagne ou des Canaries pour Cartagène ou la nouvelle Efpagne, & Porto-bello. Les tables & cartes géographiques les diftinguent en grandes & petites Antilles.

La Barbade eft la plus à l'eft des ifles Caraïbes; elle eft fituée par le 59.ᵉ degré

de

de longitude occidentale, & le 13.ᵉ de latitude feptentrionale. Elle a environ 25 milles de longueur, & 13 à peu-près de largeur.

Les Anglois y débarquèrent pour la première fois en 1626. Ils ne trouvèrent point d'habitans, ni pour s'oppofer à leur débarquement, ni pour leur prêter du fecours. Jamais acquifition ne fut plus innocente. Pas même une bête de pâturage ou de proie ne fut chaffée de fon étable ou de fa caverne, par ces nouveaux venus, car on prétend qu'ils n'en trouvèrent pas une dans l'ifle; elle produifoit à peine quelques fruits, herbes ou racines propres à la fubfiftance de l'efpèce humaine. Ceux qui en firent la découverte, rapportèrent néanmoins que le climat étoit bon, & le fol fufceptible de culture; c'étoit un fiècle d'aventures; & d'après ces rapports, plufieurs particuliers qui vivoient mal à leur aife en Angleterre, réfolurent d'aller s'y établir. Les querelles qui s'élevèrent entre Charles & fon Parlement, multiplièrent le nombre des émigrans; & la population de cette ifle fit des progrès fi rapides, que dans le court efpace de vingt-cinq années, il ne s'y trouva pas moins de 50,000 habitans blancs, & près de 80,000 efclaves nègres & indiens.

Le gingembre, le coton, les liqueurs fpiritueufes, le tamarin, les gommes & les drogues, ont paffé dans plufieurs années 300,000 liv. mais il y a beaucoup de variété. Ce font les articles que nous recevons de la Barbade.

En échange, nous y envoyons du fer-blanc, du cuivre & du plomb, de l'airain, des pierres, des pois, des fèves, de l'avoine, de l'étain, du cuir, des couleurs, de la glue, du favon, de l'indigo anglois, du tabac, des cordages, des foieries, des revêches, des étoffes, des draps, des toiles de coton, des toiles, des chapeaux, de la quincaillerie de Birmingham, des limes, de la bonneterie, de la mercerie, des marchandifes où il entre de l'indigo.

LES BERMUDES, pages 133 & 134.

Les Bermudes ou ifles d'Été, font fituées à une grande diftance de tout continent quelconque, par le 32.ᵉ degré de latitude feptentrionale, & par le 65.ᵉ degré de longitude occidentale. Leur diftance de Land'fend eft calculée à près de 1500 lieues; de Madère, à environ 1200, & 300 de la Caroline. Les Bermudes font petites, & ne contiennent pas plus de 20,000 acres en tout; elles font d'un accès très-difficile, étant entièrement environnées de rochers. L'air de ces ifles a toujours été regardé comme falubre, & la beauté, ainfi que la richeffe de leurs productions, comme raviffante : quoique le fol de ces ifles foit très-propre à la culture de la vigne, néanmoins la feule occupation des habitans, qui font au nombre d'environ dix mille, eft de conftruire des floops légers & des brigantins, qu'ils emploient principalement à tranfporter le tabac de l'Amérique feptentrionale & des Indes occidentales. Ces vaiffeaux font auffi remarquables pour leur viteffe, que le cèdre dont ils font faits l'eft par fa qualité dure & folide.

Il y a deux articles de commerce & très-confidérables que ces ifles produifent de préférence à tous autres, qui font, la foie & la cochenille. Ces productions & les perles, ainfi que l'ambre gris, forment les principaux articles de nos importations.

Les exportations confiftent dans tous les articles d'habillemens & d'uftenfiles de différentes efpèces.

Les importations & exportations ont varié dans différentes années, depuis 2 ou 300 liv. jufqu'à 4 ou 5,000 liv. & pendant les trente dernières années, les exportations ont confidérablement augmenté. Pendant ce période, elles ont conftamment furpaffé les importations.

LA CAROLINE, pages 135 & 136.

La Caroline eft fituée entre le 57.ᵉ & le 86.ᶜ degrés de longitude occidentale, & entre le 30.ᶜ & le 36.ᶜ degrés de latitude feptentrionale ; elle a 500 milles de longueur, fa largeur n'eft point déterminée ; elle eft bornée du côté du Nord par la Virginie, du côté de l'Eft par l'Océan atlantique, du côté du Sud par la rivière Saint-Jean, qui fépare la Géorgie de la Floride ; & du côté de l'Oueft par le Miffiffipi.

La feule mer qui borde cette province eft l'Océan atlantique, qui eft fi baffe près de la côte, qu'aucun vaiffeau d'un certain port de tonneaux, ne peut en approcher, excepté dans très-peu d'endroits. On n'a pas encore trouvé un bon port dans la Caroline feptentrionale. Les meilleurs font ceux de Roanock, à l'embouchure de la rivière Albemarle & Pimlico. Dans la Caroline méridionale, il y a les ports de Vinyaw ou George-Town, de Charles-Town & le Port-Royal.

Le fol de la Caroline & celui de la Virginie fe reffemblent beaucoup, quoique par rapport à la fertilité naturelle, le premier ait certainement l'avantage. Les arbres font prefque à tous égards, les mêmes, & par les différentes efpèces de ces arbres, il eft aifé de connoître la qualité du fol. Avec une bonne culture & de l'encouragement, la Caroline peut produire de la foie, du vin & de l'huile ; on a vu des échantillons de foie de la Caroline, qui égaloit en qualité celle qu'on y apporte d'Italie. Le froment vient parfaitement bien dans les parties reculées, & cette denrée s'accroît prodigieufement.

Les productions de ces précieufes provinces, font : les vignes, le froment, le riz, le blé de Turquie, l'orge, l'avoine, les pois, les fèves, le chanvre, le lin, le coton, le tabac, l'indigo, les olives, les oranges, les citrons, le cyprès, le faffafras, le chêne, le noyer, le caffier & le pin ; les mûriers blancs pour la nourriture des vers à foie ; la falfepareille & les pins, d'où l'on tire la térébenthine, la réfine, le goudron & la poix, & d'autres arbres qui produifent des gommes. Les Carolines fourniffent auffi une grande quantité de miel, duquel on fait d'excellentes liqueurs, & de l'hydromel auffi exquis que le vin de Malaga. De toutes ces productions, les trois grandes branches de commerce aujourd'hui, font : l'indigo, le riz & le produit du pin.

Les premières expéditions des Anglois dans la Caroline ont été malheureufes. Il ne s'y eft rien paffé de remarquable jufqu'en 1663, fous le règne de Charles II ; alors plufieurs nobles Anglois, & autres perfonnes de diftinction, ont obtenu une charte de la Couronne qui les mettoit en poffeffion de la propriété & juridiction de ce pays. Ils ont diftribué les terres à ceux qui ont voulu paffer dans ce nouvel établiffement, & fe foumettre à un fyftème de loix, dont le Code avoit été formé par le fameux Locke. Mais les querelles inteftines & les guerres étrangères ont réduit la colonie fi bas, qu'il a été paffé un acte du Parlement en 1729, *chap. XXXIV,* pour arrêter, s'il étoit poffible, les conféquences défaftreufes de ces divifions, & mettre la province fous la garde immédiate de la Couronne; par cet acte la province a été divifée en deux gouvernemens diftincts & indépendans l'un de l'autre, appelés *Caroline feptentrionale* & *Caroline méridionale*.

Nos importations de la Caroline, confiftent en riz, indigo, poix, goudron, térébenthine, peaux, douves, mairain, cire, cidre, cyprès, planches de noyers, foie crue & coton, olives, faffafras, falfepareille, gomme, &c.

En retour de ces articles, nous exportons des étoffes de toile, de laine, de gros meubles, de la groffe quincaillerie, & autres articles manufacturés, comme pour les autres provinces de l'Amérique feptentrionale.

La proportion des exportations & importations une année dans l'autre, paroît être à peu-près de niveau, l'excédant étant quelquefois d'un côté, quelquefois d'un autre. Les importations ont augmenté d'environ 12,000 à plus de 400,000 liv. & les exportations d'environ 9,000 à près de 400,000 liv.

LA BAIE DE HUDSON, *pages 137 & 138.*

LA connoiffance de ces mers eft dûe à un projet de découverte d'un paffage au Nord-oueft pour la Chine; ce fut en 1576, que ce noble projet fut conçu; depuis ce temps il a été fréquemment abandonné & repris; il n'a pas encore pu réuffir, mais on ne devroit point en défefpérer.

Hudfon qui a donné fon nom à cette baie, a tenté cette découverte en trois différentes années, favoir en 1607, 1608 & 1610. Ce brave & intelligent Navigateur eft entré dans les détroits qui conduifent à cette nouvelle Méditerranée, en a côtoyé une grande partie, & il a pénétré jufqu'à 80 degrés 23 minutes dans le cœur de cette zone glaciale. Il fe propofoit de pourfuivre fes découvertes; mais fon équipage s'étant foulevé, fe faifit de lui & de fept de ceux qui lui étoient le plus attachés, & ils furent livrés à la fureur des mers dans une chaloupe; ils périrent tous, mais le nom de Hudfon ne périra jamais.

Quoiqu'il n'ait pas rempli l'objet pour lequel il a navigué dans cette baie, il a néanmoins rendu un grand fervice à fon pays. En 1670, il a été accordé une charte à une Compagnie, pour faire le commerce exclufif de cette baie, & ce commerce a toujours procuré depuis un bénéfice très-confidérable aux particuliers qui compofent la Compagnie, & des avantages à la Grande-Bretagne, quoique moindres peut-être que ceux qu'elle auroit pu en attendre.

Le commerce que nous y faifons eft de la meilleure efpèce, fon objet entre pour beaucoup dans nos manufactures, & il ne s'y porte rien qui n'en forte; ce qui lui donne les qualités de l'efpèce de commerce la plus avantageufe. On n'a pas encore entrepris d'établir de colonie dans cette baie. La Compagnie n'y a que deux forts peu confidérables. Le pays eft par-tout ftérile; on n'y voit pas même le pin, fi commun dans les climats les plus froids. Toutes les efpèces de graines d'Europe qui ont été femées dans ce fol fi ftérile, y ont péri. Peut-être la femence du grain des parties feptentrionales de Suède & de Norwège, y réuffiroit-elle mieux. Tous les animaux de ce pays font couverts d'une fourrure ferrée, douce & chaude. En été il y a, comme ailleurs, de la différence dans les couleurs des animaux; lorfque cette faifon eft paffée, toutes les bêtes, & même les oifeaux, en un mot tout ce qui eft animé & inanimé eft blanc.

Nos importations confiftent en fourrures, peaux de caftor & autres. Nos exportations, en poudre à tirer, boulets, haches, chaudières, toiles, tabac, eau-de-vie, &c.

Les importations en général furpaffent les exportations ; les premières font évaluées, année moyenne, à environ 10,000 livres ; & celles-ci, à 5,000. En 1703, les importations fe font montées à près de 53,000 liv. ·

LA JAMAÏQUE, pages 139 & 140.

Cette ifle eft fituée entre les 75.ᵉ & 79.ᵉ degrés de longitude occidentale, & les 17.ᵉ & 18.ᵉ degrés de latitude feptentrionale. Sa longueur de l'Eft à l'Oueft eft d'environ 140 milles ; fa largeur, au milieu, eft d'environ 60 milles, & elle va en diminuant par fes extrémités.

L'empire de la Grande-Bretagne eft redevable à Cromwell de l'acquifition de cette ifle. Il avoit équipé une efcadre dont il avoit donné le commandement à Penn & à Venables, pour prendre l'ifle de Saint-Domingue. Ces Commandans n'ayant pu y parvenir, ont tâché de fe dédommager de ce mauvais fuccès, en fe rendant maîtres de la Jamaïque : ils y ont réuffi ; mais cette acquifition n'a pas pu défarmer le reffentiment de Cromwell, irrité du mauvais fuccès de leur première entreprife.

La fituation de cette ifle eft peut-être d'une importance auffi grande pour l'empire Britannique, que le font les avantages qu'il tire de fon commerce : elle eft au centre des poffeffions efpagnoles en Amérique : à peine un vaiffeau peut-il appareiller du continent de la Nouvelle Efpagne, ou y aborder, fans paffer à la vue de la Jamaïque, & fans être par conféquent expofé à être attaqué par nos croifeurs, auxquels cette ifle fournit plufieurs excellens abris.

Les productions de la Jamaïque peuvent fe réduire aux articles fuivans, favoir :

1.º Le fucre dont il a été exporté en 1753, vingt mille trois cents quinze bariques, chaque barique pefant l'une dans l'autre, environ un tonneau ou deux mille. La plus grande partie de ce fucre paffe à Londres, à Briftol & à Glafgou ; il en eft auffi exporté quelque partie, dans l'Amérique feptentrionale. La qualité de ce fucre eft, à ce qu'on prétend, fupérieure à celle du fucre de nos autres Colonies. Suivant le docteur Stubbs, le fucre de la Jamaïque fe rafine auffi parfaitement dans dix jours, que l'eft celui de la Barbade en fix mois.

2.º Le rum, dont il eft exporté annuellement plus de 4,000 poinçons. Le rum de la Jamaïque, auffi-bien que le fucre, a la préférence fur ceux de nos autres ifles.

3.º Les melaffes, dont une grande partie eft envoyée en retour à la Nouvelle Angleterre ; tous ces articles font tirés de la canne de fucre qui forme la principale production du pays.

4.º Le coton, dont il eft exporté annuellement plus de 2,000 balles.

On n'exporte aujourd'hui de cette ifle que très-peu d'indigo, de la culture duquel on s'occupoit beaucoup anciennement. Elle nous envoie du cacao & du café, du piment & du gingembre, des drogues pour les Teinturiers & les Apothicaires, des confitures, du bois de Paliffante, des planches de Mancenillier.

En retour elle reçoit de la Grande-Bretagne des draps larges, des toiles, des

dentelles,

dentelles, des chapeaux, des fouliers, des bas, de la taillanderie, du favon, de la chandelle, du beurre, du fromage, des bifcuits, du bœuf & du porc falés, des harangs, de la morue, de la bière, du cidre & du poiré.

L'excédant des importations fur les exportations, a prefque toujours été confidérable. Les importations font montées de 70,000 liv. à plus de 1,200,000 liv. & les exportations de 50,000 environ à près de 700,000 liv.

M O N T S E R R A T, pages 141 & 142.

CETTE ifle, fituée entre celles de Saint-Chriftophe (appelée auffi *Saint-Kit*) & d'Antigoa, eft d'une forme ovale, & a environ 18 milles de circonférence. Le fol eft prefque le même que celui de Saint-Chriftophe, d'Antigoa & de Nevis, étant d'une nature légère & fablonneufe, & très-fertile. Le fucre qui forme les principales exportations de cette ifle, n'eft pas auffi beau que celui de la Jamaïque ou de la Barbade. L'indigo eft un autre article qu'elle produit en très-grande quantité. Montferrat eft bien cultivé & beaucoup fréquenté. Mais comme il n'a pas de bon port, les vaiffeaux à qui il arrive d'y mouiller à l'approche d'un ouragan, font obligés d'appareiller fur le champ, ou pour Saint-Chriftophe ou pour Antigoa.

Nos importations & exportations, confiftent prefque dans les mêmes articles que ceux des autres ifles de l'Amérique.

L'excédant des importations fur les exportations, eft conftant & confidérable.

Les importations ont augmenté de 14,000 liv. à environ 70,000 liv. & les exportations de près de 4,000 à environ 20,000 liv.

N E V I S, pages 143 & 144.

CETTE ifle, fituée à trois ou quatre milles au fud-eft de Saint-Chriftophe, a environ 18 milles de circonférence. Le fol & les productions font prefque les mêmes que celles des autres ifles Caraïbes. Le fucre eft la production du pays. On y trouve un arbre appelé *Dogwood,* dont l'écorce fert d'amorce pour pêcher. Les moutons n'y ont point de cornes, & au lieu de laine, ils font couverts d'une peau velue & tachée. Les habitans importent une quantité confidérable de volailles des Colonies feptentrionales ; & d'Europe, du bœuf falé, des jambons, du faumon falé, de l'efturgeon & des huîtres marinées.

Quoique le nombre des vaiffeaux qui abordent à Nevis foit confidérable, on n'y trouve cependant, ni bon port, ni bon ancrage.

Les importations y ont auffi conftamment excédé les exportations. Les importations ont monté d'environ 17,000 liv. à plus de 70,000 ; & les exportations de 13,000 liv. à plus de 20,000.

NOUVELLE-ANGLETERRE, pages 145 & 146.

LA Nouvelle-Angleterre eft fituée entre les 69.ᵉ & 73.ᵉ degrés longitude Oueft, & les 41.ᵉ & 46.ᵉ latitude Nord. Elle a 300 milles de long & 200 milles de profondeur. Elle eft bornée au nord-eft par la Nouvelle-Écoffe, à l'oueft par le Canada, au fud par la Nouvelle-Yorck, & à l'eft par la mer Atlantique. Quoique située à presque 10. degrés plus proche de la Ligne que nous ne le sommes en Angleterre, l'hiver cependant y commence plus tôt, y dure plus long-temps, & y est incomparablement plus froid que chez nous. L'été au contraire y est plus chaud qu'en aucun lieu de l'Europe sous le même parallèle.

Le sol de la Nouvelle-Angleterre n'est pas par-tout le même ; mais le meilleur est du côté du Sud. Les terres hautes sont les moins fertiles, parce qu'elles sont pour la plupart mélangées de sable & de gravier, & qu'elles tirent sur l'argile. Les terres basses abondent en prairies & en pâturages. En général les graines d'Europe n'y réussissent pas ; mais le maïs y vient à merveille, & fait la nourriture principale du peuple. Il y croît une quantité considérable de chanvre & de lin ; mais la Nouvelle-Angleterre se distingue sur-tout par la variété & la valeur de ses bois, comme le chêne, le frêne, le pin, le sapin, le cèdre, l'orme, le cyprès, le hêtre, le noyer, le châtaignier, le coudre, le sassafras, le sumac, & autres, dont on se sert pour teindre ou tanner les cuirs, pour les ouvrages de charpente, & pour la construction des vaisseaux. On dit que le chêne y est inférieur à celui d'Angleterre, mais le sapin y est d'une grosseur & hauteur étonnantes ; & il fournit la Marine royale de mâts & de vergues. On tire de ces arbres des quantités considérables de poix, de goudron, de résine, de térébenthine, de gomme & de baume. On peut construire & équiper un vaisseau dans la Nouvelle-Angleterre, avec les productions de ses forêts ; & en effet, c'est la construction de vaisseaux qui forme une branche considérable de son commerce.

On y a découvert de riches mines de fer de la meilleure espèce & qualité. Si elles étoient exploitées, elles pourroient en peu de temps approvisionner la Grande-Bretagne de cet article, sans qu'elle soit obligée d'avoir recours à la Suède & à d'autres Nations européennes : sur-tout depuis que le Parlement, pour favoriser cette entreprise, a exempté de tout droit l'importation du fer en gueuse & en barre.

Les mers qui environnent la Nouvelle-Angleterre, aussi-bien que ses rivières, abondent en poissons, & même en baleines de toute espèce, savoir : la baleine qui donne des fanons, la baleine qui donne le blanc de baleine, d'où l'on tire l'ambre gris, & beaucoup d'autres baleines qui fournissent des os qu'on prépare de différentes façons. La Nouvelle-Angleterre envoie aussi tous les ans quelques vaisseaux au Groënland pour la pêche de la baleine.

Le commerce de la Nouvelle-Angleterre est considérable, en ce qu'il fournit une grande quantité de marchandises qui se tirent du pays même ; mais il reçoit beaucoup d'augmentation, ses habitans étant en quelque sorte les voituriers pour toutes les Colonies de l'Amérique septentrionale & des Indes occidentales, & même de quelques parties de l'Europe. Les principales productions de la Nouvelle-Angleterre, sont : le fer en gueuse & en barre qu'elle exporte à la Grande-Bretagne, exempt de droits ; des mâts & des vergues, dont elle fait des fournitures considérables à la Marine royale ; de la poix, du goudron & de la térébenthine : des douves, du mairain & des planches ; toutes sortes de provisions (qu'elle envoie aux isles à sucre, Françoises & Hollandoises, ainsi qu'à la Barbade & aux autres isles Angloises) comme grains, biscuit, farine, bœuf, porc, beurre, fromages, pommes, cidre, oignons, maquereaux

& merluche sèche. Elle y envoie encore du bétail, des chevaux, des planches, des cerceaux, des lattes, des douves à pipes, de l'huile, du suif, de la térébenthine, des peaux de veau, & du tabac. Ses pelleteries ne sont pas considérables. Elle a de très-avantageuses pêcheries sur sa côte en maquereaux & en merluche; ces pêcheries emploient beaucoup d'habitans, & le produit qu'ils en tirent leur fournit la matière d'un commerce très-étendu. Elle manufacture de grosses toiles & des draps de laine pour son usage. On y fait aussi des chapeaux; on y rafine le sucre: on y distille: on y fait du papier, du sel; enfin toutes sortes de manufactures s'y élèvent & s'y perfectionnent de plus en plus.

Le montant des manufactures Angloises & des marchandises de l'Inde exportées de la Grande-Bretagne dans la Nouvelle-Angleterre, a été, estimation moyenne sur trois années, depuis 1771 jusqu'à 1773 inclusivement, à une somme de 1,200,000 livres; mais comme des circonstances particulières ont contribué à cette exportation étonnante depuis une dixaine d'années, l'exportation peut être évaluée à environ 400,000 liv. Les importations annuelles pendant les trois années ci-dessus mentionnées, ont été, estimation moyenne, à près de 144,000 liv. & n'ont pas été en effet beaucoup moindres depuis 1765. L'excédant des exportations sur les importations a été constant & considérable.

LA NOUVELLE-YORCK, pages 147 & 148.

La Nouvelle-Yorck est située entre les 72.ᵉ & 76.ᵉ degrés de longitude Ouest, & entre le 41.ᵉ & le 44.ᵉ degrés de latitude Nord, ayant 200 milles de longueur, sur une profondeur de 100 milles. Elle est bornée au Sud-ouest par les rivières de Hudson & de Delaware, qui la séparent des Jerseys & de la Pensylvanie; à l'Est & au Nord-est par la Nouvelle-Angleterre, & au Nord-ouest par le Canada.

Les principales rivières de la Nouvelle-Yorck, sont: celles de Hudson & de Mohawk. Sur la première, il y a d'excellens ports. Son sol est extrêmement fertile, & il a tous les avantages de celui de la Nouvelle-Angleterre; il est beaucoup plus favorable à la culture des graines & des plantes européennes qui s'y élèvent en abondance & en perfection. On trouve aussi dans la Nouvelle-Yorck une grande quantité de fer.

Le nouveau Jersey, qui forme aujourd'hui une partie du gouvernement de la Nouvelle-Yorck avoit été donné au chevalier George Carteret & à d'autres. Il fut divisé en deux provinces, & possédé par divers Propriétaires; mais en 1702 ces Propriétaires transportèrent leurs droits à la Couronne, & bientôt après la réunion eut lieu. On a découvert une riche mine de cuivre dans cette isle.

Le commerce de ces pays ne diffère pas beaucoup de celui de la Nouvelle-Angleterre. Les articles qui le constituent, sont: le froment, la farine, l'orge, l'avoine, le maïs, les pois, le bœuf, le porc, le fromage, le beurre, le cidre, la bière, le lin, le chanvre, la graine de lin, l'huile de graine de lin, les fourrures & les peaux de bêtes fauves, les douves, le mairain & le fer. Leurs marchés sont les mêmes que ceux que fréquentent les habitans de la Nouvelle-Angleterre. La Nouvelle-Yorck a une part dans le commerce de Campèche & dans celui qu'on fait avec les Colonies de France & d'Espagne. Elle tire d'Angleterre presque toutes les mêmes fortes de marchandifes que celles qu'y prennent les Boftoniens. Sur l'eftimation moyenne de trois années, les importations de la Nouvelle-Yorck dans la Grande-Bretagne, ont monté à près de 100,000 livres ; & les exportations de la Grande-Bretagne dans cette Colonie, à environ 400,000 liv. Les exportations ont conftamment furpaffé les importations.

LA PENSYLVANIE, pages 149 & 150.

LA Penfylvanie eft fituée entre le 74.ᵉ & le 78.ᵉ degrés de longitude Oueft, & entre le 39.ᵉ & le 42.ᵉ degrés de latitude Nord ; ayant une longueur de 200 milles, fur une profondeur de 200 milles. Elle eft bornée au nord par les Iroquois ou les cinq Nations ; à l'eft par la rivière de Delaware qui la fépare des Jerfeys ; & au fud & à l'oueft par le Maryland.

Les rivières de la Penfylvanie, font : le Delaware, qui eft navigable pour les vaiffeaux, à plus de 200 milles au-deffus de Philadelphie , la Sufquehanna & le Skootkill qui font également navigables à une diftance confidérable dans le haut-pays. Ces rivières, jointes aux nombreufes baies & criques de la baie de Delaware, peuvent contenir les plus grandes flottes, & rendent la fituation de cette Province admirable pour un commerce intérieur & étranger.

L'afpect, l'air, le fol & le rapport du pays, font à-peu-près les mêmes que ceux de la Nouvelle-Yorck. On peut remarquer en général que dans toutes les parties de nos Colonies, depuis la Nouvelle-Yorck jufqu'à l'extrémité méridionale, les bois font remplis de vignes fauvages de trois ou quatre efpèces, toutes différentes de celles que nous avons en Europe. Mais foit par quelque défaut dans leur nature ou dans le climat, ou dans le fol où elles naiffent, foit plutôt, comme cela eft beau-coup plus probable, par la faute des planteurs, elles n'ont encore produit aucun vin digne d'être cité. On peut encore obferver, par rapport au merrain de ces Colonies, que vers le Sud il n'eft pas auffi bon pour la conftruction des vaiffeaux, que celui des Provinces plus feptentrionales. Plus on avance vers le Sud, moins les parties du merrain font compactes, & plus ce bois travaille. Cette propriété qui fait que les vaiffeaux en tirent moins de fervice, le rend cependant plus avantageux pour les douves.

La principale ville & celle par laquelle fe fait le commerce de la Province, eft Philadelphie ; elle eft fituée à cent milles de la mer, entre deux rivières navigables, le Delaware au Nord, & le Skootkill au Sud. Les quais font beaux & fpacieux, le principal ayant deux cents pieds de large, & un vaiffeau du port de cinq cents tonneaux, peut mouiller tout auprès de ce quai, quoiqu'à cent milles de la mer.

Il réfide dans cette ville un grand nombre de riches Marchands qui font un com-merce étendu avec les Colonies Angloifes, Efpagnoles, Françoifes & Hollandoifes en Amérique ; avec les iles Açores, Canaries & Madère ; avec la Grande-Bretagne & l'Irlande, l'Efpagne, le Portugal & la Hollande. Outre ce commerce, ils en font encore avec les Sauvages ; & de grandes quantités de grains, de provifions & de diverfes productions de la Penfylvanie, defcendent par les rivières fur lefquelles cette ville eft fi avantageufement fituée. Les Hollandois emploient entre huit & neuf mille chariots traînés chacun par quatre chevaux, pour porter à ce marché les productions

de

de leurs fermes. En 1749, trois cents trois vaiſſeaux entrèrent dans ce port, & il en ſortit deux cents quatre-vingt-onze.

Les marchandiſes exportées de la Grande-Bretagne dans la Penſylvanie, par une eſtimation moyenne de trois années, ont monté à près de 600,000 liv. Les marchandiſes importées dans la Grande-Bretagne, conſiſtant en merrain, mine de cuivre, fer en gueuſe & en barre, en grains & en farine, ont monté, par la même eſtimation moyenne des trois années, à plus de 30,000 livres.

Les exportations ont conſtamment ſurpaſſé les importations, à l'exception d'une ſeule année; ſavoir en 1697.

LA VIRGINIE & LE MARYLAND,
pages 151 & 152.

La Virginie eſt ſituée entre le 74.ᵉ & le 80.ᵉ degrés de longitude Oueſt & les 36.ᵉ & 39.ᵉ degrés de latitude Nord, ayant 240 milles de longueur ſur une profondeur de 200 milles : elle eſt bornée au Nord-eſt par la rivière Patowmac, à l'Eſt par l'Océan Atlantique, au Sud par la Caroline, & à l'Oueſt par les montagnes Apalaches.

Pour aller à la Virginie on paſſe un détroit entre deux pointes de terre, appelées *les caps de Virginie,* qui ouvrent un paſſage à l'une des plus belles & des plus ſûres baies du monde, appelée *cheſapeak.* La baie dans toute ſon étendue, reçoit une grande quantité de rivières navigables, tant du Maryland que de la Virginie. Le James, l'Yorck, le Rappahannock, le Patowmac & d'autres rivières moins conſidérables, venant toutes de la Virginie, tombent dans cette baie. Elles ſont toutes navigables pour de grands vaiſſeaux juſque dans le cœur même du pays; en outre elles ont tant de criques & reçoivent un ſi grand nombre de plus petites rivières navigables, que la Virginie eſt ſans contredit le pays du monde le mieux ſitué pour la navigation. On a obſervé, & ce n'eſt point exagération, que chaque planteur avoit une rivière à ſa porte.

Du côté de la mer & des bords des rivières, le ſol de la Virginie conſiſte en une terre noire & riche qui, ſans aucune eſpèce d'engrais, rapporte infiniment au propriétaire dans toute ſorte de culture. A une plus grande diſtance de la mer, le ſol eſt plus léger & plus ſablonneux; & à l'aide du Soleil, il eſt très-propre à la culture du grain & du tabac.

Il y a toute la variété & toute la perfection poſſibles dans les végétaux de ce pays; la ſoie y vient naturellement dans beaucoup d'endroits, & l'on aſſure que ſes filamens ſont plus beaux que le lin & plus forts que le chanvre : on y rencontre auſſi une grande quantité d'herbes & de plantes médicinales, & particulièrement la ſerpentaire & le gingembre des Chinois. Enfin il n'y a point de grain qu'on ne puiſſe cultiver avec avantage dans ce pays; les habitans ſe livrent ſur-tout à la culture du tabac; pourvu qu'ils y aient une quantité de grain ſuffiſante pour leur uſage, ils n'en demandent pas davantage. Le ſol produit encore du chanvre & du lin; les Virginiens en conſomment une partie, & ils exportent le reſte dans d'autres pays : enfin la Virginie peut fournir toutes ſortes de munitions navales.

Le Maryland eſt ſitué entre le 74.ᵉ & le 78.ᵉ degrés de longitude Oueſt, &

entre les 38.ᵉ & 40.ᵉ degrés de latitude Nord , ayant 140 milles de longueur
fur une profondeur de 130 milles. Il eſt borné au Nord par une partie de la Penſylvanie , à l'Eſt par une autre partie & par la mer Atlantique, au Sud par la Virginie,
& à l'Oueſt par les montagnes Apalaches.

Ce pays eſt coupé par un nombre prodigieux de criques & de rivières navigables
qui donnent de la fertilité au ſol, déjà très-propre à la culture du chanvre & du grain,
auſſi-bien qu'à celle du tabac. Ce dernier article eſt la production propre du pays.

Le commerce du Maryland eſt fondé ſur les mêmes principes que celui de la
Virginie , & ils ſont ſi bien liés enſemble que la moindre ſéparation leur feroit
beaucoup plus de tort que de bien.

Les importations de ces deux Provinces ont ſouvent ſurpaſſé les exportations ;
pendant les cinq années qui ont précédé immédiatement l'année 1773, les exportations ont ſurpaſſé les importations ; elles ont monté chacune, pendant les trente
années dernières, de 4 à 500,000 livres.

SAINT-CHRISTOPHE, pages 153 & 154.

Cᴇᴛᴛᴇ Iſle eſt ſituée par le 62.ᵉ degré de longitude Oueſt & le 17.ᵉ degré de
latitude Nord , à environ quatorze lieues d'Antigoa, ayant 20 milles de longueur
ſur 8 de large ; elle appartenoit autrefois aux Eſpagnols , qui l'abandonnèrent
comme ne méritant pas leur attention , & en 1626 les Anglois & les François s'y
établirent conjointement : enſuite elle fut entièrement cédée aux Anglois par le Traité
d'Utrecht.

Le ſol de Saint-Chriſtophe eſt léger & ſablonneux, & très-propre non-ſeulement
pour la culture du tabac & du ſucre, mais auſſi pour celle du coton, du gingembre
& de toutes ſortes de fruits : il produit auſſi une ſorte d'indigo très-eſtimée des
Teinturiers, & le ſucre y vient preſque en auſſi grande quantité qu'à la Barbade.
Saint-Chriſtophe eſt la plus grande de toutes les îles ſous le vent ; dans beaucoup
d'endroits elle eſt ſi montueuſe, que la culture du ſucre y eſt conſidérablement
diminuée. Au Sud-eſt de l'Iſle eſt un iſthme qui s'avance dans la mer , & produit
des ſalines dont le grain eſt plus blanc , plus corroſif que celui de la France.

Les importations ont conſtamment ſurpaſſé les exportations ; les premières ont
augmenté de 44,000 à 300,000 livres & plus ; les dernières qui étoient de 2 à
3,000 ont été à plus de 100,000 livres.

ESPÈCES ÉTRANGÈRES & LINGOTS,
pages 155 & 156.

Lᴇs eſpèces étrangères conſiſtant en plus grande partie en monnoies de Portugal ,
& les lingots qui ſont de l'or & de l'argent en barres, s'exportent aux Indes Orientales,
en Allemagne, en Hollande, quelquefois à l'Amérique ſeptentrionale, & très-fré-
quemment aux autres parties du monde, pour le payement de celles de nos troupes
qui en temps de guerre ſervent dans les Pays étrangers , & qui en temps de paix
ſont en garniſon dans les parties outre-mer des poſſeſſions Britanniques. Comme ni
les eſpèces, ni les lingots ne ſont ſujets à aucuns droits d'entrée à nos douanes, il

n'eft pas aifé de déterminer les quantités qui en font importées : la valeur de ces articles monte de 1 à 2,000,000 livres.

ISLES DE L'AMÉRIQUE en général; page 157.

ON ne doit point s'attendre ici à une defcription des îles de l'Amérique en général; elles forment un article à part, parce qu'autrefois on avoit la coutume d'expédier les bâtimens pour les îles de l'Amérique & ceux qui en venoient, fans fpécifier fur la déclaration, pour quelle partie. Cette pratique étoit fujette à beaucoup d'inconvéniens; & fi elle n'a pas lieu, c'eft un fervice dont on eft redevable au zèle & à l'intelligence de M. Tompkins : elle a ceffé en 1768, époque à laquelle il eft entré en place, & n'eft pas la moins utile réforme qu'il a introduite dans ce département.

GROENLAND, page 158.

LA partie feptentrionale du Groënland ou Spitzberg n'eft point encore découverte; ce pays eft borné à l'Oueft & au Sud par l'Océan feptentrional. A l'Eft eft un pays inconnu, auquel le Groënland eft joint par un ifthme, appelé par quelques Géographes, *Groënland oriental* ou *nouveau Groënland.*

La grande quantité de poiffon qui fe trouve fur la côte de ce pays, mérite notre principale attention, attendu que c'eft le feul objet qui attire nos vaiffeaux dans ces mers. Notre pêcherie de la baleine eft confidérable & importante, foit relativement aux avantages qu'elle procure à la Nation, (particulièrement comme pépinière de Matelots) foit par rapport aux profits qu'y font les Armateurs particuliers.

Les Anglois font le premier peuple qui ait conçu le projet hardi d'attaquer la baleine, & en conféquence ils ont une forte de titre héréditaire à ce commerce. Cependant la part qu'ils y ont actuellement eft bien peu de chofe, fi on la compare à celle dont jouiffent les peuples qui les ont fupplantés.

Les Hollandois, les habitans de Brème & ceux de Hambourg, ont été les premiers à fuivre l'exemple des Anglois. D'abord ils furent obligés de louer des Anglois pour harponneurs & pour timonniers : c'eft actuellement tout le contraire, car c'eft fouvent à ces peuples que nous en demandons.

Vers l'année 1597, fous le règne d'Élifabeth, les Anglois commencèrent ce commerce avec deux vaiffeaux feulement; ils gagnèrent fur leur premier voyage, quoique leur inexpérience leur eût occafionné des pertes confidérables, tant en hommes qu'en agrès. Le fecond qui eut lieu en 1599, fut beaucoup plus avantageux que le premier, & ces fuccès continuèrent jufqu'en 1612.

A cette époque les Hollandois voyant les avantages que les Anglois retiroient de ce commerce, envoyèrent des vaiffeaux pour la même expédition : mais les Anglois réclamant la propriété de ce commerce, il s'éleva à ce fujet entre les deux Nations, des querelles qui furent très-préjudiciables aux Hollandois; mais étant déterminés à continuer cette pêcherie, ils y envoyèrent des vaiffeaux de force, & prirent un bâtiment aux Anglois qui les avoient attaqués. Ce bâtiment ayant été conduit en Hollande, fut rendu enfuite par les États-généraux, qui envoyèrent des Députés à Jacques I.er pour traiter à ce fujet, & convenir d'une liberté réciproque pour la pêcherie des deux Nations. Ce Traité cependant n'eut point lieu, les chofes reftèrent dans le même état d'indécifion, & les deux Partis continuèrent de pêcher enfemble.

Ce commerce tomba confidérablement pendant une longue fuite d'années, par l'effet des difficultés & des dangers fans nombre auxquels les vaiffeaux étoient expofés en pêchant dans les hautes-mers où les baleines s'étoient retirées : mais les Hollandois eurent bientôt furmonté ces obftacles, & ils parvinrent ainfi à faire un commerce beaucoup plus confidérable qu'ils n'en avoient encore fait, & qui a toujours continué dans cet état floriffant depuis l'année 1638.

C'eft de cette époque que les Anglois peuvent dater la décadence d'un commerce dont ils avoient été les fondateurs. En 1694, il fut fait cependant une tentative par une Compagnie de Marchands qui équipèrent deux vaiffeaux la première année, & obtinrent un acte du Parlement pour les exempter de payer aucun droit, & leurs Matelots d'être fujets à la preffe, ce qui étoit alors un grand privilége, mais tout cela ne fervit de rien. Dépourvus de l'efpèce de connoiffances néceffaires pour conduire ce commerce, ils fe laiffèrent tromper par leurs Employés, au point que leurs fonds furent entièrement diffipés : c'eft actuellement un commerce libre à tout le monde : les importations depuis 1752 jufqu'à préfent ont été de 10 à 30,000 liv. par an. Les exportations font fi peu de chofe qu'elles ne valent pas la peine qu'on en parle.

GÉORGIE, *page 159.*

CETTE Colonie a été fondée en 1732 ; le Gouvernement obferva qu'il y avoit dans la Caroline, fur les frontières de la Floride Efpagnole, un grand efpace de terres en friches & fans établiffemens. On jugea à propos de le peupler, & d'en faire une province féparée : cette entreprife avoit deux objets ; d'abord de fe procurer une barrière affez forte pour protéger la Caroline contre les incurfions que les Sauvages, excités par les François ou les Efpagnols, pourroient faire dans cette Province ; en fecond lieu, de récolter du vin, de l'huile & de la foie, & de détourner l'induftrie de ce nouveau peuple, du commerce du merrain & des provifions auxquelles les autres Colonies s'étoient trop adonnées, pour les porter vers des objets plus avantageux au Public.

Le projet d'établiffement qui avoit été d'abord adopté ne réuffit pas, & il s'en fallut peu que la Colonie ne fût détruite auffitôt que formée : on fit un nouveau plan, & la Colonie commence à fortir des difficultés qui avoient long-temps arrêté fes progrès.

La Géorgie eft féparée de la Caroline méridionale par la rivière Savannah ; elle eft bornée à l'Eft par l'Océan atlantique, à l'Oueft par la Floride Indienne, & au Sud par la rivière Alatahama ; elle s'étend à environ vingt lieues, Nord & Sud, fur les côtes de la mer ; mais dans les parties plus enfoncées dans les terres, elle s'élargit jufqu'à près de cinquante lieues : fa profondeur depuis la mer jufqu'aux montagnes Apalaches, n'eft pas moindre de cent lieues ; elle produit du maïs, du froment, de l'avoine & de l'orge ; il y a une infinité de nectarines, de prunes, de pêches : on y recueille affez de riz, & la culture de l'indigo y eft floriffante. Les principaux bois de conftruction font les pins : ce pays a déjà deux villes connues dans le commerce.

Savannah,

Savannah, la capitale, qui eſt très-bien ſituée, à environ trois lieues de la mer, ſur la rivière Savannah, que de grandes chaloupes peuvent remonter ſoixante-dix lieues, juſqu'à la ſeconde ville, appelée *Auguſta :* celle-ci eſt bâtie ſur un terrein de la plus grande fertilité ; & ſa ſituation eſt ſi commode pour le commerce des Sauvages, que depuis l'établiſſement de la Colonie, elle a toujours été dans la ſituation la plus floriſſante ; c'eſt-là que ſe fait le commerce des fourrures avec les Creeks, les Chick-ſans & les Cherokees.

Depuis quinze ans, nos exportations & importations avec cette Province ont fait des progrès rapides : l'excédant varie ; nos importations montent actuellement à 80,000 liv. par an, & nos exportations vont à-peu-près à la même ſomme. Elles ont excédé 90,000 livres.

LA NOUVELLE-PROVIDENCE, page 160.

La Nouvelle-Providence eſt une des îles Bahama ; ces Iſles ſont ſituées entre les 22ᵉ & 27.ᵉ degrés de latitude ; elles s'étendent le long des côtes de la Floride, preſque juſqu'à l'île de Cuba, & on dit qu'elles ſont au nombre de cinq cents : quelques-unes ne ſont que des rochers nus ; d'autres ſont grandes, fertiles, & ont un ſol entièrement ſemblable à celui de la Caroline. La Providence ſervoit autrefois de retraite aux Pirates qui ont pendant long-temps infeſté la navigation d'Amérique ; cela obligea le Gouvernement à y élever un fort où l'on met un Gouverneur, avec une compagnie franche. Le peu de commerce que fait cette Iſle, conſiſte principalement en bois de teinture & en oranges ; elle envoie ce dernier article à l'Amérique ſeptentrionale.

Le plus grand avantage qu'en retire le Gouvernement, eſt d'y trouver une ſtation convenable pour ſes Croiſeurs, à l'effet de protéger notre navigation & de troubler celle de nos ennemis ; mais on peut eſpérer d'en tirer par la ſuite un parti plus avantageux, attendu la bonté du climat & la fertilité du ſol de ces Iſles, qui les rendront vraiſemblablement auſſi propres à la culture du ſucre qu'aucune des autres Iſles de l'Amérique.

Les importations ont monté dans quelques années juſqu'à 7,000 livres, & les exportations juſqu'à 14 & même 15000 livres.

INDES OCCIDENTALES ESPAGNOLES, page 161.

CÔTE DES MOSQUITES, page 169.

BAIE DE HONDURAS, page 170.

La côte des Moſquites & la baie d'Honduras, ſont les ſeules places où les Anglois commercent dans les Indes orientales Eſpagnoles. Dans les déclarations, ces places ſont quelquefois dénommées ſéparément, mais on les trouve plus ſouvent ſous le nom général des *Indes occidentales Eſpagnoles.*

En 1772, les bois de Campèche & de Mahogany (Paliſſante), venoient francs de la baie d'Honduras & non de la côte des Moſquites, & voilà ce qui a donné lieu à la diſtinction.

Les importations ont monté autrefois jufqu'à 150,000 livres, mais depuis dix ans elles font tombées à 50,000 livres : les exportations ont confidérablement diminué depuis ce période, ce qui a occafionné un grand excédant dans les importations.

MARCHANDISES DE PRISES, page 162.

Marchandises prifes fur l'Ennemi en temps de guerre, exportées à différentes places, fans reftriction.

TORTOLA, page 163.

Isle nouvellement cédée ; le fucre & le rum font les principaux articles d'importation : les exportations confiftent en cuivre travaillé, laiton, fer & toiles angloifes.

Les importations ont monté de 40 à 50,000 livres, & elles ont conftamment excédé les exportations qui n'ont jamais été par-delà 27,000 livres ; & pendant plufieurs années il n'y a point eu d'exportations.

SAINTE-CROIX, page 164.

Sainte-Croix ou Santa-Cruz, eft une petite ile mal faine qui appartient au Roi de Danemarck ; elle eft fituée à environ cinq lieues à l'Eft de Saint-Thomas ; fa longueur eft de douze lieues, & fa plus grande largeur de quatre. Cette Ifle, avec celle de Saint-Thomas, a refté pendant un temps confidérable en la poffeffion de la Compagnie des Indes occidentales Danoifes ; mais ces deux établiffemens furent fi mal conduits, & ils devinrent fi peu intéreffans pour le royaume, que le feu Roi jugea à propos d'acheter les actions de la Compagnie & de rendre libre ce commerce. Cette opération eut un fi bon effet, & l'île de Saint-Thomas a été fi fort améliorée depuis cette époque, qu'elle produit actuellement plus de trois mille bariques de fucre par an, & d'autres productions des Indes occidentales en affez grande quantité. Santa-Cruz, qui n'étoit il n'y a pas long-temps qu'un défert, eft devenue une place de quelqu'importance, & fes progrès ont engagé plufieurs riches habitans des Ifles Angloifes à s'y établir.

Dans le commencement, nos exportations furpaffoient nos importations ; mais depuis douze ans les importations furpaffent les exportations.

NOUVELLE-ÉCOSSE, page 164.

Ce pays eft fitué entre 60 & 69 degrés de longitude oueft & entre 43 & 49 degrés de latitude nord ; il a environ cent foixante-huit lieues de long fur cent trente de large ; il eft borné au Nord par le fleuve Saint-Laurent, à l'Eft par la baie Saint-Laurent & l'Océan atlantique, au Sud par la même Mer, & à l'Oueft par le Canada & la Nouvelle-Angleterre.

On ne doit pas attendre de grands avantages d'un climat auffi défavorable que l'eft celui de la Nouvelle-Écoffe ; l'hiver y dure fept mois avec la plus grande rigueur ; & le refte de l'année, la chaleur eft auffi infupportable que le froid l'étoit auparavant ; l'horizon eft couvert d'une brume continuelle.

Tout ce pays n'eſt pour ainſi dire qu'une forêt ; & juſqu'ici l'Agriculture y a fait peu de progrès, quoique des Colons Anglois y aient entrepris des défrichemens. Dans la plupart des endroits, le ſol eſt maigre & ſtérile : le blé qu'il produit reſſemble au ſeigle, & l'herbe eſt entre-mêlée d'une mouſſe froide & ſpongieuſe : malgré cette aridité générale, il y a des endroits où la terre eſt extrêmement fertile ; elle eſt ſur-tout très-propre à la culture du chanvre & du lin. Le bois y eſt d'une bonne qualité pour la conſtruction, & il donne de la poix & du goudron.

On pêche une grande quantité de poiſſon dans les rivières de la Nouvelle-Écoſſe ; à la fin de Mars il commence à frayer & entre dans ces rivières par quantités ſurprenantes : les harengs les remontent au mois d'Avril, & les eſturgeons & les ſaumons en Mai ; mais ce qui fait le principal avantage de ce pays, c'eſt la côte du Cap Sable, le long de laquelle eſt une file de bancs où l'on pêche la morue, & un grand nombre d'excellens ports.

La ville d'Halifax eſt ſituée très-commodément pour la pêcherie, & elle a des communications avec tous les principaux endroits de la Province, ſoit par mer ou par terre, ou par des rivières navigables ; elle a un beau port, où ſe tient pendant l'hiver une petite eſcadre, qui dans l'été eſt employée à protéger la pêcherie. Au moyen des pêcheries & du commerce des fourrures & de munitions navales, les habitans gagnent de quoi ſe ſoutenir d'une manière très-honnête. Annapolis, qui eſt d'ailleurs beaucoup moins conſidérable qu'Halifax, a le plus beau port de toute l'Amérique : mille vaiſſeaux y pourroient être à l'ancre avec la plus grande ſûreté.

Les exportations de la Grande-Bretagne à la Nouvelle-Écoſſe, conſiſtent princi-palement en draps & en toiles, & autres articles d'habillement, ainſi que des filets pour pêcher & des agrès pour les vaiſſeaux. Le montant de nos exportations pendant les trois années dernières, a été de 28 à 52,000 livres : nos importations ont été de 2 à 5,000 livres. Les ſeuls articles que nous puiſſions prendre en échange, ſont le merrain & le produit des pêcheries : les exportations ont toujours ſurpaſſé les importations.

TOILES ANGLOISES ET IRLANDOISES
exportées avec gratification.

COMMERCE ÉTRANGER, *page 165.*

La gratification ſur les toiles, ſous le nom de *commerce étranger*, étoit pour les toiles envoyées aux Canaries, à Madère, en Afrique, en Eſpagne, en Portugal & dans les Indes orientales, diſtinguées de celles qu'on envoyoit aux Colonies angloiſes.

TOILES ANGLOISES ET IRLANDOISES
exportées avec gratification.

COLONIES ANGLOISES, *page 165.*

Distinguées du commerce étranger depuis 1756 juſqu'en 1764.

CAP BRETON, *page 165.*

Cette Iſle, qui a environ 100 milles de longueur & 50 milles de largeur, eſt située à environ 100 milles au Sud-ouest de Terre-neuve & est séparée de la côte Nord-est de la Nouvelle-Écosse par le petit détroit de Cansa ou Canso ; son climat, son sol & ses productions, sont les mêmes qu'à Terre-neuve ; elle a été cédée à la Grande-Bretagne par la dernière paix : cette Isle est précieuse, principalement en ce qu'on y trouve de très-bons ports, entr'autres celui de Louisbourg, qui a environ 10 milles de circuit, six brasses d'eau de profondeur, & où une forte escadre pourroit trouver un abri assez sûr. Ce qui l'a rendue encore plus importante, c'est qu'elle nous procure une navigation plus sûre pour le Canada, & qu'on trouve une très-grande quantité de poisson sur la côte.

Sous ces différens points de vue, on peut la regarder comme une acquisition essentielle pour nous, & la perte qu'en a faite la France doit lui être très-sensible.

Les articles d'importations & d'exportations sont de peu de valeur ; néanmoins en 1758, 1759, 1760, les exportations se sont montées depuis 12,000 livres jusqu'à 20,000 livres.

ANGUILLE, page 166.

ANGUILLE, *Aguis insula* ou *Snake-island*, ainsi appelée à cause de sa figure, est une grande étendue de pays près l'île de Saint-Martin, étroite & sinueuse ; elle est située par 18 degrés 21 minutes : le pays est plat & couvert de bois, le sol fertile ; & le tabac qui anciennement y croissoit en grande quantité, est regardé comme très-bon dans son espèce. Les habitans passent pour être le peuple le plus indolent du monde, & par conséquent peu porté à se procurer tous les avantages que la Nature leur offre d'une main si libérale.

LA GRENADE, page 166.

CETTE Isle est située à 12 degrés de latitude septentrionale & à 61 degrés 40 minutes de longitude occidentale ; elle est à environ trente lieues au Sud-ouest de la Barbade, & presque à la même distance au nord de la Nouvelle-Andalousie, ou du Continent Espagnol ; elle a 30 milles de longueur & 16 milles de largeur.

L'expérience a démontré que le sol de la Grenade étoit très-propre à produire du sucre, du tabac & de l'indigo ; & en général on pourroit se flatter, proportionnellement à sa grandeur, d'en faire une Colonie aussi florissante qu'aucune de celles des Indes occidentales ; il y a au milieu de l'Isle une montagne, sur le sommet de laquelle est un lac d'où sortent plusieurs ruisseaux qui ornent & fertilisent le pays. Autour de l'Isle se trouvent plusieurs baies & havres (de quelques-uns desquels on pourroit tirer un grand avantage en les fortifiant) qui la rendent très-propre à la navigation : son principal port, appelé *Louis,* a un fond de sable ; & il est si vaste & si sûr, que mille vaisseaux de 3 à 400 tonneaux peuvent y mouiller à l'abri des tempêtes, & que cent vaisseaux du plus grand port, en tonneaux, peuvent être amarrés dans son havre.

Les principales productions de l'Isle, consistent en une grande quantité de bois de différentes espèces, des fruits excellens, gommes précieuses, bois de teinture, huiles, raisins, baumes, &c. On y trouve une grande quantité d'oiseaux & de gibier, & beaucoup d'animaux d'un manger excellent que l'on rencontre rarement dans toutes

les

les autres Iſles : le ſucre y eſt d'un grain beaucoup plus fin que celui de la Martinique ou de la Guadeloupe ; l'indigo qui y croît, eſt d'une qualité infiniment ſupérieure à celle d'aucune des iſles des Indes occidentales : quelques perſonnes prétendent qu'on y trouve auſſi la véritable canelle & la muſcade.

Au nord de la Grenade, il y a d'autres petites iſles, appelées *les Grenadines ;* les productions ſont les mêmes que celles de la Grenade : la poſſeſſion en a été confirmée à la Couronne de la Grande-Bretagne, par le traité définitif de 1763.

Depuis ce temps les importations ont monté d'environ 250,000 liv. à près de 500,000 livres, & les exportations d'environ 50,000 liv. à plus de 100,000 livres : les importations ont toujours ſurpaſſé les exportations.

LA FLORIDE, page 166.

LA FLORIDE eſt ſituée entre les 82.ᶜ & 105.ᶜ degrés de longitude occidentale, & entre les 25.ᶜ & 40.ᶜ degrés de latitude ſeptentrionale ; elle a 1,400 milles de longueur & 900 milles de largeur.

Ce pays a été cédé à la Grande-Bretagne par le dernier Traité de paix, & en y comprenant une partie de la Louiſiane, il eſt diviſé aujourd'hui dans les Gouvernemens de la Floride orientale & occidentale : il y a pluſieurs grandes rivières dans la Floride : la principale deſquelles eſt le Miſſiſſipi, qui forme la limite occidentale de la Province : cette rivière eſt une des plus belles & des plus larges du monde : on ſuppoſe que ſon cours eſt de 3,000 milles (mille lieues) ; mais ſes embouchures ſont tellement engorgées par le ſable & les bas-fonds, que les vaiſſeaux d'un port en tonneaux un peu conſidérable, ne peuvent y entrer : ſuivant la carte de Mitchell, la principale entrée de cette rivière n'a que 12 pieds d'eau. En dedans de la barre, on trouve cent braſſes d'eau ; le canal eſt par-tout profond & le courant modéré, excepté dans une certaine ſaiſon, où, comme le Nil, il ſe déborde & devient extrêmement rapide. On ne trouve nulle part de bas-fonds ni de cataracte, excepté à l'entrée dont il a été déjà parlé ; & cette rivière eſt navigable pour de petits bâtimens marchands, preſque juſqu'à ſa ſource.

Les principales baies ſont celles de Saint-Bernard, de l'Aſcenſion, de Mobile, de Penſacola, du Dauphin, de Joſeph, d'Apalaches, du Saint-Eſprit & la baie de Charles.

Les principaux caps ſont le cap Blanc, de Samblas, d'Anclote, de Saint-Auguſtin & le cap Floride, à l'extrémité de la peninſule qui termine l'Amérique Angloiſe au Sud.

Le ſol de la Floride eſt en général très-fertile ; il produit du riz, de l'indigo, de l'ambre gris, de la cochenille, des améthyſtes, des turquoiſes, du *lapis lazuli* & autres pierres précieuſes, du cuivre, du vif-argent, du charbon de terre & des mines de fer : on trouve auſſi des perles ſur la côte en très-grande quantité ; le bois de palliſſante croît dans les parties méridionales de la peninſule, mais il eſt inférieur en groſſeur & en qualité à celui de la Jamaïque. A en juger d'après le climat de la Floride, & d'après pluſieurs échantillons qui ont été envoyés en Angleterre, il y auroit lieu de croire que le coton, le ſucre & la ſoie y croîtroient auſſi-bien que dans la Perſe, l'Inde & la Chine, qui ſont ſituées ſous les mêmes latitudes.

La ville capitale de la Floride occidentale eſt Penſacola, qui eſt bâtie dans une baie du même nom ſur un rivage de ſable acceſſible ſeulement aux petits vaiſſeaux ;

la rade eſt néanmoins la meilleure de tout le golfe du Mexique ; les vaiſſeaux peuvent y reſter en ſûreté à l'abri de tous vents, étant environnée de terre de tous côtés.

Saint-Auguſtin, la capitale de la Floride orientale, eſt bâtie le long du rivage & eſt de forme oblongue ; il y a un port à l'entrée duquel ſont des briſans nord & ſud qui forment deux canaux, dont les barres dans les baſſes marées ont huit pieds d'eau.

Le pauvre état du commerce de la Floride eſt provenu du peu d'attention qu'on y apportoit avant la concluſion de la dernière guerre ; il eſt néanmoins conſidéra-blement augmenté depuis ce temps : outre cela le climat & le ſol de la Floride paroiſſent très-propres pour la culture de la ſoie. Le grand nombre de vignes qui croiſſent naturellement dans les forêts, font concevoir les flatteuſes eſpérances que nous pourrions dans peu tirer d'excellens vins de ce pays.

Nos importations ſont déjà augmentées, de 1,000 livres & même moins, à près de 250,000 livres : nos exportations ſe montent à environ 60,000 livres.

L A D O M I N I Q U E, page 167.

Cette Iſle eſt ſituée par 15 degrés de latitude ſeptentrionale & par 61 degrés 24 minutes de longitude occidentale, étant à mi-chemin entre la Martinique & la Guadeloupe ; ſa forme eſt preſque circulaire, & ſon diamètre eſt de treize lieues. Les François s'étoient toujours oppoſés aux différentes tentatives que les Anglois ont faites pour s'y établir. En effet, cet établiſſement nous mettroit en état de couper toute communication entre la Martinique & la Guadeloupe.

Par le dernier Traité de paix néanmoins elle fut cédée en termes exprès à l'Angleterre ; pluſieurs Écrivains en parlent comme d'une des meilleures Iſles caraïbes, à cauſe de ſes vallées fertiles, de ſes plaines étendues & des beaux ruiſſeaux qui les arroſent. Les pentes des montagnes portent les plus beaux arbres des Indes occidentales, & l'iſle abonde en bois de conſtruction de toute eſpèce : il y a différens ports & criques ſûrs & commodes ; & du côté du Nord-oueſt ſe trouve une baie, fond de ſable, profonde & large, bien défendue des vents par les montagnes adjacentes. Ce fut dans cette baie que notre eſcadre, ſous le feu Lord Cathcart, mouilla en ſi grande ſûreté : ce fut d'elle auſſi que notre eſcadre tira tant d'avantages dans la dernière guerre.

Depuis la ceſſion de cette iſle en 1763, nos importations ſont augmentées, d'un peu plus de 30,000 liv. à près de 250,000 livres par an, & nos exportations, de 2,000 livres & moins, à près de 60,000 livres.

L E C A N A D A, page 167.

Le Canada, Colonie de l'Amérique ſeptentrionale, a été conquis ſur les François pendant la dernière guerre ; & par le Traité définitif, il a été réuni avec toutes ſes dépendances à la Couronne de la Grande-Bretagne. Il y avoit eu diverſes conteſtations ſur l'étendue réelle & ſur les limites de cette vaſte province, qui ſont à-préſent déterminées par un acte du Parlement, & la totalité de ces territoires eſt aujourd'hui compriſe ſous le titre de *Province de Québec*.

Le terrein de cette province eſt varié, ſtérile en pluſieurs endroits ; & dans d'autres, d'une fertilité égale à celle de la plupart de nos Colonies ; elle produit dans certains cantons du maïs, & dans d'autres de très-beau froment : toutes les herbes potagères d'Europe réuffiffent dans le Canada, mais on n'y a pas affez de marchandifes de la production même du pays pour payer ce qu'il reçoit de la Métropole. Le peu que nous en tirons vient du commerce du pays avec les Sauvages ; ce font principalement des fourrures de caftors, de renards, de racouns, avec des peaux de bêtes fauves & toutes fortes de pelleteries ; ajoutez-y le blé & le merrain qu'on envoie aux Indes occidentales : les Canadiens prennent de nous du brandevin, du tabac, des couvertures à deux fils, des fufils, de la poudre & des balles, des chaudières, des haches, des tomohawks (affommoirs) & d'autres bijoux & colifichets.

Québec, qui eft la capitale, eft à environ cent cinquante lieues de la mer ; la rivière qui, depuis la mer jufqu'à Québec, a 10 à 12 milles de large, fe rétrécit tout-à-coup, & n'a plus qu'environ un mille ; fa navigation eft auffi dangereufe que difficile, à l'entrée fur-tout, étant gelée prefque une moitié de l'année, & étant couverte pendant l'autre moitié, d'exhalaifons épaiffes & de brumes.

Depuis la ceffion de cette province à la Grande-Bretagne, l'Agriculture & le commerce y ont fait beaucoup de progrès.

L'importance de cette Colonie confifte principalement en ce qu'elle a tiré une ligne entre les François & nous dans le nouveau monde, & que par ce moyen il ne leur eft plus poffible de nous y nuire.

Nos exportations excèdent de beaucoup nos importations, mais il y a de l'accroiffement dans les unes & dans les autres ; de 150,000 livres nos exportations ont monté à plus de 300,000 livres ; & nos importations qui n'alloient qu'à 27,000 liv. vont aujourd'hui à plus de 50,000 livres.

L'ÉCOSSE, *page 167.*

L'Écosse eft fi univerfellement connue, qu'elle n'a pas befoin de defcription ; & comme elle eft réunie à l'Angleterre par l'acte d'union de la cinquième année du règne d'Anne, on doit ne les confidérer l'une & l'autre du côté du commerce, que comme formant un feul pays fous le titre de Grande-Bretagne, ce qui fait qu'aujourd'hui il n'eft plus queftion d'importations ni d'exportations. Depuis 1699 jufqu'en 1704, les importations étoient plus fortes ; mais dans les années qui ont fuivi ces dernières, les exportations ont excédé. L'amélioration du Gouvernement d'Écoffe, par l'abolition des *clans* (tribus), & les autres avantages que les Écoffois ont retirés de l'union, ont excité leur induftrie, & leurs fuccès fe font manifeftés avec rapidité.

SAINT-VINCENT, *page 168.*

Cette ifle eft par 13 degrés 30 minutes de latitude feptentrionale, & par 61 degrés de longitude occidentale, à 30 milles au fud de Sainte-Lucie ; elle a environ 24 milles de long & 18 de large. Le terrain eft très-fertile & très-propre à la culture de l'indigo : il y a beaucoup de bonnes fources qui arrofent fuffifamment le pays ; on y trouve auffi beaucoup de bois de charpente de bonne qualité, & d'excellens arbres fruitiers dont quelques-uns font particuliers à cette Ifle ; elle produit encore du tabac d'une excellente qualité : au nord-oueft & au fud-oueft de l'Ifle, il y a des baies & des anfes fort commodes qui forment de bons ancrages; l'extrémité du Sud a en particulier une baie fablonneufe, fpacieufe & profonde, appelée la baie de *Saint-Antoine*. De très-gros vaiffeaux peuvent y mouiller très-fûrement & très-commodément.

Nos importations furpaffent nos exportations : les unes & les autres ont augmenté; les premières, de moins de 5,000 livres, font venues à 150,000 livres; & les dernières, de moins de 1,000 livres, font montées à plus de 38,000 livres.

SAINT-THOMÉ et SAINT-THOMAS, page 168.

C'est la même Ifle dont on a prononcé le nom de ces deux manières en différens temps; elle appartient aux Portugais : fes importations confiftent principalement en fucre & coton. Le plus fort article de nos exportations eft du fer travaillé.

LA MARTINIQUE, page 168.

Cette Ifle eft fituée entre le 14.ᵉ & le 15.ᵉ degrés de latitude feptentrionale, & par 61 degrés de longitude occidentale, à environ quarante lieues Nord-oueft de la Barbade; elle a 20 milles de long & une largeur inégale : la partie intérieure de l'ifle eft montueufe, & préfente dans l'éloignement l'afpect de trois montagnes diftinctes; plufieurs ruiffeaux qui tombent des montagnes l'arrofent : il y a fur cette côte beaucoup de baies & de ports. Cette ifle avoit été prife pendant la dernière guerre par les Anglois qui l'ont rendue à la paix.

TOBAGO, page 168.

Cette Ifle eft la plus méridionale de tous les établiffemens anglois en Amérique, excepté celle de Falkland dans la mer du Sud; elle eft fituée à 11 degrés quelques minutes de latitude Nord, & à 120 milles Sud de la Barbade, & environ à la même diftance du continent d'Efpagne : elle peut avoir 32 milles de long & 9 milles de large.

Le climat de Tobago n'eft pas auffi chaud qu'on le croiroit, à en juger par fon voifinage de la Ligne; les ouragans n'y font pas auffi fréquens ni auffi dangereux que dans les autres ifles de l'Amérique : fon terrein eft fertile & propre à la culture du fucre & des autres denrées que fournit l'Amérique; & fi l'on en croit les Hollandois, elle produit auffi la mufcade, la noix-mufcade & la gomme-copal : toutes ces productions la rendent fort importante & fort utile à la Grande-Bretagne. Elle eft arrofée par plufieurs fources; fes baies & fes criques font fort commodes pour toute efpèce de bâtiment : on peut juger de la valeur & de l'importance de cette ifle par les armemens difpendieux & formidables que les Puiffances européennes y ont envoyés à l'appui de leurs diverfes prétentions. Il paroît qu'elle a fur-tout appartenu aux Hollandois, qui en ont difputé la poffeffion aux Anglois & aux François avec la perfévérance la plus opiniâtre; elle avoit été déclarée neutre par le traité d'Aix-la-Chapelle en 1748, & elle a été entièrement cédée à la Grande-Bretagne par le traité de paix de 1763.

Nos exportations furpaffent nos importations, les unes & les autres ont beaucoup augmenté, puifque les importations font venues de 500 liv. à 30,000 livres; il n'y

a point

a point eu d'importation dans les premières années qui ont suivi la ceſſion : elles ſurpaſſent à-préſent 20,000 livres.

LA GUADELOUPE, *page 169.*

C'EST une des iſles Caraïbes françoiſes ; elle eſt ſituée par 16 degrés de latitude Nord & par 61 degrés de longitude Oueſt, à environ trente lieues Nord de la Martinique, & à preſque autant au Sud d'Antigoa ; elle a vingt-deux lieues de long & environ douze de large : elle abonde en ſucre, coton & indigo ; elle a été priſe par les Anglois en 1759, & ils l'ont rendue à la France à la paix ; de ſorte que nos importations & nos exportations n'ont eu lieu que pendant le court intervalle de temps que nous avons poſſédé cette Iſle. Dans les années 1761 & 1762, les importations paroiſſent s'être montées de 30,000 livres à 500,000 livres, & les exportations de 10,000 à 100,000 livres.

SAINT-EUSTACHE, *page 169.*

CETTE Iſle eſt ſituée à 9 milles nord-oueſt de Saint-Chriſtophe ; ce n'eſt qu'une montagne d'environ 29 milles de tour, qui s'élève au-deſſus de la mer comme une pyramide, & qui eſt preſque ronde. Quoiqu'elle ſoit petite, & que ſon terrein ſoit peu favoriſé de la Nature, les Hollandois en ont tiré parti à force d'induſtrie ; il y a de fort bons établiſſemens ſur le penchant de la montagne, mais on n'y voit ni ſources, ni rivières : les principales productions de l'iſle ſont le tabac & le ſucre. Saint-Euſtache, par ſa ſituation, eſt la plus forte des iſles des Indes occidentales, & la moins expoſée à une invaſion ; elle n'a qu'une bonne place de débarquement, qu'une poignée d'hommes peuvent défendre, & où eſt un port commandé par un fort conſidérable.

Il paroît que nous n'exportons rien à Saint-Euſtache ; nos importations ne ſont pas nombreuſes : en comptant ſur les trois dernières années, elles ſe montent à environ 5,000 liv. par chaque année.

SAINTE-LUCIE, *page 169.*

CETTE Iſle eſt à environ 80 milles nord-oueſt de la Barbade & à 50 au ſud de la Martinique ; elle a 23 milles de long & 12 de large : ſon terrein en général eſt fertile, & arroſé par une abondance de petits ruiſſeaux ; elle eſt bien fournie de bois, & elle a de bons ports. C'étoit autrefois l'opinion générale qu'elle appartenoit à l'Angleterre, &, conjointement avec celle de Saint-Vincent, elle avoit été donnée au feu Duc de Montague, qui l'obtint par Lettres patentes de George I.ᵉ ; mais preſque auſſitôt, les François en prirent poſſeſſion, & elle leur a été cédée, ou plutôt la poſſeſſion leur en a été confirmée par le dernier Traité de paix.

LA HAVANNE, *page 169.*

CETTE place eſt ſituée dans l'iſle de Cuba, à 83 degrés de longitude oueſt & à 23 de latitude ; elle a un port vaſte & ſûr, dont l'entrée eſt cependant d'un accès difficile. C'eſt en ce port que les galions de Carthagène & de la Vera-Cruz ſe donnent rendez-vous, lors de leur retour en Eſpagne ; l'Évêque de Saint-Iago, le

Gouverneur, & la plupart des gens de diftinction de l'ifle, réfident dans cette ville, qui eft dans la partie nord-oueft de l'ifle, vis-à-vis la côte de la Floride ; elle a été prife dans la dernière guerre par les Anglois, & rendue aux Efpagnols à la paix : elle renferme deux mille maifons. Les regiftres ne nous donnent fur les importations & les exportations, qu'une période de cinq années, de 1762 à 1766 ; en 1763, les importations fe montoient à 250,000 livres fterlings.

BELLE-ISLE, *page 170.*

C'est une ifle fituée par 58 degrés de longitude oueft & par 52 de latitude, près de la côte orientale de la Nouvelle-Bretagne ou des Efquimaux ; elle donne fon nom au détroit de Belle-Ifle, qui fépare la partie feptentrionale de Terre-neuve de la Nouvelle-Bretagne.

QUÉBEC, *page 170.*

QUÉBEC eft la capitale du Canada, & fe trouve fur la rive occidentale de la rivière de Saint-Laurent ; la marée remonte jufqu'à 400 milles dans cette rivière. Il y a ville haute & ville baffe ; la première eft conftruite fur un très-haut rocher de marbre, l'autre eft fur un petit détroit fort peu élevé au-deffus de l'eau. On compte à Québec environ quatorze mille habitans ; dans les équinoxes, les marées y remontent jufqu'à la hauteur d'environ 25 pieds ; le port eft grand, & pourroit contenir cent vaiffeaux de ligne.

ISLE DE MAN, *page 170.*

CETTE Ifle, fituée dans le canal Saint-George, eft à une égale diftance des royaumes d'Angleterre, d'Écoffe & d'Irlande ; elle a environ 30 milles de long, du nord au fud, & 8 à 15 de largeur ; fa latitude, dans la partie du milieu, eft de 54 degrés 16 minutes Nord.

L'air de cette ifle eft fain ; & fon climat, malgré fa fituation, eft prefque le même que celui du nord de l'Angleterre, & n'en diffère pas beaucoup à d'autres égards : les parties montagneufes font ftériles. Le plat-pays abonde en froment, orge, avoine, feigle, lin, chanvre, racines & légumes. On dit qu'il y a dans cette ifle beaucoup de fer, de plomb & de cuivre, ainfi que des carrières de marbre, d'ardoife & de pierre, dont cependant aucune n'eft exploitée.

Douglas eft la ville la plus riche & la plus peuplée de l'ifle, à caufe de fon excellent port & d'un beau môle qui s'étend affez avant dans la mer ; il fe fait un grand débit de marchandifes dans cette ville. Ramfey fait auffi un affez grand commerce, à la faveur de fa baie qui eft très-fpacieufe, & dans laquelle les vaiffeaux font à l'abri de tous les vents, à l'exception de celui du Nord-eft.

L'Hiftoire d'Angleterre fait fouvent mention des Rois de Man ; & quoique nous n'ayons pas leur généalogie bien fuivie, & que nous ne fachions que le nom de peu d'entr'eux, il eft cependant hors de doute qu'ils ont été pendant plufieurs fiècles, maîtres de la mer dans les parages voifins. Vers l'an 1263, Alexandre, deuxième Roi d'Écoffe, Prince très-vaillant, ayant défait les Danois, réclama la fouveraineté de l'ifle de Man, & força Owen ou Jean, qui en étoit Roi, de le reconnoître pour fon fuzerain. Les Rois de Man ont continué d'être tributaires de ceux d'Écoffe juſqu'au temps qu'Édouard Ier réduiſit cette iſle, dont depuis cette époque les Rois d'Angleterre ont eu la fuzeraineté; mais elle n'en reſta pas moins entre les mains des Princes danois juſqu'au règne d'Édouard III. Ce fut ce Monarque qui dépoſſéda la dernière Reine de cette iſle, & qui en fit don à ſon favori Montague, Comte de Saliſbury: ſa famille ayant été convaincue de haute trahiſon, le Roi donna ce fief, avec la nomination à l'Évêché, à la famille de Northumberland; ceux-ci étant à leur tour convaincus du même crime, ils perdirent cette poſſeſſion; & le Roi la concéda au Chevalier John Stanley, dont les deſcendans, Comtes de Derby, en jouirent ſucceſ-ſivement juſqu'à ce que, faute d'héritier mâle, elle paſſa au Duc d'Athol, mari de la ſœur du dernier Lord Derby. Cette famille l'a conſervée juſqu'au préſent règne. Pluſieurs motifs ayant fait deſirer, comme une choſe fort utile, que la perception des droits de douane, ainſi que la police & le gouvernement de l'iſle, appartinſſent à la Couronne, comme les autres domaines de la Grande-Bretagne, les Lords-Commiſſaires de la Tréſorerie ont été autoriſés, par acte de la douzième année de George Ier, à traiter avec le propriétaire pour qu'il remît à la Couronne les Droits régaliens, juridictions & droits de douane, &c. Ce n'eſt cependant que ſous le règne actuel que cette convention a été réglée & confirmée par le *chapitre XXVI* de l'acte de la cinquième année de George III.

L'ISLE SAINT-JEAN, page 170.

CETTE iſle eſt dans la baie de Saint-Laurent, entre le cap Breton & la côte Nord-eſt de la Nouvelle-Écoſſe, par 47 degrés de latitude ſeptentrionale; elle a environ 60 milles de long & 30 de large: les François qui l'ont beaucoup amélioré, l'ont abondamment fournie de grains & d'excellent bétail; on y vit avec tant d'agrément, que lorſque les François qui l'habitoient, au nombre de quatre mille, paſsèrent ſous la domination Britannique, ils s'y ſoumirent très-paiſiblement, plutôt que de ſonger à abandonner un ſi délicieux ſéjour.

C O N C L U S I O N.

ON ſe flatte qu'un Lecteur intelligent tirera quelque avantage des obſervations dont on a accompagné ces détails géographiques; il lui ſera facile, par leur moyen, de combiner la *nature* & la *valeur* de nos importations & de nos exportations dans les différentes parties du globe, & d'en tirer la balance réelle du commerce.

J'ajouterai ſeulement que la plus grande partie de cet Ouvrage a été imprimée avant la fin de l'année dernière (1775); mais l'obligation où a été l'Auteur de remplir ſon devoir au Parlement, ne lui a pas permis de faire achever l'Ouvrage plus tôt.

F I N.

(1)

COMMERCE DE LA GRANDE-BRETAGNE.

Du 1.er Octobre 1696 au 1.er Octobre 1697, neuvième année de GUILLAUME III.

PAYS.	IMPORTATIONS.			EXPORTATIONS.			EXCÉDANT des IMPORTATIONS.			EXCÉDANT des EXPORTATIONS.		
	liv.	sous	den.	liv.	sous	den.	liv.	sous	den.	liv.	sous	den.
Afrique	6,615	16	8	13,435	16	10				6,820	//	2
Isles Canaries	168,190	7	//	51,851	3	2	116,339	3	10			
Danemarck & Norwège	63,350	12	2	79,523	7	7				16,172	15	5
Dantzick	151,899	12	9	126,226	13	10	25,672	18	11			
Indes orientales	262,837	9	5	67,094	16	6	195,742	12	11			
Flandre	45,842	12	9	209,480	5	6				163,637	12	9
Allemagne	342,242	12	2	331,080	6	7	11,162	5	7			
Hollande	506,642	12	7	1,462,415	9	10				955,772	17	3
Irlande	223,913	8	10	251,262	3	4				27,348	14	6
Italie	80,708	14	6	38,765	8	4	1,943	6	2			
Isles Madères	2,640	11	10	6,777	5	6				4,136	13	8
Terre-neuve	9,384	//	4	21,659	10	9				12,275	10	5
Portugal	86,755	10	2	125,274	10	3				38,519	//	1
Russie	64,190	12	//	2	//	//	64,188	12	//			
Écosse	91,302	16	10	73,203	6	//	18,099	10	10			
Espagne	192,708	15	6	132,134	19	11	60,573	15	7			
Gibraltar				87,585	7	7				87,585	7	7
Suède	150,313	16	11	40,767	10	4	109,546	6	7			
Levant	338,062	18	6	45,752	3	//	292,310	15	6			
Venise	20,259	11	//	6,017	//	2	14,242	10	10			
Isles en Europe. — Aurigny	129	19	//	1,176	15	6				1,046	16	6
Isles en Europe. — Garnesey	4,757	6	5	6,069	15	7				1,312	9	2
Isles en Europe. — Jersey	6,440	6	4	7,799	16	1				1,359	9	9
Colonies Angloises. — Antigoa	28,209	//	2	8,029	16	3	20,179	3	11			
Colonies Angloises. — Barbades	196,532	18	5	77,465	8	1	119,067	10	4			
Colonies Angloises. — Bermudes	20	6	3	626	16	//				606	9	9
Colonies Angloises. — Caroline	12,374	5	3	5,289	19	1	7,084	6	2			
Colonies Angloises. — Baie de Hudson	1,995	1	//	1,291	19	7	703	1	5			
Colonies Angloises. — Jamaïque	70,000	6	//	40,726	7	8	29,273	18	4			
Colonies Angloises. — Montserrat	14,699	14	3	3,532	17	//	11,166	17	3			
Colonies Angloises. — Nevis	17,096	13	3	13,043	8	//	4,053	5	3			
Colonies Angloises. — Nouvelle-Angleterre	26,282	2	3	68,468	17	9				42,186	15	6
Colonies Angloises. — Lucaye	708	4	9	1,422	15	4				714	10	7
Colonies Angloises. — Nouvelle-York	10,093	16	10	4,579	3	5	5,514	13	5			
Colonies Angloises. — Pensylvanie	3,347	16	1	2,997	16	4	349	19	9			
Colonies Angloises. — Virginie & Mariland	227,756	11	4	58,796	10	11	168,960	//	5			
Prises	54,279	10	11	54,279	10	11						
TOTAUX	3,482,586	10	5	3,525,906	18	6	1,316,174	15	//	1,359,495	3	1

EXCÉDANT DE L'EXPORTATION..... 43,320. 8. 1

A

COMMERCE DE LA GRANDE-BRETAGNE.

Du 1.er Octobre 1697 au 1.er Octobre 1698, dixième année de GUILLAUME III.

PAYS.	IMPORTATIONS.			EXPORTATIONS.			EXCÉDANT des IMPORTATIONS.			EXCÉDANT des EXPORTATIONS.		
	liv.	fous	den.	liv.	fous	den.	liv.	fous	den.	liv.	fous	den.
Afrique	2,496	6	8	70,587	17	4			//	68,091	10	8
Iſles Canaries	73,583	13	6	43,170	9	6	30,413	4	//			
Danemarck & Norwège	90,957	11	7	37,232	6	8	53,725	4	11			
Dantzick	197,476	15	5	150,018	16	10	47,457	18	7			
Indes orientales	356,509	7	7	451,195	16	2				94,686	8	7
Flandre	81,741	3	4	547,033	18	//				465,292	14	8
France	48,806	8	4	61,441	11	7				12,635	3	3
Allemagne	525,734	3	5	694,349	13	5				168,615	10	//
Groenland	3,694	17	6				3,694	17	6			
Hollande	649,348	18	//	1,507,177	14	6				857,828	16	6
Irlande	333,968	9	5	293,813	13	6	40,154	15	11			
Italie	163,624	17	9	82,011	5	3	81,613	12	6			
Iſles Madères	1,270	12	6	26,762	9	1				25,491	16	7
Terre-neuve	4,899	13	1	15,620	9	1				10,720	16	//
Portugal	155,310	16	1	365,251	7	6				209,940	11	5
Ruſſie	74,738	2	5	36,996	//	2	37,742	2	3			
Écoſſe	124,835	1	11	58,043	17	9	66,791	4	2			
Eſpagne	354,164	10	8	580,499	3	6				226,334	12	10
Gibraltar				300,472	9	//				300,472	9	//
Suède	219,492	1	11	52,379	3	8	167,112	18	3			
Levant	162,037	5	3	172,049	3	4				10,011	18	1
Veniſe	53,601	13	2	12,806	9	8	40,795	3	6			
Iſles en Europe. { Aurigny	278	11	//	3,007	10	6				2,728	19	6
Garneſey	10,663	10	2	20,487	12	3				9,824	2	1
Jerſey	15,195	19	11	7,464	16	10	7,731	3	1			
Colonies Angloiſes. { Antigoa	52,903	18	8	20,758	11	3	32,145	7	5			
Barbades	308,090	10	9	146,851	//	4	161,239	10	5			
Bermudes	2,926	8	11	3,971	10	//				1,045	1	1
Caroline	9,265	7	6	18,462	13	1				9,197	5	7
Baie de Hudſon	8,031	11	4	2,853	8	6	5,178	2	10			
Jamaïque	189,567	10	4	120,777	15	4	68,789	15	..			
Montſerrat	24,422	2	6	3,372	12	8	21,049	9	10			
Nevis	54,748	16	8	14,550	13	7	40,198	3	1			
Nouvelle-Angleterre	31,254	18	10	93,517	1	10				62,262	3	//
Lucaye	184	14	10				184	14	10			
Nouvelle-York	8,763	13	8	25,279	14	1				16,516	//	5
Penſylvanie	2,720	6	10	10,704	12	1				7,984	5	3
Virginie	174,053	4	5	310,135	//	//				136,081	15	7
Priſes	160,996	8	3	160,996	8	3						
TOTAUX	4,732,360	4	1	6,522,104	16	1	106,017	8	1	2,695,762	//	//

EXCÉDANT DE L'EXPORTATION..... 1,789,744. 1. //

COMMERCE DE LA GRANDE-BRETAGNE.

Du 25 Décembre 1698, au 25 Décembre 1699, onzième année de GUILLAUME III.

PAYS.	IMPORTATIONS.			EXPORTATIONS.			EXCÉDANT des IMPORTATIONS.			EXCÉDANT des EXPORTATIONS.		
	liv.	fous	den.	liv.	fous	den.	liv.	fous	dens	liv.	fous	den.
Afrique	19,225	18	7½	96,295	5	8¾				77,069	7	1¼
Isles Canaries	84,278	11	8¾	35,973	7	10	48,305	3	10¾			
Danemarck & Norwège	86,744	11	9	37,606	6	10½	49,138	4	10½			
Dantzick	224,546	6	5	165,731	9	3¼	58,814	17	1¾			
Indes orientales	717,695	4	5½	156,908	13	11½	560,786	10	6			
Flandre	79,518	16	9½	256475	16	4¾				176,956	19	7¼
France	76,712	14	4½	103,259	1	3½				26,546	6	11
Allemagne	818,191	//	1	700,834	12	1	117,356	8	//			
Groenland	273	17	6				273	17	6			
Hollande	512,599	4	8½	1,452,940	16	2¼				940,341	11	5¾
Irlande	417,475	5	6	269,475	19	8	147,999	5	10			
Italie	329,188	16	2	100,549	7	4	228,639	8	10			
Isles Madères	2,298	//	4	7,741	1	4¾				5,443	1	//¾
Terre-neuve	18,402	6	1¼	17,661	8	5¼	740	17	8			
Portugal	164,539	7	1½	337,600	14	7¾				173,061	7	6¼
Russie	99,845	5	5	58,118	5	//	41,727	//	5			
Écosse	86,309	19	1	66,303	15	8	20,006	3	5			
Espagne	469,903	3	3¼	574,628	11	11½				104,725	8	8¼
Gibraltar				408,163	12	2¾				408,163	12	2¾
Suède	245,802	5	5¾	57,166	12	10¼	188,635	12	7			
Levant	255,904	//	5¼	223,403	14	1¾	32,500	6	3½			
Venise	50,051	12	9	34,034	10	7	16,017	2	2			
Isles en Europe — Aurigny	180	8	3	340	18	2¼				160	9	11¼
Isles en Europe — Garnesey	10,199	9	11¾	15,910	14	7½				5,711	4	7¾
Isles en Europe — Jersey	15,605	16	9½	12,696	19	7	2,908	17	2½			
Colonies Angloises — Antigoa	109,440	15	2¾	30,226	18	9¾	79,213	16	5			
Colonies Angloises — Barbades	273,947	15	5	150,532	7	5¼	123,415	7	11¾			
Colonies Angloises — Bermudes	300	10	//½	1,439	13	11				1,139	3	10½
Colonies Angloises — Caroline	12,327	1	9¼	11,401	18	5½	925	3	4¼			
Colonies Angloises — Baie de Hudson	4,235	5	//¼	943	15	7¼	3,291	9	5			
Colonies Angloises — Jamaïque	174,845	//	8¼	136,733	6	1	38,111	14	7¼			
Colonies Angloises — Montserrat	23,163	9	6	7,162	14	2¼	16,000	15	3¾			
Colonies Angloises — Nevis	74,857	13	6¼	16,480	6	4¾	58,377	7	1½			
Colonies Angloises — Nouvelle-Angleterre	26,660	16	8	127,279	19	2½				100,619	2	6½
Colonies Angloises — Lucaye				305	4	//				305	4	//
Colonies Angloises — Nouvelle-York	16,818	18	10½	42,792	1	1				25,973	2	2½
Colonies Angloises — Pensylvanie	1,477	15	6	17,064	1	7¾				15,586	6	1¾
Colonies Angloises — Virginie & Mariland	198,115	16	10	205,078	//	2½				6,962	3	4½
Prises	5,986	9	6½				5,986	9	6½			
Espèces étrangères & Matières d'or & d'argent				850,904	14	6				850,904	14	6
TOTAUX	5,707,669	11	6¼	6,788,166	17	6¼	1,839,172	//	1	2,919,669	5	10

EXCÉDANT DE L'EXPORTATION..... 1,080,497. 5. 9.

COMMERCE DE LA GRANDE-BRETAGNE.

Du 25 Décembre 1699 au 25 Décembre 1700, douzième année de GUILLAUME III.

PAYS.	IMPORTATIONS.			EXPORTATIONS.			EXCÉDANT des IMPORTATIONS.			EXCÉDANT des EXPORTATIONS.		
	liv.	fous	den.	liv.	fous	den.	liv.	fous	den.	liv.	fous	den.
Afrique	26,888	17	4¼	155,793	//	10				128,904	3	5¾
Isles Canaries	86,662	14	2½	65,257	4	6	21,405	9	8½			
Danemarck & Norwège	72,758	17	5½	39,695	10	//½	33,063	7	5			
Dantzick	135,338	14	8½	143,443	1	2½				8,104	6	6
Indes orientales	787,731	7	11¼	126,697	15	5	661,033	12	6¼			
Flandre	60,981	2	10¼	238,204	2	6½				177,222	19	8¼
France	94,641	5	1¾	287,050	6	9¼				192,409	1	7½
Allemagne	651,657	10	9¾	629,997	17	//	21,659	13	9¾			
Groenland	469	6	3				469	6	3			
Hollande	527,072	6	2½	1,765,951	1	2				1,238,878	14	11½
Irlande	233,853	6	3	261,115	15	10½				27,262	9	7½
Italie	348,019	7	1¾	111,901	16	1¾	236,117	11	//			
Isles Madères	528	10	2	11,510	16	11¾				10,982	6	9¾
Terre neuve	16,706	3	8½	26,075	4	5				9,369	//	8½
Portugal	279,156	1	6¼	336,357	11	2¼				57,201	9	8
Russie	176,620	2	1	79,282	7	//¼	97,337	15	//¼			
Écosse	130,087	9	10¼	85,194	1	3¾	44,893	8	7½			
Espagne	545,056	//	9½	610,912	4	7¾				65,856	3	10¼
Gibraltar				456,575	10	4¼				456,575	10	4¼
Suède	198,824	15	9½	57,467	7	10	141,357	7	11½			
Levant	303,072	12	//¾	238,456	14	1	64,615	17	11¼			
Venise	47,927	13	4¼	31,091	18	10¼	16,835	14	6			
Isles en Europe — Aurigny	107	10	9	493	5	3				385	14	6
Isles en Europe — Garnesey	6,066	14	2¼	15,888	5	3¼				9,821	11	1
Isles en Europe — Jersey	13,244	11	6¼	16,191	11	4½				2,946	19	9½
Colonies Angloises — Antigoa	87,773	11	2	32,174	5	2¾	55,599	5	11¼			
Colonies Angloises — Barbades	366,024	6	//¾	167,609	3	5¼	198,415	2	7½			
Colonies Angloises — Bermudes	1,232	6	8	1,014	//	6	218	6	2			
Colonies Angloises — Caroline	14,058	14	6	11,003	12	4½	3,055	2	1½			
Colonies Angloises — Baie de Hudson	2,495	1	6				2,495	1	6			
Colonies Angloises — Jamaïque	239,758	18	9¼	100,847	16	//¾	138,911	2	8½			
Colonies Angloises — Montferrat	42,343	4	6¼	7,939	19	4¼	34,403	5	2½			
Colonies Angloises — Nevis	44,172	16	5	24,481	19	3¼	19,690	17	1¼			
Colonies Angloises — Nouvelle-Angleterre	41,486	11	9	91,918	14	6½				50,432	2	9¼
Colonies Angloises — Lucaye	3,704	19	1½	130	13	9¼	3,574	5	3¾			
Colonies Angloises — Nouvelle-York	17,567	16	1½	49,410	15	1¾				31,843	5	1¼
Colonies Angloises — Pensylvanie	4,608	9	8¾	18,529	6	2¼				13,920	16	5½
Colonies Angloises — Saint-Christophe	44,172	16	5				44,172	16	5			
Colonies Angloises — Virginie & Mariland	317,302	12	11¼	173,481	10	4	143,821	2	7¼			
Espèces étrangères & Matières d'or & d'argent				833,570	2	3				833,570	2	3
TOTAUX	5,970,175	1	10¼	7,302,716	8	7	1,983,145	12	6½	3,315,686	19	3¼

EXCÉDANT DE L'EXPORTATION 1,332,541. 6. 8¾

COMMERCE DE LA GRANDE-BRETAGNE.

Du 25 Décembre 1700 au 25 Décembre 1701, treizième année de GUILLAUME III.

PAYS.	IMPORTATIONS.			EXPORTATIONS.			EXCÉDANT des IMPORTATIONS.			EXCÉDANT des EXPORTATIONS.		
	liv.	sous	den.	liv.	sous	den.	liv.	sous	den.	liv.	sous	den.
Afrique	21,074	19	8¼	133,499	2	1				112,424	2	4¾
Isles Canaries	119,773	13	3½	40,735	10	9	79,038	2	6½			
Danemarck & Norwège	58,773	9	10¾	44,695	8	1½	14,078	1	9¼			
Dantzick	167,382	4	10½	149,644	16	6	17,737	8	4½			
Indes orientales	762,188	7	3	122,048	1	5½	640,140	5	9½			
Flandre	65,123	19	2	270,564	6	6½				205,440	7	4¼
France	123,940	″	9	212,708	7	1¾				88,768	6	4¾
Allemagne	729,097	18	9½	1,005,304	5	6				276,206	6	8½
Hollande	521,257	16	″	2,138,569	8	″¾				1,617,311	12	″¾
Irlande	285,390	18	1¼	296,144	7	7¾				10,753	9	6½
Italie	384,937	10	″¾	135,202	2	7	249,735	7	5¾			
Isles Madères	1,614	8	10¼	11,444	17	8¾				9,830	8	10½
Terre-neuve	19,696	18	2½	9,156	6	5½	10,540	11	9			
Portugal	206,924	6	4¼	277,109	4	10				70,184	18	5½
Russie	90,581	13	2¼	69,201	10	4¾	21,380	2	9½			
Écosse	73,988	18	11¼	56,802	2	2	17,186	16	9¼			
Espagne	532,691	1	10½	430,515	4	9¼	102,175	17	1¼			
Gibraltar				389,167	16	2¼				389,167	16	2¼
Suède	190,509	18	5½	70,806	19	2¾	119,702	19	2¾			
Levant	386,611	2	9	239,102	12	8	147,508	10	1			
Venise	56,801	9	6¾	65,401	12	4¾				8,600	2	10
Isles en Europe. Aurigny	718	″	2½	40	13	″	677	7	2½			
Isles en Europe. Garnesey	7,834	16	″	7,681	19	2	152	16	10			
Isles en Europe. Jersey	12,888	5	5½	8,516	12	4¾	4,371	13	″¾			
Colonies Angloises. Antigoa	82,110	6	9	27,963	13	10	54,146	12	11			
Colonies Angloises. Barbades	280,678	4	3¼	182,045	15	4½	98,632	8	10¾			
Colonies Angloises. Bermudes	1,079	17	7½	1,065	18	4¼	13	19	2¾			
Colonies Angloises. Caroline	16,973	6	3	13,908	8	3½	3,064	17	11½			
Colonies Angloises. Baie de Hudson	5	5	″	1,658	9	8½				1,653	4	8½
Colonies Angloises. Jamaïque	235,214	14	11¼	105,234	12	8	129,980	2	3¼			
Colonies Angloises. Montferrat	31,569	5	4¾	2,191	15	10¾	29,377	9	6			
Colonies Angloises. Nevis	87,447	″	8	19,417	10	10¾	68,029	9	9¼			
Colonies Angloises. Nouvelle-Angleterre	32,656	7	2	86,322	13	11¼				53,666	6	9¼
Colonies Angloises. Lucayes	982	6	″¾				982	6	″¾			
Colonies Angloises. Nouvelle-York	18,547	3	6	31,910	6	6¾				13,363	3	″¾
Colonies Angloises. Pensylvanie	5,220	6	3	12,003	16	10				6,783	10	7
Colonies Angloises. Saint-Christophe	21,581	9	10	2,396	1	2½	19,185	8	7½			
Colonies Angloises. Virginie & Mariland	235,738	18	4½	199,683	2	3¼	36,055	16	1¼			
Espèces étrangères & Matières d'or & d'argent				751,187	12	10				751,187	12	10
TOTAUX	5,869,606	9	10	7,621,053	6	5¾	1,863,894	12	1½	3,615,341	8	9¼

EXCÉDANT DE L'EXPORTATION.... 1,751,446. 16. 7¾

B

COMMERCE DE LA GRANDE-BRETAGNE.

Du 25 Décembre 1701 au 25 Décembre 1702, première année d'ANNE.

PAYS.	IMPORTATIONS.			EXPORTATIONS.			EXCÉDANT des IMPORTATIONS.			EXCÉDANT des EXPORTATIONS.		
	liv.	sous	den.	liv.	sous	den.	liv.	sous	den.	liv.	sous	den.
Afrique	31,295	//	5	96,052	5	10½				64,757	5	5½
Isles Canaries	93,006	3	4	263	14	6	92,742	8	10			
Danemarck & Norwège	61,086	14	11¾	39,416	10	10	21,670	4	1¾			
Dantzick	100,403	5	10	102,421	11	9				2,018	5	11
Indes orientales	247,014	16	11¼	87,484	12	2	159,530	3	10¼			
Flandre	15,369	16	7½	64,812	13	2¼				49,442	16	6¾
France	76,471	9	3	12,838	2	//¾	63,633	7	2¼			
Allemagne	527,549	2	6	892,524	13	2½				364,975	10	8½
Hollande	436,422	2	11¼	1,666,141	3	4				1,229,719	//	4¾
Irlande	258,121	1	3	215,112	16	10	43,008	4	5			
Italie	261,174	4	2¾	57,146	15	5¾	204,027	8	9			
Isles Madères	3,199	16	3	13,631	5	8¾				10,431	9	5¼
Terre-neuve	11,811	8	2	6,425	3	7¼	5,386	4	6¾			
Portugal	193,998	18	8¼	460,465	6	9½				266,466	8	1¼
Russie	105,459	7	4½	81,867	7	6¾	23,591	19	9¾			
Écosse	71,428	18	11¾	58,688	2	2	12,740	16	9¾			
Espagne	297,042	15	//¼	145,278	3	6	151,764	11	6¼			
Gibraltar				144,331	18	//¼				144,331	18	//¼
Suède	142,651	//	3	64,211	6	8	78,439	13	7			
Levant	324,542	10	5¾	119,569	18	11½	204,972	11	6¼			
Venise	54,290	16	10¼	17,745	9	4	36,545	7	6¼			
Isles en Europe. { Aurigny	147	12	4½	85	7	//	62	5	4½			
Garnesey	12,705	13	2¾	3,949	4	9•	8,756	8	5¾			
Jersey	4,327	14	4½	3,341	16	1½	985	18	3			
Colonies Angloises. { Antigoa	91,208	18	4¼	28,513	14	8	62,695	3	8¼			
Barbades	114,327	7	//	104,405	9	4½	9,921	17	7½			
Bermudes	6	16	//¾	828	13	2				821	17	1¾
Caroline	11,870	//	//½	10,460	18	3¾	1,409	1	8¾			
Baie de Hudson	1,791	16	6	972	16	3¾	819	//	2¼			
Jamaïque	149,389	11	//	95,657	18	2	53,731	12	10			
Montserrat	31,576	3	5½	4,598	10	6	26,977	12	11½			
Nevis	74,305	17	7	21,148	2	11¾	53,157	14	7¼			
Nouvelle-Angleterre	37,026	11	9½	64,625	9	8½				27,598	17	11
Nouvelle-York	7,965	5	4¾	29,991	15	4				22,026	9	11¼
Pensylvanie	4,145	2	9	9,342	11	5¼				5,197	8	8¼
Saint-Christophe	15,360	8	4¼	542	2	1	14,818	6	3¼			
Virginie & Mariland	274,782	14	9½	72,391	13	11½	202,391	//	10			
Prises	16,027	13	6				16,027	13	6			
Espèces étrangères & Matières d'or & d'argent				438,588	15	//				438,588	15	//
TOTAUX	4,159,304	16	//	5,235,874	//	5¼	1,549,806	18	10¼	2,626,376	3	3½

EXCÉDANT DE L'EXPORTATION 1,076,569. 4. 5¼

COMMERCE DE LA GRANDE-BRETAGNE.

Du 25 Décembre 1702 au 25 Décembre 1703, deuxième année d'ANNE.

PAYS.	IMPORTATIONS.			EXPORTATIONS.			EXCÉDANT des IMPORTATIONS.			EXCÉDANT des EXPORTATIONS.		
	liv.	sous	den.	liv.	sous	den.	liv.	sous	den.	liv.	sous	den.
Afrique	17,565	2	1¼	104,179	13	8				86,614	11	6¾
Danemarck & Nôrwège	75,819	14	2¼	53,566	2	9¼	22,253	11	5			
Dantzick	210,812	15	1¾	155,578	10	1¼	55,234	5	//½			
Indes orientales	596,309	11	10¼	135,077	9	3¼	461,232	2	7			
Allemagne	663,799	14	7½	726,342	//	2¼				62,542	5	6¾
Hollande	522,430	9	7¾	2,405,599	9	8¾				1,883,169	//	1
Irlande	324,289	14	10¾	266,324	1	2	57,965	13	8¾			
Italie	159,257	3	5¾	173,529	18	10¼				14,272	15	4½
Isles Madères	1,570	11	2	22,057	7	3¾				20,486	16	1¼
Terre-neuve	7,021	4	8	4,757	12	2¾	2,263	12	5¼			
Portugal	257,180	11	8¼	714,241	9	4				457,060	17	7¾
Russie	75,895	6	8	143,412	14	5½				67,517	7	9½
Écosse	76,448	8	3	57,338	15	5	19,109	12	10			
Gibraltar				304,553	16	2½				304,553	16	2½
Suède	235,930	12	//¼	65,066	5	4½	170,864	6	7¾			
Levant	80,029	19	3¾	236,688	4	7¾				156,658	5	4
Venise	37,717	10	6	15,953	15	6¾	21,763	14	11¼			
Isles en Europe — Aurigny	45	19	//				45	19	//			
Isles en Europe — Garnesey	10,137	14	4¾	3,775	16	8½	6,361	17	8			
Isles en Europe — Jersey	13,876	8	6	1,054	17	7½	12,821	10	10¼			
Colonies Angloises — Antigoa	104,360	3	4¼	22,125	8	9¾	82,234	14	6½			
Colonies Angloises — Barbades	223,591	8	1¾	79,092	11	5¼	144,498	16	8½			
Colonies Angloises — Bermudes	497	5	10				497	5	10			
Colonies Angloises — Caroline	13,197	8	1¾	12,428	12	8¾	768	15	5			
Colonies Angloises — Baie de Hudson	52,954	14	6				52,954	14	6			
Colonies Angloises — Jamaïque	182,551	16	9	165,893	17	//¼	16,657	19	8¾			
Colonies Angloises — Montferrat	21,057	12	8¾	2,955	3	9¼	18,102	8	11½			
Colonies Angloises — Nevis	83,375	3	5	14,262	5	2	69,112	18	3			
Colonies Angloises — Nouvelle-Angleterre	33,539	10	11½	59,608	//	10				26,068	9	10½
Colonies Angloises — Lucayes				207	18	3				207	18	3
Colonies Angloises — Nouvelle-York	7,471	8	7¾	17,562	2	10¼				10,090	14	2½
Colonies Angloises — Pensylvanie	5,160	19	2	9,899	18	7¼				4,738	19	5¼
Colonies Angloises — Saint-Christophe	11,552	1	3¾	505	12	//	11,046	9	3¾			
Colonies Angloises — Virginie & Mariland	144,928	3	1¼	196,713	9	8½				51,785	6	7¼
Prises	276,220	2	11½				276,220	2	11½			
Espèces étrangères & Matières d'or & d'argent				473,750	4	3				473,750	4	3
TOTAUX	4,526,596	11	1½	6,644,103	6	//½	1,502,010	13	4½	3,619,517	8	3½

EXCÉDANT DE L'EXPORTATION.... 2,117,507.14.11

COMMERCE DE LA GRANDE-BRETAGNE.

Du 25 Décembre 1703 au 25 Décembre 1704, troisième année d'ANNE.

PAYS.	IMPORTATIONS.			EXPORTATIONS.			EXCÉDANT des IMPORTATIONS.			EXCÉDANT des EXPORTATIONS.		
	liv.	sous	den.	liv.	sous	den.	liv.	sous	den.	liv.	sous	den.
Afrique	15,441	//	11½	86,665	10	8¾				71,224	9	9¼
Isles Canaries	25,840	12	11¾				25,840	12	11¾			
Danemarck & Norwège	94,219	16	5½	52,168	1	7½	42,051	14	10			
Dantzick	195,089	1	9½	166,740	6	2	28,348	15	7½			
Indes orientales	757,814	17	3	193,427	12	8	564,387	4	7			
Allemagne	675,975	15	9¼	937,521	10	2½				261,545	14	5¼
Hollande	756,843	3	11	2,312,240	8	8¾				1,555,397	4	9¾
Irlande	321,847	//	5¾	215,949	16	4¼	105,897	4	1½			
Italie	250,145	9	3¾	178,794	18	6¼	71,350	10	9			
Isles Madères	3,210	12	//¼	13,798	10	11				10,587	18	10¾
Terre-neuve	13,401	6	11¾	9,619	1	10¼	3,782	5	1½			
Portugal	330,689	//	10¼	780,664	7	11½				449,975	7	11¾
Russie	223,449	13	9	141,506	12	4¼	81,943	1	4¾			
Écosse	54,379	16	8¼	87,536	9	8¼				33,156	13	//
Espagne	208	5	6				208	5	6			
Gibraltar				325,607	18	5¼				325,607	18	5¼
Suède	201,718	14	8	45,679	9	4¾	156,039	5	3¼			
Levant	478,476	2	9¾	131,867	3	2¼	346,608	19	7½			
Venise	26,389	8	7¾	18,781	17	9¼	7,607	10	10½			
Isles en Europe { Aurigny	34						34	//				
Isles en Europe { Garnesey	11,260	7	//	4,647	10	9¾	6,612	16	2¼			
Isles en Europe { Jersey	17,225	6	10¼	460	10	5¾	16,764	16	4½			
Colonies Angloises { Antigoa	66,200	14	9¾	24,430	1	1½	41,770	13	8¼			
Barbades	136,556	19	3¼	121,518	10	1½	15,038	9	1¾			
Bermudes				2,375	//	5¾				2,375	//	5¾
Caroline	14,067	7	4	6,621	8	7½	7,445	18	8½			
Jamaïque	184,365	18	//¾	89,952	1	8¼	94,413	16	4½			
Montserrat	24,089	13	4¼	8,185	4	4¾	15,904	8	8½			
Nevis	73,563	4	9¾	19,838	//	5	53,725	4	4¾			
Nouvelle-Angleterre	30,823	18	7¾	74,896	14	1½				44,072	15	5¾
Nouvelle-York	10,540	16	11¾	22,294	15	1½				11,753	18	1¾
Pensylvanie	2,430	8	//¼	11,819	2	8¾				9,388	14	8½
Saint-Christophe	5,129	11	4¾	3,316	16	2½	1,812	15	2¼			
Virginie & Mariland	264,112	15	9¾	60,458	11	1	203,654	4	8¾			
Indes occid. en général	2,610	8	8¼	37,559	4	11¾				34,948	16	3½
Prises	115,049	4	9½				115,049	4	9½			
Espèces étrangères & Matières d'or & d'argent				365,076	9	2				365,076	9	2
TOTAUX	5,383,200	16	5½	6,552,019	18	2	2,006,291	18	11¾	3,175,111	//	8¼

EXCÉDANT DE L'EXPORTATION.... 1,168,819. 1. 8½

COMMERCE DE LA GRANDE-BRETAGNE.

Du 25 Décembre 1704 au 25 Décembre 1705, quatrième année d'ANNE.

PAYS.	IMPORTATIONS.			EXPORTATIONS.			EXCÉDANT des IMPORTATIONS.			EXCÉDANT des EXPORTATIONS.		
	liv.	fous	den.	liv.	fous	den.	liv.	fous	den.	liv.	fous	den.
Afrique	8,679	1	1¾	65,104	16	3				56,425	15	1¼
Ifles Canaries	24,949	19	5¼	19,301	4	11½	5,648	14	5¾			
Danemarck & Norwège	81,348	18	11	43,349	1	4¾	37,999	17	6¼			
Dantzick	96,451	2	11¾	100,281	10	11½				3,830	7	11¼
Indes orientales	391,974	17	5½	27,004	14	5¾	364,970	2	11¾			
Flandre				30	1	3				30	1	3
Allemagne	676,381	8	1¼	978,104	13	4				301,723	5	2¾
Hollande	572,209	15	7½	1,715,002	//	6¼				1,142,792	4	10¾
Irlande	279,992	1	2¾	244,057	6	6¾	35,934	14	8			
Italie	173,996	10	9½	134,466	9	11	39,530	//	10½			
Ifles Madères	8,285	15	8½	19,498	7	1¼				11,212	11	4¾
Terre-neuve	5,008	15	9	8,596	//	4¾				3,587	4	7¾
Portugal	222,542	19	5½	818,995	16	7¾				596,452	17	2¼
Ruffie	142,134	10	7¾	74,247	1	11¼	67,887	8	8½			
Écoffe	57,902	12	//¾	50,035	13	2¾	7,866	18	10			
Espagne	10,346	8	10	22,827	7	6				12,480	18	8
Gibraltar				196,118	18	11¾				196,118	18	11¾
Suède	205,856	9	7¼	46,747	5	8¾	159,109	3	10½			
Levant	50,874	11	8¾	90,443	8	4½				39,568	16	7¾
Venife	49,110	1	1½	17,534	9	8¼	31,575	11	5¼			
Ifles en Europe — Aurigny	20	10	//	30	//	//				9	10	//
Ifles en Europe — Garnefey	7,438	9	11	4,001	19	8¼	3,436	10	2¾			
Ifles en Europe — Jerfey	12,521	6	10¾	1,765	6	4	10,756	//	6¾			
Colonies Angloifes — Antigoa	104,278	5	1	22,092	5	10¼	82,185	19	2¾			
Colonies Angloifes — Barbades	353,578	18	4½	127,906	8	//	225,672	10	4½			
Colonies Angloifes — Bermudes				61	2	11				61	2	11
Colonies Angloifes — Caroline	2,698	18	//	19,788	6	8				17,089	8	8
Colonies Angloifes — Baie de Hudfon				2,021	10	//¾				2,021	10	//¾
Colonies Angloifes — Jamaïque	75,388	3	4	125,047	17	7¼				49,659	14	3¼
Colonies Angloifes — Montferrat	29,702	14	3¾	6,604	14	8¾	23,097	19	7			
Colonies Angloifes — Nevis	121,576	1	3½	20,607	//	4¾	100,969	//	10¾			
Colonies Angloifes — Nouvelle-Angleterre	22,793	4	8½	62,504	//	10½				39,710	16	2
Colonies Angloifes — Nouvelle-York	7,393	1	4	27,902	14	9½				20,509	13	5½
Colonies Angloifes — Penfylvanie	1,309	17	7	7,206	10	3½				5,896	12	8½
Colonies Angloifes — Saint-Chriftophe	22,050	14	4½	3,591	12	1¼	18,459	2	3¼			
Colonies Angloifes — Virginie & Mariland	116,768	17	8¼	174,322	17	3¼				57,553	19	7
Colonies Angloifes — Indes occid. en général				31,765	9	5¼				31,765	9	5¼
Prifes	96,084	11	4¾				96,084	11	4¾			
Efpèces étrangères & Matières d'or & d'argent				192,711	5	//				192,711	5	//
TOTAUX	4,031,649	14	10¾	5,501,677	11	2¾	1,311,184	7	11	2,781,212	4	3

EXCÉDANT DE L'EXPORTATION.... 1,470,027. 16. 4

COMMERCE DE LA GRANDE-BRETAGNE.

Du 25 Décembre 1705 au 25 Décembre 1706, cinquième année d'ANNE.

PAYS.	IMPORTATIONS.			EXPORTATIONS.			EXCÉDANT des IMPORTATIONS.			EXCÉDANT des EXPORTATIONS.		
	liv.	sous	den.	liv.	sous	den.	liv.	sous	den.	liv.	sous	den.
Afrique	7,280	15	5¾	56,686	7	4				49,405	11	10½
Isles Canaries	36,360	16	3¾	34,857	3	11	1,503	12	4¾			
Danemarck & Norwège	81,986	13	9½	41,723	8	1¼	40,263	5	8¼			
Dantzick	143,345	17	10¾	109,558	16	10½	33,787	1	//¼			
Indes orientales	646,652	11	10½	27,234	1	8	619,418	10	2¼			
Flandre	289	11	11	66,277	15	9				65,988	3	10
Allemagne	356,218	9	6¾	1,085,218	13	2				729,000	3	7¼
Groenland	178	5	9				178	5	9			
Hollande	622,998	4	//	2,363,434	13	4¾				1,740,436	9	4¾
Irlande	266,269	5	10½	198,176	6	9¾	68,092	19	//¾			
Italie	190,457	1	6¾	187,466	10	1¾	2,990	11	5			
Isles Madères	64	6	3	6,616	1	10				6,551	15	7
Terre-neuve	11,857	16	3	8,729	//	8¾	3,128	15	6¼			
Portugal	241,929	6	2½	762,666	10	//				520,737	3	9½
Russie	28,771	3	5¾	106,093	1	//				77,321	17	6¼
Écosse	50,309	//	10¼	60,313	3	7½				10,004	2	9
Espagne	109,083	10	7½	92,633	16	5¼	16,449	14	2¼			
Gibraltar	6,709	12	10½	232,232	10	//				225,522	17	1½
Suède	208,652	14	9	61,558	18	6	147,093	16	3			
Levant	237,374	18	10½	251,465	12	8				14,090	13	9½
Venise	38,586	//	3½	28,878	4	5	9,707	15	10½			
Isles en Europe. Aurigny	59	9	6	30	8	7	29	//	11			
Garnesey	31,283	5	8¾	1,626	2	11	29,657	2	9¾			
Jersey	19,960	4	2½	4,199	14	6	15,760	9	8½			
Colonies Angloises. Antigoa	29,676	17	1¼	18,895	//	5½	10,781	16	8¼			
Barbades	303,001	12	5½	60,629	19	5	242,371	13	//½			
Caroline	8,652	12	6	4,001	//	7½	4,651	11	10½			
Baie de Hudson	7,024	8	6½	958	6	2	6,066	2	4½			
Jamaïque	162,278	12	10½	165,999	11	2½				3,720	18	4
Montserrat	13,472	3	5¼	6,135	10	7	7,336	12	10¼			
Nevis	17,073	13	7¼	9,471	8	9	7,602	4	10¼			
Nouvelle-Angleterre	22,210	19	11½	57,050	//	6				34,839	//	6½
Nouvelle-York	2,849	17	6¾	31,588	8	2				28,738	10	7¼
Pensylvanie	4,210	7	10	11,037	2	11				6,826	15	1
Saint-Christophe	12,141	9	3¾	5,509	15	2	6,631	14	1¾			
Virginie & Mariland	149,152	10	1	58,015	12	1¾	91,136	17	11¼			
Indes occid. en général				34,008	11	1½				34,008	11	1½
Prises	45,508	14	1				45,508	14	1			
Espèces étrangères & Matières d'or & d'argent				261,109	7	6				261,109	7	6
TOTAUX	4,113,933	3	3¾	6,512,086	17	1	1,410,148	8	8	3,808,302	2	5¼

EXCÉDANT DE L'EXPORTATION.... 2,398,153. 13. 9½

COMMERCE DE LA GRANDE-BRETAGNE.

Du 25 Décembre 1706 au 25 Décembre 1707, sixième année d'ANNE.

PAYS.	IMPORTATIONS.			EXPORTATIONS.			EXCÉDANT des IMPORTATIONS.			EXCÉDANT des EXPORTATIONS.		
	liv.	sous	den.	liv.	sous	den.	liv.	sous	den.	liv.	sous	den.
Afrique	9,384	5	2	92,127	16	4				82,743	11	2
Isles Canaries	11,286	7	8½	34,539	4	2¼				23,252	16	5¼
Danemarck & Norwège	94,216	3	5¼	47,508	6	7½	46,707	16	9¾			
Dantzick	148,060	7	5	147,297	2	11	763	4	6			
Indes orientales	355,838	15	6	55,974	14	11	299,864	..	7			
Flandre	459	10	7½	130,956	9	11				130,496	19	3½
France				334	10	"				334	10	
Allemagne	840,722	1	1¼	1,056,320	17	10½				215,598	16	8¾
Hollande	594,772	2	8½	2,317,708	3	6¼				1,722,936	"	10½
Irlande	306,423	6	11	263,412	14	1½	43,010	12	9½			
Italie	164,227	19	2¼	169,050	1	8				4,822	2	5¾
Isles Madères	1,533	6	8	4,369	17	1				2,836	10	5
Terre-neuve	9,011	16	11	10,533	6	3				1,521	9	4
Portugal	240,512	16	5¾	614,773	5	"				374,260	8	6¼
Russie	116,596	"	9¾	191,718	"	10				75,122	"	"¼
Écosse	6,733	1	8	47,779	"	1				41,045	18	5
Espagne	146,255	16	2¾	114,837	5	"¼	31,418	11	2½			
Gibraltar	10,023	6	4½	294,249	10	7				284,226	4	2½
Suède	171,403	10	7½	92,522	12	"	78,880	18	7½			
Levant	17,730	3	4¼	1,411	13	6	16,318	9	10¼			
Venise	54,354	19	9½	15,531	6	8	38,823	10	1½			
Isles en Europe. — Aurigny	32	7	"	79	9	3				47	2	3
Isles en Europe. — Garnesey	11,915	3	6	10,397	18	2	1,517	5	4			
Isles en Europe. — Jersey	17,317	18	11	6,609	"	1	10,708	18	10			
Colonies Angloises. — Antigoa	144,022	10	11¾	17,413	18	3	126,608	12	8¾			
Colonies Angloises. — Barbades	196,506	7	6½	62,248	5	9½	134,258	1	9			
Colonies Angloises. — Bermudes				653	12	6				653	12	6
Colonies Angloises. — Caroline	23,311	10	1	10,492	18	2	12,818	11	11			
Colonies Angloises. — Jamaïque	197,867	1	4¾	186,491	16	5¾	11,375	4	11			
Colonies Angloises. — Montserrat	23,315	1	10	933	9	5	22,381	12	5			
Colonies Angloises. — Nevis	19,535	5	3½	5,933	8	1½	13,601	17	2			
Colonies Angloises. — Nouvelle-Angleterre	38,793	"	4	120,631	18	2½				81,838	17	10½
Colonies Angloises. — Nouvelle-York	14,283	7	2¼	29,855	2	8				15,571	15	5¾
Colonies Angloises. — Pensylvanie	786	19	8	14,365	17	"½				13,578	17	4½
Colonies Angloises. — Saint-Christophe	23,662	19	6¼	4,451	15	4	19,211	4	2¼			
Colonies Angloises. — Virginie & Mariland	207,625	8	5	237,901	"	3¾				30,275	11	10¾
Colonies Angloises. — Indes occid. en général	144	5	11	28,554	6	7¼				28,410	"	8½
Prises	55,390	4	1				55,390	4	1			
Espèces étrangères & Matières d'or & d'argent				327,208	10	"				327,208	10	"
TOTAUX	4,274,055	10	4½	6,767,178	8	6½	963,658	17	10	3,456,781	16	"

EXCÉDANT DE L'EXPORTATION.... 2,493,122. 18. 2

COMMERCE DE LA GRANDE-BRETAGNE.

Du 25 Décembre 1707 au 25 Décembre 1708, septième année d'ANNE.

PAYS.	IMPORTATIONS.			EXPORTATIONS.			EXCÉDANT des IMPORTATIONS.			EXCÉDANT des EXPORTATIONS.		
	liv.	fous	den.	liv.	fous	den.	liv.	fous	den.	liv.	fous	den.
Afrique	7,661	14	4	56,993	16	$7\frac{3}{4}$	……	…	…	49,332	2	$3\frac{3}{4}$
Isles Canaries	54,837	2	$6\frac{3}{4}$	8,531	7	$9\frac{1}{2}$	46,305	14	$9\frac{1}{4}$			
Danemarck & Norwège	71,286	2	$1\frac{3}{4}$	35,227	12	//	36,058	10	$1\frac{3}{4}$			
Dantzick	157,294	18	$3\frac{1}{2}$	134,241	19	9	23,052	18	$6\frac{1}{2}$			
Indes orientales	493,257	11	$\text{//}\frac{3}{4}$	60,915	19	11	432,341	11	$1\frac{3}{4}$			
Flandre	3,662	7	7	38,112	19	6	……	…	…	34,450	11	11
France	……	…	…	5,760	16	$1\frac{1}{2}$	……	…	…	5,760	16	$1\frac{1}{2}$
Allemagne	531,166	15	9	1,123,356	17	$3\frac{1}{2}$	……	…	…	592,190	1	$6\frac{1}{2}$
Hollande	699,772	13	$\text{//}\frac{3}{4}$	2,395,202	//	$2\frac{1}{4}$	……	…	…	1,695,429	7	$1\frac{1}{2}$
Irlande	274,689	15	$8\frac{3}{4}$	251,974	10	$9\frac{1}{4}$	22,715	4	$18\frac{1}{2}$			
Italie	165,518	1	$10\frac{1}{4}$	162,271	6	1	3,246	15	$9\frac{1}{4}$			
Isles Madères	2,246	17	$3\frac{1}{2}$	27,074	13	5	……	…	…	24,827	16	$1\frac{1}{2}$
Terre-neuve	8,577	1	$5\frac{1}{4}$	13,902	13	11	……	…	…	5,325	12	$5\frac{3}{4}$
Portugal	271,505	1	11	538,193	12	$9\frac{3}{4}$	……	…	…	266,688	10	$10\frac{3}{4}$
Russie	164,535	6	$11\frac{3}{4}$	183,011	7	$9\frac{1}{2}$	……	…	…	18,476	//	$9\frac{3}{4}$
Espagne	179,724	14	2	219,459	//	1	……	…	…	39,734	5	11
Gibraltar	13,419	14	$1\frac{3}{4}$	264,612	4	$10\frac{3}{4}$	……	…	…	251,192	10	9
Suède	210,290	11	$10\frac{3}{4}$	58,810	12	$10\frac{1}{2}$	151,479	19	$\text{//}\frac{1}{4}$			
Levant	407,420	14	$6\frac{1}{2}$	355,411	2	6	52,009	12	$\text{//}\frac{1}{4}$			
Venise	47,336	6	5	26,999	14	11	20,336	11	6			
Isles en Europe. — Aurigny	55	6	3	177	//	3	……	…	…	121	14	//
Isles en Europe. — Garnesey	10,122	4	$6\frac{3}{4}$	9,367	12	//	754	12	$6\frac{3}{4}$			
Isles en Europe. — Jersey	19,953	11	10	6,756	11	$\text{//}\frac{1}{2}$	13,197	//	$9\frac{1}{2}$			
Colonies Angloises. — Antigoa	70,615	5	$3\frac{3}{4}$	18,133	15	$6\frac{1}{4}$	52,481	9	$9\frac{1}{2}$			
Colonies Angloises. — Barbades	251,529	13	$\text{//}\frac{1}{2}$	96,179	12	$4\frac{1}{2}$	155,350	//	8			
Colonies Angloises. — Bermudes	475	4	6	252	17	//	222	7	6			
Colonies Angloises. — Caroline	10,340	8	$3\frac{1}{2}$	11,996	18	$2\frac{1}{2}$	……	…	…	1,656	9	11
Colonies Angloises. — Baie de Hudson	3,601	8	1	2,025	3	6	1,576	4	7			
Colonies Angloises. — Jamaïque	213,806	1	$4\frac{3}{4}$	173,997	6	$6\frac{1}{4}$	39,808	14	$10\frac{1}{2}$			
Colonies Angloises. — Montferrat	11,778	6	$7\frac{3}{4}$	1,652	1	8	10,126	4	$11\frac{3}{4}$			
Colonies Angloises. — Nevis	24,536	3	3	4,207	17	10	20,328	5	5			
Colonies Angloises. — Nouvelle-Angleterre	49,635	4	1	115,505	//	4	……	…	…	65,869	16	$3\frac{1}{4}$
Colonies Angloises. — Nouvelle-York	10,847	7	2	26,899	10	8	……	…	…	16,052	3	6
Colonies Angloises. — Pensylvanie	2,120	//	$8\frac{3}{4}$	6,722	16	$1\frac{1}{2}$	……	…	…	4,602	15	$4\frac{3}{4}$
Colonies Angloises. — Saint-Christophe	20,484	5	$11\frac{1}{2}$	369	1	2	20,115	4	$9\frac{1}{2}$			
Colonies Angloises. — Virginie & Mariland	213,493	4	$1\frac{3}{4}$	79,061	1	$1\frac{1}{2}$	134,432	3	$\text{//}\frac{1}{2}$			
Colonies Angloises. — Indes occid. en général	1,083	4	4	51,054	18	$3\frac{1}{4}$	……	…	…	49,971	13	$11\frac{1}{4}$
Prises	19,983	//	$11\frac{1}{4}$	……	…	…	19,983	//	$11\frac{1}{4}$			
Espèces étrangères & Matières d'or & d'argent	……	…	…	404,666	6	3	……	…	…	404,666	6	3
TOTAUX	4,698,663	11	$8\frac{1}{2}$	6,969,089	19	$1\frac{1}{2}$	1,255,922	7	$10\frac{1}{2}$	3,526,348	15	$3\frac{1}{4}$

EXCÉDANT DE L'EXPORTATION …. 2,270,426. 7. 5

COMMERCE DE LA GRANDE-BRETAGNE.

Du 25 Décembre 1708 au 25 Décembre 1709, huitième année d'ANNE.

PAYS.	IMPORTATIONS.			EXPORTATIONS.			EXCÉDANT des IMPORTATIONS.			EXCÉDANT des EXPORTATIONS.		
	liv.	sous	den.	liv.	sous	den.	liv.	sous	den.	liv.	sous	den.
Afrique	5,087	9	3	59,403	12	6¼				54,316	3	3¼
Isles Canaries	38,007	13	1¼	14,704	16	6½	23,302	16	6¾			
Danemarck & Norwège	67,569	12	11¼	44,520	19	2½	23,048	12	9¾			
Dantzick	64,515	16	1	56,682	15	4	7,833	11	9			
Indes orientales	327,383	1	10½	168,357	6	8	159,025	15	2½			
Flandre	1,589	10	1½	117,507	7	6¼				115,917	17	4¾
France				22,337	7	11½				22,337	7	11½
Allemagne	591,128	6	2	933,847	9	11				342,719	2	10
Hollande	519,415	19	11¾	2,079,986	19	11¼				1,569,571	11	10½
Irlande	276,423	14	4¾	251,519	4	11¼	24,904	10	4			
Italie	123,099	14	8¼	122,498	19	9	600	14	11¼			
Isles Madères	1,164	15	11½	16,442	9	7¼				15,277	13	7¾
Terre-neuve	12,151	4	3	11,158	9	6	992	14	9			
Portugal	252,478	3	1¼	731,751	6	11¼				479,273	3	10
Russie	174,373	7	9	121,427	1	1¾	52,946	6	7¼			
Espagne	272,822	5	6¼	184,756	7	8	88,065	17	10¼			
Gibraltar	3,529	6	2	209,892	12	2				206,363	6	11
Suède	145,351	5	11	22,361	18	10	122,989	6	2			
Levant	535,759	14	11¼	551	2	3	535,208	12	8¼			
Venise	33,270	11	8½	36,279	7	8½				3,008	16	11
Isles en Europe. Aurigny	12	9	6	71	12	11				59	2	6
Isles en Europe. Garnesey	14,960	1	11¾	14,486	15	11¾	473	6	11			
Isles en Europe. Jersey	20,055	11	8½	4,784	8	3¾	15,270	12	4¾			
Colonies Angloises. Antigoa	96,932	12	9¼	26,367	17	11¼	70,564	15	9			
Colonies Angloises. Barbades	259,526	13	11¼	85,436	10	11¾	174,090	2	11½			
Colonies Angloises. Bermudes	198	18	9½	69	14	11	129	4	9½			
Colonies Angloises. Caroline	20,431	4	2	28,521	1	11¾				8,089	17	9¼
Colonies Angloises. Baie de Hudson	1,585	14	3¼				1,585	14	3¼			
Colonies Angloises. Jamaïque	239,363	18	3¾	219,064	10	5½	20,299	7	10¼			
Colonies Angloises. Montserrat	16,555	15	7¾	5,173	5	7	11,382	10	11¾			
Colonies Angloises. Nevis	14,623	15	11½	9,746	3	11¼	4,877	11	1½			
Colonies Angloises. Nouvelle-Angleterre	29,559	14	3¾	120,349	7	4½				90,789	13	11¾
Colonies Angloises. Nouvelle-York	12,259	8	4¼	34,577	7	6½				22,317	19	2¼
Colonies Angloises. Pensylvanie	617	18	9	5,881	7	4½				5,263	8	7½
Colonies Angloises. Saint-Christophe	18,686	5	5¾	3,942	11	8½	14,744	4	9¼			
Colonies Angloises. Virginie & Mariland	261,668	18	7¼	80,268	15	9½	181,400	2	9¾			
Colonies Angloises. Indes occid. en général	2,046	13	5¼	68,628	17	6¼				66,582	4	1
Prises	56,386	17	5				56,386	17	5			
Espèces étrangères & Matières d'or & d'argent				713,688	8	6				713,688	8	6
TOTAUX	4,510,593	11	8¾	6,627,045	17	6	1,590,122	18	10¼	3,706,575	4	7½

EXCÉDANT DE L'EXPORTATION.... 2,116,452. 5. 9½

D

COMMERCE DE LA GRANDE-BRETAGNE.

Du 25 Décembre 1709 au 25 Décembre 1710, neuvième année d'ANNE.

PAYS.	IMPORTATIONS.			EXPORTATIONS.			EXCÉDANT des IMPORTATIONS.			EXCÉDANT des EXPORTATIONS.		
	liv.	sous	den.	liv.	sous	den.	liv.	sous	den.	liv.	sous	den.
Afrique	14,436	2	4½	69,459	2	1¼				55,022	19	8¾
Isles Canaries	27,266	15	10	21,488	6	4¼	5,778	9	5¾			
Danemarck & Norwège	60,852	7	"¾	31,571	8	11	29,280	18	1¼			
Dantzick	114,999	6	5¾	29,634	5	5¼	85,365	1	"½			
Indes orientales	248,266	5	1½	126,310	5	3½	121,955	19	10			
Flandre	10,494	5	"½	127,080	2	6½				116,585	17	6
France				41,101	12	"				41,101	12	"
Allemagne	457,878	14	"¼	975,803	19	4				517,925	5	3¾
Hollande	637,447	17	9¼	2,071,306	12	7¼				1,433,858	14	10
Irlande	310,846	"	7¾	285,424	2	9	25,421	17	10¼			
Italie	169,654	16	11	126,089	1	2	43,565	15	9			
Isles Madères	6,536	8	3	17,318	17	4				10,782	9	1
Terre-neuve	13,965	1	4	11,874	8	7	2,090	12	9			
Portugal	192,113	"	8½	614,635	1	8½				422,522	1	"
Russie	115,725	6	7½	212,318	10	"½				96,593	3	5
Espagne	271,401	19	10½	215,935	7	4	55,466	12	6½			
Gibraltar	870	10	5	275,385	3	6½				274,514	13	1½
Suède	173,585	10	2	27,620	3	7½	145,965	6	6½			
Levant	11,610	"	10¼	417,690	2	5½				406,080	1	7¼
Venise	42,756	9	3½	45,960	15	"½				3,204	5	9
Isles en Europe. — Aurigny	24	18	"	102	4	3				77	6	3
Isles en Europe. — Garnesey	14,126	12	4	9,769	16	5½	4,356	15	10½			
Isles en Europe. — Jersey	16,429	7	10	7,094	16	8½	9,334	11	1½			
Colonies Angloises. — Antigoa	171,592	3	5	26,954	17	3	144,637	6	2			
Colonies Angloises. — Barbades	230,047	14	2¾	64,223	11	9	165,824	2	5¾			
Colonies Angloises. — Bermudes				1,228	2	5				1,228	2	5
Colonies Angloises. — Caroline	20,793	9	"	19,613	18	11¾	1,179	10	"¼			
Colonies Angloises. — Baie de Hudson				1,160	4	3½				1,160	4	3½
Colonies Angloises. — Jamaïque	213,990	"	6½	95,913	15	8½	118,076	4	10			
Colonies Angloises. — Montserrat	24,805	13	10¼	2,369	15	10	22,435	18	"¼			
Colonies Angloises. — Nevis	95,825	11	2	10,640	16	10¾	85,184	14	3¼			
Colonies Angloises. — Nouvelle-Angleterre	31,112	17	7½	106,338	6	4				75,225	8	8½
Colonies Angloises. — Nouvelle-York	8,203	18	2¾	31,475	"	9½				23,271	2	6¾
Colonies Angloises. — Pensylvanie	1,277	2	7	8,594	14	5¼				7,317	11	10¼
Colonies Angloises. — Saint-Christophe	44,243	10	7¼	3,698	18	8	40,544	11	11¼			
Colonies Angloises. — Virginie & Mariland	188,429	8	6	127,639	"	5¾	60,790	8	"¼			
Colonies Angloises. — Indes occid. en général	5,164	1	9½	34,383	4	11¾				29,219	3	2¼
Prises	64,567	18	10¾				64,567	18	10¾			
Espèces étrangères & Matières d'or & d'argent				395,620	"	10				395,620	"	10
TOTAUX	4,011,341	7	4¾	6,690,828	15	2¾	1,231,822	15	7½	3,911,310	3	5½

EXCÉDANT DE L'EXPORTATION.... 2,679,487. 7. 10

COMMERCE DE LA GRANDE-BRETAGNE.

Du 25 Décembre 1710, au 25 Décembre 1711, dixième année d'ANNE.

PAYS.	IMPORTATIONS.			EXPORTATIONS.			EXCÉDANT des IMPORTATIONS.			EXCÉDANT des EXPORTATIONS.		
	liv.	fous	den.	liv.	fous	den.	liv.	fous	den.	liv.	fous	den.
Afrique	7,919	17	1¾	64,276	15	3½				56,356	18	1¾
Isles Canaries	41,409	19	9½	30,517	10	8	10,892	9	1½			
Danemarck & Norwège	37,232	12	8½	39,700	16	2				2,468	3	5½
Dantzick	98,224	18	4¾	46,935	19	1	51,288	19	3¾			
Indes orientales	636,914	14	10¾	151,874	//	11½	485,040	14	10¼			
Flandre	8,897	17	6¾	138,182	5	11				129,284	8	4¼
France	4,623	18	6	66,322	15	5				61,698	16	11
Allemagne	405,709	11	9	755,787	15	6				350,078	3	9
Hollande	644,381	18	3½	2,350,518	19	9¾				1,706,137	1	6¼
Irlande	297,238	//	1½	261,426	//	11¼	35,811	19	2¼			
Italie	125,193	16	6¾	158,457	14	11				33,263	18	4¼
Isles Madères	2,961	16	//	11,920	4	10¼				8,958	8	10¼
Terre-neuve	10,759	12	9	5,830	6	4½	4,929	6	4½			
Portugal	247,108	7	2¼	576,044	9	2				328,936	1	11¾
Ruffie	186,719	14	5½	123,804	7	1¼	62,915	7	4¼			
Espagne	308,361	16	8½	262,852	17	11¾	45,508	18	8¾			
Gibraltar	3,010	3	11½	285,832	10	7¾				282,822	6	8¼
Suède	148,423	4	9¼	24,324	//	//	124,099	4	9¼			
Levant	500,091	1	11	42	15	8	500,048	6	3			
Venife	25,716	6	9	23,882	17	//	1,833	9	9			
Ifles en Europe { Garnefey	14,098	9	//¼	11,556	6	7¾	2,542	2	4½			
Jerfey	2,246	5	//	8,417	3	8				6,170	18	8
Colonies Angloifes. { Antigoa	44,624	6	1¾	25,053	17	7¼	19,570	8	6½			
Barbades	253,186	7	4¾	81,659	10	10	171,526	16	6¼			
Bermudes	582	10	2				582	10	2			
Caroline	12,871	13	11¾	20,406	17	4				7,535	3	4¼
Baie de Hudfon	647	6	1	760	2	//				112	15	11
Jamaïque	176,452	11	10	100,761	15	11	75,690	15	11			
Montferrat	19,719	9	8	3,639	8	5	16,080	1	3			
Nevis	32,820	8	11¾	7,739	12	9	25,080	16	2¾			
Nouvelle-Angleterre	26,415	15	7½	137,421	18	1¼				111,006	2	5¾
Nouvelle-York	12,193	14	9½	28,856	4	9¼				16,662	10	//
Penfylvanie	38	10	9	19,408	2	3¼				19,369	11	6¼
Saint-Chriftophe	29,394	6	5¾	2,774	9	11½	26,619	16	6¼			
Virginie & Mariland	273,181	4	1½	91,535	11	3¾	181,645	12	9¾			
Indes occid. en général	629	18	10½	44,461	8	6¾				43,831	9	8¼
Prifes	45,783	8	6½				45,783	8	6½			
Efpèces étrangères & Matières d'or & d'argent				484,183	3	7				484,183	3	7
TOTAUX	4,685,785	17	7½	6,447,170	16	3¼	1,887,491	4	7	3,648,876	3	2¾

EXCÉDANT DE L'EXPORTATION 1,761,384. 18. 7¾

COMMERCE DE LA GRANDE-BRETAGNE.

Du 25 Décembre 1711 au 25 Décembre 1712, onzième année d'ANNE.

PAYS.	IMPORTATIONS.			EXPORTATIONS.			EXCÉDANT des IMPORTATIONS.			EXCÉDANT des EXPORTATIONS.		
	liv.	ſous	den.	liv.	ſous	den.	liv.	ſous	den.	liv.	ſous	den.
Afrique	10,794	"	11 1/4	37,507	18	3 1/4				26,713	17	4
Iſles Canaries	62,540	15	7 1/4	34,036	2	3 1/4	28,504	13	4			
Danemarck & Norwège	51,448	9	9	29,971	9	1 1/4	21,477	"	7 3/4			
Dantzick	123,372	19	1 1/2	71,384	1	5	51,988	17	8 1/2			
Indes orientales	456,933	5	7 1/4	142,329	13	3 1/4	314,603	12	4			
Flandre	9,882	17	1	251,592	9	9 3/4				241,709	12	8 3/4
France	16,697	8	2 3/4	34,376	13	3 1/4				17,679	5	"1/2
Allemagne	495,104	14	10	892,709	9	9 3/4				397,604	14	11 1/4
Hollánde	588,364	15	1 1/2	2,153,764	13	"				1,565,399	17	10 1/2
Irlande	291,669	9	8 1/2	274,845	12	7 1/4	16,823	17	"3/4			
Italie	117,790	16	10 1/4	214,689	7	4 3/4				96,898	10	6 1/2
Iſles Madères	2,808	10	9 1/4	35,672	5	1 1/4				32,863	14	4
Terre-neuve	19,640	"	4	11,473	17	9 3/4	8,166	2	6 1/4			
Portugal	202,364	13	"1/2	564,750	16	1 3/4				362,386	3	1 1/4
Ruſſie	140,627	3	"3/4	49,429	"	10	91,198	2	2 3/4			
Eſpagne	346,077	7	4 3/4	475,740	16	11 1/2				129,663	9	6 3/4
Gibraltar	6,645	9	2 1/4	337,446	1	3				330,800	12	"3/4
Suède	168,240	4	9	65,298	13	2	102,941	11	7			
Levant	41,378	8	4 1/4	482,582	9	6				441,204	1	1 3/4
Veniſe	40,526	6	1 1/4	28,116	19	1 1/4	12,409	7	"			
Iſles en Europe. Aurigny	167	6	"	608	19	4				441	13	4
Iſles en Europe. Garneſey	16,863	18	11 1/4	18,731	"	8				1,867	1	8 3/4
Iſles en Europe. Jerſey	12,894	17	"	16,730	4	4				3,835	7	4
Colonies Angloiſes. Antigoa	96,333	3	10 1/4	20,604	2	10 3/4	75,729	"	11 1/2			
Colonies Angloiſes. Barbades	195,531	15	11 3/4	102,906	18	9 1/4	92,624	17	2 1/2			
Colonies Angloiſes. Bermudes				17	19	11				17	19	11
Colonies Angloiſes. Caroline	29,394	17	"	20,015	4	8	9,379	12	4			
Colonies Angloiſes. Baie de Hudſon	6,716	15	"1/2	745	14	1	5,971	"	11 1/2			
Colonies Angloiſes. Jamaïque	253,604	16	9 3/4	115,196	11	10 3/4	138,408	4	11			
Colonies Angloiſes. Montſerrat	28,125	2	2	5,280	11	5	22,844	10	9			
Colonies Angloiſes. Nevis	45,743	11	"3/4	11,402	10	1 1/2	34,341	"	11 1/4			
Colonies Angloiſes. Nouvelle-Angleterre	24,699	18	7	128,105	3	5 3/4				103,405	4	10 3/4
Colonies Angloiſes. Nouvelle-York	12,466	11	4	18,524	14	11 1/2				6,058	3	7 1/2
Colonies Angloiſes. Penſylvanie	1,471	2	3 1/2	8,464	8	9 1/2				6,993	6	6
Colonies Angloiſes. Saint-Chriſtophe	29,559	"	11	9,707	6	1 1/2	19,851	14	9 1/2			
Colonies Angloiſes. Virginie & Mariland	297,941	9	4	134,583	10	2 3/4	163,357	19	1 1/4			
Colonies Angloiſes. Indes occid. en général	35,676	16	11	69,496	11	2				33,819	14	3
Priſes	174,583	12	5 3/4				174,583	12	5 3/4			
Eſpèces étrangères & Matières d'or & d'argent				600,017	2	1				600,017	2	1
TOTAUX	4,454,682	11	6 1/4	7,468,857	5	1	1,385,204	18	10 1/4	4,399,379	12	4 1/4

EXCÉDANT DE L'EXPORTATION 3,014,174. 13. 6 1/4

COMMERCE DE LA GRANDE-BRETAGNE.

Du 25 Décembre 1712 au 25 Décembre 1713, treizième année d'ANNE.

PAYS.	IMPORTATIONS.			EXPORTATIONS.			EXCÉDANT des IMPORTATIONS.			EXCÉDANT des EXPORTATIONS.		
	liv.	sous	den.	liv.	sous	den.	liv.	sous	den.	liv.	sous	den.
Afrique	11,515	18	8¾	111,805	8	6¼				100,289	9	9½
Isles Canaries	24,082	14	6¾	30,714	//	3¾				6,631	5	9
Danemarck & Norwège	107,109	17	3¾	57,947	13	4¼	49,162	3	11½			
Dantzick	168,816	1	4	80,979	9	6	87,836	11	10			
Indes orientales	953,013	7	11¼	94,179	12	4	858,833	15	¼			
Flandre	14,461	2	7¼	418,616	13	4¼				404,155	10	8½
France	64,792	//	9¾	160,476	11	11				95,684	11	1¼
Allemagne	647,706	//	11	528,296	10	8¾	119,409	10	2¼			
Hollande	499,705	12	8½	2,154,470	6	//¾				1,654,764	13	4¼
Irlande	295,926	1	//½	306,964	2	8				11,038	1	7½
Italie	314,521	5	10¾	226,729	//	7	87,792	5	3¾			
Isles Madères	2,011	//	9	88,157	14	3½				86,146	13	6½
Terre-neuve	12,059	18	5½	6,677	9	3½	5,382	9	2			
Portugal	196,416	1	9¼	627,980	10	8¾				431,564	8	11½
Russie	157,990	9	1½	58,028	15	9	99,961	13	4¼			
Espagne	337,285	10	5¾	485,999	5	9				148,713	15	3¼
Gibraltar	30,354	1	8¾	420,014	2	3½				389,660	//	6¾
Suède	159,863	13	3¼	42,128	5	7¼	117,735	7	7½			
Levant	502,730	19	4	158,715	13	2¾	344,015	6	1¼			
Venise	63,844	11	6¼	27,502	5	11½	36,342	5	6¾			
Isles en Europe. { Aurigny	65	16	//	637	4	9½				571	8	9½
Garnesey	9,552	7	11	21,545	11	11¾				11,993	4	//¾
Jersey	17,419	14	6	11,828	17	7¾	5,590	16	10¼			
Colonies Angloises. { Antigoa	185,677	7	4¼	35,520	18	1¾	150,156	9	2½			
Barbades	166,699	8	4¼	118,996	8	8½	47,702	19	7¾			
Caroline	32,449	16	4¼	23,967	8	2¾	8,482	8	1½			
Baie de Hudson	6,680	15	6	893	14	3	5,787	1	3			
Jamaïque	243,190	6	9¾	164,119	16	1¾	79,070	10	8			
Montferrat	32,181	11	1½	3,702	10	7	28,479	//	6½			
Nevis	106,998	12	2	23,988	2	11	83,010	9	3			
Nouvelle Angleterre	49,904	4	6½	120,778	19	8				70,874	15	1½
Nouvelle-York	14,428	14	2¼	46,470	11	9				32,041	17	6¾
Pensylvanie	178	15	//	17,037	4	3¾				16,858	9	3¾
Saint-Christophe	57,500	4	10¾	11,642	15	11½	45,857	8	11¼			
Virginie & Mariland	206,263	12	11½	76,304	11	3¾	129,959	1	7¾			
Indes occid. en général	2,416	4	10½	110,323	7	7¾				107,907	2	9¼
Isles Espagnoles				17,600	1	4½				17,600	1	4½
Prises	115,263	13	7½				115,263	13	7½			
Espèces étrangères & Matières d'or & d'argent				460,913	14	6				460,913	14	6
TOTAUX	5,811,077	16	6	7,352,655	12	2¼	2,505,831	8	5¾	4,047,409	4	2

EXCÉDANT DE L'EXPORTATION.... 1,541,577. 15. 8¼

E

COMMERCE DE LA GRANDE-BRETAGNE.

Du 25 Décembre 1713 au 25 Décembre 1714, première année de GEORGE I.

PAYS.	IMPORTATIONS.			EXPORTATIONS.			EXCÉDANT des IMPORTATIONS.			EXCÉDANT des EXPORTATIONS.		
	liv.	sous	den.	liv.	sous	den.	liv.	sous	den.	liv.	sous	den.
Afrique	25,380	6	11	63,417	7	2¾				38,037	//	3¾
Isles Canaries	56,956	7	8	32,161	19	8¼	24,794	7	11¾			
Danemarck & Norwège	90,984	15	4¾	49,475	5	6	41,509	9	10¾			
Dantzick	140,233	12	7	88,230	18	//½	52,002	14	6½			
Indes orientales	1,045,963	18	9¼	76,595	17	11¾	969,368	//	9½			
Flandre	32,040	10	10¾	425,549	17	10¼				393,509	6	11½
France	48,044	4	9½	288,749	15	5				240,705	10	7½
Allemagne	746,274	1	1	974,045	//	1¾				227,770	19	//¾
Hollande	487,424	3	6¼	2,463,091	5	8⅓				1,975,667	2	2
Irlande	326,391	14	9¼	397,048	1	4¼				70,656	6	7
Italie	415,540	9	8¼	237,485	13	9½	178,054	15	11			
Isles Madères	5,336	4	2½	79,946	6	3½				74,610	2	1
Terre-neuve	11,491	17	1½	9,601	12	5¾	1,890	4	7¾			
Portugal	281,268	4	8¼	793,623	17	6¼				512,355	12	9½
Russie	86,515	8	10½	94,502	11	11½				7,987	3	1
Espagne	306,201	12	6¼	410,123	17	10½				103,922	5	4¼
Gibraltar	13,871	14	9¾	411,334	2	8				397,462	7	10¼
Suède	237,337	1	7¼	26,826	5	8	210,510	15	11¾			
Levant	248,241	18	2	154,019	17	4	94,222	//	10			
Venise	46,799	4	1	27,152	18	6¾	19,646	5	6¼			
Isles en Europe — Aurigny	43	8	//	799	8	//				756	//	//
Isles en Europe — Garnesey	14,071	9	10	34,175	8	9¼				20,103	18	11¼
Isles en Europe — Jersey	10,906	7	6½	25,449	11	8¼				14,543	4	1¾
Colonies Angloises — Antigoa	131,490	9	8½	23,447	6	7¾	108,043	3	//¼			
Colonies Angloises — Barbades	307,014	//	1¾	140,613	13	//¼	166,400	7	1½			
Colonies Angloises — Bermudes	1,932	14	5	407	19	7½	1,524	14	9½			
Colonies Angloises — Caroline	31,290	9	7¾	23,712	2	6	7,578	7	1½			
Colonies Angloises — Baie de Hudson	6,815	16	//	2,349	7	9	4,466	8	3			
Colonies Angloises — Jamaïque	274,043	13	9	144,962	//	4¼	129,081	13	4¾			
Colonies Angloises — Montserrat	14,970	16	2¼	620	//	10	14,350	15	4¼			
Colonies Angloises — Nevis	63,847	3	4¾	16,046	3	5¾	47,800	19	11			
Colonies Angloises — Nouvelle-Angleterre	51,541	6	10¾	121,288	7	6				69,747	//	7¼
Colonies Angloises — Nouvelle-York	29,810	17	3½	44,643	17	11¼				14,833	//	7¾
Colonies Angloises — Pensylvanie	2,663	3	//	14,927	11	1				12,264	8	1
Colonies Angloises — Saint-Christophe	52,023	10	8	6,506	4	9½	45,517	5	10½			
Colonies Angloises — Virginie & Mariland	280,470	15	8¼	128,873	10	10¼	151,597	4	10			
Colonies Angloises — Indes occid. en général	2,041	12	10¾	156,405	4	2¾				154,363	11	4
Isles Espagnoles				19,857	9	7				19,857	9	7
Prises	1,951	13	4				1,951	13	4			
Espèces étrangères & Matières d'or & d'argent				353,570	1	6				353,570	1	6
TOTAUX	5,929,227	//	8¾	8,361,638	3	3	2,270,311	9	2	4,702,722	11	8½

EXCÉDANT DE L'EXPORTATION .... 2,432,411 . 2 . 6¼

COMMERCE DE LA GRANDE-BRETAGNE.

Du 25 Décembre *1714* au 25 Décembre *1715*, deuxième année de GEORGE I.

PAYS.	IMPORTATIONS.			EXPORTATIONS.			EXCÉDANT des IMPORTATIONS.			EXCÉDANT des EXPORTATIONS.		
	liv.	sous	den.	liv.	sous	den.	liv.	sous	den.	liv.	sous	den.
Afrique	30,096	12	6	51,912	6	2				21,815	13	8
Isles Canaries	68,556	1	1	46,218	16	10	22,337	4	3			
Danemarck & Norwège	103,107	8	11	49,744	6	11	53,363	2	"			
Dantzick	94,951	11	7	50,814	7	1	44,137	4	6			
Indes orientales	579,944	4	2	36,997	12	6	542,946	11	8			
Flandre	25,103	16	1	251,049	1	8				225,945	5	7
France	47,127	15	2	111,019	12	7				63,891	17	5
Allemagne	656,417	15	4	877,515	19	1				221,098	3	9
Hollande	436,588	3	10	1,945,738	7	10				1,509,150	4	"
Irlande	389,437	1	"	420,062	11	5				30,625	10	5
Italie	428,903	15	1	161,534	5	6	267,369	9	7			
Isles Madères	7,149	13	9	57,564	9	2				50,414	15	5
Terre-neuve	11,288	2	2	8,120	1	10	3,168	"	4			
Portugal	333,385	6	"	625,381	9	9				291,996	3	9
Russie	241,876	7	11	105,153	10	"	136,722	17	11			
Espagne	302,807	7	10	395,868	9	3				93,061	1	5
Gibraltar	30,041	1	7	380,696	5	8				350,655	4	1
Suède	165,631	10	9	37,235	7	1	128,396	3	8			
Levant	311,903	10	5	181,109	7	1	130,794	3	4			
Venise	61,197	17	8	29,382	8	2	31,815	9	6			
Isles en Europe. — Aurigny	67	12	"	434	7	6				366	15	6
Isles en Europe. — Garnesey	6,663	13	3	25,067	12	9				18,403	19	9
Isles en Europe. — Jersey	9,147	11	4	15,136	1	2				5,988	9	10
Colonies Angloises. — Antigoa	162,503	17	9	27,032	5	9	135,471	12	"			
Colonies Angloises. — Barbades	386,787	7	3	144,649	3	10	242,138	3	5			
Colonies Angloises. — Bermudes	523	7	10	1,809	17	11				1,286	10	1
Colonies Angloises. — Caroline	29,158	"	5	16,631	19	1	12,526	1	4			
Colonies Angloises. — Baie de Hudson				1,402	18	8				1,402	18	8
Colonies Angloises. — Jamaïque	273,747	3	6	110,870	7	4	162,876	16	2			
Colonies Angloises. — Montserrat	30,675	8	9	4,476	11	6	26,198	17	3			
Colonies Angloises. — Nevis	88,161	17	1	9,498	14	"	78,663	3	1			
Colonies Angloises. — Nouvelle-Angleterre	66,555	12	8	164,650	7	6				98,094	14	10
Colonies Angloises. — Nouvelle-York	21,316	19	10	54,629	1	5				33,312	1	7
Colonies Angloises. — Pensylvanie	5,461	4	9	16,182	7	7				10,721	2	10
Colonies Angloises. — Saint-Christophe	57,536	3	"	4,077	3	9	53,458	19	3			
Colonies Angloises. — Virginie & Mariland	174,756	4	6	199,274	17	1				24,518	12	7
Colonies Angloises. — Indes occid. en général	2,366	9	8	106,629	"	11				104,262	11	3
Indes Espagnoles				196,691	17	1				196,691	17	1
Espèces étrangères & Matières d'or & d'argent				457,145	10	3				457,145	10	3
TOTAUX	5,640,943	16	5	7,379,409	"	8	2,072,383	19	3	3,810,849	3	6

EXCÉDANT DE L'EXPORTATION.... 1,738,465. 4. 3

COMMERCE DE LA GRANDE-BRETAGNE.

Du 25 Décembre 1715 au 25 Décembre 1716, troisième année de GEORGE I.

PAYS.	IMPORTATIONS.			EXPORTATIONS.			EXCÉDANT des IMPORTATIONS.			EXCÉDANT des EXPORTATIONS.		
	liv.	sous	den.	liv.	sous	den.	liv.	sous	den.	liv.	sous	den.
Afrique	32,330	11	7	97,885	12	6	....	..	..	65,555	//	11
Isles Canaries	69,448	4	10	32,184	10	10	37,263	14	//			
Danemarck & Norwège	73,896	3	11	60,317	15	3	13,578	8	8			
Dantzick	103,635	15	1	65,293	4	4	38,342	10	9			
Indes orientales	402,554	1	8	106,198	3	//	296,355	18	8			
Flandre	26,359	16	1	210,448	2	6	....	..	..	184,088	6	5
France	62,252	2	6	101,556	15	11	....	..	..	39,304	13	5
Allemagne	614,921	13	7	1,105,440	19	5	....	..	..	490,519	5	10
Hollande	535,711	4	2	1,664,303	12	//	....	..	..	1,128,592	7	10
Irlande	561,673	11	10	345,252	2	5	216,421	9	5			
Italie	555,830	16	1	176,187	18	//	379,642	18	1			
Isles Madères	3,740	7	2	105,175	18	2	....	..	..	101,435	11	//
Terre-neuve	9,487	//	4	7,162	18	1	2,324	2	3			
Portugal	303,459	//	5	752,638	2	//	....	..	..	449,179	1	7
Russie	197,270	2	2	113,154	2	2	84,116	//	//			
Espagne	312,805	10	7	448,079	4	10	....	..	..	135,273	14	3
Gibraltar	26,721	12	7	383,156	18	7	....	..	..	356,435	6	//
Suède	136,959	3	8	24,101	18	9	112,857	4	11			
Levant	131,132	3	//	278,079	4	5	....	..	..	146,947	1	5
Venise	55,031	1	2	26,280	3	10	28,750	17	4			
Isles en Europe. { Aurigny	72	9	//	531	3	//	....	..	..	458	14	//
Isles en Europe. { Garnesey	11,443	4	9	27,219	19	10	....	..	..	15,776	15	1
Isles en Europe. { Jersey	13,261	3	8	10,350	19	11	2,910	3	9			
Colonies Angloises. { Antigoa	189,579	3	6	34,739	13	10	154,839	9	8			
Barbades	326,056	1	1	154,403	10	5	171,652	10	8			
Bermudes	....	..	..	19	//	//	....	..	..	19	//	//
Caroline	46,287	6	4	27,272	18	7	19,014	7	9			
Baie de Hudson	13,049	7	10	1,259	17	3	11,789	10	7			
Jamaïque	339,610	14	1	185,890	11	5	153,720	2	8			
Montserrat	40,887	4	9	4,122	15	10	36,764	8	11			
Nevis	87,118	6	//	20,418	2	5	66,700	3	7			
Nouvelle-Angleterre	69,595	2	9	121,156	19	10	....	..	..	51,561	17	1
Nouvelle-York	21,971	14	10	52,173	7	9	....	..	..	30,201	12	11
Pensylvanie	5,193	10	4	21,842	13	6	....	..	..	16,649	3	2
Saint-Christophe	120,937	5	//	13,535	18	5	107,401	6	7			
Virginie & Mariland	281,343	4	7	179,599	17	7	101,743	7	//			
Indes occid. en général.	2,218	17	8	92,557	6	//	....	..	..	90,338	8	4
Indes Espagnoles	16,413	9	1	....	..	..	16,413	9	1			
Espèces étrangères & Matières d'or & d'argent	....	..	..	564,093	4	4	....	..	..	564,093	4	4
TOTAUX	5,800,258	7	8	7,614,085	6	11	2,052,602	4	4	3,866,429	3	7

EXCÉDANT DE L'EXPORTATION.... 1,813,826. 19. 3

COMMERCE DE LA GRANDE-BRETAGNE.

Du 25 Décembre 1716 au 25 Décembre 1717, quatrième année de GEORGE I.

PAYS.	IMPORTATIONS.			EXPORTATIONS.			EXCÉDANT des IMPORTATIONS.			EXCÉDANT des EXPORTATIONS.		
	liv.	sous	den.	liv.	sous	den.	liv.	sous	den.	liv.	sous	den.
Afrique	19,282	14	2	112,449	12	2				93,166	18	//
Isles Canaries	48,444	18	9	39,179	1	3	9,265	17	6			
Danemarck & Norwège	84,832	14	//	86,552	//	1				1,719	6	1
Dantzick	137,728	13	7	73,094	17	6	64,633	16	1			
Indes orientales	494,861	5	11	82,646	16	10	412,214	9	1			
Flandre	32,266	10	11	284,437	8	5				252,170	17	6
France	52,424	5	4	116,834	6	6				64,410	1	2
Allemagne	681,598	15	1	1,201,254	11	7				519,655	16	6
Hollande	544,813	4	7	1,930,467	15	8				1,385,654	11	1
Irlande	469,657	11	6	429,880	15	5	39,776	16	1			
Italie	513,679	8	6	192,250	17	4	321,428	11	2			
Isles Madères	3,992	3	3	81,541	14	1				77,549	10	10
Terre-neuve	12,086	8	3	5,724	6	1	6,362	2	2			
Portugal	338,661	3	4	617,581	19	6				278,920	16	2
Russie	209,898	8	2	105,834	16	10	104,063	11	4			
Espagne	408,138	3	4	749,191	7	4				341,053	4	//
Gibraltar	17,092	14	8	493,655	8	9				476,562	14	1
Suède	16,268	5	7				16,268	5	7			
Levant	383,130	18	11	271,644	17	10	111,486	1	1			
Venise	52,522	2	2	50,543	16	2	1,978	6	//			
Isles en Europe. Aurigny	15	//	//	502	15	7				487	15	7
Isles en Europe. Garnesey	7,991	4	6	26,304	11	//				18,313	6	6
Isles en Europe. Jersey	11,061	17	//	15,819	12	11				4,757	15	11
Colonies Angloïses. Antigoa	209,093	18	9	30,795	19	10	178,297	18	11			
Colonies Angloïses. Barbades	380,828	12	2	123,040	9	2	257,788	3	//			
Colonies Angloïses. Bermudes	715	10	8	2,359	11	10				1,644	1	2
Colonies Angloïses. Caroline	41,275	1	8	25,058	12	//	16,216	9	8			
Colonies Angloïses. Baie de Hudson	7,645	12	10	3,191	2	9	4,454	10	1			
Colonies Angloïses. Jamaïque	383,440	5	1	147,032	17	10	236,407	7	3			
Colonies Angloïses. Montserrat	31,893	3	11	6,165	7	4	25,727	16	7			
Colonies Angloïses. Nevis	79,956	3	6	8,271	13	8	71,684	9	10			
Colonies Angloïses. Nouvelle-Angleterre	58,898	6	1	132,001	16	2				73,103	10	1
Colonies Angloïses. Nouvelle-York	24,534	14	4	44,140	10	5				19,605	16	1
Colonies Angloïses. Pensylvanie	4,499	6	1	22,505	1	6				18,005	15	5
Colonies Angloïses. Saint-Christophe	117,845	7	4	15,933	19	3	101,911	8	1			
Colonies Angloïses. Virginie & Mariland	296,884	2	7	215,962	19	9	80,921	2	10			
Colonies Angloïses. Indes occid. en général	5,590	3	10	91,772	11	9				86,182	7	11
Isles Espagnoles	163,219	1	2	160,961	//	11	2,258	//	3			
Espèces étrangères & Matières d'or & d'argent				1,151,112	19	4				1,151,112	19	4
TOTAUX	6,346,768	1	6	9,147,700	2	4	2,063,145	2	7	4,864,077	3	5

EXCÉDANT DE L'EXPORTATION.... 2,800,932. // 10

COMMERCE DE LA GRANDE-BRETAGNE.

Du 25 Décembre 1717 au 25 Décembre 1718, cinquième année de GEORGE I.

PAYS.	IMPORTATIONS.			EXPORTATIONS.			EXCÉDANT des IMPORTATIONS.			EXCÉDANT des EXPORTATIONS.		
	liv.	sous	den.	liv.	sous	den.	liv.	sous	den.	liv.	sous	den.
Afrique	25,783	14	9	93,313	18	6				67,530	3	9
Isles Canaries	42,800	16	9	12,359	15	11	30,441	//	10			
Danemarck & Norwège	102,965	11	7	122,436	13	7				19,471	2	//
Dantzick	125,509	13	2	54,373	16	8	71,135	16	6			
Indes orientales	1,332,901	14	1	73,922	5	11	1,258,979	8	2			
Flandre	30,314	13	11	204,858	1	11				174,543	8	//
France	56,330	6	3	89,545	12	3				33,215	6	//
Allemagne	647,744	10	6	925,648	//	4				277,903	9	10
Hollande	634,022	14	11	1,706,668	18	11				1,072,646	4	//
Irlande	326,283	16	5	333,988	7	6				7,704	11	1
Italie	373,838	5	//	151,304	18	//	222,533	7	//			
Isles Madères	3,119	8	2	66,511	14	4				63,392	6	2
Terre-neuve	13,134	8	8	8,134	16	7	4,999	12	1			
Portugal	429,235	1	7	514,079	16	5				84,844	14	10
Russie	284,494	16	5	79,625	10	4	204,869	6	1			
Espagne	264,535	13	6	296,419	16	8				31,884	3	2
Gibraltar	26,218	7	5	464,842	//	4				438,623	12	11
Suède	916	10	//				916	10	//			
Levant	427,294	6	10	12,803	9	4	414,490	17	6			
Venise	51,907	//	5	68,059	19	2				16,152	18	9
Isles en Europe. { Aurigny	7	//	//	781	7	2				774	7	2
Garnesey	12,438	2	3	26,409	:	8				13,971	7	5
Jersey	9,350	//	//	17,76	18	4				8,419	18	4
Colonies Angloises. { Antigoa	64,696	8	7	18,922	8	8	45,773	19	11			
Barbades	341,079	14	//	144,840	18	11	196,238	15	1			
Bermudes	754	1	10	712	7	10	41	14	//			
Caroline	46,385	13	6	15,841	17	//	30,543	16	6			
Baie de Hudson	9,580	9	7	1,847	18	7	7,732	11	//			
Jamaïque	362,221	7	6	164,573	5	11	197,648	1	7			
Montserrat	32,202	13	11	1,610	1	11	30,592	12	//			
Nevis	31,447	16	10	6,527	18	3	24,919	18	7			
Nouvelle-Angleterre	61,591	3	8	131,885	12	9				70,294	9	1
Nouvelle-York	27,331	12	1	62,966	16	3				35,635	4	2
Pensylvanie	5,588	13	11	22,716	4	10				17,127	10	11
Saint-Christophe	64,383	1	2	9,936	3	3	54,446	17	11			
Virginie & Mariland	316,576	7	5	191,925	//	7	124,651	6	10			
Indes occid. en général	11,332	18	11	225,929	2	2				214,596	3	3
Isles Espagnoles	73,071	5	7	37,295	17	2	35,775	8	5			
Espèces étrangères & Matières d'or & d'argent				1,893,912	12	6				1,893,912	12	6
TOTAUX	6,669,390	1	1	8,255,302	14	5	2,956,731	//	//	4,542,643	13	4

EXCÉDANT DE L'EXPORTATION.... 1,585,912. 13. 4

COMMERCE DE LA GRANDE-BRETAGNE.

Du 25 Décembre 1718 au 25 Décembre 1719, sixième année de GEORGE I.

PAYS.	IMPORTATIONS.			EXPORTATIONS.			EXCÉDANT des IMPORTATIONS.			EXCÉDANT des EXPORTATIONS.		
	liv.	sous	den.	liv.	sous	den.	liv.	sous	den.	liv.	sous	den.
Afrique	18,060	9	2	66,441	14	11				48,381	5	9
Isles Canaries	51,450	15	7	5,499	12	2	45,951	3	5			
Danemarck & Norwège	99,261	8	9	171,450	12	4				72,189	3	7
Dantzick	172,543	//	5	122,177	17	7	50,365	2	10			
Indes orientales	547,311	8	//	88,365	18	5	458,945	9	7			
Flandre	40,006	1	1	191,084	11	2				151,078	10	1
France	59,814	2	6	203,670	10	7				143,856	8	1
Allemagne	722,363	14	11	866,893	16	6				144,530	1	7
Hollande	527,122	3	9	1,917,593	4	//				1,390,471	//	3
Irlande	380,130	7	5	387,460	//	6				7,329	13	1
Italie	342,496	2	1	158,770	2	9	183,725	19	4			
Isles Madères	6,358	15	//	91,454	9	10				85,095	14	10
Terre-neuve	11,394	9	6	7,680	11	9	3,713	17	9			
Portugal	356,083	18	5	816,367	19	2				460,284	//	9
Russie	140,549	13	3	55,294	19	5	85,254	13	10			
Espagne	167,738	19	//	148,741	11	7	18,997	7	5			
Gibraltar	38,835	5	4	398,915	2	9				360,079	17	5
Suède	90,174	17	6	22,518	18	3	67,655	19	3			
Levant	157,723	//	9	319,527	14	4				161,804	13	7
Venise	46,157	16	11	27,786	18	1	18,370	18	10			
Isles en Europe. { Aurigny	108	4	//	669	19	9				561	15	9
Isles en Europe. { Garnesey	8,732	11	3	18,390	9	11				9,657	18	8
Isles en Europe. { Jersey	11,550	4	11	11,635	11	9				85	6	10
Colonies Angloises. { Antigoa	175,334	14	2	25,087	5	7	150,247	8	7			
Colonies Angloises. { Barbades	191,564	9	7	103,670	2	9	87,894	6	10			
Colonies Angloises. { Bermudes	602	//	2	2,648	9	//				2,046	8	10
Colonies Angloises. { Caroline	50,373	18	5	19,630	19	2	30,742	19	3			
Colonies Angloises. { Baie de Hudson	3,672	13	9	1,731	11	9	1,941	2	//			
Colonies Angloises. { Jamaïque	278,444	13	9	89,145	18	11	189,298	14	10			
Colonies Angloises. { Montserrat	40,104	10	9	3,967	3	3	36,137	7	6			
Colonies Angloises. { Nevis	71,294	//	6	8,461	12	1	62,832	8	5			
Colonies Angloises. { Nouvelle-Angleterre	54,452	13	11	125,317	16	10				70,865	2	11
Colonies Angloises. { Nouvelle-York	19,596	6	5	56,355	3	9				36,758	17	4
Colonies Angloises. { Pensylvanie	6,564	14	3	27,068	14	2				20,503	19	11
Colonies Angloises. { Saint-Christophe	118,615	3	1	13,039	11	3	105,575	11	10			
Colonies Angloises. { Virginie & Mariland	332,069	14	1	164,630	15	4	167,438	18	9			
Colonies Angloises. { Indes occid. en général	10,424	16	1	95,569	2	3				85,144	6	2
Isles Espagnoles	18,417	9	10				19,417	9	10			
Espèces étrangères & Matières d'or & d'argent				874,811	8	//				874,811	8	//
TOTAUX	5,367,499	8	3	7,709,528	1	7	1,783,507	//	1	4,125,535	13	5

EXCÉDANT DE L'EXPORTATION..... 2,342,028. 13. 4

COMMERCE DE LA GRANDE-BRETAGNE.

Du 25 Décembre 1719, au 25 Décembre 1720, septième année de GEORGE I.

PAYS.	IMPORTATIONS.			EXPORTATIONS.			EXCÉDANT des IMPORTATIONS.			EXCÉDANT des EXPORTATIONS.		
	liv.	fous	den.	liv.	fous	den.	liv.	fous	den.	liv.	fous	den.
Afrique	25,307	1	8	130,350	14	11				105,043	13	3
Ifles Canaries	39,642	13	3	19,845	11	8	19,797	1	7			
Danemarck & Norwège	112,263	8	1	129,674	//	4				17,410	12	3
Dantzick	109,557	15	10	98,968	13	4	10,589	2	6			
Indes orientales	931,441	10	11	83,811	19	9	847,629	11	2			
Flandre	30,836	14	5	213,782	19	//				182,946	4	7
France	69,758	15	3	192,372	13	8				122,613	18	5
Allemagne	508,432	10	8	760,224	13	3				251,792	2	7
Hollande	482,085	4	2	1,915,112	6	//				1,433,027	1	10
Irlande	282,812	//	7	328,583	15	5				45,771	14	10
Italie	436,169	12	7	123,292	15	9	312,876	16	10			
Ifles Madères	4,628	17	4	39,338	7	6				34,709	10	2
Terre-neuve	14,643	12	3	11,859	3	9	2,784	8	6			
Portugal	319,476	3	9	775,835	17	3				456,359	13	6
Ruffie	169,932	12	9	92,229	1	8	77,703	11	1			
Efpagne	251,984	19	2	499,324	8	//				247,339	8	10
Gibraltar	43,014	9	9	342,715	4	3				299,700	14	6
Suède	191,352	5	11	111,555	7	4	79,796	18	7			
Levant	398,564	9	6	359,838	17	10	38,725	11	8			
Venife	38,370	1	3	19,836	18	5	18,533	2	10			
Ifles en Europe. { Aurigny	35	//	//	257	1	6				222	1	6
Garnefey	11,699	14	3	24,371	6	6				12,671	12	3
Jerfey	13,795	14	10	13,184	15	5	610	19	5			
Colonies Angloifes. { Antigoa	172,006	5	6	18,295	17	5	153,710	8	1			
Barbades	312,962	19	9	91,011	15	//	221,951	4	9			
Bermudes	1,897	10	7	2,172	9	3				274	18	8
Caroline	62,736	6	8	18,290	12	11	44,445	13	9			
Baie de Hudfon	10,947	2	3	1,897	9	9	9,049	12	6			
Jamaïque	384,691	5	3	85,632	6	10	299,058	18	5			
Montferrat	39,511	9	9	2,965	5	//	36,546	4	9			
Nevis	71,695	4	3	8,302	8	11	63,392	15	4			
Nouvelle-Angleterre	49,206	12	6	128,767	2	11				79,560	10	5
Nouvelle-York	16,836	12	7	37,397	19	5				20,561	6	10
Penfylvanie	7,928	14	10	24,531	15	2				16,603	//	4
Saint-Chriftophe	136,710	//	2	12,009	7	6	124,700	12	8			
Virginie & Marſland	331,482	2	5	110,717	17	10	220,764	4	7			
Indes occid. en général	5,666	//	5	82,539	19	7				76,873	19	2
Efpèces étrangères & Matières d'or & d'argent				1,025,829	16	6				1,025,829	16	6
TOTAUX	6,090,083	15	1	7,936,728	16	6	2,582,666	19	//	4,429,312	//	5

EXCÉDANT DE L'EXPORTATION 1,846,645. 1. 5

COMMERCE DE LA GRANDE-BRETAGNE.

Du 25 Décembre 1720 au 25 Décembre 1721, huitième année de GEORGE I.

PAYS.	IMPORTATIONS.			EXPORTATIONS.			EXCÉDANT des IMPORTATIONS.			EXCÉDANT des EXPORTATIONS.		
	liv.	fous	den.	liv.	fous	den.	liv.	fous	den.	liv.	fous	den.
Afrique	21,949	16	2	126,056	3	5				104,106	7	3
Ifles Canaries	57,938	8	2	21,082	14	10	36,855	13	4			
Danemarck & Norwège	83,731	2	10	138,772	5	2				55,041	2	4
Dantzick	107,111	1	10	104,763	5	7	2,347	16	3			
Indes orientales	1,020,763	12	10	127,509	9	1	893,254	3	9			
Flandre	42,657	17	3	148,696	11	7				106,038	14	4
France	47,810	14	11	76,138	19	//				28,328	4	1
Allemagne	576,116	1	4	1,028,795	17	5				452,679	16	1
Hollande	466,695	7	9	2,044,929	5	3				1,578,233	17	6
Irlande	332,882	3	10	370,838	11	2				37,956	7	4
Italie	407,405	5	1	115,170	5	//	292,235	//	1			
Ifles Madères	3,070	7	6	49,436	11	//				46,366	3	6
Terre-neuve	17,858	3	5	6,815	//	10	11,043	2	7			
Portugal	422,620	12	1	771,312	6	2				348,691	14	1
Ruffie	156,258	//	1	95,179	8	9	61,078	11	4			
Efpagne	361,076	1	2	615,806	7	9				254,730	6	7
Gibraltar	49,756	16	//	431,951	1	3				382,194	5	3
Suède	145,487	6	2	51,858	6	9	93,628	19	5			
Levant	23,065	1	8	137,584	10	9				114,519	9	1
Venife	42,184	19	8	21,562	16	7	20,622	3	1			
Ifles en Europe. { Aurigny				196	5	10				196	5	10
Garnefey	6,193	2	6	14,108	18	2				7,915	15	8
Jerfey	11,626	11	6	7,392	7	9	4,234	3	9			
Colonies Angloifes. { Antigoa	72,871	//	8	17,128	3	6	55,742	17	2			
Barbades	124,575	//	4	60,266	14	6	64,308	5	10			
Bermudes	3,332	10	7	3,367	10	7				35	//	//
Caroline	61,858	3	10	17,703	9	2	44,154	14	8			
Baie de Hudfon	10,989	?	9	1,788	4	4	9,200	18	5			
Jamaïque	458,578	13	9	111,530	18	7	347,047	15	2			
Montferrat	33,915	11	8	2,007	17	3	31,907	14	5			
Nevis	52,876	11	7	7,073	7	3	45,803	4	4			
Nouvelle-Angleterre	50,483	1	10	114,524	2	3				64,041	//	5
Nouvelle-York	15,681	3	11	50,754	1	4				35,072	17	5
Penfylvanie	8,037	//	1	21,548	4	11				13,511	4	10
Saint-Chriftophe	109,711	//	2	17,644	13	8	92,066	6	6			
Virginie & Mariland	357,812	//	11	127,376	15	10	230,435	5	1			
Indes occid. en général	2,518	18	9	125,150	9	9				122,631	11	//
Ifles Efpagnoles	1,012	2	//	17,573	12	1				1,561	10	1
Efpèces étrangères & Matières d'or & d'argent				1,479,805	3	3				1,479,805	3	3
TOTAUX	5,768,510	16	7	8,681,200	17	4	2,335,966	15	2	5,248,656	15	11

EXCÉDANT DE L'EXPORTATION.... 2,912,690. //. 9

COMMERCE DE LA GRANDE-BRETAGNE.

Du 25 Décembre 1721 au 25 Décembre 1722, neuvième année de GEORGE I.

PAYS.	IMPORTATIONS.			EXPORTATIONS.			EXCÉDANT des IMPORTATIONS.			EXCÉDANT des EXPORTATIONS.		
	liv.	sous	den.	liv.	sous	den.	liv.	sous	den.	liv.	sous	den.
Afrique..............	33,671	1	10	186,556	4	5	....	..	..	152,885	2	7
Isles Canaries..........	23,969	12	4	21,754	7	8	2,215	4	8			
Danemarck & Norwège...	97,012	3	6	82,096	//	4	14,916	3	2			
Dantzick..............	135,007	19	7	113,899	6	5	21,108	13	2			
Indes orientales........	764,053	10	5	125,477	9	5	638,576	1	//			
Flandre..............	60,636	//	//	200,414	6	10	....	..	..	139,778	6	10
France...............	48,214	10	8	101,834	12	1	....	..	..	53,620	1	5
Allemagne............	613,092	7	2	1,033,185	12	2	....	..	..	420,093	5	//
Hollande.............	561,612	7	8	2,130,396	6	6	....	..	..	1,568,783	18	10
Irlande..............	356,095	19	2	488,370	5	1	....	..	..	132,274	5	11
Italie...............	431,246	3	9	132,298	18	6	298,947	5	3			
Isles Madères..........	3,848	4	//	59,724	15	2	....	..	..	55,876	11	2
Terre-neuve..........	21,382	17	7	11,775	4	9	9,607	12	10			
Portugal..............	363,604	14	1	973,107	16	2	....	..	..	609,503	2	1
Russie...............	112,466	13	5	54,733	//	//	57,733	13	5			
Espagne..............	542,146	1	//	603,757	7	10	....	..	..	61,611	6	10
Gibraltar.............	51,588	2	3	523,642	1	9	....	..	..	472,053	19	6
Suède...............	200,390	19	8	52,503	11	3	147,887	8	5			
Levant..............	404,941	17	1	261,480	17	9	143,460	19	4			
Venise..............	59,477	//	5	38,634	4	1	20,842	16	4			
Isles en Europe. { Aurigny............	....	..	..	18	//	//	....	..	..	18	//	//
Isles en Europe. { Garnesey..........	4,189	8	//	12,618	//	2	....	..	..	8,428	12	2
Isles en Europe. { Jersey...........	11,058	16	11	21,722	1	6	....	..	..	10,663	4	7
Colonies Angloises. { Antigoa..........	133,951	18	//	22,567	16	4	111,384	1	8			
Barbades..........	156,855	6	1	71,907	3	2	84,948	2	11			
Bermudes..........	3,227	12	11	3,983	16	4	....	..	..	756	3	5
Caroline..........	79,650	14	11	34,374	12	7	45,276	2	4			
Baie de Hudson.....	11,171	5	2	2,449	15	11	8,721	9	3			
Jamaïque.........	422,491	6	2	140,189	3	1	282,302	3	1			
Montserrat........	45,524	9	7	2,402	1	//	43,122	8	7			
Nevis............	85,789	7	//	7,168	2	10	78,621	4	2			
Nouvelle-Angleterre..	47,955	15	11	133,722	14	8	....	..	..	85,766	18	9
Nouvelle-York.....	20,118	13	5	57,478	15	8	....	..	..	37,360	2	3
Pensylvanie.......	6,882	1	6	26,397	9	6	....	..	..	19,515	8	//
Saint-Christophe....	171,006	7	2	16,037	4	5	154,969	2	9			
Virginie & Mariland..	283,091	13	8	172,754	10	5	110,337	3	3			
Indes occid. en général.	2,550	17	1	147,701	10	8	....	..	..	145,150	13	7
Isles Espagnoles........	8,125	//	//	195,950	3	5	....	..	..	187,825	3	5
Espèces étrangères & Matières d'or & d'argent........	....	..	..	1,385,704	8	//	....	..	..	1,385,704	8	//
TOTAUX.......	6,378,098	19	1	9,650,789	17	10	2,274,977	15	7	5,547,668	14	4

EXCÉDANT DE L'EXPORTATION.... 3,272,690. 18. 9

COMMERCE DE LA GRANDE-BRETAGNE.

Du 25 Décembre 1722 au 25 Décembre 1723, dixième année de GEORGE I.

PAYS.	IMPORTATIONS.			EXPORTATIONS.			EXCÉDANT des IMPORTATIONS.			EXCÉDANT des EXPORTATIONS.		
	liv.	fous	den.	liv.	fous	den.	liv.	fous	den.	liv.	fous	den.
Afrique	29,877	12	5	138,507	13	3				108,630	//	10
Ifles Canaries	24,867	8	7	29,064	3	1				4,196	14	6
Danemarck & Norwège	84,970	10	9	78,889	5	6	6,081	5	3			
Dantzick	109,356	8	5	95,169	9	9	14,186	18	8			
Indes orientales	968,570	14	6	115,241	10	5	853,329	4	1			
Flandre	70,203	19	6	204,301	15	5				134,097	15	11
France	54,755	2	6	120,468	16	4				65,713	13	10
Allemagne	517,300	4	1	966,006	9	//				448,706	4	11
Hollande	569,994	10	1	1,815,453	15	11				1,245,459	5	10
Irlande	360,526	16	11	553,945	16	6				193,418	19	7
Italie	435,003	9	4	115,693	5	6	319,310	3	10			
Ifles Madères	3,403	9	//	66,266	15	6				62,863	6	6
Terre-neuve	18,830	11	4	10,614	10	8	8,216	//	8			
Portugal	349,908	16	9	864,528	//	4				514,619	3	3
Ruffie	151,768	19	10	56,696	16	9	95,072	3	1			
Efpagne	404,620	13	7	458,598	5	1				53,977	11	6
Gibraltar	99,132	7	1	404,667	5	9				305,534	18	8
Suède	166,437	19	1	31,150	16	6	135,287	2	7			
Levant	419,238	13	3	161,475	10	4	257,763	2	11			
Venife	50,938	4	//	23,520	19	2	27,417	4	10			
Ifles en Europe. { Aurigny	422	8	1	493	10	3				71	2	2
Ifles en Europe. { Garnefey	11,590	//	//	21,386	15	//				9,796	15	//
Ifles en Europe. { Jerfey	16,249	1	4	14,264	8	9	1,984	12	7			
Colonies Angloifes. { Antigoa	234,693	14	6	26,275	5	11	208,418	8	7			
Colonies Angloifes. { Barbades	262,803	4	2	82,804	4	6	179,998	19	8			
Colonies Angloifes. { Bermudes	4,964	9	11	6,845	14	8				1,881	4	9
Colonies Angloifes. { Caroline	78,103	19	//	42,246	16	5	35,857	2	7			
Colonies Angloifes. { Baie de Hudfon	10,853	5	7	2,305	a	7	8,548	3	//			
Colonies Angloifes. { Jamaïque	282,789	13	11	147,863	15	1	134,925	18	10			
Colonies Angloifes. { Montferrat	45,552	14	7	5,871	6	11	39,681	7	8			
Colonies Angloifes. { Nevis	81,173	12	//	9,912	4	5	71,261	7	7			
Colonies Angloifes. { Nouvelle-Angleterre	59,337	13	4	176,486	//	1				117,148	6	9
Colonies Angloifes. { Nouvelle-York	27,992	5	6	53,013	19	5				25,021	13	11
Colonies Angloifes. { Penfylvanie	8,332	3	9	15,992	19	4				7,660	15	7
Colonies Angloifes. { Saint-Chriftophe	180,239	19	8	20,036	1	1	160,203	18	7			
Colonies Angloifes. { Virginie & Mariland	287,997	6	8	123,853	2	1	164,144	4	7			
Colonies Angloifes. { Indes occid. en général	16,860	18	6	154,675	11	2				137,814	12	8
Ifles Efpagnoles	6,013	5	2	181,320	6	1				175,307	//	11
Efpèces étrangères & Matières d'or & d'argent				2,093,903	12	5				2,093,903	12	5
TOTAUX	6,505,676	6	8	9,489,811	16	7	2,721,687	9	7	5,705,822	19	6

EXCÉDANT DE L'EXPORTATION.... 2,984,135. 9. 11

COMMERCE DE LA GRANDE-BRETAGNE.

Du 25 Décembre 1723 au 25 Décembre 1724, onzième année de GEORGE I.

PAYS.	IMPORTATIONS.			EXPORTATIONS.			EXCÉDANT des IMPORTATIONS.			EXCÉDANT des EXPORTATIONS.		
	liv.	sous	den.	liv.	sous	den.	liv.	sous	den.	liv.	sous	den.
Afrique	47,181	18	1	216,368	2	7	...	..	..	169,186	4	6
Isles Canaries	35,415	13	8	33,894	18	9	1,520	14	11			
Danemarck & Norwège	114,147	//	9	57,114	6	5	57,032	14	4			
Dantzick	226,355	9	//	114,012	10	9	112,342	18	3			
Indes orientales	1,165,203	1	4	100,585	14	3	1,064,617	7	1			
Flandre	62,710	13	9	187,688	13	2	...	..	..	124,977	19	5
France	50,393	16	5	348,144	4	5	...	..	..	297,750	8	//
Allemagne	860,864	2	10	957,812	12	2	...	..	..	96,948	9	4
Hollande	593,369	1	//	1,772,315	17	5	...	..	..	1,178,946	16	5
Irlande	367,889	16	1	468,257	9	3	...	..	..	100,367	13	2
Italie	478,056	6	11	124,745	4	5	353,311	2	6			
Isles Madères	5,896	8	1	51,422	3	3	...	..	..	45,525	15	2
Terre-neuve	19,846	8	2	12,624	13	7	7,221	14	7			
Portugal	388,517	17	6	666,781	8	7	...	..	..	278,263	11	1
Russie	212,229	12	9	35,563	13	9	176,665	19	//			
Espagne	374,040	6	3	494,179	//	6	...	..	..	120,138	14	3
Gibraltar	103,376	19	1	610,911	6	5	...	..	..	507,534	7	4
Suède	167,163	5	4	29,898	4	9	137,265	//	7			
Levant	246,098	18	3	208,992	17	5	37,106	//	10			
Venise	50,801	16	8	24,339	7	8	26,462	9	//			
Isles en Europe. Aurigny	98	9	3	365	4	//	...	..	..	266	14	9
Garnesey	11,443	15	5	21,676	6	8	...	..	..	10,232	11	1/3
Jersey	10,856	9	5	10,668	9	10	187	19	7			
Colonies Angloises. Antigoa	179,955	5	11	28,111	2	4	151,844	3	7			
Barbades	371,420	12	5	126,720	17	8	244,699	14	9			
Bermudes	5,677	17	5	7,249	10	8	...	..	..	1,571	13	3
Caroline	90,504	8	6	37,839	17	7	52,664	10	11			
Baie de Hudson	6,469	10	10	1,497	18	7	4,971	12	3			
Jamaïque	355,342	9	6	185,718	12	7	169,623	16	11			
Montserrat	27,976	9	1	3,492	3	2	24,484	5	11			
Nevis	77,593	//	1	6,037	17	7	71,555	2	6			
Nouvelle-Angleterre	69,585	6	1	168,507	//	8	...	..	..	98,921	14	7
Nouvelle-York	21,191	2	3	63,020	//	9	...	..	..	41,828	18	6
Pensylvanie	4,057	2	1	30,324	16	1	...	..	..	26,267	14	//
Saint-Christophe	148,460	19	10	26,381	18	5	122,079	1	5			
Virginie & Mariland	277,344	7	2	161,894	6	2	115,450	1	//			
Indes occid. en général	10,785	16	2	159,512	14	2	...	..	..	148,726	18	//
Isles Espagnoles	156,083	9	1	46,049	//	2	110,034	8	11			
Espèces étrangères & Matières d'or & d'argent	...	..	..	1,542,636	6	//	...	..	..	1,542,636	6	//
TOTAUX	7,394,405	2	5	9,143,356	12	7	3,041,140	18	10	4,790,092	9	//

EXCÉDANT DE L'EXPORTATION.... 1,748,951. 10. 2

COMMERCE DE LA GRANDE-BRETAGNE.

Du 25 Décembre 1724 au 25 Décembre 1725, douzième année de GEORGE I.

PAYS.	IMPORTATIONS.			EXPORTATIONS.			EXCÉDANT des IMPORTATIONS.			EXCÉDANT des EXPORTATIONS.		
	liv.	sous	den.	liv.	sous	den.	liv.	sous	den.	liv.	sous	den.
Afrique	67,514	4	//	284,024	15	10				216,510	11	10
Isles Canaries	45,360	6	5	45,263	11	10	96	14	7			
Danemarck & Norwège	106,909	9	7	62,481	8	11	44,428	//	8			
Dantzick	209,149	3	11	105,029	8	4	104,119	15	7			
Indes orientales	759,778	12	3	93,795	12	1	665,983	//	2			
Flandre	72,610	2	5	256,852	17	1				184,242	14	8
France	46,572	13	1	389,916	8	2				343,343	15	1
Allemagne	759,969	18	1	1,039,375	17	6				279,405	19	5
Groenland	4,262	15	2	24	18	4	4,237	16	10			
Hollande	563,684	8	4	1,777,724	12	1				1,214,040	3	9
Irlande	333,870	18	5	474,836	13	6				140,965	15	1
Italie	529,424	14	11	151,952	19	2	377,471	15	9			
Isles Madères	4,049	19	10	66,672	18	8				62,622	18	10
Terre-neuve	19,243	5	11	22,528	2	5				3,284	16	6
Portugal	410,967	15	9	780,992	9	6				370,024	13	9
Russie	250,315	6	11	24,847	14	10	225,467	12	1			
Espagne	437,823	19	5	636,192	17	5				198,368	18	//
Gibraltar	98,824	//	9	515,633	17	//				416,809	16	3
Suède	161,884	12	7	38,324	15	8	123,559	16	11			
Levant	345,379	17	11	252,317	9	1	93,062	8	10			
Venise	34,273	3	11	18,614	6	11	15,658	17	//			
Isles en Europe — Aurigny	152	17	9	497	12	6				344	14	9
Isles en Europe — Garnesey	7,639	1	8	30,281	13	1				22,642	11	5
Isles en Europe — Jersey	9,472	9	//	13,353	9	11				3,881	//	11
Colonies Angloises — Antigoa	217,452	16	9	35,873	8	3	181,579	8	6			
Colonies Angloises — Barbades	360,912	//	2	107,008	1	4	253,903	18	10			
Colonies Angloises — Bermudes	4,829	12	2	7,213	14	9				2,384	2	7
Colonies Angloises — Caroline	91,942	13	7	39,182	12	0	52,760	//	11			
Colonies Angloises — Baie de Hudson	11,343	17	7	2,410	17	1	8,933	//	6			
Colonies Angloises — Jamaïque	449,408	17	4	182,883	18	4	266,524	19	//			
Colonies Angloises — Montserrat	44,322	5	//	3,385	16	1	40,936	8	11			
Colonies Angloises — Nevis	86,646	11	10	7,412	5	4	79,234	6	6			
Colonies Angloises — Nouvelle-Angleterre	72,021	12	6	201,768	//	4				129,746	7	10
Colonies Angloises — Nouvelle-York	24,976	5	3	70,650	8	//				45,674	2	9
Colonies Angloises — Pensylvanie	11,981	1	3	42,209	14	2				30,228	12	11
Colonies Angloises — Saint-Christophe	200,442	4	1	19,982	5	3	180,459	18	10			
Colonies Angloises — Virginie & Mariland	214,730	2	2	195,884	11	6	18,845	10	8			
Colonies Angloises — Indes occid. en général	4,428	10	//	239,603	6	8				235,174	16	8
Isles Espagnoles	20,136	//	10	244,876	16	3				224,740	15	5
Espèces étrangères & Matières d'or & d'argent				2,870,598	5	6				2,870,598	5	6
TOTAUX	7,094,708	8	6	11,352,480	11	4	2,737,265	11	1	6,995,035	13	11

EXCÉDANT DE L'EXPORTATION.... 4,257,772. 2. 10

COMMERCE DE LA GRANDE-BRETAGNE.

Du 25 Décembre 1725 au 25 Décembre 1726, treizième année de GEORGE I.

PAYS.	IMPORTATIONS.			EXPORTATIONS.			EXCÉDANT des IMPORTATIONS.			EXCÉDANT des EXPORTATIONS.		
	liv.	sous	den.	liv.	sous	den.	liv.	sous	den.	liv.	sous	den.
Afrique	36,189	"	6	148,704	12	3				112,515	11	9
Isles Canaries	30,761	7	11	7,773	19	9	22,987	8	2			
Danemarck & Norwège	104,210	9	10	72,918	1	3	31,292	8	7			
Dantzick	157,154	7	4	126,605	10	10	30,548	16	6			
Indes orientales	914,122	13	7	74,802	3	9	839,320	9	10			
Flandre	64,211	9	10	247,683	19	7				183,472	9	9
France	29,647	15	2	313,094	10	9				283,446	15	7
Allemagne	661,230	12	3	1,107,572	"	9				446,341	8	6
Groenland				158	8	"				158	8	"
Hollande	557,426	12	6	1,677,186	15	3				1,119,760	2	9
Irlande	332,604	9	9	569,553	12	4				236,949	2	7
Italie	488,292	"	4	161,071	6	2	327,220	14	2			
Isles Madères	3,497	17	7	31,005	6	5				27,507	8	10
Terre-neuve	19,220	4	11	14,133	15	10	5,086	9	1			
Portugal	231,369	15	2	865,729	11	5				634,359	16	3
Russie	235,869	2	5	29,512	1	8	206,357	"	9			
Espagne	451,397	5	7	488,674	5	2				37,276	19	7
Gibraltar	113,437	7	10	452,087	3	"				338,649	15	2
Suède	177,093	5	11	31,056	14	10	146,036	11	1			
Levant	273,287	9	5	253,743	13	8	19,543	15	9			
Venise	66,302	1	9	23,644	12	10	42,657	8	11			
Isles en Europe. { Aurigny	226	"	5	971	14	8				745	14	3
Garnesey	10,107	14	3	19,157	9	11				9,049	15	8
Jersey	9,493	8	10	13,506	16	8				4,013	7	10
Colonies Angloises. { Antigoa	104,245	8	3	19,817	"	10	84,428	7	5			
Barbades	267,578	2	3	90,701	11	1	176,876	11	2			
Bermudes	5,584	8	6	5,693	8	9				109	"	3
Caroline	93,453	1	9	43,934	10	"	49,518	11	9			
Baie de Hudson	9,479	13	6	1,599	15	11	7,879	17	7			
Jamaïque	476,870	"	9	129,721	18	11	347,148	1	10			
Montserrat	37,969	14	3	2,719	18	1	35,249	16	2			
Nevis	41,864	"	5	4,708	"	"	37,156	"	5			
Nouvelle-Angleterre	63,816	4	8	200,882	9	5				137,066	4	9
Nouvelle-York	38,307	17	10	84,866	16	4				46,558	18	6
Pensylvanie	5,960	2	5	37,634	17	8				31,674	15	3
Saint-Christophe	193,984	6	1	18.793	12	10	175,190	13	3			
Virginie & Mariland	324,767	16	4	185,981	18	8	138,785	17	8			
Indes occid. en général	929	14	9	121,466	18	10				120,537	4	1
Isles Espagnoles	45,902	8	6	13,969	2	9	31,933	5	9			
Espèces étrangères & Matières d'or & d'argent				1,713,891	4	"				1,713,891	4	"
TOTAUX	6,677,865	13	4	9,406,731	10	10	2,755,218	5	10	5,484,084	3	4

EXCÉDANT DE L'EXPORTATION...... 2,728,865. 17. 6

COMMERCE DE LA GRANDE-BRETAGNE.

Du 25 Décembre 1726 au 25 Décembre 1727, première année de GEORGE II.

PAYS.	IMPORTATIONS.			EXPORTATIONS.			EXCÉDANT des IMPORTATIONS.			EXCÉDANT des EXPORTATIONS.		
	liv.	fous	den.	liv.	fous	den.	liv.	fous	den.	liv.	fous	den.
Afrique	38,690	11	1	138,607	14	6				99,917	3	5
Ifles Canaries	13,582	16	6	16,514	2	4				2,931	5	10
Danemarck & Norwège	93,865	10	3	69,135	18	10	24,729	11	5			
Dantzick	177,778	18	3	106,818	7	2	70,960	11	1			
Indes orientales	1,125,829	14	4	97,808	11	11	1,028,021	2	5			
Flandre	85,829	4	//	190,978	10	9				105,149	6	9
France	42,943	9	2	190,366	5	2				147,422	16	//
Allemagne	654,458	1	11	1,087,251	18	10				432,793	16	11
Groenland				138	12	//				138	12	//
Hollande	540,074	9	7	1,748,957	7	9				1,208,882	18	2
Irlande	307,038	16	6	436,012	//	9				128,973	4	3
Italie	459,377	10	2	133,588	11	10	325,788	18	4			
Ifles Madères	2,834	7	6	30,890	13	9				28,056	6	3
Terre-neuve	39,973	6	4	10,986	19	2	28,986	7	2			
Portugal	399,774	5	4	792,817	15	4				393,043	10	//
Ruffie	144,450	10	9	21,882	19	11	122,567	10	10			
Efpagne	240,608	1	2	464,936	13	5				224,328	12	3
Gibraltar	118,512	7	3	499,529	8	6				381,017	1	3
Suède	119,028	17	//	50,721	12	3	68,307	4	9			
Levant	384,565	12	9	250,665	10	10	133,900	1	11			
Venife	50,229	1	11	17,429	9	8	32,799	12	3			
Ifles en Europe. — Aurigny	527	13	11	208	5	7	319	8	4			
Ifles en Europe. — Garnefey	11,170	2	9	26,098	7	9				14,928	5	//
Ifles en Europe. — Jerfey	11,382	14	9	13,836	16	2				2,454	1	5
Colonies Angloïfes. — Antigoa	161,013	19	6	28,261	12	4	132,752	7	2			
Colonies Angloïfes. — Barbades	253,651	7	1	73,184	2	8	180,467	4	5			
Colonies Angloïfes. — Bermudes	1,780	7	3	2,388	15	3				608	8	//
Colonies Angloïfes. — Caroline	96,055	//	10	23,254	8	11	72,800	11	11			
Colonies Angloïfes. — Baie de Hudfon	8,632	5	4	1,756	2	//	6,876	3	4			
Colonies Angloïfes. — Jamaïque	315,174	5	9	107,218	//	5	207,956	5	4			
Colonies Angloïfes. — Montferrat	48,216	17	//	5,660	6	3	42,556	10	9			
Colonies Angloïfes. — Nevis	44,186	4	6	6,116	18	//	38,069	6	6			
Colonies Angloïfes. — Nouvelle-Angleterre	75,052	3	1	187,277	9	11				112,225	6	10
Colonies Angloïfes. — Nouvelle-York	31,617	8	1	67,452	4	9				35,834	16	8
Colonies Angloïfes. — Penfylvanie	12,823	5	9	31,979	10	7				19,156	4	10
Colonies Angloïfes. — Saint-Chriftophe	217,271	//	6	26,474	12	8	190,796	7	10			
Colonies Angloïfes. — Virginie & Mariland	421,588	2	6	192,965	6	10	228,622	15	8			
Colonies Angloïfes. — Indes occid. en général	7,269	3	2	124,679	17	1				117,410	13	11
Ifles Efpagnoles	42,050	10	8	306	16	5	41,743	14	3			
Efpèces étrangères & Matières d'or & d'argent				2,277,885	//	//				2,277,885	//	//
TOTAUX	6,798,908	4	2	9,553,043	18	3	2,979,021	15	8	5,733,157	9	9

EXCÉDANT DE L'EXPORTATION .... 2,754,135 . 14 . 1

COMMERCE DE LA GRANDE-BRETAGNE.

Du 25 Décembre 1727 au 25 Décembre 1728, deuxième année de GEORGE II.

PAYS.	IMPORTATIONS.			EXPORTATIONS.			EXCÉDANT des IMPORTATIONS.			EXCÉDANT des EXPORTATIONS.		
	liv.	fous	den.	liv.	fous	den.	liv.	fous	den	liv.	fous	den.
Afrique	22,443	13	1	187,403	15	7				164,960	2	6
Isles Canaries	25,332	5	11	37,662	2	5				12,329	16	6
Danemarck & Norwège	117,278	2	1	55,214	13	//	62,063	9	1			
Dantzick	272,896	8	//	154,293	3	//	118,603	5	//			
Indes orientales	869,474	16	9	115,784	2	6	753,690	14	3			
Flandre	115,792	5	6	194,666	6	1				78,874	//	7
France	56,133	//	8	185,582	//	1				129,448	19	5
Allemagne	642,449	6	4	1,336,163	5	2				693,713	18	10
Hollande	639,229	2	5	2,206,457	18	2				1,567,228	15	9
Irlande	318,147	7	8	475,762	12	11				157,615	5	3
Italie	411,558	3	7	123,841	13	2	287,716	10	5			
Isles Madères	1,416	17	9	36,636	13	//				35,219	15	3
Terre-neuve	37,972	7	7	14,202	3	8	23,770	3	11			
Portugal	495,676	19	6	898,899	7	4				403,222	7	10
Russie	232,702	18	7	25,867	14	10	206,835	3	9			
Espagne	492,084	1	8	673,303	9	//				181,219	7	4
Gibraltar	157,352	8	2	644,897	//	9				437,544	12	7
Suède	167,114	9	9	25,928	13	11	141,185	15	10			
Levant	302,772	19	2	188,459	11	7	114,313	7	7			
Venise	30,170	4	1	18,585	10	9	11,584	13	4			
Isles en Europe. { Aurigny	1,327	5	8	660	14	1	666	11	7			
Garnesey	10,146	2	1	25,406	13	11				15,260	11	10
Jersey	12,613	10	7	19,618	18	9				7,005	8	2
Antigoa	282,719	14	9	37,258	12	2	245,461	2	7			
Barbades	356,975	18	2	89,376	12	11	267,599	5	3			
Bermudes	2,316	12	3	2,388	5	4				71	13	1
Caroline	91,175	18	11	33,067	3	1	58,108	15	10			
Baie de Hudson	13,206	3	1	2,571	13	4	10,634	9	9			
Jamaïque	464,677	//	3	152,682	9	3	311,994	11	//			
Montserrat	74,429	//	//	7,335	//	2	67,093	19	10			
Nevis	72,936	12	1	6,002	11	6	66,934	//	7			
Nouvelle-Angleterre	64,689	1	2	194,590	19	1				129,901	17	11
Lucaye	1,138	6	//				1,138	6	//			
Nouvelle-York	21,141	18	6	81,634	8	7				60,492	10	1
Pensylvanie	15,230	14	6	37,478	19	11				22,248	5	5
Saint-Christophe	246,285	14	8	37,996	13	6	208,289	1	2			
Virginie & Mariland	413,089	9	9	171,092	8	2	241,997	1	7			
Indes occid. en général	8,036	//	3	197,738	2	5				189,702	2	2
Isles Espagnoles	9,166	//	10	10,704	11	8				1,538	10	10
Espèces étrangères & Matières d'or & d'argent				2,924,166	7	2				2,924,166	7	2
TOTAUX	7,569,299	[illegible]	9	11,631,383	1	11	3,199,680	8	4	7,261,764	8	6

EXCÉDANT DE L'EXPORTATION..... 4,062,084. // 2

COMMERCE DE LA GRANDE-BRETAGNE.

Du 25 Décembre 1728 au 25 Décembre 1729, troisième année de GEORGE II.

PAYS.	IMPORTATIONS.			EXPORTATIONS.			EXCÉDANT des IMPORTATIONS.			EXCÉDANT des EXPORTATIONS.		
	liv.	fous	den.	liv.	fous	den.	liv.	fous	den.	liv.	fous	den.
Afrique	49,355	11	5	253,380	2	5	....	..	..	204,024	11	//
Isles Canaries	33,860	13	9	38,089	10	4	....	..	..	4,228	16	7
Danemarck & Norwège	104,651	18	4	46,684	3	7	57,967	14	9			
Dantzick	392,882	18	11	138,434	//	10	254,448	18	1			
Indes orientales	972,033	16	11	138,287	10	7	833,746	6	4			
Flandre	104,508	16	2	239,416	3	//	....	..	..	134,907	6	10
France	47,224	13	6	159,154	8	6	....	..	..	111,929	15	//
Allemagne	689,249	8	7	1,218,556	2	11	....	..	..	529,306	14	4
Groenland	....	..	..	154	11	7	....	..	..	154	11	7
Hollande	654,122	12	10	1,819,844	15	//	....	..	..	1,165,722	2	2
Irlande	287,648	2	10	517,198	1	11	....	..	..	229,549	19	1
Italie	385,510	3	1	116,427	5	10	269,082	17	3			
Isles Madères	3,529	2	7	27,467	2	7	....	..	..	23,938	//	//
Terre-neuve	46,889	15	6	15,462	//	1	31,427	15	5			
Portugal	441,527	1	3	996,149	7	9	....	..	..	554,622	7	6
Russie	156,381	//	5	35,092	7	7	121,288	12	10			
Espagne	464,670	10	1	757,390	19	1	....	..	..	292,720	9	//
Gibraltar	117,426	4	7	457,599	4	3	....	..	..	340,172	19	8
Suède	178,307	17	11	.26,238	19	9	152,068	18	2			
Levant	225,237	8	//	179,117	2	2	46,120	5	10			
Venise	59,738	//	//	18,025	16	6	41,712	3	6			
Isles en Europe — Aurigny	202	8	//	485	10	//	....	..	..	283	2	//
Isles en Europe — Garnesey	8,982	2	11	20,590	19	3	....	..	..	11,608	16	4
Isles en Europe — Jersey	6,866	19	9	15,828	15	6	....	..	..	8,961	15	9
Colonies Angloises — Antigoa	299,530	15	5	48,610	6	//	250,920	9	5			
Colonies Angloises — Barbades	241,501	10	10	97,914	3	5	143,587	7	5			
Colonies Angloises — Bermudes	1,953	18	10	3,933	//	1	....	..	..	1,979	1	3
Colonies Angloises — Caroline	113,329	4	4	58,366	5	7	54,962	18	9			
Colonies Angloises — Baie de Hudson	10,610	19	10	1,941	19	7	8,669	//	3			
Colonies Angloises — Jamaïque	570,110	13	//	180,528	5	5	389,582	7	7			
Colonies Angloises — Montserrat	52,714	17	11	3,372	6	10	49,342	11	1			
Colonies Angloises — Nevis	102,747	16	11	16,187	2	10	86,560	14	1			
Colonies Angloises — Nouvelle-Angleterre	52,512	//	//	161,102	17	2	....	..	..	108,590	17	2
Colonies Angloises — Nouvelle-York	15,833	18	9	64,760	15	11	....	..	..	48,926	17	2
Colonies Angloises — Pensylvanie	7,434	16	1	29,799	10	10	....	..	..	22,364	14	9
Colonies Angloises — Saint-Christophe	248,817	10	1	29,934	5	8	218,883	4	5			
Colonies Angloises — Virginie & Mariland	386,174	18	6	108,931	//	7	277,243	17	11			
Colonies Angloises — Indes occid. en général	5,515	15	9	192,193	11	11	....	..	..	186,677	16	2
Isles Espagnoles	1,024	7	10	7,273	6	//	....	..	..	6,248	18	2
Espèces étrangères & Matières d'or & d'argent	....	..	..	3,235,847	17	10	....	..	..	3,235,847	17	10
TOTAUX	7,540,620	10	5	11,475,771	16	8	3,287,616	3	1	7,222,767	9	4

EXCÉDANT DE L'EXPORTATION 3,935,151 6. 3

COMMERCE DE LA GRANDE-BRETAGNE.

Du 25 Décembre 1729 au 25 Décembre 1730, quatrième année de GEORGE II.

PAYS.	IMPORTATIONS.			EXPORTATIONS.			EXCÉDANT des IMPORTATIONS.			EXCÉDANT des EXPORTATIONS.		
	liv.	sous	den.	liv.	sous	den.	liv.	sous	den.	liv.	sous	den.
Afrique	57,081	18	10	260,690	2	7				203,608	3	9
Isles Canaries	22,738	19	6	33,565	15	6				10,826	16	//
Danemarck & Norwège	95,715	10	3	51,494	12	7	44,220	17	8			
Dantzick	190,540	19	8	136,935	16	9	53,605	2	11			
Indes orientales	1,059,759	18	11	135,484	1	1	924,275	17	10			
Flandre	100,213	9	7	278,717	9	1				178,503	19	6
France	40,834	12	2	290,505	9	8				249,670	17	6
Allemagne	831,390	11	8	1,092,490	9	1				261,099	17	5
Groenland				462	10	9				462	10	9
Hollande	568,102	15	11	1,766,526	15	6				1,198,423	19	7
Irlande	294,156	4	4	532,698	19	5				238,542	15	1
Italie	490,694	//	3	50,739	8	//	439,954	12	3			
Isles Madères	6,365	7	2	40,831	5	3				34,465	18	1
Terre-neuve	28,954	12	6	21,725	3	9	7,229	8	9			
Portugal	228,118	9	6	1,015,754	15	3				787,636	5	9
Russie	258,802	1	6	46,275	7	5	212,526	14	1			
Espagne	518,972	6	8	777,949	6	11				258,977	//	3
Gibraltar	136,488	5	3	494,735	14	3				358,247	9	//
Suède	191,022	15	7	15,271	11	11	175,751	3	8			
Levant	291,786	17	1	174,103	13	2	117,683	3	11			
Venise	57,916	14	//	12,928	1	//	44,988	13	//			
Isles en Europe — Aurigny	77	14	8	501	12	//				423	17	4
Isles en Europe — Garnesey	8,660	//	4	17,689	//	//				9,028	19	8
Isles en Europe — Jersey	10,393	7	9	19,878	19	2				9,485	11	5
Colonies Angloises — Antigoa	268,801	9	3	32,582	11	4	236,218	17	11			
Colonies Angloises — Barbades	368,326	18	9	118,240	3	5	250,086	15	4			
Colonies Angloises — Bermudes	329	11	4	68	10	//	261	1	4			
Colonies Angloises — Caroline	151,739	17	6	64,785	11	5	86,954	6	1			
Colonies Angloises — Baie de Hudson	12,466	4	11	2,315	3	9	10,151	1	2			
Colonies Angloises — Jamaïque	533,517	19	8	155,566	10	8	377,951	9	//			
Colonies Angloises — Montserrat	65,599	14	2	3,755	15	3	61,843	18	11			
Colonies Angloises — Nevis	87,229	18	11	7,655	17	2	79,574	1	9			
Colonies Angloises — Nouvelle-Angleterre	54,701	5	10	208,196	5	5				153,494	19	7
Colonies Angloises — Lucaye	226	10	2				226	10	2			
Colonies Angloises — Nouvelle-York	8,740	11	3	64,356	16	6				55,616	5	3
Colonies Angloises — Nouvelle-Écosse	176	6	9				176	6	9			
Colonies Angloises — Pensylvanie	10,582	1	4	48,592	7	5				38,010	6	1
Colonies Angloises — Saint-Christophe	248,135	16	3	30,723	6	4	217,412	9	11			
Colonies Angloises — Virginie & Mariland	346,823	2	3	150,931	6	5	195,891	15	10			
Colonies Angloises — Indes occid. en général	7,877	12	2	147,260	19	5				139,383	7	3
Isles Espagnoles	125,956	15	7	245,995	4	1				120,038	8	6
Espèces étrangères & Matières d'or & d'argent				3,425,153	6	3				3,425,153	6	3
TOTAUX	7,780,019	9	2	11,974,135	14	11	3,536,984	8	3	7,731,100	14	//

EXCÉDANT DE L'EXPORTATION 4,194,116. 5. 9

COMMERCE DE LA GRANDE-BRETAGNE.

Du 25 Décembre 1730 au 25 Décembre 1731, cinquième année de GEORGE II.

PAYS.	IMPORTATIONS.			EXPORTATIONS.			EXCÉDANT des IMPORTATIONS.			EXCÉDANT des EXPORTATIONS.		
	liv.	fous	den.	liv.	fous	den.	liv.	fous	den.	liv.	fous	den.
Afrique	29,339	11	//	206,103	4	3				176,763	13	3
Isles Canaries	34,517	//	11	30,117	3	9	4,399	17	2			
Danemarck & Norwège	95,809	4	10	75,001	16	10	20,807	8	//			
Dantzick	166,035	5	3	124,684	17	5	41,350	7	10			
Indes orientales	825,373	8	5	159,132	4	8	666,241	3	9			
Flandre	119,232	10	//	273,572	9	10				154,339	19	10
France	45,024	13	//	230,622	3	4				185,597	10	4
Allemagne	642,209	5	6	960,858	4	10				318,648	19	4
Groenland	11,103	3	4	140	2	//	10,963	1	4			
Hollande	500,046	10	8	1,657,695	1	5				1,157,648	10	9
Irlande	308,939	2	4	618,684	6	//				309,745	3	8
Italie	387,050	3	3	72,586	1	10	314,464	1	5			
Isles Madères	4,248	18	8	13,007	13	6				8,758	14	10
Terre-neuve	31,373	17	3	18,987	3	6	12,386	13	9			
Portugal	363,873	8	6	903,349	//	11				539,475	12	5
Ruffie	174,013	3	4	44,464	4	4	129,548	19	//			
Espagne	445,243	5	6	620,736	3	8				175,492	18	2
Gibraltar	125,237	6	5	645,558	1	1				520,320	14	8
Suède	207,713	11	11	21,152	12	10	186,560	19	1			
Levant	280,355	//	2	210,580	10	5	69,774	9	9			
Venife	36,243	1	//	14,409	9	4	21,833	11	8			
Isles en Europe. Aurigny	352	4	8	536	18	3				184	13	7
Isles en Europe. Garnefey	14,661	2	11	33,545	3	1				18,884	//	2
Isles en Europe. Jerfey	12,365	9	2	15,028	11	6				2,663	2	4
Colonies Angloifes. Antigoa	197,907	3	3	28,752	7	5	169,154	15	10			
Colonies Angloifes. Barbades	218,628	19	3	66,775	6	7	151,853	12	8			
Colonies Angloifes. Bermudes	542	10	//	1,492	1	1				949	11	1
Colonies Angloifes. Caroline	159,771	16	5	71,145	19	9	88,625	16	0			
Colonies Angloifes. Baie de Hudfon	13,980	3	5	2,876	1	2	11,104	2	3			
Colonies Angloifes. Jamaïque	538,604	7	//	121,882	6	4	416,722	//	8			
Colonies Angloifes. Montferrat	48,987	10	11	1,525	4	5	47,462	6	6			
Colonies Angloifes. Nevis	41,068	9	2	4,872	9	9	36,195	19	5			
Colonies Angloifes. Nouvelle-Angleterre	49,048	10	5	183,467	5	4				134,418	14	11
Colonies Angloifes. Lucaye	703	5	6	706	10	3				3	4	9
Colonies Angloifes. Nouvelle-York	20,756	1	11	66,116	17	3				45,360	15	4
Colonies Angloifes. Penfylvanie	12,786	11	6	44,260	16	1				31,474	4	7
Colonies Angloifes. Saint-Chriftophe	265,385	//	10	22,547	7	//	242,837	13	10			
Colonies Angloifes. Virginie & Mariland	408,502	14	1	171,278	1	5	237,224	12	8			
Colonies Angloifes. Indes occid. en général	6,507	16	3	121,276	14	1				114,768	17	10
Isles Espagnoles	147,958	16	//	2,949	7	6	145,009	8	6			
Espèces étrangères & Matières d'or & d'argent				3,304,902	6	6				3,304,902	6	6
TOTAUX	6,991,500	3	11	11,167,380	10	6	3,024,521	1	9	7,200,401	8	4

EXCÉDANT DE L'EXPORTATION..... 4,175,880. 6. 7

COMMERCE DE LA GRANDE-BRETAGNE.

Du 25 Décembre 1731 au 25 Décembre 1732, sixième année de GEORGE II.

PAYS.	IMPORTATIONS.			EXPORTATIONS.			EXCÉDANT des IMPORTATIONS.			EXCÉDANT des EXPORTATIONS.		
	liv.	sous	den.	liv.	sous	den.	liv.	sous	den.	liv.	sous	den.
Afrique	50,423	13	4	203,923	3	4				153,499	10	//
Isles Canaries	20,381	1	6	34,276	//	4				13,894	18	10
Danemarck & Norwège	95,638	18	6	55,023	1	3	40,615	17	3			
Dantzick	241,745	10	1	142,414	15	8	99,330	14	5			
Indes orientales	981,332	11	1	159,099	2	6	822,233	8	7			
Flandre	124,902	19	10	269,838	3	9				144,935	3	11
France	40,924	//	4	305,485	15	7				264,561	15	3
Allemagne	761,484	9	1	1,052,977	16	4				291,493	7	3
Groenland				285	11	8				285	11	8
Hollande	523,053	10	10	1,900,889	10	5				1,377,835	19	7
Irlande	294,484	9	9	614,754	5	2				320,269	15	5
Italie	399,253	9	5	94,469	8	10	304,784	//	7			
Isles Madères	1,607	19	4	8,021	7	6				6,413	8	2
Terre-neuve	56,281	14	5	27,693	6	4	28,588	8	1			
Portugal	295,123	5	9	1,022,054	5	8				726,930	19	11
Russie	291,898	6	6	49,657	8	10	242,240	17	8			
Espagne	494,289	9	8	822,592	2	1				328,302	12	5
Gibraltar	151,977	10	11	673,823	1	9				521,845	10	10
Suède	165,337	7	4	19,310	8	6	146,026	18	10			
Levant	118,385	17	7	221,858	19	7				103,473	2	//
Venise	45,984	9	7	19,442	13	3	26,541	16	4			
Isles en Europe { Aurigny	94	6	11	770	4	//				675	17	1
Isles en Europe { Garnesey	16,912	12	1	30,232	10	10				13,319	18	9
Isles en Europe { Jersey	11,423	15	5	20,615	13	4				9,191	17	11
Colonies Angloises { Antigoa	202,660	8	5	22,376	3	4	180,284	5	1			
Colonies Angloises { Barbades	157,821	12	7	60,191	6	9	97,630	5	10			
Colonies Angloises { Bermudes	103	16	8	325	8	4				221	11	8
Colonies Angloises { Caroline	126,207	8	4	58,298	4	9	67,909	3	7			
Colonies Angloises { Géorgie				828	19	//				828	19	//
Colonies Angloises { Baie de Hudson	12,565	14	9	3,350	12	3	9,215	2	6			
Colonies Angloises { Jamaïque	515,766	13	6	132,780	5	9	382,986	7	9			
Colonies Angloises { Montserrat	69,333	3	5	2,075	18	11	67,257	4	6			
Colonies Angloises { Nevis	79,873	6	3	4,666	9	8	75,206	16	7			
Colonies Angloises { Nouvelle-Angleterre	64,095	5	1	216,600	14	11				152,505	9	10
Colonies Angloises { Lucaye	429	12	11				429	12	11			
Colonies Angloises { Nouvelle-York	9,411	6	8	65,540	17	4				56,129	10	8
Colonies Angloises { Pensylvanie	8,524	12	6	41,698	13	7				33,174	1	1
Colonies Angloises { Saint-Christophe	290,004	19	10	18,024	13	4	271,980	6	6			
Colonies Angloises { Virginie & Mariland	310,799	11	6	148,289	3	8	162,510	7	10			
Colonies Angloises { Indes occid. en général	5,831	14	11	120,275	13	7				114,443	18	8
Isles Espagnoles	51,543	8	5	225,960	4	1				174,416	15	8
Espèces étrangères & Matières d'or & d'argent				2,915,866	7	3				2,915,866	7	3
TOTAUX	7,087,914	5	//	11,786,658	13	//	3,025,771	14	10	7,724,516	2	10

EXCÉDANT DE L'EXPORTATION.... 4,698,744. 8. //

COMMERCE DE LA GRANDE-BRETAGNE.

Du 25 Décembre 1732 au 25 Décembre 1733, septième année de GEORGE II.

PAYS.	IMPORTATIONS.			EXPORTATIONS.			EXCÉDANT des IMPORTATIONS.			EXCÉDANT des EXPORTATIONS.		
	liv.	sous	den.	liv.	sous	den.	liv.	sous	den.	liv.	sous	den.
Afrique.............	57,635	6	3	128,787	14	9	....	..	..	71,152	8	6
Isles Canaries.........	25,006	15	9	26,834	5	5	....	..	..	1,827	9	8
Danemarck & Norwège...	93,523	6	4	57,488	12	4	36,034	14	//			
Dantzick..........	202,912	6	2	118,445	5	11	84,467	//	3			
Indes orientales........	1,106,884	18	11	132,435	//	10	974,449	18	1			
Flandre...........	166,990	11	7	210,336	6	//	....	..	..	43,345	14	5
France............	35,863	3	9	211,897	19	9	....	..	..	176,034	16	//
Allemagne..........	763,107	14	7	1,083,157	15	9	....	..	..	320,050	1	2
Hollande...........	512,026	19	8	2,066,075	14	2	....	..	..	1,554,048	14	6
Irlande...........	386,105	16	11	595,251	6	3	....	..	..	209,145	9	4
Italie............	495,036	8	//	164,909	19	11	330,126	8	1			
Isles Madères.........	4,245	//	4	11,703	1	1	....	..	..	7,458	//	9
Terre-neuve.........	29,751	4	2	30,564	5	1	....	..	..	813	//	11
Portugal...........	300,057	17	9	1,141,773	12	4	....	..	..	841,715	14	7
Russie............	314,134	2	9	42,355	13	2	271,778	9	7			
Espagne............	445,980	12	6	820,052	18	7	....	..	..	374,072	6	1
Gibraltar..........	186,565	1	7	796,253	4	3	....	..	..	609,688	2	8
Suède............	176,021	12	1	24,551	2	4	154,470	9	9			
Levant............	320,425	11	10	183,817	17	6	136,607	14	4			
Venise............	61,860	16	8	13,271	7	6	48,589	9	2			
Isles en Europe. { Aurigny..........	95	3	10	778	7	2	....	..	..	683	3	4
Garnesey........	11,218	15	6	31,086	19	6	....	..	..	19,868	4	//
Jersey..........	9,665	9	5	30,975	7	6	....	..	..	21,309	18	1
Colonies Angloise.. { Antigoa..........	290,959	13	2	22,451	15	3	268,507	17	11			
Barbades.........	254,944	3	6	55,765	17	8	199,178	5	10			
Bermudes.........	527	16	3	....	..	..	527	16	3			
Caroline..........	177,845	18	6	70,466	10	5	107,379	8	1			
Géorgie..........	203	2	6	1,695	1	9	....	..	..	1,491	19	3
Baie de Hudson......	11,097	1	3	3,110	9	9	7,986	11	6			
Jamaïque..........	572,270	10	1	130,211	1	9	442,059	8	4			
Montserrat.........	69,772	5	7	4,217	10	11	65,554	14	8			
Nevis............	92,741	13	6	3,463	15	1	89,277	18	5			
Nouvelle-Angleterre..	61,983	13	3	184,570	13	//	....	..	..	122,586	19	9
Lucayes...........	....	..	..	30	5	//	....	..	..	30	5	//
Nouvelle-York.....	11,626	17	4	65,417	13	//	....	..	..	53,790	15	8
Pensylvanie........	14,776	19	4	40,565	8	1	....	..	..	25,788	8	9
Saint-Christophe.....	337,326	14	1	19,882	9	4	317,444	4	9			
Virginie & Mariland..	403,198	18	10	186,177	13	7	217,021	5	3			
Indes occid. en général.	815	//	10	130,264	5	4	....	..	..	129,449	4	6
Isles Espagnoles.......	11,608	17	10	40	6	4	11,568	11	6			
Espèces étrangères & Matières d'or & d'argent........	....	..	..	2,939,171	13	3	....	..	..	2,939,171	13	3
TOTAUX......	8,016,814	2	2	11,777,306	6	7	3,763,030	5	9	7,523,522	10	2

EXCÉDANT DE L'EXPORTATION.... 3,760,492. 4. 5

COMMERCE DE LA GRANDE-BRETAGNE.

Du 25 Décembre 1733 au 25 Décembre 1734, huitième année de GEORGE II.

PAYS.	IMPORTATIONS.			EXPORTATIONS.			EXCÉDANT des IMPORTATIONS.			EXCÉDANT des EXPORTATIONS.		
	liv.	sous	den.	liv.	sous	den.	liv.	sous	den.	liv.	sous	den.
Afrique	69,416	11	5	129,684	5	3	…	…	…	60,267	13	10
Isles Canaries	16,669	10	4	27,048	8	2	…	…	…	10,378	17	10
Danemarck & Norwège	106,064	1	10	55,253	15	2	50,810	6	8			
Dantzick	168,634	9	//	89,187	6	1	79,447	2	11			
Indes orientales	767,531	16	7	135,204	13	10	632,327	2	9			
Flandre	101,616	2	//	221,538	2	6	…	…	…	119,922	//	6
France	66,593	8	5	231,346	2	5	…	…	…	164,752	14	//
Allemagne	851,062	9	10	1,107,071	11	7	…	…	…	256,009	1	9
Hollande	489,940	10	7	1,804,630	12	2	…	…	…	1,314,690	1	7
Irlande	401,422	16	5	627,154	16	1	…	…	…	225,731	19	8
Italie	468,097	11	7	169,052	3	10	299,045	7	9			
Isles Madères	4,298	5	3	14,089	9	5	…	…	…	9,791	4	2
Terre-neuve	30,395	16	4	18,932	8	9	11,463	7	7			
Portugal	311,275	13	2	1,007,397	13	7	…	…	…	696,122	//	5
Russie	298,969	16	//	36,532	2	11	262,437	13	1			
Espagne	443,328	1	7	877,203	16	5	…	…	…	433,875	14	10
Gibraltar	155,286	1	8	649,263	10	//	…	…	…	493,977	8	4
Suède	193,785	7	//	26,279	9	1	167,505	17	11			
Levant	290,967	7	1	67,460	//	//	223,507	7	1			
Venise	41,181	6	3	9,640	2	4	31,541	3	11			
Isles en Europe. Aurigny	60	11	6	418	9	10	…	…	…	357	18	4
Garnesey	11,743	4	2	32,508	7	5	…	…	…	20,765	3	3
Jersey	10,697	5	8	16,473	13	9	…	…	…	5,776	8	1
Colonies Angloises. Antigoa	140,142	13	4	29,795	15	10	110,346	17	6			
Barbades	121,049	2	11	43,586	13	1	77,462	9	10			
Bermudes	399	5	//	1,913	15	7	…	…	…	1,514	10	7
Caroline	120,466	8	2	99,658	12	10	20,807	15	4			
Géorgie	18	7	//	1,921	2	11	…	…	…	1,902	15	11
Baie de Hudson	10,700	14	6	3,930	19	9	6,769	14	9			
Jamaïque	529,087	17	9	126,193	12	5	402,894	5	4			
Montserrat	52,929	6	5	1,738	9	6	51,190	16	11			
Nevis	51,524	6	4	2,608	2	8	48,916	3	8			
Nouvelle-Angleterre	82,252	3	9	146,460	2	6	…	…	…	64,207	18	9
Lucaye	100	//	//	…	…	…	100	//	//			
Nouvelle-York	15,307	12	//	81,758	7	6	…	…	…	66,450	15	6
Pensylvanie	20,217	3	2	54,392	7	10	…	…	…	34,175	4	8
Saint-Christophe	246,336	7	10	11,046	11	8	235,289	16	2			
Virginie & Mariland	373,090	16	10	172,086	8	9	201,004	8	1			
Indes occid. en général	7,571	17	4	164,010	14	4	…	…	…	156,438	17	//
Isles Espagnoles	25,629	2	4	4,930	13	2	20,698	9	2			
Espèces étrangères & Matières d'or & d'argent	…	…	…	2,701,241	11	3	…	…	…	2,701,241	11	3
TOTAUX	7,095,861	8	4	11,000,645	2	2	2,933,566	6	5	6,838,350	//	3

EXCÉDANT DE L'EXPORTATION.... 3,904,783. 13. 10

COMMERCE DE LA GRANDE-BRETAGNE.

Du 25 Décembre 1734 au 25 Décembre 1735, neuvième année de GEORGE II.

PAYS.	IMPORTATIONS.			EXPORTATIONS.			EXCÉDANT des IMPORTATIONS.			EXCÉDANT des EXPORTATIONS.		
	liv.	sous	den.	liv.	sous	den.	liv.	sous	den.	liv.	sous	den.
Afrique	41,663	14	5	138,659	//	2				96,995	5	9
Isles Canaries	24,121	7	//	34,633	//	8				10,511	13	8
Danemarck & Norwège	93,507	2	4	57,570	1	3	35,937	1	1			
Dantzick	205,753	11	//	120,344	5	3	85,409	5	9			
Indes orientales	1,297,400	7	5	186,375	4	5	1,111,025	3	//			
Flandre	165,351	12	10	241,981	12	6				76,629	19	8
France	71,584	19	//	228,462	1	6				156,877	2	6
Allemagne	835,180	13	7	1,197,776	13	//				362,595	19	5
Hollande	524,625	13	6	1,954,837	8	//				1,430,211	14	6
Irlande	417,421	19	9	769,244	15	6				351,822	15	9
Italie	497,064	10	11	162,461	13	3	334,602	17	8			
Isles Madères	4,950	19	2	23,947	8	6				18,996	9	4
Terre-neuve	30,101	12	6	25,535	//	//	4,566	12	6			
Portugal	358,056	8	10	1,045,533	11	//				687,477	2	2
Russie	252,068	4	8	54,335	14	8	197,732	10	//			
Espagne	659,602	2	1	761,760	1	3				102,157	19	2
Gibraltar	95,341	19	5	802,745	//	9				707,403	1	4
Suède	213,850	9	5	25,514	17	6	188,335	11	11			
Levant	126,191	12	7	292,797	10	1				166,605	17	6
Venise	52,173	6	11	20,417	5	8	31,756	1	3			
Isles en Europe. Aurigny	55	6	2	478	15	8				423	9	6
Isles en Europe. Garnesey	18,672	15	2	41,101	13	//				22,428	17	10
Isles en Europe. Jersey	8,840	15	2	26,394	14	5				17,553	19	3
Colonies Angloises. Antigoa	284,480	//	//	44,203	15	3	240,276	4	9			
Colonies Angloises. Barbades	201,973	8	8	52,096	13	5	149,876	15	3			
Colonies Angloises. Bermudes	125	9	10	285	14	10				160	5	//
Colonies Angloises. Caroline	145,348	7	11	117,837	3	10	27,511	4	1			
Colonies Angloises. Géorgie	3,010	16	11	12,112	13	[illegible]				9,101	16	3
Colonies Angloises. Baie de Hudson	9,479	8	2	2,232	17	11	7,246	10	3			
Colonies Angloises. Jamaïque	525,395	12	1	132,490	13	5	392,904	18	8			
Colonies Angloises. Montserrat	94,550	//	8	6,559	16	2	87,990	4	6			
Colonies Angloises. Nevis	67,370	13	//	7,152	10	7	60,218	2	5			
Colonies Angloises. Nouvelle-Angleterre	72,899	15	6	189,125	5	7				116,225	10	1
Colonies Angloises. Lucaye	322	11	8	385	1	//				62	9	4
Colonies Angloises. Nouvelle-York	14,155	8	2	80,405	9	4				66,250	1	2
Colonies Angloises. Pensylvanie	21,919	6	3	48,804	11	4				26,885	5	1
Colonies Angloises. Saint-Christophe	286,839	10	6	19,808	8	7	267,031	1	11			
Colonies Angloises. Virginie & Mariland	394,995	12	5	220,381	6	9	174,614	5	8			
Colonies Angloises. Indes occid. en général	26,746	19	10	172,095	//	2				145,348	//	4
Isles Espagnoles	16,989	15	6	9,956	14	11	7,033	//	7			
Espèces étrangères & Matières d'or & d'argent				4,215,303	2	9				4,215,303	2	9
TOTAUX	8,160,184	11	11	13,544,144	7	//	3,404,067	11	3	8,788,027	17	4

EXCÉDANT DE L'EXPORTATION.... 5,383,960. 6. 1

COMMERCE DE LA GRANDE-BRETAGNE.

Du 25 Décembre 1735 au 25 Décembre 1736, dixième année de GEORGE II.

PAYS.	IMPORTATIONS.			EXPORTATIONS.			EXCÉDANT des IMPORTATIONS.			EXCÉDANT des EXPORTATIONS.		
	liv.	sous	den.	liv.	sous	den.	liv.	sous	den.	liv.	sous	den.
Afrique............	53,691	11	10	193,153	9	10	....	..	..	139,461	18	//
Isles Canaries.........	24,137	19	7	25,634	8	2	....	..	..	1,496	8	7
Danemarck & Norwège...	96,890	18	4	82,884	8	11	14,006	9	5			
Dantzick....,......	223,345	//	5	127,999	8	1	95,345	12	4			
Indes orientales........	928,881	17	4	261,176	7	1	667,705	10	3			
Flandre............	149,715	12	8	230,435	16	4	....	..	..	80,720	3	8
France............	61,558	14	11	204,536	16	7	....	..	..	142,978	1	8
Allemagne..........	617,921	4	3	1,245,757	5	7	....	..	..	627,836	1	4
Groenland..........	8,678	12	8	....	..	..	8,678	12	8			
Hollande..........	546,267	15	1	2,083,479	3	9	....	..	..	1,537,211	8	8
Irlande...........	447,176	17	5	720,555	9	6	....	..	..	273,378	12	1
Italie............	349,285	7	10	123,564	5	7	225,721	2	3			
Isles Madères.........	2,267	9	2	17,484	8	4				15,216	19	2
Terre-neuve.........	32,009	10	5	28,740	7	6	3,269	2	11			
Portugal..........	303,655	8	6	1,261,576	3	11	....	..	..	957,920	15	5
Russie..........	218,870	9	8	34,278	8	11	184,592	//	9			
Espagne..........	489,797	7	1	790,760	//	8	....	..	..	300,962	13	7
Gibraltar..........	47,031	19	//	812,689	7	6	....	..	..	765,657	8	6
Suède..........	197,791	9	10	34,683	8	2	163,108	1	8			
Levant..........	280,653	2	10	134,905	18	5	145,747	4	5			
Venise..........	34,158	12	4	9,048	9	10	25,110	2	6			
Isles en Europe. { Aurigny.........	98	18	//	432	9	8	....	..	..	333	11	8
Garnesey.........	21,308	2	6	66,874	12	2	....	..	..	45,566	9	8
Jersey.........	22,605	9	7	26,025	5	8	....	..	..	3,419	16	1
Antigoa..........	230,025	16	4	24,768	18	6	205,256	17	10			
Barbades.........	230,441	2	9	57,453	19	4	172,987	3	5			
Bermudes.........	445	3	7	637	12	1	....	..	..	192	8	6
Caroline..........	214,083	13	10	101,147	3	1	112,936	10	9			
Géorgie..........	....	..	..	2,012	7	11	....	..	..	2,012	7	11
Colonies Angloises. Baie de Hudson.....	9,924	8	7	1,549	16	10	8,374	11	9			
Jamaïque..........	565,526	17	//	169,855	12	11	395,671	4	1			
Montserrat.........	73,150	17	9	7,592	19	//	65,557	18	9			
Nevis..........	57,683	12	4	1,810	6	9	55,873	5	7			
Nouvelle-Angleterre..	66,788	19	3	222,158	4	4	....	..	..	155,369	5	1
Nouvelle-York.....	17,944	19	1	86,000	10	5	....	..	..	68,055	11	4
Pensylvanie........	20,786	4	3	61,513	18	4	....	..	..	40,727	14	1
Saint-Christophe.....	266,223	5	7	32,660	19	1	233,562	6	6			
Virginie & Mariland..	380,163	9	9	204,794	12	8	175,368	17	1			
Indes occid. en général.	12,940	16	3	198,533	1	6	....	..	..	185,592	5	3
Isles Espagnoles........	4,037	15	3	13,272	11	10	....	..	..	9,234	16	7
Espèces étrangères & Matières d'or & d'argent........	....	..	..	1,913,917	15	5	....	..	..	1,913,917	15	5
TOTAUX.......	7,307,966	12	10	11,616,356	10	2	2,958,872	14	11	7,267,262	12	3

EXCÉDANT DE L'EXPORTATION.... 4,308,389. 17. 4

COMMERCE DE LA GRANDE-BRETAGNE.

Du 25 Décembre 1736 au 25 Décembre 1737, onzième année de GEORGE II.

PAYS.	IMPORTATIONS.			EXPORTATIONS.			EXCÉDANT des IMPORTATIONS.			EXCÉDANT des EXPORTATIONS.		
	liv.	sous	den.	liv.	sous	den.	liv.	sous	den.	liv.	sous	den.
Afrique	55,779	14	11	234,100	3	7				178,320	8	8
Isles Canaries	19,914	18	10	44,293	16	4				24,378	17	6
Danemarck & Norwège	91,578	11	5	49,207	6	9	42,371	4	8			
Dantzick	249,104	4	6	103,377	10	8	145,726	13	10			
Indes orientales	915,881	17	8	378,089	14	6	537,792	3	2			
Flandre	150,704	6	10	290,342	//	5				139,637	13	7
France	108,452	8	11	395,197	8	//				286,744	19	1
Allemagne	806,580	11	4	1,207,479	6	9				400,898	15	5.
Groenland	1,913	17	2		//	//	1,913	17	2			
Hollande	474,264	5	2	1,770,976	9	7				1,296,712	4	5
Irlande	346,476	8	4	730,910	2	1				384,433	13	9
Italie	233,229	15	//	175,103	2	4	58,126	12	8			
Isles Madères	8,706	2	10	18,075	10	2				9,369	7	4
Terre-neuve	43,752	17	8	38,041	7	8	5,711	10	..			
Portugal	387,265	16	10	1,349,027	9	7				961,761	12	9
Russie	381,693	16	//	41,159	8	2	340,534	7	10			
Espagne	528,253	17	4	1,020,070	9	9				491,816	12	5
Gibraltar	101,889	4	3	760,654	10	3				658,765	6	//
Suède	203,187	19	7	24,463	14	4	178,724	5	3			
Levant	136,227	2	//	180,708	9	4				44,481	7	4
Venise	36,836	7	6	10,830	13	11	26,005	13	7			
Isles en Europe. Aurigny	206	//	1	488	4	5				282	4	4
Isles en Europe. Garnesey	22,691	17	7	67,591	5	6				44,899	7	11
Isles en Europe. Jersey	25,146	6	//	23,298	12	5	1,847	13	7			
Colonies Angloises. Antigoa	63,412	12	4	26,451	7	8	36,961	4	8			
Colonies Angloises. Barbades	168,038	9	2	50,672	12	//	117,365	17	2			
Colonies Angloises. Bermudes	2,392	4	4		..	..	2,392	4	4			
Colonies Angloises. Caroline	187,758	3	2	58,986	18	8	128,771	4	6			
Colonies Angloises. Géorgie				5,701	6	2				5,701	6	2
Colonies Angloises. Baie de Hudson	10,813	5	9	4,124	18	2	6,688	7	7			
Colonies Angloises. Jamaïque	492,824	6	7	144,430	11	4	348,393	15	3			
Colonies Angloises. Montserrat	47,858	4	4	10,267	15	//	37,590	9	4			
Colonies Angloises. Nevis	19,295	14	3	781	2	4	18,514	11	11			
Colonies Angloises. Nouvelle-Angleterre	63,347	15	1	223,923	17	11				160,576	2	10
Colonies Angloises. Lucaye		..	..	152	//	9				152	//	9
Colonies Angloises. Nouvelle-York	16,833	15	10	125,833	14	1				108,999	18	3
Colonies Angloises. Pensylvanie	15,198	17	4	56,690	6	7				41,491	9	3
Colonies Angloises. Saint-Christophe	154,995	11	3	21,672	1	1	133,323	10	2			
Colonies Angloises. Virginie & Mariland	492,246	9	10	211,301	12	3	280,944	17	7			
Colonies Angloises. Indes occid. en général	7,188	15	3	202,471	10	7				195,282	15	4
Isles Espagnoles	1,695	11	3	24,763	19	10				23,068	8	7
Espèces étrangères & Matières d'or & d'argent		..	..	1,760,608	6	1				1,760,608	6	1
TOTAUX	7,073,638	3	6	11,842,320	17	//	2,449,700	4	3	7,218,382	17	9

EXCÉDANT DE L'EXPORTATION....... 4,768,682. 13. 6

L

COMMERCE DE LA GRANDE-BRETAGNE.

Du 25 Décembre 1737 au 25 Décembre 1738, douzième année de GEORGE II.

PAYS.	IMPORTATIONS.			EXPORTATIONS.			EXCÉDANT des IMPORTATIONS.			EXCÉDANT des EXPORTATIONS.		
	liv.	fous	den.	liv.	fous	den.	liv.	fous	den.	liv.	fous	den.
Afrique	61,911	8	2	277,248	5	2				215,336	17	//
Ifles Canaries	25,894	7	11	49,784	10	4				23,890	2	5
Danemarck & Norwège	86,335	8	7	54,731	9	//	31,603	19	7			
Dantzick	213,487	10	4	157,218	4	4	56,269	6	//			
Indes orientales	742,844	17	//	169,138	6	//	573,706	11	//			
Flandre	167,683	3	2	308,845	14	1				141,162	10	11
France	86,194	10	9	412,325	6	1				326,130	15	4
Allemagne	644,698	18	2	1,077,922	18	6				433,224	//	4
Groenland	1,794	8	//			//	1,794	8	//			
Hollande	502,378	11	6	1,837,523	1	5				1,335,144	9	11
Irlande	381,372	3	2	696,590	10	9				315,218	7	7
Italie	507,265	7	6	144,039	9	2	363,225	18	4			
Ifles Madères	4,552	11	9	24,241	15	2				19,689	3	5
Terre-neuve	34,666	2	//	33,821	4	10	844	17	2			
Portugal	306,366	//	11	1,405,010	4	10				1,098,644	3	11
Ruffie	271,918	10	5	62,625	4	3	209,293	6	2			
Efpagne	579,842	1	7	1,159,343	13	6				579,501	11	11
Gibraltar	146,007	16	9	675,224	8	9				529,216	12	//
Suède	231,952	2	//	34,596	8	11	197,355	13	1			
Levant	233,043	4	11	300,150	19	1				67,107	14	2
Venife	49,919	15	6	15,497	7	7	34,422	7	11			
Ifles en Europe. — Aurigny	115	19	5	499	//	9				383	1	4
Ifles en Europe. — Garnefey	21,462	8	5	103,964	18	//				82,502	9	7
Ifles en Europe. — Jerfey	23,683	17	4	27,664	17	9				3,981	//	5
Colonies Angloifes. — Antigoa	227,909	10	//	32,269	//	6	195,640	9	6			
Colonies Angloifes. — Barbades	209,935	5	2	56,765	13	6	153,169	11	8			
Colonies Angloifes. — Bermudes	1,583	1	5	102	12	//	1,480	9	5			
Colonies Angloifes. — Caroline	141,119	15	11	87,793	3	7	53,326	12	4			
Colonies Angloifes. — Géorgie	17	10	//	6,496	14	//				6,479	4	//
Colonies Angloifes. — Baie de Hudfon	10,821	11	7	3,879	17	7	6,941	14	//			
Colonies Angloifes. — Jamaïque	665,668	2	//	113,334	7	2	552,333	14	10			
Colonies Angloifes. — Montferrat	84,501	10	1	3,661	12	7	80,839	17	6			
Colonies Angloifes. — Nevis	63,988	18	6	5,679	18	4	58,309	//	2			
Colonies Angloifes. — Nouvelle-Angleterre	59,116	14	10	203,233	//	4				144,116	5	6
Colonies Angloifes. — Nouvelle-York	16,228	3	7	133,438	15	2				117,210	11	7
Colonies Angloifes. — Penfylvanie	11,918	11	6	61,450	4	3				49,531	12	9
Colonies Angloifes. — Saint-Chriftophe	223,909	19	1	25,904	1	7	198,005	17	6			
Colonies Angloifes. — Virginie & Mariland	391,814	15	//	258,860	8	//	132,954	7	//			
Colonies Angloifes. — Indes occid. en général	1,603	//	8	166,276	13	2				164,673	12	6
Ifles Efpagnoles	3,432	10	//	8,389	11	7				4,957	1	7
Efpèces étrangères & Matières d'or & d'argent				2,093,951	15	6				1,093,051	15	6
TOTAUX	7,438,960	4	7	12,289,495	7	1	2,901,518	1	2	7,752,053	3	8

EXCÉDANT DE L'EXPORTATION.... 4,850,535. 2. 6

COMMERCE DE LA GRANDE-BRETAGNE.

Du 25 Décembre 1738 au 25 Décembre 1739, treizième année de GEORGE II.

PAYS.	IMPORTATIONS.			EXPORTATIONS.			EXCÉDANT des IMPORTATIONS.			EXCÉDANT des EXPORTATIONS.		
	liv.	fous	den.	liv.	fous	den.	liv.	fous	den.	liv.	fous	den.
Afrique..............	43,035	19	2	219,873	15	//	....	..	..	176,837	15	10
Isles Canaries.........	14,609	10	3	6,237	13	6	8,371	16	9			
Danemarck & Norwège...	78,653	10	//	42,909	15	7	35,743	14	5			
Dantzick............	247,627	12	10	131,918	12	11	115,708	19	11			
Indes orientales........	1,278,859	11	1	217,395	6	//	1,061,464	5	1			
Flandre.............	191,911	12	1	453,895	19	3	....	..	..	261,984	7	2
France.............	59,655	4	11	586,722	13	8	....	..	..	527,067	8	9
Allemagne...........	705,368	9	7	1,087,685	//	8	....	..	..	382,316	11	1
Groenland...........	1,640	16	6	15	//	//	1,625	16	6			
Hollande............	478,688	12	4	1,841,117	13	6	....	..	..	1,362,429	1	2
Irlande..............	411,924	5	4	673,621	8	//	....	..	..	261,697	2	8
Italie..............	380,989	17	8	126,681	8	8	254,308	9	//			
Isles Madères.........	2,674	17	3	6,630	2	8	....	..	..	3,955	5	5
Terre-neuve..........	46,753	18	8	31,746	19	1	15,006	19	7			
Portugal............	304,759	9	//	1,017,576	8	2	....	..	..	712,816	19	2
Russie.............	324,027	10	9	58,488	17	6	265,538	13	3			
Espagne............	253,101	3	6	436,029	2	2	....	..	..	182,927	18	8
Gibraltar...........	81,453	14	6	592,030	4	//	....	..	..	510,576	9	6
Suède	230,218	1	5	18,203	18	6	212,014	2	11			
Levant.............	199,967	12	6	35,211	6	3	164,756	6	3			
Venise.............	43,987	11	6	7,979	17	//	36,007	14	6			
Isles en Europe. { Aurigny...........	82	7	4	1,571	19	7	....	..	..	1,489	12	3
Garnesey........	24,157	3	1	71,924	13	4	....	..	..	47,767	10	3
Jersey	25,267	4	1	23,660	//	//	1,607	4	1			
Colonies Argloises. { Antigoa............	291,988	4	6	45,757	4	7	246,230	19	11			
Barbades..........	197,838	5	3	56,354	17	//	141,483	4	3			
Bermudes..........	215	5	2	197	18	//	17	7	2			
Caroline...........	236,192	19	9	94,445	5	9	141,747	14	//			
Géorgie..........	233	17	1	3,324	2	3	....	..	..	3,090	5	2
Baie de Hudson.....	13,659	10	5	3,984	1	4	9,675	6	1			
Jamaïque	705,675	13	6	126,745	17	3	578,929	16	3			
Montferrat	39,382	12	4	1,509	19	5	37,872	12	11			
Nevis............	68,431	4	3	1,156	6	4	67,274	17	11			
Nouvelle-Angleterre..	46,604	9	9	220,378	6	4	....	..	..	173,773	16	7
Nouvelle-York	18,459	5	10	106,070	5	1	....	..	..	87,610	19	3
Pensylvanie........	8,134	11	9	54,452	11	11	....	..	..	46,318	//	2
Saint-Christophe....	263,324	19	8	14,000	4	8	249,324	15	//			
Virginie & Mariland ..	444,654	10	2	217,200	1	4	227,454	8	10			
Indes occid. en général.	2,247	17	3	206,252	17	8	....	..	..	204,005	//	5
Isles Espagnoles........	62,914	10	11	2,666	10	4	60,248	//	7			
Espèces étrangères & Matières d'or & d'argent.........	....	..	..	651,742	7	//	....	..	..	651,742	7	//
TOTAUX......	7,829,373	8	11	9,495,366	14	3	3,932,413	5	2	5,598,406	10	6

EXCÉDANT DE L'EXPORTATION.... 1,665,993 5. 4

COMMERCE DE LA GRANDE-BRETAGNE.

Du 25 Décembre 1739 au 25 Décembre 1740, quatorzième année de GEORGE II.

PAYS.	IMPORTATIONS.			EXPORTATIONS.			EXCÉDANT des IMPORTATIONS.			EXCÉDANT des EXPORTATIONS.		
	liv.	sous	den.	liv.	sous	den.	liv.	sous	den.	liv.	sous	den.
Afrique	62,787	11	7	110,543	15	//				47,756	3	5
Isles Canaries	2,565	13	2				2,565	13	2			
Danemarck & Norwège	89,496	19	3	70,536	//	1	18,960	19	2			
Dantzick	199,623	10	7	135,480	7	10	64,143	2	9			
Indes orientales	870,476	12	7	281,751	4	9	588,725	7	10			
Flandre	251,123	12	8	402,697	5	2				151,573	12	6
France	67,094	2	7	225,060	1	//				157,965	18	5
Allemagne	747,795	9	3	1,091,061	7	6				343,265	18	3
Hollande	403,664	6	6	1,754,204	15	4				1,350,540	8	10
Irlande	390,565	//	7	628,288	9	4				237,723	8	9
Italie	462,770	//	11	141,781	10	//	320,988	10	11			
Isles Madères	3,019	//	7	12,772	15	8				9,753	15	1
Terre-neuve	43,588	8	6	21,562	7	2	22,026	1	4			
Portugal	201,603	7	2	789,046	17	6				587,443	10	4
Russie	300,751	12	//	62,287	8	8	238,464	3	4			
Espagne	229,134	10	6	101,635	18	8	127,498	11	10			
Gibraltar	74,386	8	9	605,685	14	//				531,299	5	3
Suède	180,839	17	1	15,557	14	5	165,282	2	8			
Levant	26,787	7	3	150,374	19	4				123,587	12	1
Venise	62,044	8	9	12,158	//	//	49,886	8	9			
Isles en Europe. Aurigny	194	14	//	562	//	2				367	6	2
Isles en Europe. Garnesey	58,279	9	8	62,700	11	7				4,421	1	11
Isles en Europe. Jersey	24,483	17	9	13,816	2	4	10,667	15	5			
Colonies Angloises. Antigoa	172,129	11	4	36,708	5	4	135,421	6	//			
Colonies Angloises. Barbades	228,811	15	6	81,859	17	9	146,951	17	9			
Colonies Angloises. Bermudes	14	12	//	632	13	10				618	1	10
Colonies Angloises. Caroline	266,560	4	5	181,821	14	11	84,738	9	6			
Colonies Angloises. Géorgie	924	9	8	3,524	7	7				2,599	17	11
Colonies Angloises. Baie de Hudson	11,869	3	7	3,837	2	8	8,032	//	11			
Colonies Angloises. Jamaïque	507,624	19	4	194,697	1	1	312,927	18	3			
Colonies Angloises. Montserrat	71,535	16	11	4,838	8	5	66,697	8	6			
Colonies Angloises. Nevis	36,309	15	3	4,254	15	6	32,054	19	9			
Colonies Angloises. Nouvelle-Angleterre	72,389	16	2	171,081	2	5				98,691	6	3
Colonies Angloises. Lucaye				685	//	//				685	//	//
Colonies Angloises. Nouvelle-York	21,498	//	5	118,777	8	10				97,279	8	5
Colonies Angloises. Pensylvanie	15,048	12	//	56,751	14	9				41,703	2	9
Colonies Angloises. Saint-Christophe	168,698	15	9	19,260	18	6	149,437	17	3			
Colonies Angloises. Virginie & Mariland	341,997	10	11	281,428	10	11	60,569	//	//			
Colonies Angloises. Indes occid. en général	5,339	5	11	320,328	1	4				314,988	15	5
Isles Espagnoles	202	8	9				202	8	9			
Prises	29,747	10	11	27,736	3	1	2,011	7	10			
Espèces étrangères & Matières d'or & d'argent				672,151	3	//				672,151	3	//
TOTAUX	6,703,778	10	6	8,869,939	15	5	2,608,253	11	8	4,774,414	16	7

EXCÉDANT DE L'EXPORTATION..... 2,166,161. 4. 11

(45)

COMMERCE DE LA GRANDE-BRETAGNE.

Du 25 Décembre 1740 au 25 Décembre 1741, quinzième année de GEORGE II.

PAYS.	IMPORTATIONS.			EXPORTATIONS.			EXCÉDANT des IMPORTATIONS.			EXCÉDANT des EXPORTATIONS.		
	liv.	fous	den.	liv.	fous	den.	liv.	fous	den.	liv.	fous	den.
Afrique	43,815	18	1	132,691	8	11				88,875	10	10
Danemarck & Norwège	99,203	19	9	52,860	7	7	46,343	12	2			
Dantzick	238,285	18	3	139,242	8	4	99,043	9	11			
Indes orientales	1,130,014	13	7	486,928	//	11	643,086	12	8			
Flandre	216,973	6	4	405,760	17	10				188,787	11	6
France	51,705	17	4	347,355	15	7				295,649	18	3
Allemagne	808,533	2	10	1,146,200	16	6				337,667	13	8
Groenland	243	16	6				243	16	6			
Hollande	470,690	4	2	1,865,721	12	9				1,395,031	8	7
Irlande	404,863	14	8	698,715	11	6				293,851	16	10
Italie	544,967	18	11	89,826	1	//	455,141	17	11			
Ifles Madères	5,977	17	5	15,689	1	//				9,711	3	7
Terre-neuve	48,519	15	9	20,251	7	8	28,268	8	1			
Portugal	553,692	7	//	1,321,286	12	7				767,594	5	7
Ruffie	295,814	17	5	104,463	7	4	191,351	10	1			
Efpagne	4,445	8	11	96,386	18	9				91,941	9	10
Gibraltar	42,140	10	11	709,082	14	2				666,942	3	3
Suède	192,586	10	3	22,166	7	5	170,420	2	10			
Levant	338,332	7	5	61,708	6	3	276,624	1	2			
Venife	58,410	18	//	4,976	12	2	53,434	5	10			
Ifles en Europe. { Aurigny	171	3	4	572	5	8				401	2	4
Ifles en Europe. { Garnefey	26,573	18	3	55,422	14	5				28,848	16	2
Ifles en Europe. { Jerfey	26,226	7	8	29,963	1	1				3,736	13	5
Colonies Angloifes { Antigoa	203,522	8	7	48,337	13	6	155,184	15	1			
Colonies Angloifes { Barbades	297,748	14	3	103,865	1	//	193,883	13	3			
Colonies Angloifes { Bermudes	165	2	2	31	8	//	133	14	2			
Colonies Angloifes { Caroline	236,830	19	3	204,770	2	2	32,060	17	1			
Colonies Angloifes { Géorgie				2,553	14	4				2,553	14	4
Colonies Angloifes { Baie de Hudfon	9,656	3	6	4,203	17	1	5,452	6	5			
Colonies Angloifes { Jamaïque	581,301	18	//	280,631	5	5	300,670	12	7			
Colonies Angloifes { Montferrat	54,632	6	7	4,898	10	9	49,733	15	10			
Colonies Angloifes { Nevis	55,820	13	5	1,176	2	2	54,644	11	3			
Colonies Angloifes { Nouvelle-Angleterre	60,052	16	8	198,147	14	8				138,094	18	//
Colonies Angloifes { Nouvelle-York	21,142	7	9	140,430	13	7				119,288	5	10
Colonies Angloifes { Penfylvanie	17,158	//	8	91,010	11	11				73,852	11	3
Colonies Angloifes { Saint-Chriftophe	209,963	10	//	15,075	8	6	194,888	1	6			
Colonies Angloifes { Virginie & Mariland	577,109	1	4	248,582	17	1	328,526	4	3			
Colonies Angloifes { Indes occid. en général	877	14	10	416,646	11	6				415,768	16	8
Ifles Efpagnoles	2,519	3	//				2,519	3				
Prifes	5,393	5	10	2,452			2,941	5	10			
Efpèces étrangères & Matières d'or & d'argent				1,899,786	7	1				1,899,786	7	1
TOTAUX	7,936,084	18	7	11,469,872	8	2	3,284,596	17	5	6,818,384	7	

EXCÉDANT DE L'EXPORTATION.... 3,533,787. 9. 7

M

COMMERCE DE LA·GRANDE-BRETAGNE.

Du 25 Décembre 1741 au 25 Décembre 1742, seizième année de GEORGE II.

PAYS.	IMPORTATIONS.			EXPORTATIONS.			EXCÉDANT des IMPORTATIONS.			EXCÉDANT des EXPORTATIONS.		
	liv.	sous	den.	liv.	sous	den.	liv.	sous	den.	liv.	sous	den.
Afrique	35,259	18	9	130,385	5	7				95,125	6	10
Danemarck & Norwège	92,050	14	8	72,868	17	3	19,181	17	5			
Dantzick	279,469	7	4	149,077	3	5	130,392	3	11			
Indes orientales	1,213,878	13	8	373,797	16	5	840,080	17	3			
Flandre	254,460	7	11	324,683	9	6				70,223	1	7
France	56,411	15	10	376,182	12	4				319,770	16	6
Allemagne	645,261	//	5	1,319,824	6	6				674,563	6	1
Groenland	95	10	11				95	10	11			
Hollande	360,350	5	2	1,935,263	13	10				1,574,913	8	8
Irlande	346,814	13	1	775,650	11	1				428,835	18	//
Italie	444,497	15	2	76,441	9	10	368,056	5	4			
Isles Madères	3,316	13	3	22,371	//	8				19,054	7	5
Terre-neuve	51,274	5	4	39,740	12	11	11,533	12	5			
Portugal	492,260	12	4	1,154,160	8	6				661,899	16	2
Russie	318,536	3	5	65,907	10	8	252,628	12	9			
Espagne	56,707	6	7	103,002	3	//				46,294	16	5
Gibraltar	17,391	14	10	609,149	14	10				591,758		
Suède	157,151	17	5	15,255	10	8	141,896	6	9			
Levant	7,498	10	6	109,520	9	8				102,021	19	2
Venise	28,903	7	4	10,985	//	11	17,918	6	5			
Isles en Europe. { Aurigny	134	9	3	466	//	3				331	11	//
Garnesey	21,303	1	8	63,940	//	2				42,636	18	6
Jersey	38,115	9	5	29,665	14	9	8,449	14	8			
Colonies Angloises. { Antigoa	158,591	14	8	39,552	4	4	119,039	10	4			
Barbades	223,344	2	3	97,848	2	2	125,496	//	1			
Bermudes				224	2	2				224	2	2
Caroline	154,607	8	4	127,063	6	5	27,544	1	11			
Géorgie	1,622	9	2	17,018	16	11				15,396	7	9
Baie de Hudson	12,647	9	10	3,028	17	//	9,618	12	10			
Jamaïque	584,657	18	3	364,355	12	9	220,302	5	6			
Montserrat	44,534	11	9	6,890	12	1	37,643	19	8			
Nevis	21,619	11	//	595	13	10	21,023	17	2			
Nouvelle-Angleterre	53,166	1	8	148,899	10	2				95,733	8	6
Nouvelle-York	13,536	17	10	167,591	6	6				154,054	8	8
Pensylvanie	8,527	12	8	75,295	3	4				66,767	10	8
Saint-Christophe	177,140	7	//	25,609	12	10	151,530	14	2			
Virginie & Mariland	427,769	8	4	264,186	2	5	163,583	5	11			
Indes occid. en général	3,861	1	4	459,340	16	4				455,479	15	//
Prises	60,094	4	8	18,352	3	1	41,742	1	7			
Espèces étrangères & Matières d'or & d'argent				2,010,235	7	3				2,010,235	7	3
TOTAUX	6,866,864	13	//	11,584,427	2	4	2,707,757	17	//	7,425,320	6	4

EXCÉDANT DE L'EXPORTATION.... 4,717,562. 9. 4

COMMERCE DE LA GRANDE-BRETAGNE.

Du 25 Décembre 1742 au 25 Décembre 1743, dix-septième année de GEORGE II.

PAYS.	IMPORTATIONS.			EXPORTATIONS.			EXCÉDANT des IMPORTATIONS.			EXCÉDANT des EXPORTATIONS.		
	liv.	fous	den.	liv.	fous	den.	liv.	fous	den.	liv.	fous	den.
Afrique	26,297	12	7	219,048	7	1				192,750	14	6
Danemarck & Norwège	78,559	5	4	87,786	5	10				9,227	//	6
Dantzick	192,013	12	6	223,034	14	6				31,021	2	//
Indes orientales	906,422	11	5	645,547	1	2	260,875	10	3			
Flandre	184,496	3	10	505,429	3	3				320,932	19	5
France	78,784	9	3	285,296	18	7				206,512	9	4
Allemagne	725,309	5	10	1,831,932	6	2				1,106,623	//	4
Hollande	406,787	10	9	2,675,879	2	11				2,269,091	12	2
Irlande	816,797	13	9	860,178	10	1				43,380	16	4
Italie	639,250	6	4	114,086	14	6	525,163	11	10			
Isles Madères	4,613	17	9	27,719	9	11				23,105	12	2
Terre-neuve	34,074	2	7	34,951	2	//				876	19	5
Portugal	466,355	2	11	1,145,418	5	6				679,063	2	7
Ruffie	232,594	13	1	100,432	4	3	132,162	8	10			
Efpagne	75,840	19	8	89,258	17	4				13,417	17	8
Gibraltar	28,717	2	//	510,885	13	6				482,168	11	6
Suède	125,097	16	10	20,271	//	7	104,826	16	3			
Levant	180,186	7	10	185,909	18	2				5,723	10	4
Venife	36,955	1	2	8,828	3	11	28,126	17	3			
Isles en Europe — Aurigny	117	18	10	695	12	5				577	13	7
Isles en Europe — Garnefey	29,852	4	11	52,362	17	9				22,510	12	10
Isles en Europe — Jerfey	21,044	9	8	28,489	17	1				7,445	7	5
Colonies Angloifes — Antigoa	217,176	16	3	44,379	16	1	172,797	//	2			
Colonies Angloifes — Barbades	258,709	11	3	94,918	12	1	163,790	19	2			
Colonies Angloifes — Bermudes	13	10	//	496	5	3				482	15	3
Colonies Angloifes — Caroline	235,136	15	2	111,499	6	11	123,637	8	3			
Colonies Angloifes — Géorgie	2	11	8	2,291	7	8				2,288	16	//
Colonies Angloifes — Baie de Hudfon	12,466	3	11	3,644	2	9	8,822	1	2			
Colonies Angloifes — Jamaïque	580,054	18	3	260,206	12	6	319,848	5	9			
Colonies Angloifes — Montferrat	66,244	3	3	7,203	17	2	59,040	6	1			
Colonies Angloifes — Nevis	56,337	//	11	4,247	8	8	52,089	12	3			
Colonies Angloifes — Nouvelle-Angleterre	63,185	1	4	172,461	19	4				109,276	18	//
Colonies Angloifes — Nouvelle-York	15,067	6	11	135,487	18	1				120,420	11	2
Colonies Angloifes — Penfylvanie	9,596	3	6	79,340	6	4				69,744	2	10
Colonies Angloifes — Saint-Chriftophe	226,089	8	11	33,188	3	10	192,901	5	1			
Colonies Angloifes — Virginie & Mariland	557,821	//	10	328,195	//	5	229,626	//	5			
Colonies Angloifes — Indes occid. en général	2,563	18	2	351,472	2	2				348,908	4	//
Isles Efpagnoles				1,214	16	4				1,214	16	4
Prifes	211,720	7	4	26,607	12	2	185,112	15	2			
Efpèces étrangères & Matières d'or & d'argent				3,313,355	15	3				3,313,355	15	3
TOTAUX	7,802,353	6	6	14,623,653	9	6	2,558,820	17	11	9,380,121	//	11

EXCÉDANT DE L'EXPORTATION.... 6,821,300. 3. //

COMMERCE DE LA GRANDE-BRETAGNE.

Du 25 Décembre 1743 au 25 Décembre 1744, dix-huitième année de GEORGE II.

PAYS.	IMPORTATIONS.			EXPORTATIONS.			EXCÉDANT des IMPORTATIONS.			EXCÉDANT des EXPORTATIONS.		
	liv.	sous	den.	liv.	sous	den.	liv.	sous	den.	liv.	sous	den.
Afrique	13,889	8	5	95,093	3	1				81,203	14	8
Danemarck & Norwège	74,200	5	9	77,704	11	5				3,504	5	8
Dantzick	211,650	//	2	182,289	15	2	29,360	5	//			
Indes orientales	743,508	10	6	476,274	8	9	267,234	1	9			
Flandre	67,208	16	11	234,477	16	4				167,268	19	5
France	36,622	11	11	156,754	2	2				120,131	10	3
Allemagne	731,701	5	1	1,494,093	//	//				762,391	14	11
Groenland	3,356	//	//				3,356	//	//			
Hollande	405,598	14	10	2,505,038	8	10				2,099,439	14	
Irlande	390,874	11	6	703,227	14	4				312,353	2	10
Italie	536,572	18	9	124,582	17	7	411,990	1	2			
Isles Madères	2,933	6	4	19,922	8	6				16,989	2	2
Terre-neuve	19,803	5	5	21,831	17	//				2,028	11	7
Portugal	212,180	2	2	889,483	15	7				677,303	13	5
Russie	320,107	14	9	44,512	8	3	275,595	6	6			
Espagne	16,876	16	4	62,348	10	1				45,471	13	9
Gibraltar	15,913	12	2	343,730	14	3				327,817	2	1
Suède	199,421	1	//	34,279	15	//	165,141	6	//			
Levant	70,160	2	4	124,512	19	2				54,352	16	10
Venise	64,796	8	6	4,667	7	9	60,129	//	9			
Isles en Europe. { Aurigny	91	17	//	202	14	1				110	17	1
Garnesey	30,433	10	5	97,790	2	3				67,356	11	10
Jersey	18,720	13	1	15,922	1	4	2,798	11	9			
Colonies Angloises. { Antigoa	197,896	14	7	38,778	17	4	159,117	17	3			
Barbades	90,794	17	4	50,626	6	3	40,168	11	1			
Bermudes				465	9	7				465	9	7
Caroline	192,594	11	//	79,141	8	//	113,453	3	//			
Géorgie				769	12	//				769	12	
Baie de Hudson	11,036	3	9	4,871	10	1	6,164	13	8			
Jamaïque	532,390	19	11	163,632	1	9	368,758	18	2			
Montserrat	60,983	12	6	5,936	1	11	55,047	10	7			
Nevis	51,902	12	10	3,908	1	4	47,994	11	6			
Nouvelle-Angleterre	50,248	7	7	143,982	15	3				93,734	7	8
Nouvelle-York	14,527	18	5	119,920	4	3				105,392	5	10
Pensylvanie	7,446	7	1	62,214	6	6				54,767	19	5
Saint-Christophe	222,986	14	11	18,581	7	2	204,405	7	9			
Virginie & Mariland	402,709	15	//	234,855	18	4	167,853	16	8			
Indes occid. en général	807	13	5	221,761	14	5				220,954	1	
Prises	340,023	4	10	332,435	//	1	7,588	4	9			
Espèces étrangères & Matières d'or & d'argent				2,239,007	5	1				2,239,007	5	1
TOTAUX	6,362,971	6	6	11,429,628	10	3	2,386,157	7	4	7,452,814	11	1

EXCÉDANT DE L'EXPORTATION.... 5,066,657. 3. 9

COMMERCE DE LA GRANDE-BRETAGNE.

Du 25 Décembre 1744 au 25 Décembre 1745, dix-neuvième année de GEORGE II.

PAYS.	IMPORTATIONS.			EXPORTATIONS.			EXCÉDANT des IMPORTATIONS.			EXCÉDANT des EXPORTATIONS.		
	liv.	sous	den.	liv.	sous	den.	liv.	sous	den.	liv.	sous	den.
Afrique	11,031	//	11	71,399	11	//				60,368	10	1
Danemarck & Norwège	92,823	12	5	68,895	16	8	23,927	15	9			
Dantzick	230,039	18	11	142,909	8	//	87,130	10	11			
Indes orientales	973,705	13	6	293,113	12	10	680,592	//	8			
Flandre	16,920	7	9	143,863	//	4				126,942	12	7
France	1,200	5	10	54,688	11	11				53,488	6	1
Allemagne	674,507	14	11	1,486,157	7	6				811,649	12	7
Hollande	431,374	9	8	2,278,018	10	2				1,846,644	//	6
Irlande	1,441,498	13	//	910,920	4	//	530,578	9	//			
Italie	455,293	2	//	88,106	4	3	367,186	17	9			
Isles Madères	2,395	11	//	21,966	11	6				19,571	»	6
Terre-neuve	28,488	1	5	28,302	17	4	185	4	1			
Portugal	418,452	9	10	1,065,156	9	6				646,703	19	8
Russie	294,702	13	9	62,672	3	8	232,030	10	1			
Espagne	168,352	15	2	82,681	3	8	85,671	11	6			
Gibraltar	7,674	4	8	422,615	10	9				414,941	6	1
Suède	250,707	11	10	30,310	8	4	220,397	3	6			
Levant	225,797	12	9	780	8	//	225,017	4	9			
Venise	46,445	14	6	20,551	10	6	25,894	4	//			
Isles en Europe. { Aurigny	49	10	//	427	5	11				377	15	11
Isles en Europe. { Garnesey	30,377	5	7	37,202	4	1				6,824	18	6
Isles en Europe. { Jersey	27,360	17	5	13,955	6	10	13,405	10	7			
Colonies Angloises. Antigoa	188,650	16	11	32,769	4	//	155,881	12	11			
Colonies Angloises. Barbades	165,779	11	8	90,813	13	10	74,965	17	10			
Colonies Angloises. Bermudes	123	3	//	487	4	2				364	1	2
Colonies Angloises. Cap Breton				203	11	10				203	11	10
Colonies Angloises. Caroline	91,847	5	3	86,815	13	6	5,031	11	9			
Colonies Angloises. Géorgie			//	939	14	1				939	14	1
Colonies Angloises. Baie de Hudson	11,380	16	4	3,790	10	3	7,590	6	1			
Colonies Angloises. Jamaïque	358,385	9	6	131,322	16	6	227,062	13	//			
Colonies Angloises. Montserrat	49,139	3	9	1,145	8	7	47,993	15	2			
Colonies Angloises. Nevis	49,314	10	9	1,399	2	6	47,915	8	3			
Colonies Angloises. Nouvelle-Angleterre	38,948	10	9	140,463	4	7				101,514	13	10
Colonies Angloises. Nouvelle-York	14,083	3	9	54,957	1	2				40,873	17	5
Colonies Angloises. Pensylvanie	10,130	9	2	54,280	10	11				44,150	1	9
Colonies Angloises. Saint-Christophe	212,829	9	10	21,859	//	2	190,970	9	8			
Colonies Angloises. Virginie & Mariland	399,423	6	3	197,799	12	3	201,623	14	//			
Colonies Angloises. Indes occid. en général	14,159	7	6	193,598	9	10				179,439	2	4
Prises	413,728	12	//	734,447	//	1				320,718	8	1
Espèces étrangères & Matières d'or & d'argent				1,425,543	12					1,425,543	12	//
TOTAUX	7,847,123	3	3	10,497,329	17	//	3,451,052	11	3	6,101,259	5	//

EXCÉDANT DE L'EXPORTATION..... 2,650,206. 13. 9

(50)

COMMERCE DE LA GRANDE-BRETAGNE.

Du 25 Décembre 1745 au 25 Décembre 1746, vingtième année de GEORGE II.

PAYS.	IMPORTATIONS.			EXPORTATIONS.			EXCÉDANT des IMPORTATIONS.			EXCÉDANT des EXPORTATIONS.		
	liv.	fous	den.	liv.	fous	den.	liv.	fous	den.	liv.	fous	den.
Afrique	25,301	17	1	117,474	7	8				92,172	10	7
Danemarck & Norwège	91,640	7	7	72,513	8	1	19,126	19	6			
Dantzick	208,155	16	10	128,305	17	5	79,849	19	5			
Indes orientales	646,697	7	//	893,540	8	4				246,843	1	4
Flandre	721	7	3	6,456	16	1				5,735	8	10
France	116	1	//	136,399	8	4				136,283	7	4
Allemagne	663,209	3	5	1,881,313	15	//				1,218,104	11	7
Groenland	1,300	//	//				1,300	//	//			
Hollande	577,203	3	10	2,678,504	7	11				2,101,301	4	1
Irlande	532,686	9	6	796,157	19	11				263,471	10	5
Italie	377,022	3	9	95,009	17	4	282,012	6	5			
Isles Madères	4,145	15	1	26,077	9	3				21,931	14	2
Terre-neuve	33,891	//	7	32,829	6	6	1,061	14	1			
Portugal	305,728	10	3	1,051,796	12	8				746,068	2	5
Russie	261,575	10	9	86,988	4	1	174,587	6	8			
Espagne	70,187	15	6	73,508	15	9				3,321	//	3
Gibraltar	15,645	5	11	484,129	14	9				468,484	8	10
Suède	177,486	2	7	36,134	6	6	141,351	16	1			
Levant	105,195	2	1	172,493	8	9				67,298	6	8
Venise	13,975	6	8	21,946	13	9				7,971	7	1
Isles en Europe. — Aurigny	7	18	//	619	10	10				611	12	10
Isles en Europe. — Garnesey	20,954	4	7	17,775	9	11	3,178	14	8			
Isles en Europe. — Jersey	23,732	1	10	12,382	18	//	11,349	3	10			
Colonies Angloises. — Antigoa	210,036	15	8	67,399	17	10	142,636	17	10			
Colonies Angloises. — Barbades	209,969	6	7	145,444	18	5	64,524	8	2			
Colonies Angloises. — Bermudes	130	13	//	4,032	19	2				3,902	6	2
Colonies Angloises. — Cap Breton	883	13	6	5,063	17	3				4,180	3	9
Colonies Angloises. — Caroline	76,897	19	6	102,809	19	6				25,912	//	//
Colonies Angloises. — Géorgie				984	10	11				984	10	11
Colonies Angloises. — Baie de Hudson	8,560	9	//	3,320	9	10	5,239	19	2			
Colonies Angloises. — Jamaïque	400,078	12	9	218,860	3	5	181,218	9	4			
Colonies Angloises. — Montserrat	50,031	1	7	9,412	10	11	40,618	10	8			
Colonies Angloises. — Nevis	53,270	7	3	3,992	12	5	49,277	14	10			
Colonies Angloises. — Nouvelle-Angleterre	38,612	15	7	209,177	9	2				170,564	13	7
Colonies Angloises. — Nouvelle-York	8,841	3	2	86,712	14	10				77,871	11	8
Colonies Angloises. — Pensylvanie	15,779	7	4	73,699	12	2				57,920	4	10
Colonies Angloises. — Saint-Christophe	224,739	6	1	47,899	8	3	176,839	17	10			
Colonies Angloises. — Virginie & Mariland	419,371	15	//	282,545	8	7	136,826	6	5			
Colonies Angloises. — Indes occid. en général	1,581	17	7	359,421	8	1				357,839	10	6
Prises	330,324	1	//	323,701	15	1	6,622	5	11			
Espèces étrangères & Matières d'or & d'argent				593,954	3	6				593,954	3	6
TOTAUX	6,205,687	15	8	11,360,792	16	2	1,517,622	10	10	6,672,727	11	4

EXCÉDANT DE L'EXPORTATION .... 5,155,105. // 6

COMMERCE DE LA GRANDE-BRETAGNE.

Du 25 Décembre 1746 au 25 Décembre 1747, vingt-unième année de GEORGE II.

PAYS.	IMPORTATIONS.			EXPORTATIONS.			EXCÉDANT des IMPORTATIONS.			EXCÉDANT des EXPORTATIONS.		
	liv.	fous	den.	liv.	fous	den.	liv.	fous	den.	liv.	fous	den.
Afrique	1,603	2	9	186,400	1	9				184,796	19	//
Danemarck & Norwège	94,564	17	9	69,958	7	9	24,606	10	//			
Dantzick	228,131	11	11	112,825	//	7	115,306	11	4			
Indes orientales	821,733	10	5	345,526	9	//	476,207	1	5			
Flandre	841	14	7	1,336	7	//				494	12	5
France	26	13	4	158,460	5	4				158,433	12	//
Allemagne	689,987	19	6	1,440,105	12	8				750,117	13	2
Groenland	1,057	//	//				1,057	//	//			
Hollande	698,194	19	//	2,541,384	16	//				1,843,189	17	//
Irlande	541,393	2	3	748,677	17	11				207,284	15	8
Italie	676,088	14	1	134,157	12	11	541,931	1	2			
Isles Madères	8,143	18	11	30,831	19	4				22,688	//	5
Terre-neuve	26,097	9	6	49,021	16	4				22,924	6	10
Portugal	359,896	3	10	1,239,208	2	11				879,311	19	1
Ruffie	321,015	10	//	53,556	17	3	267,458	12	9			
Efpagne	42,990	11	5	82,301	12	8				39,311	1	3
Gibraltar	25,468	7	//	560,054	15	1				534,586	8	1
Suède	176,911	15	3	71,710	2	3	105,201	13	//			
Levant	186,451	6	4	137,084	1	//	49,367	5	4			
Venife	40,809	12	7	18,816	6	11	21,993	5	8			
Isles en Europe. { Aurigny	434	7	11	888	4	1				453	16	2
Garnefey	24,406	19	2	22,292	16	3	2,114	2	11			
Jerfey	26,218	13	6	10,044	6	10	16,174	6	8			
Antigoa	98,685	9	9	44,487	//	2	54,198	9	7			
Barbades	131,888	//	10	95,107	1	5	36,780	19	5			
Bermudes				3,891	13	8				3,891	13	8
Cap Breton	1,455	18	9	4,408	6	8				2,952	7	11
Caroline	107,500	1	5	95,529	9	6	11,970	11	11			
Géorgie				24	//	//				24	//	//
Baie de Hudfon	7,408	8	9	2,994	12	6	4,413	16	3			
Jamaïque	521,836	7	4	215,283	6	11	306,553	//	5			
Montferrat	31,215	14	7	1,650	12	7	29,565	2	//			
Nevis	23,362	12	4	583	15	10	22,778	16	6			
Nouvelle-Angleterre	41,771	16	11	210,640	4	9				168,868	7	10
Nouvelle-York	14,992	//	6	137,984	16	9				122,992	16	3
Penfylvanie	3,832	3	3	82,404	17	7				78,572	14	4
Saint-Chriftophe	134,130	1	3	27,743	5	3	106,386	16	//			
Virginie & Mariland	492,619	6	7	200,088	16	10	292,530	9	9			
Indes occid. en général	5,755	5	11	345,348	19	5				339,593	13	6
Isles Efpagnoles	507,835	16	4	292,525	13	10	215,310	2	6			
Efpèces étrangères & Matières d'or & d'argent				1,666,708	16	//				1,666,708	16	//
TOTAUX	7,116,757	5	6	11,442,049	1	6	2,701,905	14	7	7,027,197	10	7

EXCÉDANT DE L'EXPORTATION.... 4,325,291. 16. //

COMMERCE DE LA GRANDE-BRETAGNE.

Du 25 Décembre 1747 au 25 Décembre 1748, vingt-deuxième année de GEORGE II.

PAYS.	IMPORTATIONS.			EXPORTATIONS.			EXCÉDANT des IMPORTATIONS.			EXCÉDANT des EXPORTATIONS.		
	liv.	fous	den.	liv.	fous	den.	liv.	fous	den.	liv.	fous	den.
Afrique	17,640	9	//	233,671	4	1				216,030	15	1
Ifles Canaries				1,625	5	6				1,625	5	6
Danemarck & Norwège	108,565	3	6	92,407	17	3	16,157	6	3			
Dantzick	332,752	18	9	127,514	17	4	205,238	1	5			
Indes orientales	1,098,712	2	4	306,357	//	//	792,355	2	4			
Flandre	21,204	18	10	241,701	18	//				220,496	19	2
France	17,303	//	8	321,898	8	//				304,595	7	4
Allemagne	738,001	14	8	1,556,175	10	3				818,173	15	7
Groenland	394	13	//				394	13	//			
Hollande	339,547	7	6	2,645,547	6	3				2,305,999	18	9
Irlande	464,489	3	3	906,424	4	//				441,935	//	9
Italie	602,173	6	8	229,889	5	6	372,284	1	2			
Ifles Madères	4,619	8	6	23,116	1	5				18,496	12	11
Terre-neuve	44,770	5	9	37,182	8	//	7,587	17	9			
Portugal	321,412	11	4	1,081,866	19	5				760,454	8	1
Ruffie	439,625	14	4	133,626	2	5	305,999	11	11			
Efpagne	138,176	5	9	362,910	12	6				224,734	6	9
Gibraltar	48,321	//	3	621,688	19	//				573,367	18	9
Suède	216,717	14	9	41,814	4	8	174,903	10	1			
Levant	163,242	19	10	85,792	9	//	77,450	10	10			
Venife	36,917	15	10	9,815	12	3	27,102	3	7			
Ifles en Europe — Aurigny	1,764	14	5	555	1	8	1,209	12	9			
Ifles en Europe — Garnefey	34,090	5	1	27,035	7	2	7,054	17	11			
Ifles en Europe — Jerfey	19,492	14	10	14,718	15	8	4,773	19	2			
Colonies Angloifes — Antigoa	258,793	8	6	47,727	15	//	211,065	13	6			
Colonies Angloifes — Barbades	235,098	18	8	101,092	4	7	134,006	14	1			
Colonies Angloifes — Bermudes	43	//	5	2,901	9	11				2,858	9	6
Colonies Angloifes — Cap Breton	9	16	11	1,992	16	6				1,982	19	7
Colonies Angloifes — Caroline	167,305	4	4	160,172	13	10	7,132	10	6			
Colonies Angloifes — Géorgie				1,314	5	//				1,314	5	//
Colonies Angloifes — Baie de Hudfon	12,392	14	//	3,651	11	8	8,741	2	4			
Colonies Angloifes — Jamaïque	654,058	14	1	231,977	11	3	422,081	2	10			
Colonies Angloifes — Montferrat	72,835	4	5	3,027	7	4	69,807	17	1			
Colonies Angloifes — Nevis	58,344	1	9	4888	11	7	53,455	10	2			
Colonies Angloifes — Nouvelle-Angleterre	29,748	9	1	197,682	11	1				167,934	2	//
Colonies Angloifes — Lucaye	1,451	//	10	199	4	2	1,251	16	8			
Colonies Angloifes — Nouvelle-York	12,358	3	1	143,311	5	2				130,953	2	1
Colonies Angloifes — Penfylvanie	12,363	14	2	75,330	5	9				62,966	11	7
Colonies Angloifes — Saint-Chriftophe	329,879	1	5	50,117	2	9	279,761	18	8			
Colonies Angloifes — Virginie & Mariland	494,852	9	5	252,624	16	3	242,227	13	2			
Colonies Angloifes — Indes occid. en général	4,525	2	10	351,708	3	3				347,183	//	5
Colonies Angloifes — Anguille	732	10	//				732	10	//			
Colonies Angloifes — Tortola	5,939	4	4				5,939	4	4			
Prifes	575,741	12	5	408,146	12	3	167,595	//	2			
Efpèces étrangères & Matières d'or & d'argent				1,210,231	16	3				1,210,231	16	3
TOTAUX	8,136,408	19	6	12,351,433	12	11	3,596,310	1	8	7,811,334	15	1

EXCÉDANT DE L'EXPORTATION 4,215,024. 13. 5

COMMERCE DE LA GRANDE-BRETAGNE.

Du 25 Décembre 1748 au 25 Décembre 1749, vingt-troisième année de GEORGE II.

PAYS.	IMPORTATIONS.			EXPORTATIONS.			EXCÉDANT des IMPORTATIONS.			EXCÉDANT des EXPORTATIONS.		
	liv.	fous	den.	liv.	fous	den.	liv.	fous	den.	liv.	fous	den.
Afrique................	15,724	9	11	201,307	16	//	....	..	..	185,583	6	1
Isles Canaries.........	3,154	8	7	16,175	10	1	....	..	..	13,021	1	6
Danemarck & Norwège...	92,511	3	//	84,213	13	11	8,297	9	1			
Dantzick.............	243,725	17	3	155,489	15	1	88,236	2	2			
Indes orientales........	1,124,128	2	//	557,086	4	3	567,041	17	9			
Flandre..............	102,724	4	8	579,597	7	8	....	..	..	476,873	3	//
France...............	74,730	19	5	447,669	13	4	....	..	..	372,938	13	11
Allemagne............	720,066	14	5	1,404,663	17	8	....	..	..	684,597	3	3
Groenland............	1,282	17	4	....	..	..	1,282	17	4			
Hollande.............	349,624	13	//	2,716,143	16	11	....	..	..	2,366,519	3	11
Irlande..............	567,776	18	11	1,006,045	16	7	....	..	..	438,268	17	8
Italie...............	530,574	3	6	188,164	1	11	342,410	1	7			
Isles Madères.........	3,883	15	8	22,634	18	11	....	..	..	18,751	3	3
Terre-neuve..........	39,672	16	8	58,936	4	4	....	..	..	9,263	7	8
Portugal.............	387,520	6	1	989,828	//	4	....	..	..	602,307	14	3
Ruffie...............	346,621	6	1	100,248	6	5	246,372	19	8			
Espagne..............	625,940	16	2	1,210,127	11	//	....	..	..	584,186	14	10
Gibraltar............	82,381	13	4	630,365	3	9	....	..	..	547,983	10	5
Suède...............	154,788	11	9	34,605	2	8	120,183	9	1			
Levant..............	176,467	9	2	147,241	10	5	29,225	18	9			
Venise..............	33,290	5	9	12,417	3	2	20,873	2	7			
Isles en Europe. { Aurigny.........	118	2	6	534	//	9	....	..	..	415	18	3
Garnesey.......	27,911	13	6	33,945	6	2	....	..	..	60,33	12	8
Jersey.........	20,983	2	//	21,125	12	5	....	..	..	142	10	5
Colonies Angloises. { Antigoa.........	253,232	19	9	55,118	14	5	198,114	5	4			
Barbades.........	211,563	14	4	144,509	7	6	67,054					
Bermudes........	952	10	11	3,502	4	//	....			2,549	13	1
Cap B.eton........	8	5	//	....	..	..	8	5	//			
Caroline...........	150,499	5	8	164,085	1	3	....	..	..	13,585	15	7
Géorgie...........	51	//	//	5	//	//	46	//	//			
Baie de Hudson.....	11,836	2	8	4,721	6	5	7,114	16	3			
Jamaïque........	659,174	18	5	267,284	14	10	391,890	3	7			
Montserrat........	76,616	9	3	3,451	1	5	73,165	7	10			
Nevis............	33,611	6	6	7,310	5	1	26,301	1	5			
Nouvelle-Angleterre..	39,999	5	1	238,286	11	9	....	..	..	198,287	6	8
Lucaye...........	2,205	6	7	....	..	..	2,205	6	7			
Nouvelle-Écosse.....	19	10	//	4,730	1	5	....	..	..	4,710	11	5
Nouvelle-York.....	23,413	9	//	265,773	9	11	....	..	..	242,360	//	11
Pensylvanie........	14,944	8	//	238,637	2	10	....	..	..	223,692	14	10
Saint-Christophe.....	236,701	11	3	72,583	11	8	164,117	19	7			
Tortola...........	7,167	6	1	....	..	..	7,167	6	1			
Virginie & Mariland..	434,618	15	8	323,600	6	2	111,018	9	6			
Indes occid. en général.	3,109	7	//	184,643	16	2	....	..	..	181,534	9	2
Prises...............	32,474	8	6	81,948	15	2	....	..	..	49,474	6	8
Espèces étrangères & Matières d'or & d'argent........	....	..	..	1,420,608	7	3	....	..	..	1,420,608	7	3
TOTAUX......	7,917,804	10	4	14,099,366	11	//	2,472,127	6	//	8,653,689	6	8

EXCÉDANT DE L'EXPORTATION.... 6,181,562. // 8

COMMERCE DE LA GRANDE-BRETAGNE.

Du 25 Décembre 1749 au 25 Décembre 1750, vingt-quatrième année de GEORGE II.

PAYS.	IMPORTATIONS.			EXPORTATIONS.			EXCÉDANT des IMPORTATIONS.			EXCÉDANT des EXPORTATIONS.		
	liv.	sous	den.	liv.	sous	den.	liv.	sous	den.	liv.	sous	den.
Afrique	29,007	2	10	160,791	14	//				131,784	11	2
Isles Canaries	7,720	11	8	30,146	9	//				22,425	17	4
Danemarck & Norwège	90,273	8	3	78,052	5	8	12,221	2	7			
Dantzick	334,316	19	7	157,000	8	8	177,316	10	11			
Indes orientales	1,104,180	11	11	508,654	6	2	595,526	5	9			
Flandre	98,714	9	7	422,694	7	4				323,979	17	9
France	66,832	15	1	324,385	5	11				257,552	10	10
Allemagne	645,513	12	6	1,255,872	14	1				610,359	1	7
Groenland	6,368	13	5				6,368	13	5			
Hollande	325,487	12	8	2,204,095	5	//				1,878,607	12	4
Irlande	612,808	1	11	1,316,600	2	2				703,792	//	3
Italie	291,526	3	6	172,159	1	3	119,367	2	3			
Isles Madères	2,554	2	7	20,134	8	6				17,580	5	11
Terre-neuve	37,372	19	7	44,867	11	6				7,494	11	11
Portugal	244,276	9	4	1,208,248	19	5				963,972	10	1
Russie	584,091	16	8	111,846	6	4	472,245	10	4			
Espagne	379,116	1	6	1,783,075	19	8				1,403,959	18	2
Gibraltar	94,663	17	7	762,929	5	//				668,265	7	5
Suède	187,022	9	1	19,162	2	7	167,860	6	6			
Levant	189,285	16	7	172,800	5	1	16,485	11	6			
Venise	38,576	3	9	2,191	7	7	36,384	16	2			
Isles en Europe { Aurigny	147	14	//	938	1	3				790	7	3
Garnesey	31,751	12	3	40,942	11	10				9,190	19	7
Jersey	23,707	2	6	15,772	1	11	7,935	//	7			
Colonies Angloises { Anguille	3,075	3	10				3,075	3	10			
Antigoa	203,453	11	//	72,191	3	2	31,262	7	10			
Barbades	215,255	17	3	150,097	18	//	65,157	19	3			
Bermudes	1,986	10	10	16,447	3	8				14,460	12	10
Caroline	191,607	6	10	133,037	//	9	58,570	5	6			
Géorgie	1,942	19	11	2,125	15	5				182	15	6
Baie de Hudson	8,609	4	7	4,375	19	//	4,233	5	7			
Jamaïque	731,429	11	6	242,349	10	//	489,080	1	6			
Montserrat	51,463	15	//	11,406	16	1	40,056	18	11			
Nevis	31,738	8	10	3,874	10	5	27,863	18	5			
Nouvelle-Angleterre	48,455	9	//	343,659	6	8				295,203	17	8
Lucaye	2,462	11	1				2,462	11	1			
Nouvelle-York	35,634	8	6	267,130	//	//				231,495	11	6
Nouvelle-Écosse	226	2	9	13,875	19	7				13,649	16	10
Pensylvanie	28,191	//	//	217,713	//	10				189,522	//	10
Saint-Christophe	253,200	14	2	48,995	4	3	204,205	9	11			
Tortola	24,838	3	//	1,186	10	6	23,651	12	6			
Virginie & Mariland	508,939	1	10	349,419	18	3	159,519	3	7			
Prises	4,213	4	9	7,833	14	10				3,620	10	1
Espèces étrangères & Matières d'or & d'argent				2,432,923	11	9				2,432,923	11	9
TOTAUX	7,772,039	12	5	15,132,004	3	1	2,820,849	17	11	10,180,814	8	7

EXCÉDANT DE L'EXPORTATION.... 7,359,964. 10. 8

COMMERCE DE LA GRANDE-BRETAGNE.

Du 25 Décembre 1750 au 25 Décembre 1751, vingt-cinquième année de GEORGE II.

PAYS.	IMPORTATIONS.			EXPORTATIONS.			EXCÉDANT des IMPORTATIONS.			EXCÉDANT des EXPORTATIONS.		
	liv.	sous	den.	liv.	sous	den.	liv.	sous	den.	liv.	sous	den.
Afrique.............	56,292	2	11	214,640	4	1	....	..	..	158,348	1	2
Isles Canaries.........	1,990	1	7	38,463	12	3	....	..	..	36,473	10	8
Danemarck & Norwège....	88,052	12	1	95,047	//	7	....	..	..	6,994	8	6
Dantzick.............	347,193	//	9	189,141	5	3	158,051	15	6			
Indes orientales.........	1,096,837	16	1	798,077	8	8	298,760	7	5			
Flandre.............	82,834	17	8	407,935	3	//	....	..	..	325,100	5	4
France.............	66,927	7	11	469,323	15	9	....	..	..	402,396	7	10
Allemagne.............	627,021	3	11	1,518,071	18	2	....	..	..	891,050	14	3
Groenland.............	6,876	14	3	3	15	//	6,872	19	3			
Hollande.............	326,570	12	5	1,895,094	4	4	....	..	..	1,568,523	11	11
Irlande.............	664,484	17	11	1,174,493	3	//	....	..	..	510,008	5	1
Italie.............	551,018	1	10	268,974	5	7	282,043	16	3			
Isles Madères.............	4,869	18	3	20,536	11	3	....	..	..	15,666	13	//
Terre-neuve.............	48,256	4	8	52,833	8	7	....	..	..	4,577	3	11
Portugal.............	258,990	4	5	1,157,718	2	1	....	..	..	898,727	17	8
Russie.............	353,556	//	1	141,644	5	9	211,911	14	4			
Espagne.............	456,769	15	1	1,244,982	1	7	....	..	..	788,212	6	6
Gibraltar.............	100,845	7	2	640,672	13	7	....	..	..	539,827	6	5
Suède.............	184,278	8	4	15,566	6	11	168,712	1	5			
Levant.............	202,357	14	2	92,632	5	10	109,725	8	4			
Venise.............	65,366	16	8	5,749	8	10	59,617	7	10			
Isles en Europe. — Aurigny.............	53	5	//	458	12	6	....	..	..	405	7	6
Isles en Europe. — Garnesey.........	33,340	9	8	40,108	5	2	....	..	..	6,767	15	6
Isles en Europe. — Jersey.............	23,529	19	3	19,013	16	2	4,516	3	1	1,049	1	11
Anguille.............	....	..	..	1,049	1	11	....	..	..	1,049	1	11
Antigoa.............	208,558	8	9	64,217	12	//	144,340	16	9			
Barbades.............	162,729	11	6	159,959	11	8	2,769	19	10			
Bermudes.............	1,297	19	6	11,227	11	11	....	..	..	9,929	12	5
Caroline.............	245,491	1	4	138,244	4	9	107,246	16	7			
Géorgie.............	555	9	//	2,065	4	3	....	..	..	1,509	15	3
Baie de Hudson......	8,776	2	5	4,009	3	8	4,766	18	9			
Jamaïque.............	723,755	10	//	305,305	//	7	418,450	9	5			
Montserrat.............	56,197	14	9	10,127	15	2	46,069	19	7			
Nevis.............	36,767	//	//	8,693	7	6	28,073	12	6			
Nouvelle-Angleterre..	63,287	14	4	305,974	3	2	....	..	..	242,686	8	10
Lucayes.............	2,291	5	6	....	..	..	2,291	5	6			
Nouvelle-York......	42,363	15	11	248,941	3	11	....	..	..	206,577	8	//
Nouvelle-Écosse.....	786	1	3	43,487	2	11	....	..	..	42,701	1	8
Pensylvanie.............	23,870	19	11	190,917	5	1	....	..	..	167,046	5	2
Saint-Christophe.....	244,433	9	2	69,406	10	1	175,026	19	1			
Tortola.............	12,336	4	9	2,102	8	2	10,233	16	7			
Virginie & Mariland..	460,085	16	9	347,027	//	7	113,058	16	2			
Isles Espagnoles.............	....	..	..	175	16	//	....	..	..	175	16	//
Prises.............	1,538	7	6	5,386	11	4	....	..	..	3,848	3	10
Espèces étrangères & Matières d'or & d'argent.............	....	..	..	1,548,313	//	//	....	..	..	1,548,313	//	//
TOTAUX.......	7,943,436	4	5	13,967,811	8	7	2,352,541	4	3	8,376,916	8	4

EXCÉDANT DE L'EXPORTATION.... 6,024,375. 4. 2

COMMERCE DE LA GRANDE-BRETAGNE.

Du 25 Décembre 1751 au 25 Décembre 1752, vingt-sixième année de GEORGE II.

PAYS.	IMPORTATIONS.			EXPORTATIONS.			EXCÉDANT des IMPORTATIONS.			EXCÉDANT des EXPORTATIONS.		
	liv.	sous	den.	liv.	sous	den.	liv.	sous	den.	liv.	sous	den.
Afrique	42,642	7	1	236,062	13	4				193,420	6	3
Isles Canaries	3,548	5	7	34,946	8	9				31,398	3	2
Danemarck & Norwège	93,292	16	11	69,167	9	″	24,125	7	11			
Dantzick	274,953	16	6	169,681	15	5	105,272	1	1			
Indes orientales	1,068,366	7	8	627,688	6	2	440,678	1	6			
Flandre	85,376	1	8	483,530	12	6				398,154	10	10
France	46,934	13	6	694,408	14	7				647,474	1	1
Allemagne	674,841	9	6	1,362,218	2	10				687,376	13	4
Groenland	11,536	10	4				11,536	10	4			
Hollande	324,054	11	5	1,875,360	2	9				1,551,305	11	4
Irlande	563,959	16	″	1,140,608	10	1				576,648	14	1
Italie	614,936	″	5	264,792	11	7	350,143	8	10			
Isles Madères	3,203	2	11	32,595	6	8				29,392	3	9
Terre-neuve	41,459	4	7	46,995	2	11				5,535	18	4
Portugal	253,160	6	3	938,742	12	3				685,582	6	″
Russie	440,883	18	1	95,450	2	3	345,433	15	10			
Espagne	390,376	8	1	972,190	9	3				581,814	1	2
Gibraltar	113,946	3	6	541,693	13	7				427,747	10	1
Suède	147,993	6	10	16,431	3	3	131,562	3	7			
Levant	155,721	18	7	144,222	5	10	11,499	12	9			
Venise	45,514	6	11	6,046	15	8	39,467	11	3			
Isles en Europe. { Aurigny	25	″	″	751	″	2				726	″	2
Garnesey	29,433	18	8	46,003	5	4				16,569	6	8
Jersey	17,841	19	7	20,582	16	8				2,740	17	1
Colonies Angloises. { Antigoa	174,031	10	4	68,185	18	8	105,845	11	8			
Barbades	219,791	12	9	172,822	15	5	46,968	17	4			
Bermudes	3,278	2	9	11,767	14	11				8,489	12	2
Caroline	288,264	15	9	150,777	16	5	137,486	19	4			
Géorgie	1,526	5	11	3,163	11	3				1,637	5	4
Baie de Hudson	8,092	4	7	3,380	6	″	4,711	18	7			
Jamaïque	727,960	16	9	351,475	10	4	376,485	6	5			
Montserrat	36,929	2	1	5,307	14	10	31,621	7	3			
Nevis	45,182	4	8	10,442	13	1	34,739	11	7			
Nouvelle-Angleterre	74,313	″	3	273,340	8	8				199,027	8	5
Lucaye	901	6	10				901	6	10			
Nouvelle-York	40,648	16	10	194,030	7	8				153,381	10	10
Nouvelle-Écosse	49	15	3	19,310	13	11				19,260	18	8
Pensylvanie	29,978	8	3	201,666	19	11				171,688	11	8
Saint-Christophe	212,922	19	8	83,917	18	4	129,005	1	4			
Tortola	12,008	16	6				12,008	16	6			
Virginie & Mariland	569,453	14	6	325,151	13	2	244,302	1	4			
Prises	33	5	″				33	5	″			
Espèces étrangères & Matières d'or & d'argent				1,526,204	″	6				1,526,204	″	6
TOTAUX	7,889,369	9	3	13,221,116	3	11	2,583,828	16	3	7,915,575	10	11

EXCÉDANT DE L'EXPORTATION.... 5,331,746.14. 8

COMMERCE DE LA GRANDE-BRETAGNE.

Du 25 Décembre 1752 au 25 Décembre 1753, vingt-septième année de GEORGE II.

PAYS.	IMPORTATIONS.			EXPORTATIONS.			EXCÉDANT des IMPORTATIONS.			EXCÉDANT des EXPORTATIONS.		
	liv.	fous	den.	liv.	fous	den.	liv.	fous	den.	liv.	fous	den.
Afrique	34,011	13	5	275,360	8	10				241,348	15	5
Ifles Canaries	6,020	8	9	32,620	5	3				26,599	16	6
Danemarck & Norwège	86,774	6	3	86,822	17	11				48	11	8
Dantzick	244,655	15	8	172,532	12	4	72,123	3	4			
Indes orientales	1,007,662	13	3	788,374	19	8	219,287	13	7			
Flandre	93,610	17	8	443,701	18	9				350,091	1	1
France	75,427	10	4	505,409	12	3				429,982	1	11
Allemagne	741,612	3	1	1,284,292	5	7				542,680	2	6
Groenland	18,684	3	10	21	15	n	18,662	8	10			
Hollande	330,176	12	1	1,661,040	6	8				1,330,863	14	7
Irlande	561,489	1	//	1,149,552	7	//				588,063	6	//
Italie	561,923	5	1	256,782	15	10	305,140	9	3			
Ifles Madères	3,965	3	3	32,893	18	9				28,928	15	6
Terre-neuve	37,824	14	10	40,927	8	10				3,102	14	//
Portugal	332,279	8	//	1,156,001	11	6				823,722	3	6
Ruffie	555,777	15	2	94,103	17	6	461,673	17	8			
Efpagne	441,903	6	3	1,064,428	1	2				622,524	14	11
Gibraltar	95,126	6	7	655,181	8	8				560,055	2	1
Suède	208,667	//	8	8,897	//	7	199,770	//	1			
Levant	226,967	19	2	136,652	1	10	90,315	17	4			
Venife	27,253	2	4	4,790	17	11	22,462	4	5			
Ifles en Europe. { Aurigny	103	5	//	519	16	1				416	11	1
Ifles en Europe. { Garnefey	31,273	12	1	58,046	11	6				26,772	19	5
Ifles en Europe. { Jerfey	14,659	15	3	15,450	12	5				790	17	2
Colonies Angloifes. { Anguille				192	2	//				192	2	//
Colonies Angloifes. { Antigoa	330,416	10	10	109,067	13	9	221,348	17	1			
Colonies Angloifes. { Barbades	279,014	1	6	190,487	14	1	88,526	7	5			
Colonies Angloifes. { Bermudes	896	14	2	11,148	//	2				10,251	6	//
Colonies Angloifes. { Caroline	164,634	10	11	213,009	18	7				48,375	7	8
Colonies Angloifes. { Georgie	3,057	//	6	14,128	8	//				1,071	7	6
Colonies Angloifes. { Baie de Hudfon	9,874	10	1	3,778	18	4	6,095	11	9			
Colonies Angloifes. { Jamaïque	852,024	16	5	387,459	12	4	464,565	4	1			
Colonies Angloifes. { Montferrat	78,972	10	1	18,501	18	8	60,470	11	5			
Colonies Angloifes. { Nevis	73,154	8	3	14,233	14	9	58,920	13	6			
Colonies Angloifes. { Nouvelle-Angleterre	83,395	13	5	345,523	3	8				262,127	10	3
Colonies Angloifes. { Lucaye	3,932	9	6	540	18	3	3,391	11	3			
Colonies Angloifes. { Nouvelle-York	50,553	2	4	277,864	19	10				227,311	17	6
Colonies Angloifes. { Nouvelle-Écoffe	934	9	7	29,552	14	9				28,618	5	2
Colonies Angloifes. { Penfylvanie	38,527	12	5	245,644	13	11				207,117	1	6
Colonies Angloifes. { Saint-Chriftophe	258,450	11	8	100,755	15	3	157,694	16	5			
Colonies Angloifes. { Tortola	26,106	17	6	531	17	6	25,575	//				
Colonies Angloifes. { Virginie & Mariland	632,574	4	8	356,776	11	3	275,797	13	5			
Prifes	659	1	5				659	1	5			
Efpèces étrangères & Matières d'or & d'argent				2,021,009	17	//				2,021,009	17	//
TOTAUX	8,625,029	4	3	14,264,614	3	11	2,752,481	2	3	8,392,066	1	11

EXCÉDANT DE L'EXPORTATION . . . . 5,639,584 . 19 . 8

COMMERCE DE LA GRANDE-BRETAGNE.

Du 25 Décembre 1753 au 25 Décembre 1754, vingt-huitième année de GEORGE II.

PAYS.	IMPORTATIONS.			EXPORTATIONS.			EXCÉDANT des IMPORTATIONS.			EXCÉDANT des EXPORTATIONS.		
	liv.	fous	den.	liv.	fous	den.	liv.	fous	den.	liv.	fous	den.
Afrique	22,024	8	1	235,057	13	6				213,033	5	5
Ifles Canaries	3,571	1	8	21,927	17	9				18,356	16	1
Danemarck & Norwège	66,702	4	4	80,931	12	5				14,229	8	1
Dantzick	252,361	19	11	179,219	13	10	73,142	6	1			
Indes orientales	1,186,159	13	4	844,247	14	8	341,911	18	8			
Flandre	90,493	2	9	450,536	16	6				360,043	13	9
France	58,886	11	1	434,880	10	3				375,993	19	2
Allemagne	709,489	1	9	1,229,406	4	1				519,917	2	4
Groenland	30,259	8	2	609	12	9	29,649	15	5			
Hollande	273,160	1	1	1,786,142	18	8				1,512,982	17	7
Irlande	610,466	13	3	1,173,829	//	3				563,362	7	//
Italie	533,742	2	3	255,514	10	11	278,227	11	4			
Ifles Madères	4,958	8	7	17,102	10	11				12,144	2	4
Terre-neuve	32,803	14	4	50,752	4	9				17,948	10	5
Portugal	254,033	10	1	1,165,087	4	1				911,053	14	//
Ruffie	473,705	13	4	73,862	16	9	399,842	16	7			
Efpagne	368,644	9	7	936,160	6	4				567,515	16	9
Gibraltar	158,666	//	8	711,372	19	7				552,706	18	11
Suède	230,627	//	4	23,117	11	3	207,509	9	1			
Levant	156,012	8	6	170,585	18	//				14,573	9	6
Venife	36,374	3	1	6,539	1	1	29,835	2	//			
Ifles en Europe. { Aurigny	84	17	6	714	11	7				629	14	1
Ifles en Europe. { Garnefey	33,213	16	4	42,976	16	3				9,762	19	11
Ifles en Europe. { Jerfey	14,567	4	8	15,714	6	6				1,147	1	10
Colonies Angloifes. { Anguille	296	//	//				296	//	//			
Antigoa	98,877	16	8	77,237	8	2	21,640	8	6			
Barbades	206,516	4	2	158,005	15	3	48,510	8	11			
Bermudes	2,248	19	9	2,421	11	7				172	11	10
Cap Breton				41	11	6				41	11	6
Caroline	307,238	18	8	149,215	10	4	158,023	8	4			
Géorgie	3,236	18	11	1,974	14	8	1,262	4	3			
Baie de Hudfon	6,966	//	11	4,671	1	10	2,294	19	1			
Jamaïque	852,589	8	8	363,846	16	7	488,742	12	1			
Montferrat	53,449	5	7	11,317	18	10	42,131	6	9			
Nevis	44,620	10	2	15,654	15	3	28,965	14	11			
Nouvelle-Angleterre	66,538	7	1	329,433	11	//				262,895	3	11
Lucayes	2,707	19	//	164	14	2	2,543	4	10			
Nouvelle-York	26,663	10	8	127,497	15	3				100,834	4	7
Nouvelle-Écoffe	2,102	7	9	14,702	4	7				12,599	16	10
Penfylvanie	30,649	16	10	244,647	14	8				213,997	17	10
Saint-Chriftophe	195,253	18	6	57,190	17	4	138,063	1	2			
Saint-Thomas	8,063	4	6				8,063	4	6			
Tortola	11,010	6	5				11,010	6	5			
Virginie & Mariland	573,435	6	1	323,513	19	2	249,921	6	11			
Efpèces étrangères & Matières d'or & d'argent				1,609,024	16	9				1,609,024	16	9
TOTAUX	8,093,472	15	//	13,396,853	9	7	2,561,587	5	10	7,864,968	//	5

EXCÉDANT DE L'EXPORTATION.... 5,303,380. 14 7

COMMERCE DE LA GRANDE-BRETAGNE.

Du 25 Décembre 1754 au 25 Décembre 1755, vingt-neuvième année de GEORGE II.

PAYS.	IMPORTATIONS.			EXPORTATIONS.			EXCÉDANT des IMPORTATIONS.			EXCÉDANT des EXPORTATIONS.		
	liv.	sous	den.	liv.	sous	den.	liv.	sous	den.	liv.	sous	den.
Afrique	40,254	16	8	173,670	//	//				133,415	3	4
Isles Canaries	7,874	3	1	29,785	15	5				21,911	12	4
Danemarck & Norwège	73,946	19	6	89,210	10	2				15,263	10	8
Dantzick	267,228	14	2	174,579	12	6	92,649	1	8			
Indes orientales	1,246,776	11	3	874,921	6	8	371,855	4	7			
Flandre	91,623	14	1	463,173	19	9				371,550	5	8
France	37,002	8	8	186,310	1	4				149,307	12	8
Allemagne	696,093	4	9	1,361,964	13	5				665,871	8	8
Groenland	28,857	5	4	1,367	14	11	27,489	10	5			
Hollande	276,237	4	4	1,710,587	13	1				1,434,350	8	9
Irlande	643,165	15	5	1,070,063	10	6				426,897	15	1
Italie	690,136	9	7	216,429	4	1	473,707	5	6			
Isles Madères	3,075	17	1	16,486	16	8				13,410	19	7
Terre-neuve	37,105	9	5	36,946	8	8	159	//	9			
Portugal	263,080	16	9	1,072,700	6	7				809,619	9	10
Russie	661,740	1	11	85,327	8	3	576,412	13	8			
Espagne	368,464	17	3	973,335	4	5				604,870	7	2
Gibraltar	137,414	17	4	547,310	2	//				409,895	4	8
Suède	200,049	5	2	19,234	2	8	180,815	2	6			
Levant	69,687	1	7	71,589	12	9				1,902	11	2
Venise	28,886	5	//	8,790	14	8	20,095	10	4			
Isles en Europe. { Aurigny	5	5	//	877	11	5				872	6	5
Garnesey	36,085	15	11	26,049	2	3	10,036	13	8			
Jersey	18,016	17	1	18,962	4	2				945	7	1
Anguille	2,091	11	2				2,091	11	2			
Antigoa	366,012	19	10	80,686	18	5	285,326	1	5			
Barbades	275,490	1	3	197,267	7	7	78,222	13	8			
Bermudes				4,074	2	3				4,074	2	3
Caroline	325,525	13	6	187,887	4	9	137,638	8	9			
Géorgie	4,437	16	10	2,630	19	1	1,806	17	6			
Baie de Hudson	7,998	12	1	3,849	15	5	4,148	16	8			
Jamaïque	775,096	9	6	335,504	14	1	439,591	15	5			
Montserrat	79,972	2	3	4,488	15	8	75,483	6	7			
Nevis	82,463	15	6	14,260	13	9	68,203	1	9			
Nouvelle-Angleterre	59,533	6	11	341,796	7	3				282,263	//	4
Lucayes	1,473	//	6				1,473	//	6			
Nouvelle-York	28,054	12	3	151,071	5	//				123,016	12	9
Nouvelle-Écosse	487	17	3	24,052	14	10				23,564	17	7
Pensylvanie	32,336	10	6	144,456	7	2				112,119	16	8
Saint-Christophe	269,575	9	3	57,927	1	10	211,648	7	5			
Saint-Thomas	31,279	11	6				31,279	11	6			
Tortola	18,556	18	7	457	19	8	18,094	18	11			
Virginie & Mariland	489,668	17	10	285,157	4	5	204,511	13	5			
Espèces étrangères & Matières d'or & d'argent				1,117,012	9	9				1,117,012	9	9
TOTAUX	8,772,865	2	10	12,182,255	17	6	3,312,744	7	9	6,722,135	2	5

EXCÉDANT DE L'EXPORTATION.... 3,409,390. 14. 8

COMMERCE DE LA GRANDE-BRETAGNE.

Du 25. Décembre 1755 au 25 Décembre 1756, trentième année de GEORGE II.

PAYS.	IMPORTATIONS.			EXPORTATIONS.			EXCÉDANT des IMPORTATIONS.			EXCÉDANT des EXPORTATIONS.		
	liv.	fous	den.	liv.	fous	den.	liv.	fous	den.	liv.	fous	den.
Afrique	39,166	3	11	188,582	19	6				149,416	15	7
Isles Canaries	2,289	12	4	45,712	17	4				43,423	5	//
Danemarck & Norwège	83,121	9	1	71,432	18	10	11,688	10	3			
Dantzick	282,957	1	1	208,666	15	9	74,290	5	4			
Indes orientales	796,472	9	7	488,880	3	4	307,592	6	3			
Flandre	55,792	10	10	382,817	5	10				327,024	15	//
France	19,714	5	6	10,854	4	2	8,860	1	4			
Allemagne	751,639	3	2	1,246,173	16	2				494,534	13	//
Groenland	22,301	5	7				22,301	5	7			
Hollande	300,047	3	5	1,424,971	7	7				1,124,924	4	2
Irlande	827,811	//	6	1,111,801	15	10				283,990	15	4
Italie	380,294	//	1	262,797	16	1	117,496	4	//			
Isles Madères	2,149	2	8	19,728	8	3				17,579	5	7
Terre-neuve	21,427	1	9	29,648	1	5				8,220	19	8
Portugal	171,952	3	6	1,512,581	9	10				1,340,629	6	4
Ruffie	569,685	2	3	76,497	19	6	493,187	3	3			
Espagne	468,925	13	4	1,463,613	4	3				994,687	10	11
Gibraltar	84,135	4	11	519,854	3	//				435,718	18	1
Suède	205,881	3	2	36,902	4	7	168,978	18	7			
Levant	170,881	7	6	91,770	7	7	79,110	19	11			
Venise	54,525	10	1	7,829	2	3	46,696	7	10			
Toiles d'Angleterre & d'Irlande par gratification				2,361	13	//				2,361	13	//
Isles en Europe. Aurigny	29	8	//	968	9	11				939	1	11
Garnesey	47,231	13	5	37,949	5	2	9,282	8	3			
Jersey	20,932	1	10	18,162	2	2	2,769	19	8			
Colonies Angloises. Antigoa	256,278	16	//	110,808	2	6	145,470	13	6			
Barbades	222,424	4	1	133,492	6	7	88,931	17	6			
Bermudes	2,081	//	1	7,569	18	4				5,488	18	3
Caroline	222,915	4	11	181,780	//	3	41,135	4	8			
Géorgie	7,155	8	3	536	7	4	6,619	//	11			
Baie de Hudson	7,595	6	7	4,257	10	//	3,337	16	7			
Jamaïque	805,945	7	//	374,656	9	//	431,288	18	//			
Montserrat	70,028	13	4	5,978	10	9	64,050	2	7			
Nevis	68,695	12	5	12,079	8	10	56,616	3	7			
Nouvelle-Angleterre	47,359	13	1	384,371	15	4				337,012	2	3
Lucaye	2	1	8				2	1	8			
Nouvelle-York	24,073	1	4	250,425	9	6				226,352	8	2
Nouvelle-Écosse	671	6	2	42,634	6	9				41,963	//	7
Pensylvanie	20,095	14	7	200,169	19	9				180,074	5	2
Saint-Christophe	241,962	1	11	88,226	18	5	153,735	3	6			
Sainte-Croix				127	11	9				127	11	9
Saint-Thomas	14,087	9	9				14,087	9	9			
Tortola	21,844	7	3	647	1	10	21,197	5	5			
Virginie & Mariland	337,759	18	6	334,897	8	6	2,862	10	//			
Toiles d'Angleterre & d'Irl.de par gratification				52,982	8	//				52,982	8	//
Espèces étrangères & Matières d'or & d'argent				796,894	13	//				796,894	13	//
Prises	211,266	4	5	274,545	11	//				63,279	6	7
TOTAUX	7,961,603	8	10	12,517,640	8	3	2,371,588	17	11	6,927,625	17	4

EXCÉDANT DE L'EXPORTATION..... 4,556,036. 19. 5

COMMERCE DE LA GRANDE-BRETAGNE.

Du 25 Décembre 1756 au 25 Décembre 1757, trente-unième année de GEORGE II.

PAYS.	IMPORTATIONS.			EXPORTATIONS.			EXCÉDANT des IMPORTATIONS.			EXCÉDANT des EXPORTATIONS.		
	liv.	fous	den.	liv.	fous	den.	liv.	fous	den.	liv.	fous	den.
Afrique	30,453	4	7	154,498	2	8				124,044	18	1
Ifles Canaries	3,565	7	4	40,395	13	11				36,830	6	7
Danemarck & Norwège	69,724	1	9	71,723	9	//				1,999	7	3
Dantzick	375,148	19	10	125,269	17	11	249,879	1	11			
Indes orientales	1,111,908	//	//	845,466	19	7	266,441	//	5			
Flandre	52,098	3	//	255,856	2	9				203,757	19	9
France	2,117	17	3	80,665	16	4				78,547	19	1
Allemagne	809,408	18	5	915,894	1	1				106,485	2	8
Groenland	19,518	5	//				19,518	5	//			
Hollande	421,784	19	3	1,304,021	//	6				882,236	1	3
Irlande	687,471	8	4	960,843	7	4				273,371	19	//
Italie	402,521	11	//	295,457	9	2	107,064	1	10			
Ifles Madères	2,019	2	7	13,985	9	9				11,966	7	2
Terre-neuve	33,324	6	2	23,537	7	9	9,786	18	5			
Portugal	281,544	11	8	1,587,989	9	5				1,306,444	17	9
Ruffie	436,533	1	2	57,206	7	11	379,326	13	3			
Efpagne	332,520	18	8	1,164,973	11	3				832,452	12	7
Gibraltär	75,039	6	4	447,283	19	6				372,244	13	2
Suède	222,572	13	//	13,594	1	10	208,978	11	2			
Levant	222,346	9	1	71,467	18	3	150,878	10	10			
Venife	27,806	19	7	26,266	11	2	1,540	8	5			
Toiles d'Angleterre & d'Irlande par gratification				3,181	13	6				3,181	13	6
Ifles en Europe. { Aurigny	35	//	//	744	18	3				709	18	3
Garnefey	34,394	6	3	25,522	//	1	8,872	6	2			
Jerfey	17,557	16	6	19,086	15	8				1,528	19	2
Colonies Angloifes. { Antigoa	322,733	2	2	113,308	8	8	209,424	13	6			
Barbades	221,564	3	10	156,932	17	6	64,631	6	4			
Bermudes	5	2	8	2,890	10	7				2,885	7	11
Caroline	130,889	5	9	213,949	17	3				83,060	11	6
Géorgie				2,571	6	8				2,571	6	8
Baie de Hudfon	8,276	10	3	4,033	17	6	4,243	//	9			
Jamaïque	866,124	17	5	352,797	9	9	513,327	7	8			
Montferrat	68,125	7	4	18,069	1	//	50,056	6	4			
Nevis	84,055	10	7	15,420	4	10	68,635	5	9			
Nouvelle-Angleterre	27,556	9	5	363,404	//	9				335,847	11	4
Lucaye	3,530	17	4	1,013	5	5	2,517	11	11			
Nouvelle-York	19,168	4	5	353,311	17	8				334,143	13	3
Nouvelle-Écoffe	96	14	2	70,600	7	2				70,503	13	//
Penfylvanie	14,190	//	9	268,426	6	6				254,236	5	9
Sainte-Croix				197	9	6				197	9	6
Saint-Chriftophe	320,498	11	7	116,549	3	//	203,949	8	7			
Saint-Thomas	626	19	4				626	19	4			
Tortola	23,056	//	3	304	9	7	22,751	10	8			
Virginie & Mariland	418,881	12	3	426,687	3	10				7,805	11	7
Toiles d'Angleterre & d'Irl.de par gratification				147,346	1	11				147,346	1	11
Prifes	1,052,522	10	6	1,205,809	12	4				153,287	1	10
Efpèces étrangères & Matières d'or & d'argent				1,099,729	5	//				1,099,729	5	//
TOTAUX	9,253,317	14	9	13,438,285	1	//	2,542,449	8	3	6,727,416	14	6

EXCÉDANT DE L'EXPORTATION.... 4,184,967. 6 3

COMMERCE DE LA GRANDE-BRETAGNE.

Du 25 Décembre 1757 au 25 Décembre 1758, trente-deuxième année de GEORGE II.

PAYS.	IMPORTATIONS.			EXPORTATIONS.			EXCÉDANT des IMPORTATIONS.			EXCÉDANT des EXPORTATIONS.		
	liv.	sous	den.	liv.	sous	den.	liv.	sous	den.	liv.	sous	den.
Afrique	43,952	1	10	167,899	16	6				123,947	14	8
Isles Canaries	4,338	5	6	52,178	11	1				47,840	5	7
Danemarck & Norwège	85,716	//	2	63,377	8	9	22,338	11	5			
Dantzick	313,598	17	5	126,012	13	6	187,586	3	11			
Indes orientales	222,946	15	4	922,142	7	5				699,195	12	1
Flandre	8,242	8	10	276,722	19	9				268,480	10	11
France				93,740	19	7				93,740	19	7
Allemaghe	778,708	13	8	1,473,354	7	7				694,645	13	11
Groenland	13,473	10	8*				13,473	10	8			
Hollande	472,915	19	5	1,620,139	6	5			//	1,147,223	7	//
Irlande	1,050,332	19	3	926,886	10	1	123,446	9	2			
Italie	662,127	16	3	339,669	18	1	322,457	18	2			
Isles Madères	1,342	2	3	21,508	15	4				20,166	13	1
Terre-neuve	38,220	16	1	25,454	9	11	12,766	6	2			
Portugal	257,150	5	8	889,490	17	2				632,340	11	6
Russie	370,131	13	2	102,939	14	11	267,191	18	3			
Espagne	462,768	14	6	1,147,341	1	3				684,572	6	9
Gibraltar	74,038	13	10	473,673	8	2				399,634	14	4
Suède	236,844	3	4	16,394	1	6	220,450	1	10			
Levant	26,294	16	4	9,588	12	1	16,706	4	3			
Venise	45,493	15	7	23,209	3	10	22,284	11	9			
Toiles d'Angleterre & d'Irlande par gratification				3,472	11	//				3,472	11	//
Isles en Europe. Aurigny	17	10	//	784	14	7				767	4	7
Garnesey	46,391	17	1	24,620	6	8	21,771	10	5			
Jersey	25,415	17	8	17,244	//	4	8,171	17	4			
Colonies Angloises. Anguille	97	10	//				97	10	//			
Antigoa	327,202	18	3	124,279	10	6	202,923	7	9			
Barbades	220,602	11	1	142,140	-1	10	78,462	9	3			
Bermudes	26	5	//	9,489	2	2				9,462	17	2
Cap Breton				12,409	14	3				12,409	14	3
Caroline	150,511	14	4	181,002	12	2				30,490	17	10
Géorgie				10,212	9	5				10,212	9	5
Baie de Hudson	7,504	12	//	3,273	2	1	4,231	9	11			
Jamaïque	896,855	//	8	462,080	6	6	434,774	14	2			
Montserrat	68,233	14	4	9,929	1	7	58,304	12	9			
Nevis	71,009	7	10	21,909	16	10	49,099	11	//			
Nouvelle-Angleterre	30,204	14	7	465,694	16	3				435,490	1	8
Lucaye	4,173	11	8				4,173	11	8			
Nouvelle-York	14,260	15	7	356,555	5	7				342,294	10	//
Nouvelle-Écosse	530	18	8	78,005	2	4				77,474	3	8
Pensylvanie	21,383	14	10	260,953	11	1				239,569	16	3
Saint-Christophe	241,483	6	8	108,237	13	8	133,245	13	//			
Sainte-Croix	5,434	16	3	13,725	4	10				8,290	8	7
Saint-Thomas	185	6	3				185	6	3			
Tortola	32,944	9	//	253	8	7	32,691	//	5			
Virginie & Mariland	454,362	15	4	438,471	17	8	15,890	17	8			
Toiles d'Angleterre & d'Irl.de par gratification				200,657	16	3				200,657	16	3
Prises	627,553	8	8	901,207	9	9				273,654	1	1
Espèces étrangères & Matières d'or & d'argent				2,416,659	11	9				2,416,659	11	9
TOTAUX	8,415,025	4	10	15,034,994	10	7	2,252,725	7	2	8,872,694	12	11

EXCÉDANT DE L'EXPORTATION 6,619,969. 5. 9

COMMERCE DE LA GRANDE-BRETAGNE.

Du 25 Décembre 1758 au 25 Décembre 1759, trente-troisième année de GEORGE II.

PAYS.	IMPORTATIONS.			EXPORTATIONS.			EXCÉDANT des IMPORTATIONS.			EXCÉDANT des EXPORTATIONS.		
	liv.	sous	den.	liv.	sous	den.	liv.	sous	den.	liv.	sous	den.
Afrique	24,382	6	2	228,460	10	//				204,078	3	10
Isles Canaries	3,719	6	1	40,401	16	4				36,682	10	3
Danemarck & Norwège	87,137	15	7	76,459	8	11	10,678	6	8			
Dantzick	254,899	1	9	185,913	17	8	68,985	4	1			
Indes orientales	973,805	2	2	665,445	18	11	308,359	3	3			
Flandre	15,766	7	9	276,871	12	6				261,105	4	9
France				174,170	18	//				174,170	18	//
Allemagne	554,408	16	10	1,451,941	5	10				897,532	9	//
Groenland	9,927	6	4	7	//	//	9,920	6	4			
Hollande	386,864	13	8	1,864,141	7	10				1,477,276	14	2
Irlande	832,127	12	9	931,358	15	5				99,231	2	8
Italie	514,719	5	11	280,712	5	11	234,007	//	//			
Isles Madères	3,052	7	1	32,517	1	10				29,464	14	9
Portugal	273,268	14	5	1,221,787	13	2				948,518	18	9
Russie	928,354	13	3	45,153	13	11	883,200	19	4			
Espagne	340,191	6	4	1,548,016	13	11				1,207,825	7	7
Gibraltar	66,633	2	7	453,695	5	9				387,062	3	2
Suède	185,204	2	2	19,113	8	4	166,090	13	10			
Levant	285,013	14	6	30,928	//	5	254,085	14	1			
Venise	48,644	3	11	15,173	6	5	33,470	17	6			
Toiles d'Angleterre & d'Irlande par gratification				4,563	1	//				4,563	1	//
Isles d'Europe — Aurigny	50	10	//	2,029	17	4				1,979	7	4
Isles d'Europe — Garnesey	49,902	12	2	30,867	10	11	19,035	1	3			
Isles d'Europe — Jersey	29,306	19	5	30,585	19	//				1,278	19	7
Colonies Angloises — Antigoa	150,317	1	10	119,761	14	6	30,555	7	4			
Colonies Angloises — Barbades	167,916	16	11	127,398	12	6	40,518	4	5			
Colonies Angloises — Bermudes	386	16	4	17,418	10	6				17,031	14	2
Colonies Angloises — Cap Breton	62	17	1	22,165	1	8				22,102	4	7
Colonies Angloises — Caroline	206,534	2	2	215,255	7	1				8,721	4	11
Colonies Angloises — Góorgie	6,074	3	9	15,178	18	10				9,104	15	1
Colonies Angloises — Guadeloupe	72,726	6	9	43,339	11	8	29,386	15	1			
Colonies Angloises — Baie de Hudson	7,715	19	//	3,602	3	9	4,113	15	3			
Colonies Angloises — Jamaïque	1,199,899	//	9	570,040	6	4	629,858	14	5			
Colonies Angloises — Montserrat	45,182	12	9	12,253	17	1	32,928	15	8			
Colonies Angloises — Nevis	38,042	2	10	4,970	2	//	33,072	//	10			
Colonies Angloises — Nouvelle-Angleterre	25,985	8	11	527,067	2	8				501,081	13	9
Colonies Angloises — Terre-neuve	50,772	19	7	36,923	8	4	13,849	11	3			
Colonies Angloises — Lucayes	776	3	8				776	3	8			
Colonies Angloises — Nouvelle-York	21,684	10	3	630,785	8	6				609,100	18	3
Colonies Angloises — Nouvelle-Écosse	18	3	//	76,699	16	7				76,681	13	7
Colonies Angloises — Pensylvanie	22,404	13	1	498,161	5	3				475,756	12	2
Colonies Angloises — Québec	158	12	1				158	12	1			
Colonies Angloises — Sainte-Croix	1,186	15	4	3,510	14	1				2,323	18	9
Colonies Angloises — Saint-Eustache	6,866	8	6	406	10	4	6,459	18	2			
Colonies Angloises — Saint-Christophe	208,121	5	3	82,896	15	9	125,224	9	6			
Colonies Angloises — Tortola	24,169	16	4				24,169	16	4			
Colonies Angloises — Virginie & Mariland	357,228	7	4	459,007	//	1				101,778	12	9
Colonies Angloises — Toiles d'Angleterre & d'Irl.de par gratification				177,886	3	//				177,886	3	//
Prises	441,364	17	//	692,743	7	3				251,378	10	3
Espèces étrangères & Matières d'or & d'argent				749,104	//	//				749,104	//	//
TOTAUX	8,922,976	1	4	14,696,892	7	1	2,958,905	10	4	8,732,821	16	1

EXCÉDANT DE L'EXPORTATION 5,773,916. 5. 9

COMMERCE DE LA GRANDE-BRETAGNE.

Du 25 Décembre 1759 au 25 Décembre 1760, première année de GEORGE III.

PAYS.	IMPORTATIONS.			EXPORTATIONS.			EXCÉDANT des IMPORTATIONS.			EXCÉDANT des EXPORTATIONS.		
	liv.	fous	den.	liv.	fous	den.	liv.	fous	den.	liv.	fous	den.
Afrique	39,410	14	//	345,546	//	1				306,135	6	1
Isles Canaries	3,131	//	5	58,859	4	4				55,728	3	11
Danemarck & Norwège	58,745	10	10	108,627	3	//				49,881	12	2
Dantzick	205,464	16	5	190,217	//	11	15,247	15	6			
Indes orientales	1,785,679	11	1	1,161,670	6	//	624,009	5	1			
Flandre	31,228	3	//	379,093	11	9				347,865	8	9
France	37	5	9	209,946	9	7				209,909	3	10
Allemagne	668,076	11	4	1,544,016	15	5				875,940	4	1
Groenland	10,824	3	//	27	11	7	10,796	11	5			
Hollande	412,397	3	1	1,784,442	11	2				1,372,045	8	1
Irlande	904,180	14	8	1,050,401	//	10				146,220	6	2
Italie	506,100	15	7	210,096	10	2	296,004	5	5			
Isles Madères	3,386	14	10	31,605	11	9				28,218	16	11
Portugal	299,088	4	8	1,291,560	11	10				992,472	7	2
Russie	474,680	2	9	38,710	//	1	435,970	2	8			
Espagne	460,042	13	9	1,048,222	18	1				588,180	4	4
Gibraltar	61,850	1	4	399,819	1	9				337,969	//	5
Suède	193,340	2	5	13,657	13	//	179,682	9	5			
Levant	58,916	12	6	55,730	//	10	3,186	11	8			
Venise	41,138	2	6	6,105	5	11	35,032	16	7			
Toiles d'Angleterre & d'Irlande par gratification				4,692	4	//				4,692	4	//
Isles en Europe — Aurigny	51	3	6	921	4	10				870	1	4
Isles en Europe — Garnesey	39,119	4	2	44,761	18	8				5,642	14	6
Isles en Europe — Jersey	23,003	9	1	27,865	17	//				4,862	7	11
Colonies Angloises — Antigoa	159,162	19	//	191,117	13	2				31,954	14	2
Colonies Angloises — Barbades	223,716	12	11	269,449	6	2				45,732	13	3
Colonies Angloises — Bermudes	70	12	7	16,115	14	8				16,045	2	1
Colonies Angloises — Cap Breton	5	8	3	11,048	14	5				11,043	6	2
Colonies Angloises — Caroline	162,769	6	7	218,131	7	8				55,362	1	1
Colonies Angloises — Géorgie	12,198	14	10				12,198	14	10			
Colonies Angloises — Guadeloupe	424,366	18	4	118,569	5	10	305,797	12	6			
Colonies Angloises — Baie de Hudson	9,142	12	5	4,959	15	10	4,182	16	7			
Colonies Angloises — Jamaïque	1,034,283	3	8	585,771	13	2	448,511	10	6			
Colonies Angloises — Montserrat	75,936	12	4	23,143	13	4	52,792	19	//			
Colonies Angloises — Nevis	45,750	11	//	20,390	9	8	25,360	1	4			
Colonies Angloises — Nouvelle-Angleterre	37,802	13	1	599,647	14	8				561,845	1	7
Colonies Angloises — Terre-neuve	26,360	2	4	56,643	1	6				30,282	19	2
Colonies Angloises — Lucaye	1,730	//	7				1,730	//	7			
Colonies Angloises — Nouvelle-York	21,125	//	//	480,106	3	1				458,981	3	1
Colonies Angloises — Nouvelle-Écosse	701	7	4	52,767	2	2				52,065	14	10
Colonies Angloises — Pensylvanie	22,754	15	3	707,998	12	//				685,243	16	9
Colonies Angloises — Québec	2,154	18	5	51,629	18	5				49,475	//	//
Colonies Angloises — Sainte-Croix				1,657	3	7				1,657	3	7
Colonies Angloises — Saint-Christophe	292,470	19	2	149,142	4	10	143,328	14	4			
Colonies Angloises — Tortola	30,351	19	//	397	18	7	29,954	//	5			
Colonies Angloises — Virginie & Mariland	504,451	4	11	605,882	19	5				101,431	14	6
Colonies Angloises — Toiles d'Angleterre & d'Irl.de par gratification				183,467	1	//				183,467	1	//
Prises	465,602	18	5	340,336	3	5	125,266	15	//			
Espèces étrangères & Matières d'or & d'argent				884,102	11	3				884,102	11	3
TOTAUX	9,832,802	11	1	15,579,073	//	5	2,749,053	2	10	8,495,323	12	2

EXCÉDANT DE L'EXPORTATION.... 5,746,270. 9. 4

COMMERCE DE LA GRANDE-BRETAGNE.

Du 25 Décembre 1760 au 25 Décembre 1761, deuxième année de GEORGE III.

PAYS.	IMPORTATIONS.			EXPORTATIONS.			EXCÉDANT des IMPORTATIONS.			EXCÉDANT des EXPORTATIONS.		
	liv.	sous	den.	liv.	sous	den.	liv.	sous	den.	liv.	sous	den.
Afrique	12,201	3	2	325,307	1	11				313,105	18	9
Isles Canaries	482	17	10	64,543	5	1				64,060	7	3
Danemarck & Norwège	78,377	6	11	111,227	//	1				32,849	13	2
Dantzick	133,536	7	//	202,254	16	1				68,718	9	1
Indes orientales	840,987	11	4	845,797	//	4				4,809	9	//
Flandre	30,546	11	5	425,130	19	4				394,584	7	11
France	480	8	2	74,242	5	7				73,761	17	5
Allemagne	704,744	13	5	2,249,279	2	9				1,544,534	9	4
Groenland	7,972	17	10	34	11	10	7,938	6	//			
Hollande	437,127	7	7	2,245,695	12	4				1,808,568	4	9
Irlande	853,804	8	//	1,476,114	14	3				622,310	6	3
Italie	761,916	18	7	199,461	6	9	562,455	11	10			
Isles Madères	6,714	15	9	46,931	16	9				40,217	1	//
Portugal	241,956	1	9	1,264,071	15	1				1,022,115	13	4
Russie	765,427	17	9	47,479	17	10	717,947	19	11			
Espagne	433,917	4	9	1,253,737	17	11				819,820	13	2
Gibraltar	103,628	16	5	389,577	5	2				285,948	8	9
Suède	270,968	7	7	23,128	4	8	247,840	2	11			
Levant	163,366	19	6	54,282	14	2	109,084	5	4			
Venise	15,229	12	5	26,367	6	7				11,137	14	2
Toiles d'Angleterre & d'Irlande par gratification				12,691	12	//				12,691	12	//
Isles en Europe. Aurigny	45	10	//	1,138	19	//				1,093	9	//
Belle-Isle	821	4	//	54,576	12	8				53,755	8	8
Garnesey	58,339	17	4	32,162	4	//	26,177	13	4			
Jersey	26,704	15	4	21,132	15	1	5,572	//	3			
Colonies Angloises. Antigoa	280,869	16	1	108,244	4	8	172,625	11	5			
Barbades	253,900	10	1	215,479	16	3	38,420	13	10			
Bermudes	1,266	//	3	14,207	2	2				12,941	1	11
Cap Breton	16	//	//				16	//	//			
Caroline	253,002	17	11	254,587	11	//				1,584	13	1
Géorgie	5,764	11	9	24,279	19	9				18,515	8	//
Guadeloupe	482,179	2	2	131,942	19	11	350,236	2	3			
Baie de Hudson	11,294	3	2	5,858	16	10	5,435	6	4			
Jamaïque	932,197	5	8	441,618	12	3	490,578	13	5			
Montferrat	79,982	//	4	21,072	2	9	58,909	17	7			
Monte Christi	8,314	11	5	2,533	4	5	5,781	7	//			
Nevis	67,538	12	3	12,134	14	4	55,403	17	11			
Nouvelle-Angleterre	46,225	11	11	334,225	13	7				288,000	1	8
Terre-neuve	25,282	7	8	57,964	2	10				32,681	15	2
Lucayes	1,727	7	//				1,727	7	//			
Nouvelle-York	48,648	//	2	289,570	5	1				240,922	4	11
Nouvelle-Écosse	80	14	//	59,408	17	3				59,328	3	3
Pensylvanie	39,170	//	//	204,067	2	3				164,897	2	3
Québec	14,015	16	1	226,292	9	5				212,276	13	4
Sainte-Croix	199	10	//	254	11	5				55	1	5
Saint-Eustache				5,603	6	9				5,603	6	9
Saint-Christophe	294,850	14	5	134,069	11	11	160,781	2	6			
Saint-Thomas	5	//	//				5	//	//			
Tortola	44,286	2	11	998	4	2	43,287	18	9			
Virginie & Mariland	455,083	//	2	545,350	14	6				90,267	14	4
Toiles d'Angleterre & d'Irlande par gratification				141,895	6	//				141,895	6	//
Prises	248,702	5	1	195,164	14	1	53,537	11	//			
Espèces étrangères & Matières d'or & d'argent				1,492,761	19	9				1,492,761	19	9
TOTAUX	9,543,901	14	4	16,365,953	//	7	3,113,762	8	7	9,935,813	14	10

EXCÉDANT DE L'EXPORTATION.... 6,822,051. 6. 3

COMMERCE DE LA GRANDE-BRETAGNE.

Du 25 Décembre 1761 au 25 Décembre 1762, troisième année de GEORGE III.

PAYS.	IMPORTATIONS.			EXPORTATIONS.			EXCÉDANT des IMPORTATIONS.			EXCÉDANT des EXPORTATIONS.		
	liv.	fous	den.	liv.	fous	den.	liv.	fous	den.	liv.	fous	den.
Afrique	30,540	16	3	273,127	18	7	. . . .	. .	. .	242,587	2	4
Ifles Canaries	1,912	19	//	370	//	9	1,542	18	3			
Danemarck & Norwège	70,474	16	1	142,052	9	8	. . . .	. .	. .	71,577	13	7
Dantzick	105,373	8	10	298,776	6	2	. . . .	. .	. .	193,402	17	4
Indes orientales	972,838	11	7	1,067,353	13	//	. . . .	. .	. .	94,515	1	5
Flandre	25,252	1	11	360,462	6	10	. . . .	. .	. .	335,210	4	11
France	12	2	7	171,535	18	10				171,523	16	3
Allemagne	516,489	9	6	2,435,106	5	3	. . . .	. .	. .	1,918,616	15	9
Groenland	4,217	11	8	17	3	1	4,200	8	7			
Hollande	493,944	14	2	2,107,957	16	11	. . . .	. .	. .	1,614,013	2	9
Irlande	889,368	6	10	1,528,696	6	10	. . . .	. .	. .	639,328	//	//
Italie	508,951	14	5	509,517	13	10	. . . .	. .	. .	565	19	5
Ifles Madères	3,729	19	7	43,232	6	5	. . . .	. .	. .	39,502	6	10
Portugal	359,127	14	8	908,729	2	9	. . . .	. .	. .	549,601	8	1
Ruffie	627,451	19	1	61,509	19	8	565,941	19	5			
Efpagne	131,279	7	1	139,580	19	5	. . . .	. .	. .	8,301	12	4
Gibraltar	11,876	17	10	58,964	12	9	. . . .	. .	. .	47,087	14	11
Suède	201,160	3	//	17,507	13	7	183,652	9	5			
Levant	71,761	9	9	63,738	19	5	8,022	10	4			
Venife	9,916	//	8	32,246	18	5	. . . .	. .	. .	22,330	17	9
Toiles d'Angleterre & d'Irlande par gratification	. . . .	. .	. .	1,071	6	8	. . . .	. .	. .	1,071	6	8
Ifles en Europe. { Aurigny	112	8	1	1,535	16	9	. . . .	. .	. .	1,423	8	8
Belle Ifle	715	3	//	21,625	7	9	. . . .	. .	. .	20,910	4	9
Garnefey	109,657	5	2	27,588	1	3	82,069	3	11			
Jerfey	17,912	7	11	15,357	13	11	2,554	14	//			
Colonies Angloifes. { Antigoa	249,367	//	9	125,323	9	//	124,043	11	9			
Barbades	254,860	17	6	213,177	4	5	41,683	13	1			
Bermudes	988	15	//	7,786	7	//	. . . .	. .	. .	6,797	12	//
Caroline	181,695	10	3	194,170	14	1	. . . .	. .	. .	12,475	3	10
Géorgie	6,522	17	7	23,761	8	10	. . . .	. .	. .	17,238	11	3
Grenade	26,560	16	9	119	6	1	26,441	10	8			
Guadeloupe	513,244	9	9	170,226	9	1	343,018	//	8			
Havane	. . . .	. .	. .	116,777	9	11	. . . .	. .	. .	116,777	9	11
Baie de Hudfon	12,119	14	5	4,122	2	9	7,997	11	8			
Jamaïque	852,777	14	//	460,631	16	//	392,145	18	//			
Martinique	288,425	8	8	166,196	2	5	122,229	6	3			
Monte Chrifti	20,487	8	//	. . . .	. .	. .	20,487	8	//			
Montferrat	57,122	6	//	23,895	9	11	33,226	16	1			
Nevis	42,095	3	8	9,066	6	3	33,028	17	5			
Nouvelle-Angleterre . .	41,733	17	6	247,385	18	3	. . . .	. .	. .	205,652	//	9
Terre-neuve	23,436	8	11	34,387	13	1	. . . .	. .	. .	10,951	4	2
Lucaye	1,902	7	3	. . . .	. .	. .	1,902	7	3			
Nouvelle-York	58,882	6	5	288,046	16	10	. . . .	. .	. .	229,164	10	5
Nouvelle-Écoffe	1,144	6	5	25,071	2	4	. . . .	. .	. .	23,926	15	11
Penfylvanie	38,091	2	2	206,199	18	8	. . . .	. .	. .	168,108	16	6
Québec	32,079	9	6	148,478	4	2	. . . .	. .	. .	116,398	14	8
Sainte-Croix	4,464	4	10	6,254	6	9	. . . .	. .	. .	1,790	1	11
Saint-Chriftophe	246,360	16	//	102,627	2	10	143,733	13	2			
Saint-Thomas	. . . .	. .	. .	525	16	5	. . . .	. .	. .	525	16	5
Tortola	33,265	3	6	2,052	//	1	31,213	3	5			
Virginie & Mariland . .	415,709	10	9	417,599	15	6	. . . .	. .	. .	1,890	4	9
Toiles d'Angleterre & d'Irlande par gratification	. . . .	. .	. .	28,260	13	1	. . . .	. .	. .	28,260	13	1
Prifes	302,819	10	//	235,364	8	9	67,455	1	3			
Efpèces étrangères & Matières d'or & d'argent	. . . .	. .	. .	588,922	2	6	. . . .	. .	. .	588,922	2	6
TOTAUX	8,870,234	14	3	14,134,093	3	6	2,236,591	2	7	7,500,449	11	10

EXCÉDANT DE L'EXPORTATION 5,263,858. 9. 3

COMMERCE DE LA GRANDE-BRETAGNE.

Du 25 Décembre 1762 au 25 Décembre 1763, quatrième année de GEORGE III.

PAYS.	IMPORTATIONS.			EXPORTATIONS.			EXCÉDANT des IMPORTATIONS.			EXCÉDANT des EXPORTATIONS.		
	liv.	sous	den.	liv.	sous	den.	liv.	sous	den.	liv.	sous	den.
Afrique	18,128	2	8	463,818	9	4				445,690	6	8
Isles Canaries	2,739	13	1	21,032	16	9				18,293	3	8
Danemarck & Norwège	89,179	11	2	140,610	10	7				51,430	19	5
Dantzick	247,066	1	6	299,857	7	7				52,791	6	1
Indes orientales	1,059,335	18	7	887,083	7	//	172,252	11	7			
Flandre	83,320	3	10	384,177	12	8				300,857	8	10
France	43,158	5	5	197,100	11	3				153,942	5	10
Allemagne	1,085,107	//	9	2,272,272	16	8				1,187,165	15	11
Groenland	8,117	15	2	22	15	3	8,094	19	11			
Hollande	476,383	10	3	1,910,240	19	5				1,433,857	9	2
Irlande	769,379	11	8	1,640,713	3	3				871,333	11	7
Italie	948,140	8	//	468,779	18	4	479,360	9	8			
Isles Madères	1,119	3	9	37,278	13	3				36,159	9	6
Portugal	304,056	//	10	727,623	12	9				423,567	11	11
Russie	801,279	//	7	78,901	1	11	722,377	18	8			
Espagne	590,506	5	11	1,168,072	1	3				577,565	15	4
Gibraltar	20,276	11	4	325,622	18	6				305,346	7	2
Suède	249,540	15	//	20,494	1	7	229,046	13	5			
Levant	76,004	9	2	93,646	13	11				17,642	4	9
Venise	31,841	18	4	20,259	14	//	11,582	4	4			
Toiles d'Angleterre & d'Irlande par gratification				1,963	6	3				1,963	6	3
Isles en Europe. — Aurigny	63	//	//	1,239	14	6				1,176	14	6
Isles en Europe. — Belle-Isle	17	13	7	929	9	6				911	15	11
Isles en Europe. — Garnesey	127,192	14	5	26,219	17	10	100,972	16	7			
Isles en Europe. — Jersey	17,639	13	4	16,287	//	5	1,352	12	11			
Colonies Angloises. — Anguille	2,369	18	9				2,369	18	9			
Colonies Angloises. — Antigoa	180,347	3	1	101,574	8	2	78,772	14	11			
Colonies Angloises. — Barbades	252,537	10	//	213,909	4	9	38,628	5	3			
Colonies Angloises. — Bermudes				8,623	15	11				8,623	15	11
Colonies Angloises. — Canada	26,856	13	5	149,539	16	4				122,683	2	11
Colonies Angloises. — Caroline	282,366	3	6	250,132	2	//	32,234	1	6			
Colonies Angloises. — Dominique				1,264	5	6				1,264	5	6
Colonies Angloises. — Floride				9,946	3	2				9,946	3	2
Colonies Angloises. — Géorgie	14,469	18	4	44,908	19	9				30,439	1	5
Colonies Angloises. — Grenade	261,552	3	//	53,118	5	6	208,433	17	6			
Colonies Angloises. — Guadeloupe	412,303	18	7	11,159	1	4	401,144	17	3			
Colonies Angloises. — Havane	249,387	4	8	6,643	11	6	242,743	13	2			
Colonies Angloises. — Baie de Hudson	8,567	10	1	4,393	2	7	4,174	7	6			
Colonies Angloises. — Jamaïque	1,159,023	15	11	584,978	2	5	574,045	13	6			
Colonies Angloises. — Martinique	344,162	7	1	12,455	14	2	331,706	12	11			
Colonies Angloises. — Montferrat	59,571	15	11	15,505	18	1	44,065	17	10			
Colonies Angloises. — Nevis	45,280	9	10	29,557	9	8	15,723	//	2			
Colonies Angloises. — Nouvelle-Angleterre	74,815	1	1	258,854	19	6				184,039	18	5
Colonies Angloises. — Terre-neuve	34,102	18	8	55,102	8	7				20,999	9	11
Colonies Angloises. — Lucaye	6,438	2	11				6,438	2	11			
Colonies Angloises. — Nouvelle-York	53,988	14	4	238,560	2	1				184,571	7	9
Colonies Angloises. — Nouvelle-Écosse	4,312	9	10	16,303	3	4				11,990	13	6
Colonies Angloises. — Pensylvanie	38,228	10	2	284,152	16	//				245,924	5	10
Colonies Angloises. — Saint-Christophe	234,981	17	9	104,724	7	10	130,257	9	11			
Colonies Angloises. — Sainte-Croix	8,396	5	9	1,144	//	//	7,252	5	9			
Colonies Angloises. — Tortola	58,571	4	2	1,901	1	4	56,670	2	10			
Colonies Angloises. — Virginie & Mariland	642,294	2	9	555,391	12	10	86,902	9	11			
Indes occidentales en général				39,578	10	10				39,578	10	10
Toiles d'Angleterre & d'Irlande par gratification				28,641	//	3				28,641	//	3
Espèces étrangères & Matières d'or & d'argent				1,672,674	12	6				1,672,674	12	6
Prises	160,516	12	10	201,194	6	7				40,677	13	9
TOTAUX	11,665,036	//	9	16,160,181	16	3	3,986,603	18	8	8,481,749	14	2

EXCÉDANT DE L'EXPORTATION 4,495,145. 15. 6

COMMERCE DE LA GRANDE-BRETAGNE.

Du 25 Décembre 1763 au 25 Décembre 1764, cinquième année de GEORGE III.

PAYS.	IMPORTATIONS.			EXPORTATIONS.			EXCÉDANT des IMPORTATIONS.			EXCÉDANT des EXPORTATIONS.		
	liv.	fous	den.	liv.	fous	den.	liv.	fous	den.	liv.	fous	den.
Afrique	35,738	9	2	464,878	14	2				429,140	5	//
Isles Canaries	3,158	10	7	31,867	10	2				28,708	19	7
Danemarck & Norwège	85,027	9	6	141,534	5	5				56,506	15	11
Dantzick	224,499	8	1	290,331	6	9				65,831	18	8
Indes orientales	1,182,844	18	6	1,165,600	12	4	17,244	6	2			
Flandre	145,772	2	3	546,777	16	10				401,005	14	7
France	95,430	19	11	208,765	14	8				113,334	14	9
Allemagne	606,410	1	2	2,379,315	3	9				1,772,905	2	7
Groenland	7,936	17	//				7,936	17	//			
Hollande	371,730	2	2	2,040,467	9	9				1,668,737	7	7
Irlande	777,412	19	8	1,634,382	1	8				856,969	2	//
Italie	810,902	9	5	754,446	4	2	56,456	5	3			
Isles Madères	5,792	9	3	40,152	12	6				34,360	3	3
Portugal	312,974	8	5	1,244,198	6	7				931,223	18	2
Russie	920,293	12	3	67,952	8	6	852,341	3	9			
Espagne	503,489	6	4	1,318,345	4	11				814,855	18	7
Gibraltar	32,271	4	11	120,574	9	7				88,303	4	8
Suède	253,280	1	11	28,351	4	7	224,928	17	4			
Levant	191,565	16	//	70,008	16	11	121,556	19	1			
Venise	54,992	10	5	9,952	11	10	45,039	18	7			
Toiles d'Angleterre & d'Irlande par gratification				1,295	18	2				1,295	18	2
Isles en Europe.												
Aurigny	173	10	1	1,104	3	2				930	13	1
Belle-Isle		4	6					4	6			
Garnesey	27,075	15	11	34,064	19	4				6,989	3	5
Jersey	18,282	//	5	19,353	1	1				1,071	//	8
Colonies Angloises.												
Antigoa	307,392	6	8	63,136	10	10	244,255	15	10			
Barbades	300,213	17	3	181,710	11	3	118,503	6	//			
Bermudes	165	11	1	10,534	3	7				10,368	12	6
Canada	44,669	9	5	251,385	12	6				206,716	3	1
Caroline	341,727	12	7	305,808	1	6	35,919	11	1			
Dominique	31,894	6	2	16,415	12	6	15,478	13	8			
Floride	294	3	4	15,004	15	7				14,710	12	3
Géorgie	31,325	9	4	18,338	2	11	12,987	6	5			
Grenade	206,889	13	6	65,935	3	9	140,954	9	9			
Guadeloupe	33,551	17	//				33,551	17	//			
Havane	5,735	8	//				5,735	8	//			
Baie de Hudson	9,272	9	2	3,892	11	2	5,379	18	//			
Jamaïque	1076,155	1	9	456,528	1	11	619,626	19	10			
Martinique	3,169	6	8				3,169	6	8			
Montserrat	82,966	15	//	7,532	8	9	75,434	6	3			
Nevis	60,652	11	2	7,934	16	5	52,717	14	9			
Nouvelle-Angleterre	88,157	1	9	459,765	//	11				371,607	19	2
Terre-neuve	30,354	2	4	72,588	6	3				42,234	3	11
Lucayes	4,436	6	7	2,808	6	9	1,627	19	10			
Nouvelle-York	53,697	10	4	515,416	12	1				461,719	1	9
Nouvelle-Écosse	32	19	3	15,434	17	//				15,401	17	9
Pensylvanie	36,258	18	1	435,191	14	//				398,932	15	11
Sainte-Croix	8,681	12	6	6,625	16	10	2,055	15	8			
Isle Saint-Jean	80	17	2				80	17	2			
Saint-Christophe	283,842	4	1	98,321	8	2	185,520	15	11			
Saint-Eustache	917	//	10				917	//	10			
Saint-Vincent				971	15	2				971	15	2
Tortola	41,549	1	11	2,485	//	//	39,064	//	11			
Tobago				349	8	5				349	8	5
Virginie & Mariland	559,408	15	1	515,192	10	6	44,216	4	7			
Isles Espagnoles	9,398	11	3				9,398	11	3			
Toiles d'Angleterre & d'Irlande par gratification				23,567	11	//				23,567	11	//
Espèces étrangères & Matières d'or & d'argent				310,024	19	6				310,024	19	6
Prises	44,361	5	2	35,782	19	2	8,578	6	//			
TOTAUX	10,364,307	12	3	16,512,403	16	3	2,980,678	17	1	9,128,775	1	1

EXCÉDANT DE L'EXPORTATION.... 6,148,096. 4. //

COMMERCE DE LA GRANDE-BRETAGNE.

Du 25 Décembre 1764 au 25 Décembre 1765, sixième année de GEORGE III.

PAYS.	IMPORTATIONS.			EXPORTATIONS.			EXCÉDANT des IMPORTATIONS.			EXCÉDANT des EXPORTATIONS.		
	liv.	sous	den.	liv.	sous	den.	liv.	sous	den.	liv.	sous	den.
Afrique	51,692	2	11	469,034	14	4				417,342	11	5
Isles Canaries	8,591	4	11	42,365	15	8				33,774	10	9
Danemarck & Norwège	85,901	3	9	132,588	16	10				46,687	13	1
Dantzick	128,901	18	2	239,717	5	5				110,815	7	3
Indes orientales	1,455,589	1	2	914,278	14	1	541,310	7	1			
Flandre	146,412	4	9	456,817	19	1				310,405	14	4
France	186,333	8	10	153,076	11	//	33,256	17	10			
Allemagne	602,624	12	7	1,869,465	18	8				1,266,841	6	1
Groenland	10,639	11	//	15	5	7	10,624	5	5			
Hollande	420,273	4	3	2,026,772	16	11				1,606,499	12	8
Irlande	1,070,533	11	11	1,767,020	1	6				696,486	9	7
Italie	785,030	7	6	824,803	5	8				39,772	18	2
Isles Madères	3,974	12	1	40,797	3	3				36,822	11	2
Portugal	354,307	5	1	679,037	16	1				324,730	11	//
Russie	967,339	11	7	76,170	18	9	891,168	12	10			
Espagne	594,893	9	3	1,237,551	3	11				642,657	14	8
Gibraltar	28,057	7	8	80,306	16	//				52,249	8	4
Suède	234,452	//	1	49,003	17	8	185,448	2	5			
Levant	122,652	2	11	91,735	1	3	30,917	1	8			
Venise	47,912	11	10	22,481	1	4	25,431	10	6			
Isles en Europe — Aurigny	157	//	5	1,333	16	5				1,176	16	//
Garnesey	17,595	3	5	29,024	10	2				11,429	6	9
Jersey	16,793	4	7	12,109	6	10	4,683	17	9			
Colonies Angloises — Antigoa	159,152	12	5	149,751	1	8	9,401	10	9			
Anguille	3,536	11	//				3,536	11	//			
Barbades	326,688	6	8	191,202	19	//	135,485	7	8			
Bermudes	9,973	4	8	17,715	15	3				7,742	10	7
Canada	39,034	4	2	213,509	14	9				174,475	10	7
Caroline	385,918	12	//	334,709	12	8	51,208	19	4			
Dominique	73,497	10	10	8,656	3	3	64,841	7	7			
Floride	684	8	4	19,888	9	8				19,204	1	4
Géorgie	34,183	15	8	29,165	16	9	5,017	18	11			
Grenade	199,909	//	11	77,673	9	1	122,235	11	10			
Guadeloupe	66,560	15	7				66,560	15	7			
Havane	6,451	//	//				6,451	//	//			
Baie de Hudson	10,654	10	1	4,394	5	5	6,260	4	8			
Jamaïque	1,023,091	13	9	415,624	//	4	607,467	13	5			
Martinique	24	16	1				24	16	1			
Montserrat	66,694	12	11	15,938	15	4	50,755	17	7			
Nevis	54,528	17	6	11,905	19	5	42,622	18	1			
Nouvelle-Angleterre	145,819	//	1	451,299	14	7				305,480	14	6
Terre-neuve	43,928	4	11	70,498	7	9				26,570	2	10
Lucaye	4,871	3	5	4,227	18	3	643	5	2			
Nouvelle-York	54,959	18	2	382,349	11	1				327,389	12	11
Nouvelle-Écosse	164	2	1	48,211	19	8				48,047	17	7
Pensylvanie	25,148	10	10	363,368	17	5				338,220	6	7
Sainte-Croix	7,089	10	4	4,800	18	11	2,288	11	5			
Isle Saint-Jean				862	11	9				862	11	9
Saint-Christophe	245,095	3	7	111,357	9	11	133,737	13	8			
Sainte-Lucie	447	3	6				447	3	6			
Saint-Vincent	4,459	14	5	1,443	18	9	3,015	15	8			
Tobago				546	19	11				546	19	11
Tortola	38,972	13	10	21,171	17	9	17,800	16	1			
Virginie & Mariland	505,671	9	9	383,224	13	//	122,446	16	9			
Indes occidentales en général				1,383	15	3				1,383	15	3
Isles Espagnoles	11,874	5	8	113	8	8	11,760	17	//			
TOTAUX	10,889,742	13	10	14,550,507	1	8	3,186,852	7	3	6,847,616	15	1

EXCÉDANT DE L'EXPORTATION.... 3,660,764. 7. 10

COMMERCE DE LA GRANDE-BRETAGNE.

Du 25 Décembre 1765 au 25 Décembre 1766, septième année de GEORGE III.

PAYS.	IMPORTATIONS.			EXPORTATIONS.			EXCÉDANT des IMPORTATIONS.			EXCÉDANT des EXPORTATIONS.		
	liv.	fous	den.	liv.	fous	den.	liv.	fous	den.	liv.	fous	den.
Afrique..............	52,217	3	11	496,789	12	//	....	..	..	444,572	8	1
Iſles Canaries.........	10,378	12	6	47,472	13	10	....	..	..	37,094	1	4
Danemarck & Norwège...	93,473	//	1	157,064	//	10	....	..	..	63,591	//	9
Dantzick..............	152,884	16	7	171,869	18	//	....	..	..	18,985	1	5
Indes orientales........	1,975,981	7	9	783,961	17	10	1,192,019	9	11			
Flandre..............	125,211	8	5	433,553	12	7	....	..	..	308,342	4	2
France...............	81,470	13	9	201,032	6	10	....	..	..	119,561	13	1
Allemagne............	633,672	17	11	1,811,268	2	3	....	..	..	1,177,595	4	4
Groenland............	9,625	5	4	33	//	//	9,592	5	4			
Hollande.............	374,587	//	1	1,602,924	6	7	....	..	..	1,228,337	6	6
Irlande..............	1,154,982	4	7	1,920,015	19	6	....	..	..	765,033	14	11
Italie...............	812,179	4	//	839,838	7	7	....	..	..	27,659	3	7
Iſles Madères.........	6,988	17	8	36,260	10	//	....	..	..	29,271	12	4
Portugal.............	347,806	2	2	667,104	7	8	....	..	..	319,298	5	6
Ruſſie...............	684,585	16	5	109,900	16	10	574,684	19	7			
Eſpagne.............	558,002	12	7	1,078,731	10	1	....	..	..	520,728	17	6
Gibraltar	14,103	13	10	59,678	19	1	....	..	..	45,575	5	3
Suède...............	195,449	5	9	47,393	18	1	148,055	7	8			
Levant..............	106,522	7	9	100,796	4	4	5,726	3	5			
Veniſe..............	63,105	7	9	42,643	10	//	20,461	17	9			
Iſles en Europe. { Aurigny............	82	5	//	1,984	//	3	....	..	..	1,901	15	3
Garneſey	22,534	2	1	40,059	3	11	....	..	..	17,525	1	10
Jerſey	12,241	19	4	23,521	5	4	....	..	..	11,279	6	//
Colonies Angloiſes. Antigoa............	396,465	12	3	142,326	16	7	254,138	15	8			
Anguille............	3,225	19	11	....	..	..	3,225	19	11			
Barbades............	296,732	16	7	194,042	7	1	102,690	9	6			
Bermudes............	3,475	14	1	11,299	6	3	....	..	..	7,823	12	2
Canada.............	46,982	12	3	366,573	4	11	....	..	..	319,590	12	8
Caroline............	293,587	7	8	296,732	1	4	....	..	..	3,144	13	8
Dominique...........	111,649	5	9	20,792	6	//	90,856	19	9			
Floride.............	2,113	7	7	38,718	14	10	....	..	..	36,605	7	3
Géorgie.............	53,074	16	7	67,268	5	5	....	..	..	14,193	8	10
Grenade.............	264,194	5	7	89,431	1	9	174,763	3	10			
Havane.............	1,511	3	3	....	..	..	1,511	3	3			
Baie de Hudſon.....	10,199	17	6	4,631	6	3	5,568	11	3			
Jamaïque...........	1,201,801	16	4	415,544	17	4	786,256	19	//			
Martinique..........	13	15	//	....	..	..	13	15	//			
Montſerrat..........	71,762	2	4	26,826	1	10	44,936	//	6			
Nevis..............	74,200	16	//	18,989	8	//	55,211	8	//			
Nouvelle-Angleterre..	141,733	4	11	409,642	7	6	....	..	..	267,909	2	7
Terre-neuve.........	45,207	15	//	65,779	10	9	....	..	..	20,571	15	9
Lucaye.............	4,585	9	5	15,085	13	9	....	..	..	10,500	4	4
Nouvelle-York......	67,020	11	8	330,829	15	8	....	..	..	263,809	4	//
Nouvelle-Écoſſe.....	1,433	9	4	14,181	6	5	....	..	..	12,747	17	1
Penſylvanie.........	26,851	3	1	327,314	5	3	....	..	..	300,463	2	2
Sainte-Croix........	11,807	3	7	1,425	7	//	10,381	16	7			
Iſle Saint-Jean......	....	..	..	560	19	2	....	..	..	560	19	2
Saint-Chriſtophe.....	304,778	9	2	91,736	17	6	213,041	11	8			
Sainte-Lucie........	581	5	//	....	..	..	581	5	//			
Saint-Vincent.......	31,028	1	7	5,325	6	7	25,702	15	//			
Saint-Euſtache.......	96	1	6	....	..	..	96	1	6			
Tobago.............	....	..	..	13	2	6	....	..	..	13	2	6
Tortola.............	48,280	5	8	18,218	//	7	30,062	5	1			
Virginie & Mariland..	461,693	9	4	372,548	16	1	89,144	13	3			
Indes occidentales en général.	....	..	..	1,673	11	//	....	..	..	1,673	11	//
Iſles Eſpagnoles.........	11,601	2	6	3,555	1	11	8,046	//	7			
TOTAUX.......	11,475,775	5	8	14,024,964	2	8	3,846,769	18	//	6,395,958	15	//

EXCÉDANT DE L'EXPORTATION.... 2,549,188. 17. //

COMMERCE DE LA GRANDE-BRETAGNE.

Du 25 Décembre 1766 au 25 Décembre 1767, huitième année de GEORGE III.

PAYS.	IMPORTATIONS.			EXPORTATIONS.			EXCÉDANT des IMPORTATIONS.			EXCÉDANT des EXPORTATIONS.		
	liv.	fous	den.	liv.	fous	den.	liv.	fous	den.	liv.	fous	den.
Afrique	55,981	8	6	558,062	5	8				502,080	17	2
Isles Canaries	6,061	19	4	38,289	4	5				32,227	5	1
Danemarck & Norwège	75,308	3	10	159,730	16	2				84,422	12	4
Dantzick	267,085	7	6	150,754	1	10	116,331	5	8			
Indes orientales	1,981,173	"	1	1,272,654	13	3	708,518	6	10			
Flandre	268,322	13	1	545,919	14	3				277,597	1	2
France	174,089	17	4	232,031	7	4				57,941	10	"
Allemagne	680,963	9	10	1,506,293	10	11				825,330	1	1
Groenland	7,900	17	9				7,900	17	9			
Hollande	743,703	8	8	1,539,705	18	"				796,002	9	4
Irlande	1,103,285	6	11	1,880,486	13	9				777,201	6	10
Italie	630,447	17	6	606,506	5	1	23,941	12	5			
Isles Madères	6,211	"	"	34,253	5	6				28,042	5	6
Portugal	340,289	13	1	515,080	14	3				174,791	1	2
Russie	822,271	14	5	125,208	19	7	697,062	14	10			
Espagne	593,504	19	3	1,144,777	19	8				551,273	"	5
Gibraltar	11,375	19	11	69,772	5	4				58,396	5	
Suède	175,515	7	6	44,336	16	5	131,178	11	1			
Levant	99,950	15	10	44,094	19	10	55,855	16	"			
Venise	57,457	12	7	31,984	3	"	25,473	9	7			
Isles en Europe — Aurigny	153	13	"	1,242	13	"				1,089	"	"
Isles en Europe — Garnesey	17,898	4	9	36,968	15	6				19,070	10	9
Isles en Europe — Jersey	18,646	15	8	21,652	"	4				3,005	4	8
Colonies Angloises — Anguille	4,117	13	10				4,117	13	10			
Colonies Angloises — Antigoa	394,727	10	2	119,740	16	6	274,986	13	8			
Colonies Angloises — Barbades	219,682	3	9	145,083	4	4	74,598	19	5			
Colonies Angloises — Bermudes	1,417	12	5	12,133	9	4				10,715	16	11
Colonies Angloises — Canada	42,044	12	5	194,406	3	9				152,361	11	4
Colonies Angloises — Caroline	395,027	10	1	244,093	6	"	150,934	4	1			
Colonies Angloises — Dominique	118,978	19	3	30,863	6	6	88,115	12	9			
Colonies Angloises — Floride	12,681	6	8	30,963	13	11				18,282	7	3
Colonies Angloises — Géorgie	35,856	15	7	23,334	14	2	12,522	1	5			
Colonies Angloises — Grenade	243,618	18	3	89,767	19	2	153,850	19	1			
Colonies Angloises — Baie de Hudson	9,942	10	11	4,981	18	8	4,960	12	3			
Colonies Angloises — Jamaïque	1,243,742	13	9	467,681	4	4	776,061	9	5			
Colonies Angloises — Martinique	572	"	8				572	"	8			
Colonies Angloises — Montserrat	54,960	9	9	23,071	9	3	31,889	"	6			
Colonies Angloises — Nevis	60,690	14	7	11,875	18	8	48,814	15	11			
Colonies Angloises — Nouvelle-Angleterre	128,207	17	4	406,081	9	2				277,873	11	10
Colonies Angloises — Terre-neuve	48,950	18	6	53,550	10	7				4,599	12	1
Colonies Angloises — Lucayes	4,487	3	"	14,986	"	3				10,498	17	3
Colonies Angloises — Nouvelle-York	61,422	18	7	417,957	15	5				356,534	16	10
Colonies Angloises — Nouvelle-Écosse	753	4	5	25,094	10	1				24,341	5	8
Colonies Angloises — Pensylvanie	37,641	17	"	371,830	8	10				334,188	11	10
Colonies Angloises — Sainte-Croix	10,584	1	2	882	7	2	9,701	14	"			
Colonies Angloises — Saint-Eustache	2,740	7	8				2,740	7	8			
Colonies Angloises — Saint-Jean	178	12	8	1,942	"	8				1,763	8	"
Colonies Angloises — Saint-Christophe	276,013	9	9	106,162	8	7	169,851	1	2			
Colonies Angloises — Sainte-Lucie	629	13	9				629	13	9			
Colonies Angloises — Saint-Vincent	24,282	7	1	14,822	2	"	9,460	5	1			
Colonies Angloises — Tortola	48,864	8	4	27,010	1	4	21,854	7	"			
Colonies Angloises — Virginie & Mariland	437,926	15	"	437,628	2	6	298	12	6			
Isles Espagnoles	15,611	8	3	7,995	4	5	7,616	3	10			
Indes occidentales en général				763	13	"				763	13	"
TOTAUX	12,073,956	"	11	13,844,511	1	8	3,609,839	2	2	5,380,394	2	11

EXCÉDANT DE L'EXPORTATION.... 5,770,555. " 9

COMMERCE DE LA GRANDE-BRETAGNE.

Du 25 Décembre 1767 au 25 Décembre 1768, neuvième année de GEORGE III.

PAYS.	IMPORTATIONS.			EXPORTATIONS.			EXCÉDANT des IMPORTATIONS.			EXCÉDANT des EXPORTATIONS.		
	liv.	fous	den.	liv.	fous	den.	liv.	fous	den.	liv.	fous	den.
Afrique	67,249	1	4	612,392	9	8				545,143	8	4
Ifles Canaries	4,785	5	5	39,840	19	5				35,055	14	//
Danemarck & Norwège	79,043	15	5	178,041	7	10				98,997	12	5
Dantzick	318,840	13	4	124,121	5	3	194,719	8	1			
Indes orientales	1,507,963	//	2	1,156,082	16	8	351,880	3	6			
Flandre	118,595	16	5	608,258	9	1				489,662	12	8
France	133,100	7	3	271,828	15	7				138,728	8	4
Allemagne	689,562	17	9	1,499,732	//	4				810,169	2	7
Groenland	12,483	15	6	63	12	//	12,420	3	6			
Hollande	455,814	4	9	1,744,974	5	8				1,289,160	//	11
Irlande	1,226,094	//	3	2,248,315	6	5				1,022,221	6	2
Italie	673,915	11	5	781,350	11	11				107,435	//	6
Ifles Madères	3,864	16	8	25,588	6	3				21,723	9	7
Portugal	391,502	3	8	711,908	4	4				320,406	//	8
Ruffie	934,817	13	6	126,569	14	4	808,247	19	2			
Efpagne	472,045	2	6	1,076,005	7	10				603,960	5	4
Gibraltar	12,212	18	6	91,005	18	2				78,792	19	8
Suède	204,278	17	2	56,352	19	7	147,925	17	7			
Levant	103,679	19	4	109,194	7	8				5,514	8	4
Venife	78,209	6	4	41,294	17	8	36,914	8	8			
Ifles en Europe. { Aurigny	134	15	//	662	8	6				527	13	6
Garnefey	21,850	3	4	29,031	7	6				7,181	4	2
Jerfey	14,302	9	8	17,762	5	9				3,459	16	1
Anguille	6,607	12	1				6,607	12	1			
Antigoa	330,013	9	4	132,139	9	6	197,873	19	10			
Barbades	281,461	3	8	191,601	17	7	89,859	6	1			
Bermudes	829	8	//	10,526	9	11				9,697	1	11
Canada	37,162	6	4	110,598	12	5				73,436	6	1
Caroline	508,108	6	10	289,868	12	3	218,239	14	7			
Dominique	203,828	14	8	18,411	3	1	185,417	11	7			
Floride	14,078	6	3	32,572	//	7				18,493	14	4
Géorgie	42,402	13	10	56,562	13	5				14,159	19	7
Grenade	376,940	12	2	120,419	18	2	256,520	14	//			
Baie de Hudfon	8,008	7	6	5,500	13	9	2,507	13	9			
Jamaïque	1,215,628	19	9	473,146	13	3	742,482	6	6			
Montferrat	69,563	11	3	25,572	5	10	43,991	5	5			
Nevis	71,144	17	10	15,874	//	3	55,270	17	7			
Nouvelle-Angleterre	148,375	3	6	419,797	9	4				271,422	5	10
Terre-neuve	48,357	//	6	46,761	2	1	1,595	18	5			
Lucaye	2,523	6	4	6,752	13	9				4,229	7	5
Nouvelle-York	87,115	5	10	482,930	14	4				395,815	8	6
Nouvelle-Écoffe	1,247	2	6	19,571	12	10				18,324	10	4
Penfylvanie	59,406	8	5	432,107	17	4				372,701	8	11
Sainte-Croix	12,383	19	4	6,387	4	4	5,996	15	//			
Saint-Thomas	19	5	//				19	5	//			
Saint-Chriftophe	301,328	15	6	143,739	//	7	157,589	14	11			
Sainte-Lucie	891	3	//				891	3	//			
Saint-Vincent	35,762	6	8	24,553	13	4	11,208	13	4			
Tobago				485	//	2				485	//	2
Tortola	50,443	19	10	17,746	//	9	32,697	19	1			
Virginie & Mariland	406,048	13	11	475,954	6	2				69,905	12	3
Indes occidentales en général				3,328	15	8				3,328	15	8
Ifles Efpagnoles	34,633	8	1	4,694	18	//	29,938	10	1			
TOTAUX	11,878,661	2	7	15,117,982	16	1	3,590,817	//	9	6,830,138	14	3

EXCÉDANT DE L'EXPORTATION.... 3,239,321. 13. 6

COMMERCE DE LA GRANDE-BRETAGNE.

Du 25 Décembre 1768 au 25 Décembre 1769, dixième année de George III.

PAYS.	IMPORTATIONS. liv.	sous	den.	EXPORTATIONS. liv.	sous	den.	EXCÉDANT des IMPORTATIONS. liv.	sous	den.	EXCÉDANT des EXPORTATIONS. liv.	sous	den.
Afrique	58,955	12	6	605,180	5	11				546,224	13	5
Isles Canaries	6,612	5	11	36,036	6	3				26,424	//	4
Danemarck & Norwège	82,469	8	4	169,155	6	2				86,685	17	10
Dantzick	159,481	13	9	74,422	3	2	85,059	10	7			
Indes orientales	1,863,233	14	10	1,205,388	18	4	657,844	16	6			
Flandre	103,276	18	3	623,579	2	10				520,302	4	7
France	91,245	6	11	113,310	9	11				22,065	3	//
Allemagne	619,181	11	9	1,338,866	9	8				719,684	17	11
Groenland	21,353	//	5	72	//	//	21,281	//	5			
Hollande	323,720	14	5	1,658,551	13	1				1,334,830	18	8
Irlande	1,265,107	12	8	1,964,742	1	9				699,634	9	1
Italie	930,045	19	//	746,220	6	2	183,825	12	10			
Isles Madères	4,935	9	7	27,459	2	3				22,523	12	8
Portugal	369,120	9	1	545,367	2	2				176,246	13	1
Russie	1,038,614	15	10	158,777	11	5	879,837	4	5			
Espagne	577,816	6	4	830,893	19	6				253,077	13	2
Gibraltar	7,775	5	7	142,237	15	4				134,462	9	9
Suède	182,896	8	3	57,211	14	8	125,684	13	7			
Levant	144,419	17	3	90,880	12	6	53,539	4	9			
Venise	60,376	5	8	74,371	8	8				13,995	3	//
Isles en Europe. — Aurigny	112	1	//	814	18	7				702	17	7
Isles en Europe. — Garnesey	17,912	12	1	37,508	14	10				19,596	2	9
Isles en Europe. — Jersey	14,703	7	3	27,471	6	5				12,767	19	2
Colonies Angloises. — Anguille	3,747	17	3				3,747	17	3			
Colonies Angloises. — Antigoa	232,680	8	6	151,642	2	9	81,038	5	9			
Colonies Angloises. — Barbades	254,092	15	6	165,050	10	9	89,042	4	9			
Colonies Angloises. — Bermudes	1,744	19	3	12,621	8	9				10,876	9	6
Colonies Angloises. — Canada	43,434	2	3	174,435	5	7				131,001	3	4
Colonies Angloises. — Caroline	387,114	12	1	306,600	5	6	80,514	6	7			
Colonies Angloises. — Dominique	158,543	2	4	31,863	10	1	126,679	12	3			
Colonies Angloises. — Floride	1,744	12	2	29,509	4	10				27,764	12	8
Colonies Angloises. — Géorgie	82,270	2	3	58,340	19	4	23,929	2	11			
Colonies Angloises. — Grenade	307,562	15	1	113,054	6	8	194,508	8	5			
Colonies Angloises. — Baie de Hudson	7,087	5	7	4,655	13	4	2,431	12	3			
Colonies Angloises. — Jamaïque	1,266,630	9	4	570,168	10	11	696,161	18	5			
Colonies Angloises. — Montserrat	77,653	16	//	23,110	1	9	54,543	14	3			
Colonies Angloises. — Nevis	40,379	4	6	10,428	9	5	29,950	15	1			
Colonies Angloises. — Nouvelle-Angleterre	129,353	3	8	207,993	14	3				78,640	10	7
Colonies Angloises. — Terre-neuve	50,835	3	3	64,080	5	4				13,245	2	1
Colonies Angloises. — Lucayes	4,435	15	11	6,682	18	8				2,247	2	9
Colonies Angloises. — Nouvelle-York	73,466	3	9	74,918	7	10				1,452	4	1
Colonies Angloises. — Nouvelle-Écosse	2,270	3	7	19,271	//	2				17,000	16	7
Colonies Angloises. — Pensylvanie	26,111	11	4	199,909	17	11				173,798	6	7
Colonies Angloises. — Sainte-Croix	18,220	1	3	2,809	4	10	15,410	16	5			
Colonies Angloises. — Saint-Christophe	224,096	9	9	115,609	10	4	108,486	19	5			
Colonies Angloises. — Saint-Vincent	70,772	9	3	33,720	16	10	37,051	12	5			
Colonies Angloises. — Tobago				6,119	//	//				6,119	//	//
Colonies Angloises. — Tortola	54,560	1	5	27,106	12	10	27,453	8	7			
Colonies Angloises. — Virginie & Mariland	361,892	12	//	488,362	15	1				126,470	3	1
Isles Espagnoles	81,494	2	6	11,352	3	7	70,141	18	11			
TOTAUX	11,908,560	16	5	13,438,236	6	11	3,648,164	16	9	5,177,840	7	3

EXCÉDANT DE L'EXPORTATION.... 1,529,675. 10. 6

COMMERCE DE LA GRANDE-BRETAGNE.

Du 25 Décembre 1769 au 25 Décembre 1770, onzième année de GEORGE III.

PAYS.	IMPORTATIONS.			EXPORTATIONS.			EXCÉDANT des IMPORTATIONS.			EXCÉDANT des EXPORTATIONS.		
	liv.	fous	den.	liv.	fous	den.	liv.	fous	den.	liv.	fous	den.
Afrique	68,449	13	7	571,003	6	9				502,553	13	2
Isles Canaries	10,656	8	9	41,352	11	10				30,696	3	1
Danemarck & Norwège	76,898	17	2	167,257	4	11				90,358	7	9
Dantzick	175,552	15	6	80,329	"	8	95,223	14	10			
Indes orientales	1,941,627	4	"	1,082,030	8	10	859,596	15	2			
Flandre	113,860	11	7	678,286	12	1				564,426	"	6
France	65,975	19	11	156,509	6	7				90,533	6	8
Allemagne	684,463	8	11	1,272,569	"	4				588,105	11	5
Groenland	22,626	6	1	29	6	4	22,596	19	9			
Hollande	352,535	6	4	1,766,333	10	2				1,413,798	3	10
Irlande	1,214,398	4	5	2,125,466	12	8				911,068	8	3
Italie	815,944	17	2	756,385	11	3	59,559	5	11			
Isles Madères	4,935	12	6	26,500	15	3				21,565	2	9
Portugal	329,663	3	4	534,708	19	1				205,045	15	9
Russie	1,046,710	5	11	145,743	6	9	900,966	19	2			
Espagne	505,267	13	2	887,099	1	4				381,831	8	2
Gibraltar	7,083	11	5	148,813	18	3				141,730	6	10
Suède	136,616	6	"	58,576	4	8	78,040	1	4			
Levant	164,366	3	6	22,032	15	8	142,333	7	10			
Venise	82,963	19	7	71,541	5	4	11,422	14	3			
Isles en Europe. Aurigny	38	10	"	992	9	8				953	19	8
Garnesey	27,735	18	8	26,656	14	6	1,079	4	2			
Jersey	19,768	5	9	24,959	1	7				5,190	15	10
Colonies de l'Amérique septentrionale. Canada	40,703	6	7	231,626	6	6				190,922	19	11
Caroline	278,907	14	"	146,273	17	"	132,633	17	"			
Cap Breton	197	4	4				197	4	4			
Floride	3,688	3	"	39,857	12	11				36,169	9	11
Géorgie	55,532	7	5	56,193	16	7				661	9	2
Baie de Hudson	10,715	"	7	4,623	2	1	6,091	18	6			
Nouvelle-Angleterre	148,011	14	9	394,451	7	5				246,439	12	8
Terre-neuve	45,108	11	"	91,058	"	"				45,949	9	"
Lucaye	6,387	11	10	6,060	7	7	327	4	3			
Nouvelle-York	69,882	10	5	475,991	12	"				406,109	1	7
Nouvelle-Écosse	7,324	7	4	45,092	4	10				37,767	17	6
Pensylvanie	28,109	5	11	134,881	15	5				106,772	9	6
Virginie & Mariland	435,094	9	7	717,782	17	3				282,688	7	8
Isles des Indes occidentales. Anguille	167	17	11				167	17	11			
Antigoa	349,102	1	8	112,533	2	"	236,568	19	8			
Barbades	283,455	19	1	203,568	9	8	79,887	9	5			
Bermudes				9,705	15	6				9,705	15	6
Dominique	136,152	18	7	34,209	7	10	101,943	10	9			
Grenade	433,421	12	1	136,792	12	8	296,628	19	5			
Jamaïque	1,274,807	13	6	558,219	10	6	716,588	3	"			
Montserrat	83,947	9	1	19,297	16	5	64,649	12	8			
Nevis	97,152	19	5	17,307	10	3	79,845	9	2			
Sainte-Croix	21,386	12	9	1,069	5	3	20,317	7	6			
Saint-Eustache	476	18	11				476	18	11			
Saint-Christophe	324,287	7	8	96,834	10	1	227,452	17	7			
Saint-Vincent	81,965	18	3	42,821	13	11	39,144	4	4			
Tobago	2,323	11	10	19,123	4	9				16,799	12	11
Tortola	43,230	4	4	16,985	12	9	26,244	11	7			
Isles Esp. Baie de Honduras	87,256	19	2	9,115	1	9	78,141	17	5			
TOTAUX	12,216,937	14	3	14,166,653	17	5	4,278,127	5	10	6,327,843	9	"

EXCÉDANT DE L'EXPORTATION..... 2,049716. 3. 2

COMMERCE DE LA GRANDE-BRETAGNE.

Du 25 Décembre 1770 au 25 Décembre 1771, douzième année de GEORGE III.

PAYS.	IMPORTATIONS.			EXPORTATIONS.			EXCÉDANT des IMPORTATIONS.			EXCÉDANT des EXPORTATIONS.		
	liv.	sous	den.	liv.	sous	den.	liv.	sous	den.	liv.	sous	den.
Afrique	97,486	19	3	712,538	7	4				615,051	8	1
Isles Canaries	6,803	18	10	23,825	9	8				17,021	10	10
Danemarck & Norwège	83,711	6	4	152,340	"	5				68,628	14	1
Dantzick	195,357	"	2	95,961	19	11	99,395	"	3			
Indes orientales	1,882,139	5	9	1,184,824	13	11	697,314	11	10			
Flandre	142,138	2	6	861,777	16	7				719,639	14	1
France	51,645	8	11	146,128	3	2				94,482	14	3
Allemagne	765,774	2	"	1,316,492	1	4				550,717	19	4
Groenland	13,803	5	10	10	6	3	13,792	19	7			
Hollande	428,080	1	7	1,685,397	16	"				1,257,317	14	5
Irlande	1,380,737	14	11	1,983,818	17	6				603,081	2	7
Italie	947,138	12	8	782,582	15	7	164,555	17	1			
Isles Madères	2,067	18	2	11,213	17	9				9,145	19	7
Portugal	354,631	10	7	716,122	3	5				361,490	12	10
Russie	1,274,620	12	"	150,159	16	6	1,124,460	15	6			
Espagne	568,323	11	3	1,224,811	11	10				656,488	"	7
Gibraltar	3,604	13	6	153,323	16	11				149,719	3	5
Suède	157,851	10	1	64,180	"	1	93,671	10	"			
Levant	100,443	2	9	20,573	15	3	79,869	7	6			
Venise	83,335	"	2	73,956	18	1	9,378	2	1			
Isles en Europe. Aurigny	95	13	8	1,125	12	9				1,029	19	1
Garnesey	38,103	7	6	34,541	"	1	3,562	7	5			
Jersey	18,603	12	9	22,898	14	6				4,295	1	9
Colonies de l'Amérique septentrionale. Canada	37,286	12	8	170,962	8	11				133,675	16	3
Caroline	420,311	14	8	409,169	9	4	11,142	5	4			
Cap Breton	14	9	5				14	9	5			
Floride	21,856	11	11	66,647	9	11				44,790	18	"
Géorgie	63,810	10	9	70,493	19	3				6,683	8	6
Baie de Hudson	9,225	18	"	5,822	1	8	3,403	16	4			
Nouvelle-Angleterre	150,381	17	2	1,420,119	1	1				1,269,737	3	11
Terre-neuve	49,424	18	8	89,394	1	7				39,969	2	11
Lucaye	7,837	"	3				7,837	"	3			
Nouvelle-York	95,875	8	11	653,621	7	6				557,745	18	7
Nouvelle-Écosse	3,451	14	3	51,581	12	8				48,129	18	5
Pensylvanie	31,615	19	9	728,744	19	10				697,129	"	1
Virginie & Mariland	577,848	16	6	920,326	3	8				342,477	7	2
Isles des Indes occidentales. Antigoa	180,923	3	"	118,152	10	11	62,770	12	1			
Barbades	163,053	1	4	120,011	"	3	43,042	1	1			
Bermudes	836	8	3	8,645	15	9				7,809	7	6
Dominique	170,623	19	3	55,612	2	3	115,011	17	"			
Grenade	361,839	10	7	138,431	6	6	223,408	4	1			
Jamaïque	1,261,675	7	9	494,888	"	10	766,787	6	11			
Montserrat	63,034	4	8	15,642	"	6	47,392	4	2			
Nevis	67,291	3	2	19,751	7	1	47,539	16	1			
Sainte-Croix	4,685	16	2				4,685	16	2			
Saint-Eustache	1,406	2	11				1,406	2	11			
Saint-Christophe	268,276	16	8	95,442	17	10	172,833	18	10			
Saint-Vincent	123,919	4	5	35,200	1	11	88,719	2	6			
Tobago	7,091	2	7	28,610	14	11				21,519	12	4
Tortola	41,466	4	1	20,969	5	"	20,496	19	1			
Saint-Thomas	447	7	1				447	7	1			
Isles Esp. Baie de Honduras	39,988	"	9	4,301	"	2	35,687	"	7			
TOTAUX	12,821,995	16	9	17,161,146	14	2	3,938,626	11	2	8,277,777	8	7

EXCÉDANT DE L'EXPORTATION 4,339,150. 17. 5

COMMERCE DE LA GRANDE-BRETAGNE.

Du 25 Décembre 1771 au 25 Décembre 1772, treizième année de GEORGE III.

PAYS.	IMPORTATIONS.			EXPORTATIONS.			EXCÉDANT des IMPORTATIONS.			EXCÉDANT des EXPORTATIONS.		
	liv.	fous	den.	liv.	fous	den.	liv.	fous	den.	liv.	fous	den.
Afrique	92,338	12	//	866,394	11	3				774,055	19	3
Isles Canaries	12,773	10	7	32,539	7	3				19,765	16	8
Danemarck & Norwège	85,521	17	2	161,972	14	3				76,450	17	1
Dantzick	209,189	14	5	103,661	2	5	105,528	12	//			
Indes orientales	2,473,192	8	2	941,361	4	5	1,531,831	3	9			
Flandre	99,473	6	9	793,454	12	5				693,981	5	8
France	54,948	11	5	290,989	16	1				236,041	4	8
Allemagne	701,813	5	1	1,354,181	6	6				652,368	1	5
Groenland	23,449	16	5	36	15	4	23,413	1	1			
Hollande	324,901	8	8	1,997,815	1	4				1,672,913	12	8
Irlande	1,242,305	18	5	1,963,787	4	//				721,481	5	7
Italie	858,599	8	10	831,514	1	8	27,085	7	2			
Isles Madères	3,330	3	8	12,107	2	2				8,776	18	6
Portugal	347,373	11	2	635,114	4	2				287,740	13	//
Russie	1,008,948	11	5	139,470	15	5	869,477	16	//			
Espagne	510,637	9	1	805,038	//	1				294,400	11	//
Gibraltar	13,902	15	1	141,729	8	7				127,826	13	6
Suède	187,826	15	2	54,698	12	9	133,128	2	5			
Levant	154,052	8	3	96,823	4	4	57,229	3	11			
Venise	64,605	8	//	80,849	17	//				16,244	9	//
Isles en Europe. { Aurigny	79	13	//	1,470	18	1				1,391	5	1
Garnesey	31,845	1	7	31,564	10	3	280	11	4			
Jersey	17,627	3	5	31,099	12	10				13,472	9	5
Colonies de l'Amérique septentrionale. { Canada	47,995	4	4	203,779	5	6				155,784	1	2
Caroline	425,923	1	1	449,610	2	2				23,687	1	1
Cap Breton	255	8	7	121	6	9	134	1	10			
Floride	15,722	17	6	40,458	2	9				24,735	5	3
Géorgie	66,083	18	9	92,406	4	4				26,322	5	7
Baie de Hudson	8,005	17	1	6,381	2	9	1,624	14	4			
Nouvelle-Angleterre	126,265	7	6	824,830	8	9				698,565	1	3
Terre-neuve	67,625	2	11	107,822	14	//				40,197	11	1
Lucayes	5,817	18	9	1,564	//	9	4,253	18	//			
Nouvelle-York	82,707	8	6	343,970	19	9				261,263	11	3
Nouvelle-Écosse	4,663	12	3	34,688	3	3				30,024	11	//
Pensylvanie	29,133	12	3	507,909	14	//				478,776	1	9
Virginie & Mariland	528,404	10	6	793,910	13	2				265,506	2	8
Isles des Indes occidentales. { Antigoa	166,351	12	4	116,074	10	11	50,277	1	5			
Barbades	210,842	12	6	138,841	10	7	72,001	1	11			
Bermudes	525	2	10	11,798	14	6				11,273	11	8
Dominique	215,667	7	1	60,526	14	2	155,140	12	11			
Grenade	492,974	5	3	191,774	18	9	301,199	6	6			
Jamaïque	1,483,818	19	8	592,733	5	1	891,085	14	7			
Montserrat	82,873	18	2	23,334	7	8	59,539	10	6			
Nevis	82,331	17	9	18,277	15	1	64,054	2	8			
Sainte-Croix	24,947	18	//				24,947	18	//			
Saint-Christophe	302,952	2	//	118,914	4	9	184,037	17	3			
Saint-Eustache	8,152	5	//				8,152	5	//			
Saint-Vincent	155,182	18	//	38,361	18	10	116,820	19	2			
Tobago	19,718	19	8	36,797	4	10				17,078	5	2
Tortola	58,111	9	5	30,586	//	11	27,525	8	6			
Baie de Honduras	51,079	13	10	1,535	14	10	49,543	19	//			
Côte des Mosquites	15,580	3	//	4,728	12	11	10,851	10	1			
TOTAUX	13,298,452	2	3	16,159,412	14	4	4,769,163	19	4	7,630,124	11	5

EXCÉDANT DE L'EXPORTATION 2,860,960. 12. 1

COMMERCE DE LA GRANDE-BRETAGNE.

Du 25 Décembre 1772 au 25 Décembre 1773, quatorzième année de GEORGE III.

PAYS.	IMPORTATIONS.			EXPORTATIONS.			EXCÉDANT des IMPORTATIONS.			EXCÉDANT des EXPORTATIONS.		
	liv.	sous	den.	liv.	sous	den.	liv.	sous	den.	liv.	sous	den.
Afrique	68,424	19	9	662,112	7	11				593,687	8	2
Isles Canaries	10,635	11	9	43,889	10	1				33,253	18	4
Danemarck & Norwège	71,044	4	//	161,399	4	10				90,355	//	10
Dantzick	164,337	12	2	68,571	19	8	95,765	12	6			
Indes orientales	1,933,096	18	5	845,707	16	6	1,087,389	1	11			
Flandre	79,957	1	4	1,006,601	6	7				926,644	5	3
France	44,484	1	3	285,776	4	//				241,292	2	9
Allemagne	454,186	9	5	1,337,552	1	10				883,365	12	5
Groenland	17,644	14	10	28	10	4	17,616	4	6			
Hollande	411,642	6	//	1,873,860	14	5				1,462,218	8	5
Irlande	1,252,817	3	7	1,918,802	18	10				665,985	15	3
Isle de Man	4,563	4	8	18,336	4	4				13,772	19	8
Italie	480,349	6	//	848,729	//	1				368,379	14	1
Isles Madères	2,499	//	8	13,118	14	7				10,619	13	11
Portugal	349,214	13	4	522,379	10	1				173,164	16	9
Russie	850,112	18	5	196,229	1	3	653,883	17	2			
Espagne	462,342	12	6	839,072	7	6				376,729	15	//
Gibraltar	714	9	//	63,098	6	9				62,383	17	9
Suède	161,603	16	1	36,308	//	//	125,295	16	1			
Levant	163,538	17	9	118,475	6	//	45,063	11	9			
Venise	104,003	10	7	98,371	4	6	5,632	6	1			
Aurigny *(Isles en Europe)*	623	5	9	1,891	15	7				1,268	9	10
Garnesey	43,291	5	9	39,223	//	9	4,068	5	//			
Jersey	11,881	4	4	20,665	1	//				8,783	16	8
Antigoa *(Colonies Angloises.)*	112,779	//	10	93,323	1	3	19,455	19	7			
Barbades	168,682	6	1	148,817	9	3	19,864	16	10			
Bermudes	509	10	//	10,051	18	9				9,542	8	9
Canada	42,394	11	2	316,867	19	6				274,473	8	4
Caroline	456,513	8	4	344,859	9	1	111,653	19	3			
Cap Breton		16	6	984	6	4				983	9	10
Dominique	248,868	16	5	43,679	12	7	205,189	3	10			
Floride	7,129	13	6	51,502	7	2				44,372	13	8
Géorgie	85,391	1	8	62,932	19	8	22,458	2	//			
Grenade	115,011	//	9	102,761	1	6	342,279	19	3			
Baie de Hudson	8,943	4	2	6,467	9	9	2,475	14	5			
Jamaïque	1,286,888	16	6	683,451	8	10	603,437	7	8			
Montferrat	47,911	12	8	14,974	6	1	32,937	6	7			
Nevis	39,299	7	6	9,181	14	8	30,117	12	10			
Nouvelle-Angleterre	124,624	19	6	527,055	15	10				402,430	16	4
Terre-neuve	68,087	11	9	77,744	1	4				9,656	9	7
Lucaye	3,379	11	4	2,132	16	4	1,246	15	//			
Nouvelle-York	76,246	12	//	289,214	19	7				212,968	7	7
Nouvelle-Écosse	1,719	9	3	27,032	18	4				25,313	9	1
Pensylvanie	36,652	8	9	426,448	17	3				389,796	8	6
Sainte-Croix	6,706	8	5	1,248	3	6	5,458	4	11			
Saint-Eustache	5,730	19	4				5,730	19	4			
Saint-Christophe	150,512	5	5	62,607	19	10	87,904	5	7			
Saint-Thomas				271	14	3				271	14	3
Saint-Vincent	145,619	//	2	38,444	4	5	107,174	15	9			
Tobago	20,453	19	2	30,049	2	//				9,595	2	10
Tortola	48,000	5	2	26,927	3	3	21,073	1	11			
Virginie & Mariland	589,803	14	5	328,904	15	8	260,898	18	9			
Isles Espagnoles	35,941	5	7	15,114	18	11	20,826	6	8			
TOTAUX	11,406,841	3	8	14,763,253	2	4	3,934,898	5	2	7,291,310	3	10

EXCÉDANT DE L'EXPORTATION.... 3,356,411. 18. 8

COMMERCE DE LA GRANDE-BRETAGNE.

TOTALITÉS DES IMPORTATIONS ET EXPORTATIONS,

Avec les Excédans respectifs, dans chacune des années qui composent la suite du Tableau du Commerce progressif.

ANNÉES.	IMPORTATIONS.			EXPORTATIONS.			EXCÉDANT des IMPORTATIONS.			EXCÉDANT des EXPORTATIONS.		
	liv.	ous	den.	liv.	fous	den.				liv.	fous	den.
1697	3,482,586	10	5	3,525,906	18	6				43,320	8	1
1698	4,732,360	4	1	6,522,104	16	1				1,789,744	12	"
1699	5,707,669	11	9¼	6,788,166	17	6¾				1,080,497	5	9
1700	5,970,175	1	10¼	7,302,716	8	7				1,332,541	6	8¾
1701	5,869,606	9	10	7,621,053	6	5¾				1,751,446	16	7¾
1702	4,159,304	16	"	5,235,874	"	5¼				1,076,569	4	5¼
1703	4,526,596	11	1½	6,644,103	6	½				2,117,506	14	11
1704	5,383,200	16	5½	6,552,019	18	2				1,168,819	1	8½
1705	4,031,649	14	10¾	5,501,677	11	2¾				1,470,027	16	4
1706	4,113,933	3	3¾	6,512,086	17	1				2,398,153	13	9¼
1707	4,274,055	10	4½	6,767,178	8	6½				2,493,122	18	2
1708	4,698,663	1.1	8½	6,969,089	19	1½				2,270,426	7	5
1709	4,510,593	11	8¾	6,627,045	17	6				2,116,452	5	9¼
1710	4,011,341	7	4¾	6,690,828	15	2¾				2,679,487	7	10
1711	4,685,785	17	7½	6,447,170	16	3¼				1,761,384	18	7¾
1712	4,454,682	11	6¼	7,468,857	5	1				3,014,174	13	6¼
1713	5,811,077	16	6	7,352,655	12	2½				1,541,577	15	8¼
1714	5,929,227	"	8½	8,361,638	3	3				2,432,411	2	6¼
1715	5,640,943	16	5	7,379,409	"	8				1,738,465	4	3
1716	5,800,258	7	8	7,614,085	6	11				1,813,826	19	3
1717	6,346,768	1	6	9,147,100	2	4				2,800,932	"	10
1718	6,669,390	1	1	8,255,302	14	5				1,585,912	13	4
1719	5,367,499	8	3	7,709,528	1	7				2,342,028	13	4
1720	6,090,083	15	1	7,936,728	16	6				1,846,645	1	5
1721	5,768,510	16	7	8,681,200	17	4				2,912,690	"	9
1722	6,378,098	19	1	9,650,789	17	10				3,272,690	18	9
1723	6,505,676	6	8	9,489,811	16	7				2,984,135	9	11
1724	7,394,405	2	5	9,143,356	12	7				1,748,951	10	2
1725	7,094,708	8	6	11,352,480	11	4				4,257,772	2	10
1726	6,677,865	13	4	9,406,731	10	10				2,728,865	17	6
1727	6,798,908	4	2	9,553,043	18	3				2,754,135	14	1
1728	7,569,299	1	9	11,631,383	1	11				4,062,084	"	2
1729	7,540,620	10	5	11,475,771	16	8				3,935,151	6	3
1730	7,780,019	9	2	11,974,135	14	11				4,194,116	5	9
1731	6,991,500	3	11	11,167,380	10	6				4,175,880	6	7
1732	7,087,914	5	"	11,786,658	13	"				4,698,744	8	"
1733	8,016,814	2	2	11,777,306	6	7				3,760,492	4	5
1734	7,095,861	8	4	11,000,645	2	2				3,904,783	13	10
1735	8,160,184	"	11	13,544,144	7	"				5,383,960	6	1
1736	7,307,966	12	10	11,616,356	10	2				4,308,389	17	4

COMMERCE DE LA GRANDE-BRETAGNE.

ANNÉES.	IMPORTATIONS.			EXPORTATIONS.			EXCÉDANT des IMPORTATIONS.			EXCÉDANT des EXPORTATIONS.		
	liv.	fous	den.	liv.	fous	den.				liv.	fous	den.
1737	7,073,638	3	6	11,842,320	17	//				4,768,682	13	6
1738	7,438,960	4	7	12,289,495	7	1				4,850,535	2	6
1739	7,829,373	8	11	9,495,366	14	3				1,665,993	5	4
1740	6,703,778	10	6	8,869,939	15	5				2,166,161	4	11
1741	7,936,084	18	7	11,469,872	8	2				3,533,787	9	7
1742	6,866,864	13	//	11,584,427	2	4				4,717,562	9	4
1743	7,802,353	6	6	14,623,653	9	6				6,821,300	3	//
1744	6,362,971	6	6	11,429,628	10	3				5,066,657	3	9
1745	7,847,123	3	3	10,497,329	17	//				2,650,206	13	9
1746	6,205,687	15	8	11,360,792	16	2				5,155,105	//	6
1747	7,116,757	5	6	11,442,049	1	6				4,325,291	16	//
1748	8,136,408	19	6	12,351,433	12	11				4,215,024	13	5
1749	7,917,804	10	4	14,099,366	11	//				6,181,562	//	8
1750	7,772,039	12	5	15,132,004	3	1				7,359,964	10	8
1751	7,943,436	4	5	13,967,811	8	7				6,024,375	4	2
1752	7,889,369	9	3	13,221,116	3	11				5,331,746	14	8
1753	8,625,029	4	3	14,264,614	3	11				5,639,584	19	8
1754	8,093,472	15	//	13,396,853	9	7				5,303,380	14	7
1755	8,772,865	2	10	12,182,255	17	6				3,409,390	14	8
1756	7,961,603	8	10	12,517,540	8	3				4,556,036	19	5
1757	9,253,317	14	9	13,438,285	1	//				4,184,967	6	3
1758	8,415,025	4	10	15,034,994	10	7				6,619,969	5	9
1759	8,922,976	1	4	14,696,892	7	1				5,773,916	5	9
1760	9,832,802	11	1	15,579,073	//	5				5,746,270	9	4
1761	9,543,901	14	4	16,365,953	//	7				6,822,051	6	3
1762	8,870,234	14	3	14,134,093	3	6				5,263,858	9	3
1763	11,665,036	//	9	16,160,181	16	3				4,495,145	15	6
1764	10,364,307	12	3	16,512,403	16	3				6,148,096	4	//
1765	10,889,742	13	10	14,550,507	1	8				3,660,764	7	10
1766	11,475,775	5	8	14,024,964	2	8				2,549,188	17	//
1767	12,073,956	//	11	13,844,511	1	8				1,770,555	//	9
1768	11,878,661	2	7	15,117,982	16	1				3,239,321	13	6
1769	11,908,560	16	5	13,438,236	6	11				1,529,675	10	6
1770	12,216,937	14	3	14,266,653	17	5				2,049,716	3	2
1771	12,821,995	16	9	17,161,146	14	2				4,339,150	17	5
1772	13,298,452	2	3	16,159,412	14	4				2,860,960	12	1
1773	11,406,841	3	8	14,763,253	2	4				3,356,411	18	8

TABLEAU GÉNÉRAL

Du Commerce connu de la Grande-Bretagne avec chaque Pays, & de la Balance d'argent entre la Grande-Bretagne & chaque Pays en particulier, inclusivement, depuis l'année 1697 jusqu'à l'année 1773.

PAYS.	IMPORTATIONS. livres	sous	den.	EXPORTATIONS. livres	sous	den.	BALANCE Contre la GRANDE-BRETAGNE. livres	sous	den.	BALANCE En faveur de la GRANDE-BRET. livres	sous	den.
Afrique	2,690,809	11	3½	16,605,703	8	9				13,914,893	17	5½
Isles Canaries	2,016,569	7	4¼	2,123,579	18	7½				107,010	11	2¼
Danemarck & Norwège	6,618,101	10	2½	6,284,517	14	1¼	333,583	16	11¼			
Dantzick	15,227,804	14	3¾	7,424,097	15	9¼	7,803,706	18	6			
Indes orientales	74,997,971	19	5½	32,200,752	11	6	42,797,219	7	11¼			
Flandre	6,037,520	6	7½	24,120,077	"	2¼				18,081,556	13	7½
France	3,723,070	13	4½	15,289,748	17	7¼				11,566,678	4	3¼
Allemagne	51,513,932	1	1	93,783,449	9	5				42,269,517	8	4
Hollande	37,632,332	4	10¼	145,429,778	6	2¼				107,797,446	1	3½
Irlande	42,477,193	4	2¼	62,084,602	15	1				19,607,409	10	10¼
Italie	25,663,634	"	8¼	19,094,410	17	10¼	6,569,223	2	9¾			
Madère	207,411	14	3½	2,336,973	10	3¼				2,129,561	15	11½
Terre-neuve	2,248,347	2	7¼	2,330,113	14	6¼				81,766	11	11¼
Portugal	23,775,563	"	7¼	66,422,243	10	2				42,646,680	9	6¼
Russie	28,630,589	4	9¼	6,447,327	"	3¼	22,183,262	4	5¼			
Espagne	27,414,627	6	1¼	49,400,325	8	7¼				21,985,698	2	6
Gibraltar	4,095,327	"	5	32,747,034	1	8¼				28,651,707	1	1¼
Suède	14,154,968	"	11¼	2,777,582	7	11¼	11,377,385	13	"¼			
Levant	16,500,218	12	10¼	11,637,338	19	3	4,862,879	13	7¼			
Venise	3,633,980	18	10	1,903,554	13	10¼	1,730,426	4	11¼			
Aurigny	12,183	9	9	52,999	8	6				40,815	18	9
Garnesey	1,807,329	"	7½	2,362,605	11	5½				555,276	10	10
Jersey	1,276,413	7	4½	1,278,061	8	"¼				1,648	"	7½
Antigoa	14,451,331	10	7½	4,276,976	4	3	10,174,355	6	4½			
Barbades	18,615,856	"	"	9,336,359	16	1	9,279,496	3	11			
Bermudes	89,530	4	9¼	344,697	18	2				255,167	13	4¼
Caroline	11,725,558	18	6¼	8,651,969	17	"¼	3,073,589	1	6			
Bale de Hudson	681,582	18	"	227,622	5	"¼	453,960	12	11¼			
Jamaïque	45,061,378	18	1¼	19,047,405	5	11¼	26,013,973	12	2¼			
Montferrat	3,799,814	5	5¼	613,262	6	11	3,186,551	18	6¼			
Nevis	4,550,801	14	11	801,523	5	"	3,749,278	9	11			
Nouvelle-Angleterre	4,689,247	19	2¼	18,569,604	13	"¼				13,880,356	13	9½
Nouvelle-Yorck	2,113,714	11	10¼	11,877,866	16	2¼				9,764,152	4	4¼
Pensylvanie	1,156,234	5	"¼	9,818,489	18	1				8,662,255	13	"¼
Virginie & Maryland	28,899,797	10	1¼	20,727,467	14	1	8,172,239	16	"½			
Saint-Christophe	13,661,179	7	7½	3,234,349	16	10½	10,426,829	10	8½			
Indes occidentales en général	270,220	13	11½	7,704,076	7	11¼				7,433,855	13	11½
Groenland	388,138	18	4	3,780	9	7	384,358	8	9			
Géorgie	622,963	1	5	746,093	11	"				123,130	9	7
Lucayes	94,967	9	9½	66,244	6	5½	28,723	3	3½			
Amérique Espagnole	1,359,220	15	6	1,872,906	9	10¼				513,685	14	4½
Tortola	859,931	13	7	220,038	16	2	639,892	17	5			
Nouvelle-Écosse	35,222	7	8	871,361	15	1				836,139	7	6
Sainte-Croix	142,090	19	9	67,278	13	1	74,812	6	8			
Toiles exportées pour l'Étranger				35,293	5	7				35,293	5	7
Toiles exportées pour les Colonies Angloises				984,704	"	6				984,704	"	6
Cap-Breton	2,909	18	4	58,439	7	2				55,529	8	10
Anguille	29,333	15	9	1,241	3	11	28,092	11	10			
Grenade	3,620,504	13	11	1,179,279	9	7	2,441,225	4	4			
Floride	79,993	10	3	375,068	15	4				295,075	5	1
Dominique	1,469,705	"	4	322,294	3	9	1,147,410	16	7			
Canada	448,563	15	"	2,383,684	10	8				1,935,120	15	8
Écosse	823,726	5	2	701,238	7	"½	122,487	18	1½			
Saint-Vincent	672,991	19	10	235,665	11	1	437,326	8	9			
Saint-Thomé	54,247	11	4				54,247	11	4			
Saint-Thomas	19	5	"	797	10	8				778	5	8
Martinique	636,367	14	2	178,651	14	7	457,715	19	7			
Tobago	49,587	13	3	122,093	17	6				72,506	4	3
Saint-Eustache	19,519	16	2				19,519	16	2			
Sainte-Lucie	2,549	5	3				2,549	5	3			
Havane	263,084	15	11	123,421	1	5	139,663	14	6			
Monti-Christi	28,801	19	5	2,533	4	5	26,268	15	"			
Côte des Mosquites	15,580	3	"	4,728	12	11	10,851	10	1			
Belle-Isle	1,554	5	1	77,131	9	11				75,577	4	10
Quebec	48,408	16	1	426,400	12	"				377,991	15	11
Bale de Honduras	51,079	13	10	1,535	14	10	49,543	19	"			
Isle de Man	4,563	4	8	18,336	4	4				13,772	19	8
Isle de Saint-Jean	259	9	10	3,365	11	7				3,106	1	5
TOTAUX	553,948,035	8	8¼	730,452,159	4	9¼	178,249,742	"	3¼	354,753,865	16	.

BALANCE EN FAVEUR DE L'ANGLETERRE	176,504,123	16

Nota. On n'a point placé dans ce Tableau l'importation des Espèces étrangères & des Matières d'or & d'argent, parce que la quantité d'espèces n'est connue que par l'exportation, qui a été de 96,036,913 liv. 12 s. 9 den.

Comme les Prises ne font point une partie constante du commerce Anglois, on ne les a point employées dans le Tableau. Elles font, l'importation, de 7,372,299 liv. 19 s. 4 d. ¼; & pour l'exportation, de 6,558,997 liv. 1 s. 8 d.

TABLEAUX

DU

COMMERCE PROGRESSIF

DE LA

GRANDE-BRETAGNE,

Avec chaque Pays en particulier.

X

TABLE.

COMMERCE DE LA GRANDE-BRETAGNE
Avec l'Afrique.

ANNÉES.	IMPORTATIONS.			EXPORTATIONS.			EXCÉDANT des IMPORTATIONS.			EXCÉDANT des EXPORTATIONS.		
	liv.	sous	den.	liv.	sous	den.				liv.	sous	den.
1697	6,615	16	8	13,435	16	10				6,820	//	2
1698	2,496	6	8	70,587	17	4				68,091	10	8
1699	19,225	18	$7\frac{1}{2}$	96,295	5	$8\frac{3}{4}$				77,069	7	$1\frac{1}{4}$
1700	26,888	17	$4\frac{1}{4}$	155,793	//	10				128,904	3	$5\frac{3}{4}$
1701	21,074	19	$8\frac{1}{4}$	133,499	2	1				112,424	2	$4\frac{3}{4}$
1702	31,295	//	5	96,052	5	$10\frac{1}{2}$				64,757	5	$5\frac{1}{2}$
1703	17,565	2	$1\frac{1}{4}$	104,179	13	8				86,614	11	$6\frac{3}{4}$
1704	15,441	//	$11\frac{1}{2}$	86,665	10	$8\frac{3}{4}$				71,224	9	$9\frac{1}{4}$
1705	8,679	1	$1\frac{3}{4}$	65,104	16	3				56,425	15	$1\frac{1}{4}$
1706	7,280	15	$5\frac{3}{4}$	56,686	7	4				49,405	11	$10\frac{1}{4}$
1707	9,384	5	2	92,127	16	4				82,743	11	2
1708	7,661	14	4	56,993	16	$7\frac{3}{4}$				49,332	2	$3\frac{3}{4}$
1709	5,087	9	3	59,403	12	$6\frac{1}{4}$				54,316	3	$3\frac{1}{4}$
1710	14,436	2	$4\frac{1}{2}$	69,459	2	$1\frac{1}{4}$				55,022	19	$8\frac{1}{4}$
1711	7,919	17	$1\frac{3}{4}$	64,276	15	$3\frac{1}{2}$				56,356	18	$1\frac{3}{4}$
1712	10,794	//	$11\frac{1}{2}$	37,507	18	$3\frac{1}{4}$				26,713	17	4
1713	11,515	18	$8\frac{3}{4}$	111,805	8	$6\frac{1}{4}$				100,289	9	$9\frac{1}{3}$
1714	25,380	6	11	63,417	7	$2\frac{3}{4}$				38,037	//	$3\frac{3}{4}$
1715	30,096	12	6	51,912	6	2				21,815	13	8
1716	32,330	11	7	97,885	12	6				65,555	//	11
1717	19,282	14	2	112,449	12	2				93,166	18	//
1718	25,783	14	9	93,313	18	6				67,530	3	9
1719	18,060	9	2	66,441	14	11				48,381	5	9
1720	25,307	1	8	130,350	14	11				105,043	13	3
1721	21,949	16	2	126,056	3	5				104,106	7	3
1722	33,671	1	10	186,556	1	5				152,885	2	7
1723	29,877	12	5	138,507	13	3				108,630	//	10
1724	47,181	18	1	216,368	2	7				169,186	4	6
1725	67,514	4	//	284,024	15	10				216,510	11	10
1726	36,189	//	6	147,704	12	3				112,515	11	9
1727	38,690	11	1	138,607	14	6				99,917	3	5
1728	22,443	13	1	187,403	15	7				164,960	2	6
1729	49,355	11	5	253,380	2	5				204,024	11	//
1730	57,081	18	10	260,690	2	7				203,608	3	9
1731	29,339	11	//	206,103	4	3				176,763	13	3
1732	50,423	13	4	203,923	3	4				153,499	10	//
1733	57,635	6	3	128,787	14	9				71,152	8	6
1734	69,416	11	5	129,684	5	3				60,267	13	10
1735	41,663	14	5	138,659	//	2				96,995	5	9
1736	53,691	11	10	193,153	9	10				139,461	18	//
1737	55,779	14	11	234,100	3	7				178,320	8	8
1738	61,911	8	2	277,248	5	2				215,336	17	//
1739	43,035	19	2	219,873	15	//				176,837	15	10

COMMERCE DE LA GRANDE-BRETAGNE
Avec l'Afrique.

ANNÉES	IMPORTATIONS.			EXPORTATIONS.			EXCÉDANT des IMPORTATIONS.			EXCÉDANT des EXPORTATIONS.		
	liv.	sous	den.	liv.	sous	den.				liv.	sous	den.
1740............	62,787	11	7	110,543	15	//	....	...	...	47,756	3	5
1741............	43,815	18	1	132,691	8	11	....	...	...	88,875	10	10
1742............	35,259	18	9	130,385	5	7	....	...	...	95,125	6	10
1743............	26,297	12	7	219,048	7	1	....	...	...	192,750	14	6
1744............	13,889	8	5	95,093	3	1	....	...	...	81,203	14	8
1745............	11,031	//	11	71,399	11	//	....	...	...	60,368	10	1
1746............	25,301	17	1	117,474	7	8	....	...	...	92,172	10	7
1747............	1,603	2	9	186,400	1	9	....	...	...	184,796	19	//
1748............	17,640	9	//	233,671	4	1	....	...	...	216,030	15	1
1749............	15,724	9	11	201,307	16	//	....	...	...	185,583	6	1
1750............	29,007	2	10	160,791	14	//	....	...	...	131,784	11	2
1751............	56,292	2	11	214,640	4	1	....	...	...	158,348	1	2
1752............	42,642	7	1	236,062	13	4	....	...	...	193,420	6	3
1753............	34,011	13	5	275,360	8	10	....	...	...	241,348	15	5
1754............	22,024	8	1	235,057	13	6	....	...	...	213,033	5	5
1755............	40,254	16	8	173,670	//	//	....	...	...	133,415	3	4
1756............	39,166	3	11	188,582	19	6	....	...	...	149,416	15	7
1757............	30,453	4	7	154,498	2	8	....	...	...	124,044	18	1
1758............	43,952	1	10	167,899	16	6	....	...	...	123,947	14	8
1759............	24,382	6	2	228,460	10	//	....	...	...	204,078	3	10
1760............	39,410	14	//	345,546	//	1	....	...	...	306,135	6	1
1761............	12,201	3	2	325,307	1	11	....	...	...	313,105	18	9
1762............	30,540	16	3	273,127	18	7	....	...	...	242,587	2	4
1763............	18,128	2	8	463,818	9	4	....	...	...	445,690	6	8
1764............	35,738	9	2	464,878	14	2	....	...	...	429,140	5	//
1765............	51,692	2	11	469,034	14	4	....	...	...	417,342	11	5
1766............	52,217	3	11	496,789	12	//	....	...	...	445,572	8	1
1767............	55,981	8	6	558,062	5	8	....	...	...	502,080	17	2
1768............	67,249	1	4	612,392	9	8	....	...	...	545,143	8	4
1769............	58,955	12	6	605,180	5	11	....	...	...	546,224	13	5
1770............	68,449	13	7	571,003	6	9	....	...	...	502,553	13	2
1771............	97,486	19	3	702,538	7	4	....	...	...	605,051	8	1
1772............	92,338	12	//	866,394	11	3	....	...	...	774,055	19	3
1773............	68,424	19	9	662,112	7	11	....	...	...	593,687	8	2

COMMERCE DE LA GRANDE-BRETAGNE
Avec les ISLES CANARIES.

ANNÉES.	IMPORTATIONS.			EXPORTATIONS.			EXCÉDANT des IMPORTATIONS.			EXCÉDANT des EXPORTATIONS.		
	liv.	sous	den.	liv.	sous	den.	liv.	sous	den.	liv.	sous	den.
1697	168,190	7	//	51,851	3	2	116,339	3	10			
1698	73,583	13	6	43,170	9	6	30,413	4	//			
1699	84,278	11	8¼	35,973	7	10	48,305	3	10¾			
1700	86,662	14	2½	65,257	4	6	21,405	9	8½			
1701	119,773	13	3½	40,735	10	9	79,038	2	6½			
1702	93,006	3	4	263	14	6	92,742	8	10			
1703												
1704	25,840	12	11¾	. . . . .	. .	. .	25,840	12	11¾			
1705	24,949	19	5¼	19,301	4	11½	5,648	14	5¾			
1706	36,360	16	3¾	34,857	3	11	1,503	12	4¾			
1707	11,286	7	8½	34,539	4	2¼	. . . .	. .	. .	23,252	16	5¾
1708	54,837	2	6¾	8,531	7	9½	46,305	14	9¼			
1709	38,007	13	1¼	14,704	16	6½	23,302	16	6¾			
1710	27,266	15	10	21,488	6	4¼	5,778	9	5¾			
1711	41,409	19	9½	30,517	10	8	10,892	9	1½			
1712	62,540	15	7¼	34,036	2	3¼	28,504	13	4			
1713	24,082	14	6¾	30,714	//	3¾	. . . .	. .	. .	6,631	5	9
1714	56,956	7	8	32,161	19	8¼	24,794	7	11¾			
1715	68,556	1	1	46,218	16	10	22,337	4	3			
1716	69,448	4	11	32,184	10	10	37,263	14	//			
1717	48,444	18	9	39,179	1	3	9,265	17	6			
1718	42,800	16	9	12,359	15	11	30,441	//	10			
1719	57,450	15	7	5,499	12	2	45,051	3	5			
1720	39,642	13	3	19,845	11	8	19,797	1	7			
1721	57,938	8	2	21,082	14	10	36,855	13	4			
1722	23,969	12	4	21,754	7	8	2,215	4	8			
1723	24,867	8	7	29,064	3	1	. . . .	. .	. .	4,196	14	6
1724	35,415	13	8	33,894	18	9	1,520	14	11			
1725	45,360	6	5	45,263	11	10	96	14	7			
1726	30,761	7	11	7,773	19	9	22,987	8	2			
1727	13,582	16	6	16,514	2	4	. . . .	. .	. .	2,931	5	10
1728	25,332	5	11	37,662	2	5	. . . .	. .	. .	12,329	16	6
1729	33,860	13	9	38,089	10	4	. . . .	. .	. .	4,228	16	7
1730	22,738	19	6	33,565	15	6	. . . .	. .	. .	10,826	16	//
1731	34,517	//	11	30,117	3	9	4,399	17	2			
1732	20,381	1	6	34,276	//	4	. . . .	. .	. .	13,894	18	10
1733	25,006	15	9	26,834	5	5	. . . .	. .	. .	1,827	9	8
1734	16,669	10	4	27,048	8	2	. . . .	. .	. .	10,378	17	10
1735	24,121	7	//	34,633	"	8	. . . .	. .	. .	10,511	13	8
1736	24,137	19	7	25,634	8	2	. . . .	. .	. .	1,496	8	7
1737	19,914	18	10	44,293	16	4	. . . .	. .	. .	24,378	17	6
1738	25,894	7	11	49,784	10	4	. . . .	. .	. .	23,890	2	5
1739	14,609	10	3	6,237	13	6	8,371	16	9			

COMMERCE DE LA GRANDE-BRETAGNE
Avec les ISLES CANARIES.

ANNÉES.	IMPORTATIONS.			EXPORTATIONS.			EXCÉDANT des IMPORTATIONS.			EXCÉDANT des EXPORTATIONS.		
	liv.	fous	den.	liv.	fous	den.	liv.	fous	den.	liv.	fous	den.
1740............	2,565	13	2	....	..	..	2,565	13	2			
1741............												
1742............												
1743............												
1744............												
1745............												
1746............												
1747............												
1748............	....	..	..	1,625	5	6	....	...	...	1,625	5	6
1749............	3,154	8	7	16,175	10	1	....	...	...	13,021	1	6
1750............	7,720	11	8	30,146	9	//	....	...	...	22,425	17	4
1751............	1,990	1	7	38,463	12	3	....	...	...	36,473	10	8
1752............	3,548	5	7	34,946	8	9	....	...	...	31,398	3	2
1753............	6,020	8	9	32,620	5	3	....	...	...	26,599	16	6
1754............	3,571	1	8	21,927	17	9	....	...	...	18,356	16	1
1755............	7,874	3	1	29,785	15	5	....	...	...	21,911	12	4
1756............	2,289	12	4	45,712	17	4	....	...	...	43,423	5	//
1757............	3,565	7	4	40,395	13	11	....	...	...	36,830	6	7
1758............	4,338	5	6	52,178	11	1	....	...	...	47,840	5	7
1759............	3,719	6	1	40,401	16	4	....	...	...	36,682	10	3
1760............	3,131	//	5	58,859	4	4	....	...	...	55,728	3	11
1761............	482	17	10	64,543	5	1	....	...	...	64,060	7	3
1762............	1,912	19	//	370	//	9	1,542	18	3			
1763............	2,739	13	1	21,032	16	9	....	...	...	18,293	3	8
1764............	3,158	10	7	31,867	10	2	....	...	...	28,708	19	7
1765............	8,591	4	11	42,365	15	8	....	...	...	33,774	10	9
1766............	10,378	12	6	47,472	13	10	....	...	...	37,094	1	4
1767............	6,061	19	4	38,289	4	5	....	...	...	32,227	5	1
1768............	4,785	5	5	39,840	19	5	....	...	...	35,055	14	//
1769............	9,612	5	11	36,036	6	3	....	...	...	26,424	//	4
1770............	10,656	8	9	41,352	11	10	....	...	...	30,696	3	1
1771............	6,803	18	10	23,825	9	8	....	...	...	17,021	10	10
1772............	12,773	10	7	32,539	7	3	....	...	...	19,765	16	8
1773............	10,635	11	9	43,889	10	1	....	...	...	33,253	18	4

COMMERCE DE LA GRANDE-BRETAGNE
Avec le DANEMARCK & la NORWÈGE.

ANNÉES.	IMPORTATIONS.			EXPORTATIONS.			EXCÉDANT des IMPORTATIONS.			EXCÉDANT des EXPORTATIONS.		
	liv.	fous	den.	liv.	fous	den.	liv.	fous	den.	liv.	fous	den.
1697	63,350	12	2	79,523	7	7				16,172	15	5
1698	90,957	11	7	37,232	6	8	53,725	4	11			
1699	86,744	11	9	37,606	6	10½	49,138	4	10½			
1700	72,758	17	5½	39,695	10	11½	33,063	7	5			
1701	58,773	9	10¾	44,695	8	1½	14,078	1	9¼			
1702	61,086	14	11¾	39,416	10	10	21,670	4	1¾			
1703	75,819	14	2¼	53,566	2	9¼	22,253	11	5			
1704	94,219	16	5½	52,168	1	7½	42,051	14	10			
1705	81,348	18	11	43,349	1	4¾	37,999	17	6¼			
1706	81,986	13	9½	41,723	8	1¼	40,263	5	8¼			
1707	94,216	3	5¼	47,508	6	7½	46,707	16	9¾			
1708	71,286	2	1¾	35,227	12	//	36,058	10	1¾			
1709	67,569	12	//¼	44,520	19	2½	23,048	12	9¾			
1710	60,852	7	//¾	31,571	8	11	29,280	18	1¾			
1711	37,232	12	8½	39,700	16	2				2,468	3	5½
1712	51,448	9	9	29,971	9	1¼	21,477	//	7¾			
1713	107,109	17	3¼	57,947	13	4¼	49,162	3	11½			
1714	90,984	15	4¾	49,475	5	6	41,509	9	10¾			
1715	103,107	8	11	49,744	6	11	53,363	2	//			
1716	73,896	3	11	60,317	15	3	13,578	8	8			
1717	84,832	14	//	86,552	//	1				1,719	6	1
1718	102,965	11	7	122,436	13	7				19,471	2	//
1719	99,261	8	9	171,450	12	4				72,189	3	7
1720	112,263	8	1	129,674	//	4				17,510	12	3
1721	83,731	2	10	138,772	5	2				55,041	2	4
1722	97,012	3	6	82,096	//	4	14,916	3	2			
1723	84,970	10	9	78,889	5	6	6,081	5	3			
1724	114,147	//	9	57,114	6	5	57,032	14	4			
1725	106,909	9	7	62,481	8	11	44,428	//	8			
1726	104,210	9	10	72,918	1	3	31,292	8	7			
1727	93,865	10	3	69,135	18	10	24,729	11	5			
1728	117,278	2	1	55,214	13	//	62,063	9	1			
1729	104,651	18	4	46,684	3	7	57,967	14	9			
1730	95,715	10	3	51,494	12	7	44,220	17	8			
1731	95,809	4	10	75,001	16	10	20,807	8	//			
1732	95,638	18	6	55,023	1	3	40,615	17	3			
1733	93,523	6	4	57,488	12	4	36,034	14	//			
1734	106,064	1	10	55,253	15	2	50,810	6	8			
1735	93,507	2	4	57,570	1	3	35,937	1	1			
1736	96,890	18	4	82,884	8	11	14,006	9	5			
1737	91,578	11	5	49,207	6	9	42,371	4	8			
1738	86,335	8	7	54,731	9	//	31,603	19	7			
1739	78,653	10	//	42,909	15	7	35,743	14	5			

COMMERCE DE LA GRANDE-BRETAGNE
Avec le DANEMARCK & la NORWÈGE.

ANNÉES.	IMPORTATIONS.			EXPORTATIONS.			EXCÉDANT des IMPORTATIONS.			EXCÉDANT des EXPORTATIONS.		
	liv.	sous	den.	liv.	sous	den.	liv.	sous	den.	liv.	sous	den.
1740	89,496	19	3	70,536	//	1	18,960	19	2			
1741	99,203	19	9	52,860	7	7	46,343	12	2			
1742	92,050	14	8	72,868	17	3	19,181	17	5			
1743	78,559	5	4	87,786	5	10				9,227	11	6
1744	74,200	5	9	77,704	11	5				3,504	5	8
1745	92,823	12	5	68,895	16	8	23,927	15	9			
1746	91,640	7	7	72,513	8	1	19,126	19	6			
1747	94,564	17	9	69,958	7	9	24,606	10	//			
1748	108,565	3	6	92,407	17	3	16,157	6	3			
1749	92,511	3	//	84,213	13	11	8,297	9	1			
1750	90,273	8	3	78,052	5	8	12,221	2	7			
1751	88,052	12	1	95,047	//	7				6,994	8	6
1752	93,292	16	11	69,167	9	//	24,125	7	11			
1753	86,774	6	3	86,822	17	11				48	11	8
1754	66,702	4	4	80,931	12	5				14,229	8	1
1755	73,946	19	6	89,210	10	2				15,263	10	8
1756	83,121	9	1	71,432	18	10	11,688	10	3			
1757	69,724	1	9	71,723	9	//				1,999	7	3
1758	85,716	//	2	63,377	8	9	22,338	11	5			
1759	87,137	15	7	76,459	8	11	10,678	6	8			
1760	58,745	10	10	108,627	3	//				49,881	12	2
1761	78,377	6	11	111,227	//	1				32,849	13	2
1762	70,474	16	1	142,052	9	8				71,577	13	7
1763	89,179	11	2	140,610	10	7				51,430	19	5
1764	85,027	9	6	141,534	5	5				56,506	15	11
1765	85,901	3	9	132,588	16	10				46,687	13	1
1766	93,473	//	1	157,064	//	10				63,591	//	9
1767	75,308	3	10	159,730	16	2				84,422	12	4
1768	79,043	15	5	178,041	7	10				98,997	12	5
1769	82,469	8	4	169,155	6	2				86,685	17	10
1770	76,898	17	2	167,257	4	11				90,358	7	9
1771	83,711	6	4	152,340	//	5				68,628	14	1
1772	85,521	17	2	161,972	14	3				76,450	17	1
1773	71,044	4	//	161,399	4	10				90,355	//	10

COMMERCE DE LA GRANDE-BRETAGNE
Avec DANTZICK.

ANNÉES.	IMPORTATIONS.			EXPORTATIONS.			EXCÉDANT des IMPORTATIONS.			EXCÉDANT des EXPORTATIONS.		
	liv.	fous	den.	liv.	fous	den.	liv.	fous	den.	liv.	fous	den.
1697............	151,899	12	9	126,226	13	10	25,672	18	11			
1698............	197,476	15	5	150,018	16	10	47,457	18	7			
1699............	224,546	6	5	165,731	9	$3\frac{1}{4}$	58,814	17	$1\frac{3}{4}$			
1700............	135,338	14	$8\frac{1}{2}$	143,443	1	$2\frac{1}{2}$	....	...	...	8,104	6	6
1701............	167,382	4	$10\frac{1}{2}$	149,644	16	6	17,737	8	$4\frac{1}{2}$			
1702............	100,403	5	10	102,421	11	9	....	...	...	2,018	5	11
1703............	210,812	15	$1\frac{3}{4}$	155,578	10	$1\frac{1}{4}$	55,234	5	$11\frac{1}{2}$			
1704............	195,089	1	$9\frac{1}{2}$	166,740	6	2	28,348	15	$7\frac{1}{4}$			
1705............	96,451	2	$11\frac{3}{4}$	100,281	10	$11\frac{1}{2}$	....	...	...	3,830	7	$11\frac{3}{4}$
1706............	143,345	17	$10\frac{1}{4}$	109,558	16	$10\frac{1}{2}$	33,787	1	$11\frac{1}{4}$			
1707............	148,060	7	5	147,297	2	11	763	4	6			
1708............	157,294	18	$3\frac{1}{2}$	134,241	19	9	23,052	18	$6\frac{1}{2}$			
1709............	64,515	16	1	56,682	15	4	7,833	11	9			
1710............	114,999	6	$5\frac{3}{4}$	29,634	5	$5\frac{1}{4}$	85,365	1	$11\frac{1}{2}$			
1711............	98,224	18	$4\frac{1}{2}$	46,935	19	1	51,288	19	$3\frac{3}{4}$			
1712............	123,372	19	$1\frac{1}{2}$	71,384	1	5	51,988	17	$8\frac{1}{2}$			
1713............	168,816	1	4	80,979	9	6	87,836	11	10			
1714............	140,233	12	7	88,230	18	$11\frac{1}{2}$	52,002	14	$6\frac{1}{2}$			
1715............	94,951	11	7	50,814	7	1	44,137	4	6			
1716............	103,635	15	1	65,293	4	4	38,342	10	9			
1717............	137,728	13	7	73,094	17	6	64,633	16	1			
1718............	125,509	13	2	54,373	16	8	71,135	16	6			
1719............	172,543	11	5	122,177	17	7	50,365	2	10			
1720............	109,557	15	10	98,968	13	4	10,589	2	6			
1721............	107,111	1	10	104,763	5	7	2,347	16	3			
1722............	135,007	19	7	113,899	6	5	21,108	13	2			
1723............	109,356	8	5	95,169	9	9	14,186	18	8			
1724............	226,355	9	11	114,012	10	9	112,342	18	3			
1725............	209,149	3	11	105,029	8	4	104,119	15	7			
1726............	157,154	7	4	126,605	10	10	30,548	16	6			
1727............	177,778	18	3	106,818	7	2	70,960	11	1			
1728............	272,896	8	11	154,293	3	11	118,603	5	11			
1729............	392,882	18	11	138,434	11	10	254,448	18	1			
1730............	190,540	19	8	136,935	16	9	53,605	2	11			
1731............	166,035	5	3	124,684	17	5	41,350	7	10			
1732............	241,745	10	1	142,414	15	8	99,330	14	5			
1733............	202,912	6	2	118,445	5	11	84,467	11	3			
1734............	168,634	9	11	89,187	6	1	79,447	2	11			
1735............	205,753	11	11	120,344	5	3	85,409	5	9			
1736............	223,345	11	5	127,999	8	1	95,345	12	4			
1737............	249,104	4	6	103,377	10	8	145,726	13	10			
1738............	213,487	10	4	157,218	4	4	56,269	6	11			
1739............	247,627	12	10	131,918	12	11	115,708	19	11			

Z

COMMERCE DE LA GRANDE-BRETAGNE
Avec DANTZICK.

ANNÉES.	IMPORTATIONS.			EXPORTATIONS.			EXCÉDANT des IMPORTATIONS.			EXCÉDANT des EXPORTATIONS.		
	liv.	sous	den.	liv.	sous	den.	liv.	sous	den.	liv.	sous	den.
1740............	199,623	10	7	135,480	7	10	64,143	2	9			
1741............	238,285	18	3	139,242	8	4	99,043	9	11			
1742............	279,469	7	4	149,077	3	5	130,392	3	11			
1743............	192,013	12	6	223,034	14	6	....	...	...	31,021	2	//
1744............	211,650	//	2	182,289	15	2	29,360	5	//			
1745............	230,039	18	11	142,909	8	//	87,130	10	11			
1746............	208,155	16	10	128,305	17	5	79,849	19	5			
1747............	228,131	11	11	112,825	//	7	115,306	11	4			
1748............	332,752	18	9	127,514	17	4	205,238	1	5			
1749............	243,725	17	3	155,489	15	1	88,236	2	2			
1750............	334,316	19	7	157,000	8	8	177,316	10	11			
1751............	347,193	//	9	189,141	5	3	158,051	15	6			
1752............	274,953	16	6	169,681	15	5	105,272	1	1			
1753............	244,655	15	8	172,532	12	4	72,123	3	4			
1754............	252,361	19	11	179,219	13	10	73,142	6	1			
1755............	267,228	14	2	174,579	12	6	92,649	1	8			
1756............	282,957	1	1	208,666	15	9	74,290	5	4			
1757............	375,148	19	10	125,269	17	11	249,879	1	11			
1758............	313,598	17	5	126,012	13	6	187,586	3	11			
1759............	254,899	1	9	185,913	17	8	68,985	4	1			
1760............	205,464	16	5	190,217	//	11	15,247	15	6			
1761............	133,536	7	//	202,254	16	1	....	...	...	68,718	9	1
1762............	105,373	8	10	298,776	6	2	....	...	...	193,402	17	4
1763............	247,066	1	6	299,857	7	7	....	...	...	52,791	6	1
1764............	224,499	8	1	290,331	6	9	....	...	...	65,831	18	8
1765............	128,901	18	2	239,717	5	5	....	...	...	110,815	7	3
1766............	152,884	16	7	171,869	18	//	....	...	...	18,985	1	5
1767............	267,085	7	6	150,754	1	10	116,331	5	8			
1768............	318,840	13	4	124,121	5	3	194,719	8	1			
1769............	159,481	13	9	74,422	3	2	85,059	10	7			
1770............	175,552	15	6	80,329	//	8	95,223	14	10			
1771............	195,357	//	2	95,961	19	11	99,395	//	3			
1772............	209,189	14	5	103,661	2	5	105,528	12	//			
1773............	164,337	12	2	68,571	19	8	95,765	12	6			

COMMERCE DE LA GRANDE-BRETAGNE
Avec les INDES ORIENTALES.

ANNÉES.	IMPORTATIONS.			EXPORTATIONS.			EXCÉDANT des IMPORTATIONS.			EXCÉDANT des EXPORTATIONS.		
	liv.	fous	den.	liv.	fous	den.	liv.	fous	den.	liv.	fous	den.
1697............	262,837	9	5	67,094	16	6	195,742	12	11			
1698............	356,509	7	7	451,195	16	2	....	...	...	94,686	8	7
1699............	717,695	4	$5\frac{1}{2}$	156,908	13	$11\frac{1}{2}$	560,786	10	6			
1700............	787,731	7	$11\frac{1}{4}$	126,697	15	5	661,033	12	$6\frac{1}{4}$			
1701............	762,188	7	3	122,048	1	$5\frac{1}{2}$	640,140	5	$9\frac{1}{2}$			
1702............	247,014	16	$\frac{1}{4}$	87,484	12	2	159,530	3	$10\frac{1}{4}$			
1703............	596,309	11	$10\frac{1}{4}$	135,077	9	$3\frac{1}{4}$	461,232	2	7			
1704............	757,814	17	3	193,427	12	8	514,387	4	7			
1705............	391,974	17	$5\frac{1}{2}$	27,004	14	$5\frac{3}{4}$	364,970	2	$11\frac{3}{4}$			
1706............	646,652	11	$10\frac{1}{2}$	27,234	1	8	619,418	10	$2\frac{1}{2}$			
1707............	355,838	15	6	55,974	14	11	299,864	//	7			
1708............	493,257	11	$\frac{3}{4}$	60,915	19	11	432,341	11	$1\frac{3}{4}$			
1709............	327,383	1	$10\frac{1}{2}$	168,357	6	8	159,025	15	$2\frac{1}{2}$			
1710............	248,266	5	$1\frac{1}{2}$	126,310	5	$3\frac{1}{2}$	121,955	19	10			
1711............	636,914	14	$10\frac{3}{4}$	151,874	//	$\frac{1}{2}$	485,040	14	$10\frac{1}{4}$			
1712............	456,933	5	$7\frac{1}{4}$	142,329	13	$3\frac{1}{4}$	314,603	12	4			
1713............	953,013	7	$11\frac{1}{4}$	94,179	12	4	858,833	15	$7\frac{1}{4}$			
1714............	1,045,963	18	$9\frac{1}{4}$	76,595	17	$11\frac{3}{4}$	969,368	//	$9\frac{1}{2}$			
1715............	579,944	4	2	36,997	12	6	542,946	11	8			
1716............	402,554	1	8	106,198	3	//	296,355	18	8			
1717............	494,861	5	11	82,646	16	10	412,214	9	1			
1718............	1,332,901	14	1	73,922	5	11	1,258,979	8	2			
1719............	547,311	8	//	88,365	18	5	458,945	9	7			
1720............	931,441	10	11	83,811	19	9	847,629	11	2			
1721............	1,020,763	12	10	127,509	9	1	893,254	3	9			
1722............	764,053	10	5	125,477	9	5	638,576	1	//			
1723............	968,570	14	6	115,241	10	5	853,329	4	1			
1724............	1,165,203	1	4	100,585	14	3	1,064,617	7	1			
1725............	759,778	12	3	93,795	12	1	665,983	//	2			
1726............	914,122	13	7	74,802	3	9	839,320	9	10			
1727............	1,125,829	14	4	97,808	11	11	1,028,021	2	5			
1728............	869,474	16	9	115,784	2	6	753,690	14	3			
1729............	972,033	16	11	138,287	10	7	833,746	6	4			
1730............	1,059,759	18	11	135,484	1	1	924,275	17	10			
1731............	825,373	8	5	159,132	4	8	666,241	3	9			
1732............	981,332	11	1	159,099	2	6	822,233	8	7			
1733............	1,106,884	18	11	132,435	//	10	974,449	18	1			
1734............	767,531	16	7	135,204	13	10	632,327	2	9			
1735............	1,297,400	7	5	186,375	4	5	1,111,025	3	//			
1736............	928,881	17	4	261,176	7	1	667,705	10	3			
1737............	915,881	17	8	378,089	14	6	537,792	3	2			
1738............	742,844	17	//	169,138	6	//	573,706	11	//			
1939............	1,278,859	11	1	217,395	6	//	1,061,464	5	1			

COMMERCE DE LA GRANDE-BRETAGNE
Avec les INDES ORIENTALES.

ANNÉES.	IMPORTATIONS.			EXPORTATIONS.			EXCÉDANT des IMPORTATIONS.			EXCÉDANT des EXPORTATIONS.		
	liv.	fous	den.	liv.	fous	den.	liv.	fous	den.	liv.	fous	den.
1740	870,476	12	7	281,751	4	9	588,725	7	10			
1741	1,130,014	13	7	486,928	//	11	643,086	12	8			
1742	1,213,878	13	8	373,797	16	5	840,080	17	3			
1743	906,422	11	5	645,547	1	2	260,875	10	3			
1744	743,508	10	6	476,274	8	9	267,234	1	9			
1745	973,705	13	6	293,113	12	10	680,592	//	8			
1746	646,697	7	//	893,540	8	4				246,843	1	4
1747	821,733	10	5	345,526	9	//	476,207	1	5			
1748	1,098,712	2	4	306,357	//	//	792,355	2	4			
1749	1,124,128	2	//	557,086	4	3	567,041	17	9			
1750	1,104,180	11	11	508,654	6	2	595,526	5	9			
1751	1,096,837	16	1	798,077	8	8	298,760	7	5			
1752	1,068,366	7	8	627,688	6	2	440,678	1	6			
1753	1,007,662	13	3	788,374	19	8	219,287	13	7			
1554	1,186,159	13	4	844,247	14	8	341,911	18	8			
1155	1,246,776	11	3	874,579	12	6	92,649	1	8			
1756	796,472	9	7	488,880	3	4	307,592	6	3			
1757	1,111,908	//	//	845,466	19	7	266,441	//	5			
1758	222,946	15	4	922,142	7	5				699,195	2	1
1759	973,805	2	2	665,445	18	11	308,359	3	3			
1760	1,785,679	11	1	1,161,670	6	//	624,009	5	1			
1761	840,987	11	4	845,797	//	4				4,809	9	//
1762	972,838	11	7	1,067,353	13	//				94,515	1	5
1763	1,059,335	18	7	887,083	7	//	172,252	11	7			
1764	1,182,844	18	6	1,165,600	12	4	17,244	6	2			
1765	1,455,589	1	2	914,278	14	1	541,310	7	1			
1766	1,975,981	7	9	783,961	17	10	1,192,019	9	11			
1767	1,981,173	//	1	1,272,654	13	3	708,518	6	10			
1768	1,507,963	//	2	1,156,082	16	8	351,880	3	6			
1769	1,863,233	14	10	1,205,388	18	4	657,844	16	6			
1770	1,941,627	//	4	1,082,030	8	10	859,596	11	6			
1771	1,882,139	5	9	1,184,824	13	11	697,314	11	10			
1772	2,473,192	8	2	941,361	4	5	1,531,831	3	9			
1773	1,933,096	18	5	845,707	16	6	1,087,389	1	11			

COMMERCE DE LA GRANDE-BRETAGNE
Avec la FLANDRE.

ANNÉES.	IMPORTATIONS.			EXPORTATIONS.			EXCÉDANT des IMPORTATIONS.			EXCÉDANT des EXPORTATIONS.		
	liv.	sous	den.	liv.	sous	den.				liv.	sous	den.
1697	45,842	12	9	209,480	5	6				163,637	12	9
1698	81,741	3	4	547,033	18	//				465,292	14	8
1699	79,518	16	$9\frac{1}{2}$	256,475	16	$4\frac{3}{4}$				176,956	19	$7\frac{1}{4}$
1700	60,981	2	$10\frac{1}{4}$	238,204	2	$6\frac{1}{2}$				177,222	19	$8\frac{1}{4}$
1701	65,123	19	2	270,564	6	$6\frac{1}{4}$				205,440	7	$4\frac{1}{4}$
1702	15,369	16	$7\frac{1}{2}$	64,812	13	$2\frac{1}{4}$				49,442	16	$6\frac{3}{4}$
1703												
1704												
1705				30	1	3				30	1	3
1706	289	11	11	66,277	15	9				65,988	3	10
1707	459	10	$7\frac{1}{2}$	130,956	9	11				130,496	19	$3\frac{1}{2}$
1708	3,662	7	7	38,112	19	6				34,450	11	11
1709	1,589	10	$1\frac{1}{2}$	117,507	7	$6\frac{1}{-}$				115,917	17	$4\frac{3}{4}$
1710	10,494	5	$//\frac{1}{2}$	127,080	2	$6\frac{1}{2}$				116,585	17	6
1711	8,897	17	$6\frac{3}{4}$	138,182	5	11				129,284	8	$4\frac{1}{-}$
1712	9,882	17	1	251,592	9	$9\frac{3}{4}$				241,709	12	$8\frac{3}{4}$
1713	14,461	2	$7\frac{3}{4}$	418,616	13	$4\frac{1}{4}$				404,155	10	$8\frac{1}{2}$
1714	32,040	10	$10\frac{3}{4}$	425,549	17	$10\frac{1}{4}$				393,509	6	$11\frac{1}{2}$
1715	25,103	16	1	251,049	1	8				225,945	5	7
1716	26,359	16	1	210,448	2	6				184,088	6	5
1717	32,266	10	11	284,437	8	5				252,170	17	6
1718	30,314	13	11	204,858	1	11				174,543	8	//
1719	40,006	1	1	191,084	11	2				151,078	10	1
1720	30,836	14	5	213,782	19	//				182,946	4	7
1721	42,657	17	3	148,696	11	7				106,938	14	4
1722	60,636	//	//	200,414	6	10				139,778	6	10
1723	70,203	19	6	204,301	15	5				134,097	15	11
1724	62,710	13	9	187,688	13	2				124,977	19	5
1725	72,610	2	5	256,852	17	1				184,242	14	8
1726	64,211	9	10	247,683	19	7				183,472	9	9
1727	85,829	4	//	190,978	10	9				105,149	6	9
1728	115,792	5	6	194,666	6	1				78,874	//	7
1729	104,508	16	2	239,416	3	//				134,907	6	10
1730	100,213	9	7	278,717	9	1				178,503	19	6
1731	119,232	10	//	273,572	9	10				154,339	19	10
1732	124,902	19	10	269,838	3	9				144,935	3	11
1733	166,990	11	7	210,336	6	//				43,345	14	5
1734	101,616	2	//	221,538	2	6				119,922	//	6
1735	165,351	12	10	241,981	12	6				76,629	19	8
1736	149,715	12	8	230,435	16	4				80,720	3	8
1737	150,704	6	10	290,342	//	5				139,637	13	7
1738	167,683	3	2	308,845	14	1				141,162	10	11
1739	191,911	12	1	453,895	19	3				261,984	7	2

A a

COMMERCE DE LA GRANDE-BRETAGNE
Avec la FLANDRE.

ANNÉES.	IMPORTATIONS.			EXPORTATIONS.			EXCÉDANT des IMPORTATIONS.			EXCÉDANT des EXPORTATIONS.		
	liv.	fous	den.	liv.	fous	den.				liv.	fous	den.
1740............	251,123	12	8	402,697	5	2				151,573	12	6
1741............	216,973	6	4	405,760	17	10				188,787	11	6
1742............	254,460	7	11	324,683	9	6				70,223	1	7
1743............	184,496	3	10	505,429	3	3				320,932	19	5
1744............	67,208	16	11	234,477	16	4				167,268	19	5
1745............	16,920	7	9	143,863	//	4				126,942	12	7
1746............	721	7	3	6,456	16	1				5,735	8	10
1747............	841	14	7	1,336	7	//				494	12	5
1748............	21,204	18	10	241,701	18	//				220,496	19	2
1749............	102,724	4	8	579,597	7	8				476,873	3	//
1750............	98,714	9	7	422,694	7	4				323,979	17	9
1751............	82,834	17	8	407,935	3	//				325,100	5	4
1752............	85,376	1	8	483,530	12	6				398,154	10	10
1753............	93,610	17	8	443,701	18	9				350,091	1	1
1754............	90,493	2	9	450,536	16	6				360,043	13	9
1755............	91,623	14	1	463,173	19	9				371,550	5	8
1756............	55,792	10	10	382,817	5	10				327,024	15	//
1757............	52,098	3	//	255,856	2	9				203,757	19	9
1758............	8,242	8	10	276,722	19	9				268,480	10	11
1759............	15,766	7	9	276,871	12	6				261,105	4	9
1760............	31,228	3	//	379,093	11	9				347,865	8	9
1761............	30,546	11	5	425,130	19	4				394,584	7	11
1762............	25,252	1	11	360,462	6	10				335,210	4	11
1763............	83,320	3	10	384,177	12	8				300,857	8	10
1764............	145,772	2	3	546,777	16	10				401,005	14	7
1765............	146,412	4	9	456,817	19	1				310,405	14	4
1766............	125,211	8	5	433,553	12	7				308,342	4	2
1767............	268,322	13	1	545,919	14	3				277,597	1	2
1768............	118,595	16	5	608,258	9	1				489,662	12	8
1769............	103,276	18	3	623,579	2	10				520,302	4	7
1770............	113,860	11	7	678,286	12	1				564,426	//	6
1771............	142,138	2	6	861,777	16	7				719,639	14	1
1772............	99,473	6	9	793,454	12	5				693,981	5	8
1773............	79,957	1	4	1,006,601	6	7				926,644	5	3

COMMERCE DE LA GRANDE-BRETAGNE
Avec la FRANCE.

ANNÉES.	IMPORTATIONS.			EXPORTATIONS.			EXCÉDANT des IMPORTATIONS.			EXCÉDANT des EXPORTATIONS.		
	liv.	fous	den.	liv.	fous	den.				liv.	fous	den.
1697												
1698	48,806	8	4	61,441	11	7	o)			12,635	3	3
1699	76,712	14	4½	103,259	1	3½				26,546	6	11
1700	94,641	5	1¾	287,050	6	9¼				192,409	1	7½
1701	123,940	"	9	212,708	7	1¾				88,768	6	4¾
1702	76,471	9	3	12,838	2	"¾	63,633	7	2¼			
1703												
1704												
1705												
1706												
1707				334	10	"				334	10	"
1708				5,760	16	1½				5,760	16	1½
1709				22,337	7	"½				22,337	7	"½
1710				41,101	12	"				41,201	12	"
1711	4,623	18	6	66,322	15	5				61,698	16	11
1712	16,697	8	2¼	34,376	13	3¼				17,679	5	"½
1713	64,792	"	9¼	160,476	11	11				95,684	11	1¼
1714	48,044	4	9½	288,749	15	5				240,705	10	7½
1715	47,127	15	2	111,019	12	7				63,891	17	5
1716	62,252	2	6	101,556	15	11				39,304	13	5
1717	52,424	5	4	116,834	6	6				64,410	1	2
1718	56,330	6	3	89,545	12	3				33,215	6	"
1719	59,814	2	6	203,670	10	7				143,856	8	1
1720	69,758	15	3	192,372	13	8				122,613	18	5
1721	47,810	14	11	76,138	19	"				28,328	4	1
1722	48,211	10	8	101,834	12	1				53,620	1	5
1723	54,755	2	6	120,468	16	4				65,713	13	10
1724	50,393	16	5	348,144	4	5				297,750	8	"
1725	46,572	13	1	389,916	8	2				343,343	15	1
1726	29,647	15	2	313,094	10	9				283,446	15	7
1727	42,943	9	2	190,366	5	2				147,422	16	"
1728	56,133	"	8	185,582	"	1				129,448	19	5
1729	47,224	13	6	159,154	8	6				111,929	15	"
1730	40,834	12	2	290,505	9	8				249,670	17	6
1731	45,024	13	"	230,622	3	4				185,597	10	4
1732	40,924	"	4	305,485	15	7				264,561	15	3
1733	35,863	3	9	211,897	19	9				176,034	16	"
1734	66,593	8	5	231,346	2	5				164,752	14	"
1735	71,584	19	"	228,462	1	6				156,877	2	6
1736	61,558	14	11	204,536	16	7				142,978	1	8
1737	108,452	8	11	395,197	8	"				286,744	19	1
1738	86,194	10	9	412,325	6	1				326,130	15	4
1939	59,655	4	11	586,722	13	8				527,067	8	9

COMMERCE DE LA GRANDE-BRETAGNE
Avec la FRANCE.

ANNÉES.	IMPORTATIONS.			EXPORTATIONS.			EXCÉDANT des IMPORTATIONS.			EXCÉDANT des EXPORTATIONS.		
	liv.	sous	den.	liv.	sous	den.	liv.	sous	den.	liv.	sous	den.
1740............	67,094	2	7	225,060	1	//	......	...	...	157,965	18	5
1741............	51,705	17	4	347,355	15	7	......	...	...	295,649	18	3
1742............	56,411	15	10	376,182	12	4	......	...	...	319,770	16	6
1743............	78,784	9	3	285,296	18	7	......	...	...	206,512	9	4
1744............	36,622	11	11	156,754	2	2	......	...	...	120,131	10	3
1745............	1,200	5	10	54,688	11	11	......	...	...	53,488	6	1
1746............	116	1	//	136,399	8	4	......	...	...	136,283	7	4
1747............	26	13	4	158,460	5	4	......	...	...	158,433	12	//
1748............	17,303	//	8	321,898	8	//	......	...	...	304,595	7	4
1749............	74,730	19	5	447,669	13	4	......	...	...	372,938	13	11
1750............	66,832	15	1	324,385	5	11	......	...	...	257,552	10	10
1751............	66,927	7	11	469,323	15	9	......	...	...	402,396	7	10
1752............	46,934	13	6	694,408	14	7	......	...	...	647,474	1	1
1753............	75,427	10	4	505,409	12	3	......	...	...	429,982	1	11
1754............	58,886	11	1	434,880	10	3	......	...	...	375,993	19	2
1755............	37,002	8	8	186,310	1	4	......	...	...	149,307	12	8
1756............	19,714	5	6	10,854	4	2	8,860	1	4			
1757............	2,117	17	3	80,665	16	4	......	...	...	78,547	19	1
1758............	......	..	..	93,740	19	7	......	...	...	93,740	19	7
1759............	......	..	..	174,170	18	//	......	...	...	174,170	18	//
1760............	37	5	9	209,946	9	7	......	...	...	209,909	3	10
1761............	480	8	2	74,242	5	7	......	...	...	73,761	17	5
1762............	12	2	7	171,535	18	8	......	...	...	171,523	16	3
1763............	43,158	5	5	197,100	11	3	......	...	...	153,942	5	10
1764............	95,430	19	11	208,765	14	8	......	...	...	113,334	14	9
1765............	186,333	8	10	153,076	11	//	3,256	17	10			
1766............	81,470	13	9	201,032	6	10	......	...	...	119,561	13	1
1767............	174,089	17	4	232,031	7	4	......	...	...	57,941	10	//
1768............	133,100	7	3	271,828	15	7	......	...	...	138,728	8	4
1769............	91,245	6	11	113,310	9	11	......	...	...	22,065	3	//
1770............	65,975	19	11	156,509	6	7	......	...	...	90,533	6	8
1771............	51,645	8	11	146,128	3	2	......	...	...	94,482	14	3
1772............	54,948	11	5	290,989	16	1	......	...	...	236,041	4	8
1773............	44,484	1	3	285,776	4	//	......	...	...	241,292	2	9

COMMERCE DE LA GRANDE-BRETAGNE
Avec L'ALLEMAGNE.

ANNÉES.	IMPORTATIONS.			EXPORTATIONS.			EXCÉDANT des IMPORTATIONS.			EXCÉDANT des EXPORTATIONS.		
	liv.	sous	den.	liv.	sous	den.	liv.	sous	den.	liv.	sous	den.
1697............	342,242	12	2	331,080	6	7	11,162	5	7			
1698............	525,734	3	5	694,349	13	5	....	...	...	168,615	10	"
1699............	818,191	"	1	700,834	12	1	117,356	8	"			
1700............	651,657	10	$9\frac{3}{4}$	629,997	17	"	21,659	13	$9\frac{3}{4}$			
1701............	729,097	18	$9\frac{1}{2}$	1,005,304	5	6	....	...	...	276,206	6	$8\frac{1}{2}$
1702............	527,549	2	6	892,524	13	$2\frac{1}{2}$	....	...	...	364,975	10	$8\frac{1}{2}$
1703............	663,799	14	$7\frac{1}{2}$	726,342	"	$2\frac{1}{2}$	....	...	...	62,542	5	$6\frac{3}{4}$
1704............	675,975	15	$9\frac{1}{2}$	937,521	10	$2\frac{1}{2}$	....	...	...	261,545	14	$5\frac{1}{4}$
1705............	676,381	8	$1\frac{1}{4}$	978,104	13	4	....	...	...	301,723	5	$2\frac{3}{4}$
1706............	356,218	9	$6\frac{3}{4}$	1,085,218	13	2	....	...	...	729,000	3	$7\frac{1}{4}$
1707............	840,722	1	$1\frac{3}{4}$	1,056,320	17	$10\frac{1}{2}$	....	...	...	215,598	16	$8\frac{3}{4}$
1708............	531,166	15	9	1,123,356	17	$3\frac{1}{4}$	....	...	...	592,190	1	$6\frac{1}{2}$
1709............	591,128	6	2	933,847	9	"	....	...	...	342,719	2	10
1710............	457,878	14	$"\frac{1}{4}$	975,803	19	4	....	...	...	517,925	5	$3\frac{2}{4}$
1711............	405,709	11	9	755,737	15	6	....	...	...	350,078	3	9
1712............	495,104	14	10	892,709	9	$9\frac{3}{4}$	....	...	...	397,604	14	$11\frac{3}{4}$
1713............	647,706	"	11	528,296	10	$8\frac{1}{4}$	119,409	10	$2\frac{1}{4}$			
1714............	746,274	1	1	974,045	"	$1\frac{3}{4}$	....	...	...	227,770	19	$"\frac{3}{4}$
1715............	656,417	15	4	877,515	19	1	....	...	...	221,098	3	9
1716............	614,921	13	7	1,105,440	19	5	....	...	...	490,519		10
1717............	681,598	15	1	1,201,254	11	7	....	...	...	519,655	16	6
1718............	647,744	10	6	925,648	"	4	....	...	...	277,903	9	10
1719............	722,363	14	11	866,893	16	6	....	...	...	144,530	1	7
1720............	508,432	10	8	760,224	13	3	....	...	...	251,792	2	7
1721............	576,116	1	4	1,028,795	17	5	....	...	...	452,679	16	1
1722............	613,092	7	2	1,033,185	12	2	....	...	...	420,093	5	"
1723............	517,300	4	1	966,006	9	"	....	...	...	448,706	4	11
1724............	860,864	2	10	957,812	12	2	....	...	...	96,948	9	4
1725............	759,969	18	1	1,039,375	17	6	....	...	...	279,405	19	5
1726............	661,230	12	3	1,107,572	"	9	....	...	...	446,341	8	6
1727............	654,458	1	11	1,087,251	18	10	....	...	...	432,793	16	11
1728............	642,449	6	4	1,336,163	5	2	....	...	...	693,713	18	10
1729............	689,249	8	7	1,218,556	2	11	....	...	...	529,306	14	4
1730............	831,390	11	8	1,092,490	9	1	....	...	...	261,099	17	5
1731............	642,209	5	6	960,858	4	10	....	...	...	318,648	19	4
1732............	761,484	9	1	1,052,977	16	4	....	...	...	291,493	7	3
1733............	763,107	14	7	1,083,157	15	9	....	...	...	320,050	1	2
1734............	851,062	9	10	1,107,071	11	7	....	...	...	256,009	1	9
1735............	835,180	13	7	1,197,776	13	"	....	...	...	362,595	19	5
1736............	617,921	4	3	1,245,757	5	7	....	...	...	627,836	1	4
1737............	806,580	11	4	1,207,479	6	9	....	...	...	400,898	15	5
1738............	644,698	18	2	1,077,922	18	6	....	...	...	433,224	"	4
1739............	705,368	9	7	1,087,685	"	8	....	...	...	382,316	11	1

Bb

COMMERCE DE LA GRANDE-BRETAGNE
Avec L'ALLEMAGNE.

ANNÉES.	IMPORTATIONS.			EXPORTATIONS.			EXCÉDANT des IMPORTATIONS.			EXCÉDANT des EXPORTATIONS.		
	liv.	fous	den.	liv.	fous	den.				liv.	fous	den.
1740............	747,795	9	3	1,091,061	7	6				343,265	18	3
1741............	808,533	2	10	1,146,200	16	6				337,667	13	8
1742............	645,261	//	5	1,319,824	6	6				674,563	6	1
1743............	725,309	5	10	1,831,932	6	2				1,106,623	//	4
1744............	731,701	5	1	1,494,093	//	//				762,391	14	11
1745............	674,507	14	11	1,486,157	7	6				811,649	12	7
1746............	663,209	3	5	1,881,313	15	//				1,218,104	11	7
1747............	689,987	19	6	1,440,105	12	8				750,117	13	2
1748............	738,001	14	8	1,556,175	10	3				818,173	15	7
1749............	720,066	14	5	1,404,663	17	8				684,597	3	3
1750............	645,513	12	6	1,255,872	14	1				610,359	1	7
1751............	627,021	3	11	1,518,071	18	2				891,050	14	3
1752............	674,841	9	6	1,362,218	2	10				687,376	13	4
1753............	741,612	3	1	1,284,292	5	7				542,680	2	6
1754............	709,489	1	9	1,229,406	4	1				519,917	2	4
1755............	696,093	4	9	1,361,964	13	5				665,871	8	8
1756............	751,639	3	2	1,246,173	16	2				494,534	13	//
1757............	809,408	18	5	915,894	1	1				106,485	2	8
1758............	778,708	13	8	1,473,354	7	7				694,645	13	11
1759............	554,408	16	10	1,451,941	5	10				897,532	9	//
1760............	668,076	11	4	1,544,016	15	5				875,940	4	1
1761............	704,744	13	5	2,249,279	2	9				1,544,534	9	4
1762............	516,489	9	6	2,435,106	5	3				1,918,616	15	9
1763............	1,085,107	//	9	2,272,272	16	8				1,187,165	15	11
1764............	606,410	1	2	2,379,315	3	9				1,772,905	2	7
1765............	602,624	12	7	1,869,465	18	8				1,266,841	6	1
1766............	633,672	17	11	1,811,268	2	3				1,177,595	4	4
1767............	680,963	9	10	1,506,293	10	11				825,330	1	1
1768............	689,562	17	9	1,499,732	//	4				810,169	2	7
1769............	619,181	11	9	1,338,866	9	8				719,684	17	11
1770............	684,463	8	11	1,272,569	//	4				588,105	11	5
1771............	765,774	2	//	1,316,492	1	4				550,717	19	4
1772............	701,813	5	1	1,354,181	6	6				652,368	1	5
1773............	454,186	9	5	1,337,552	1	10				883,365	12	5

COMMERCE DE LA GRANDE-BRETAGNE
Avec la HOLLANDE.

ANNÉES.	IMPORTATIONS.			EXPORTATIONS.			EXCÉDANT des IMPORTATIONS.			EXCÉDANT des EXPORTATIONS.		
	liv.	sous	den.	liv.	sous	den.				liv.	sous	den.
1697	506,642	12	7	1,462,315	9	10				955,772	17	3
1698	649,348	18	//	1,507,177	14	6				857,828	6	6
1699	512,599	4	8½	1,452,940	16	2¼				940,341	11	5½
1700	527,072	6	2½	1,765,951	1	2				1,238,878	14	11½
1701	521,257	16	//	2,138,569	8	//¾				1,617,311	12	//¾
1702	436,422	2	11¼	1,666,141	3	4				1,229,719	//	4¼
1703	522,430	9	7¼	2,405,599	9	8¾				1,883,169	//	1
1704	756,843	3	11	2,312,240	8	8½				1,555,397	4	9½
1705	572,209	15	7½	1,715,002	//	6¼				1,142,792	4	10½
1706	622,998	4	//	2,363,434	13	4¼				1,740,436	9	4¾
1707	594,772	2	8¼	2,317,708	3	6¼				1,722,936	//	10½
1708	699,772	13	//¼	2,395,202	//	2¼				1,695,429	7	1½
1709	519,415	19	//¼	2,079,986	19	11¼				1,560,571	//	10½
1710	637,447	17	9¼	2,071,306	12	7¼				1,433,858	14	16
1711	644,381	18	3½	2,350,518	19	9¼				1,706,137	1	6¼
1712	588,364	15	1½	2,153,764	13	//				1,565,399	17	16½
1713	499,705	12	8½	2,154,470	6	//¼				1,654,764	13	4¼
1714	487,424	3	6¼	2,463,091	5	8½				1,975,667	2	2
1715	436,588	3	10	1,945,738	7	10				1,509,150	4	//
1716	535,711	4	2	1,664,303	12	//				1,128,592	7	10
1717	544,813	4	7	1,930,467	15	8				1,385,654	11	1
1718	634,022	14	11	1,706,668	18	11				1,072,646	4	//
1719	527,122	3	9	1,917,593	4	//				1,390,471	//	3
1720	482,085	4	2	1,915,112	6	//				1,433,027	1	10
1721	466,695	7	9	2,044,929	5	3				1,578,233	17	6
1722	561,612	7	8	2,130,396	6	6				1,568,783	18	10
1723	569,994	10	1	1,815,453	15	11				1,245,459	5	10
1724	593,369	1	//	1,772,315	17	5				1,178,946	16	[illegible]
1725	563,684	8	4	1,777,724	12	1				1,214,040	3	9
1726	557,426	12	6	1,677,186	15	3				1,119,760	2	9
1727	540,074	9	7	1,748,957	7	9				1,208,882	18	2
1728	639,229	2	5	2,206,457	18	2				1,567,228	15	9
1729	654,122	12	10	1,819,844	15	//				1,165,722	2	2
1730	568,102	15	11	1,766,526	15	6				1,198,423	19	7
1731	500,046	10	8	1,657,695	1	5				1,157,648	10	9
1732	523,053	10	10	1,900,889	10	5				1,377,835	19	7
1733	512,026	19	8	2,066,075	14	2				1,554,048	14	6
1734	489,940	10	7	1,804,630	12	2				1,314,690	1	7
1735	524,625	13	6	1,954,837	8	//				1,430,211	14	6
1736	546,267	15	1	2,083,479	3	9				1,537,211	8	8
1737	474,264	5	2	1,770,976	9	7				1,296,712	4	5
1738	502,378	11	6	1,837,523	1	5				1,335,144	9	11
1739	478,688	12	4	1,841,117	13	6				1,362,429	1	2

COMMERCE DE LA GRANDE-BRETAGNE
Avec la HOLLANDE.

ANNÉES.	IMPORTATIONS.			EXPORTATIONS.			EXCÉDANT des IMPORTATIONS.			EXCÉDANT des EXPORTATIONS.		
	liv.	sous	den.	liv.	sous	den.				liv.	sous	den.
1740	403,664	6	6	1,754,204	15	4				1,350,540	8	10
1741	470,690	4	2	1,865,721	12	9				1,395,031	8	7
1742	360,350	5	2	1,935,263	13	10				1,574,913	8	8
1743	406,787	10	9	2,675,879	2	11				2,269,091	12	2
1744	405,598	14	10	2,505,038	8	10				2,099,439	14	//
1745	431,374	9	8	2,278,018	10	2				1,846,644	//	6
1746	577,203	3	10	2,678,504	7	11				2,101,301	4	1
1747	698,194	19	//	2,541,384	16	//				1,843,189	17	//
1748	339,547	7	6	2,645,547	6	3				2,305,999	18	9
1749	349,624	13	//	2,716,143	16	11				2,366,519	3	11
1750	325,487	12	8	2,204,095	5	//				1,878,607	12	4
1751	326,570	12	5	1,895,094	4	4				1,568,523	11	11
1752	324,054	11	5	1,875,360	2	9				1,551,305	11	4
1753	330,176	12	1	1,661,040	6	8				1,330,863	14	7
1754	273,160	1	1	1,786,142	18	8				1,512,982	17	7
1755	276,237	4	4	1,710,587	13	1				1,434,350	8	9
1756	300,047	3	5	1,424,971	7	7				1,124,924	4	2
1757	421,784	19	3	1,304,021	//	6				882,236	1	3
1758	472,915	19	5	1,620,139	6	5				1,147,223	7	//
1759	386,864	13	8	1,864,141	7	10				1,477,276	14	2
1760	412,397	3	1	1,784,442	11	2				1,372,045	8	1
1761	437,127	7	7	2,245,695	12	4				1,808,568	4	9
1762	493,944	14	2	2,107,957	16	11				1,614,013	2	9
1763	476,383	10	3	1,910,240	19	5				1,433,857	9	2
1764	371,730	2	2	2,040,467	9	9				1,668,737	7	7
1765	420,273	4	3	2,026,772	16	11				1,606,499	12	8
1766	374,587	//	1	1,602,924	6	7				1,228,337	6	6
1767	743,703	8	8	1,539,705	18	//				796,002	9	4
1768	455,814	4	9	1,744,974	5	8				1,289,160	//	11
1769	323,720	14	5	1,658,551	13	1				1,334,830	18	8
1770	352,535	6	4	1,766,333	10	2				1,413,798	3	10
1771	428,080	1	7	1,685,397	16	//				1,257,317	14	5
1772	324,901	8	8	1,997,815	1	4				1,672,913	12	8
1773	411,642	6	//	1,873,860	14	5				1,462,218	8	5

COMMERCE DE LA GRANDE-BRETAGNE
Avec L'IRLANDE.

ANNÉES.	IMPORTATIONS.			EXPORTATIONS.			EXCÉDANT des IMPORTATIONS.			EXCÉDANT des EXPORTATIONS.		
	liv.	sous	den.	liv.	sous	den.	liv.	sous	den.	liv.	sous	den.
1697	223,913	8	10	251,262	3	4				27,348	14	6
1698	333,968	9	5	293,813	13	6	40,154	15	11			
1699	417,475	5	6	269,475	19	8	147,999	5	10			
1700	233,853	6	3	261,115	15	10½				27,262	9	7½
1701	285,390	18	1¼	296,144	7	7¾				10,753	9	6½
1702	258,121	1	3	215,112	16	10	43,008	4	5			
1703	324,289	14	10¾	266,324	1	2	57,965	13	8¾			
1704	321,847	"	5¾	215,949	16	4¼	105,897	4	1½			
1705	279,992	1	2¾	244,057	6	6¾	35,934	14	8			
1706	266,269	5	10½	198,176	6	9¾	68,092	19	"¾			
1707	306,423	6	11	263,412	14	1½	43,010	12	9½			
1708	274,689	15	8¾	251,974	10	9¼	22,715	4	11½			
1709	276,423	14	4¾	251,519	4	"¾	24,904	10	4			
1710	310,846	"	7¾	285,424	2	9	25,421	17	10¼			
1711	297,238	"	1½	261,426	"	11¼	35,811	19	2¼			
1712	291,669	9	8½	274,845	12	7¼	16,823	17	"¾			
1713	295,926	1	"½	306,964	2	8				11,038	1	7½
1714	326,391	14	9½	397,048	1	4½				70,656	6	7
1715	389,437	1	"	420,062	11	5				30,625	10	5
1716	561,673	11	10	345,252	2	5	216,421	9	5			
1717	469,657	11	6	429,880	15	5	39,776	16	1			
1718	326,283	16	5	333,988	7	6				7,704	11	1
1719	380,130	7	5	387,460	"	6				7,329	13	1
1720	282,812	"	7	328,583	15	5				45,771	14	10
1721	332,882	3	10	378,838	11	2				37,956	7	4
1722	356,095	19	2	488,370	5	1				132,274	5	11
1723	360,526	16	11	553,945	16	6				193,418	19	7
1724	367,889	16	1	468,257	9	3				100,367	13	2
1725	333,870	18	5	474,836	13	6				140,965	15	1
1726	332,604	9	9	569,553	12	4				236,949	2	7
1727	307,038	16	6	436,012	"	9				128,973	4	3
1728	318,147	7	8	475,762	12	11				157,615	5	3
1729	287,648	2	10	517,198	1	11				229,549	19	1
1730	294,156	4	4	532,698	19	5				238,542	15	1
1731	308,939	2	4	618,684	6	"				309,745	3	8
1732	294,484	9	9	614,754	5	2				320,269	15	5
1733	386,105	16	11	595,251	6	3				209,145	9	4
1734	401,422	16	5	627,154	16	1				225,731	19	8
1735	417,421	19	9	769,244	15	6				351,822	15	9
1736	447,176	17	5	720,555	9	6				273,378	12	1
1737	346,476	8	4	730,910	2	1				384,433	13	9
1738	381,372	3	2	696,590	10	9				315,218	7	7
1739	411,924	5	4	673,621	8	"				261,697	2	8

COMMERCE DE LA GRANDE-BRETAGNE
Avec L'IRLANDE.

ANNÉES.	IMPORTATIONS.			EXPORTATIONS.			EXCÉDANT des IMPORTATIONS.			EXCÉDANT des EXPORTATIONS.		
	liv.	sous	den.	liv.	sous	den.	liv.	sous	den.	liv.	sous	den.
1740	390,565	//	7	628,288	9	4				237,723	8	9
1741	404,863	14	8	698,715	11	6				293,851	16	10
1742	346,814	13	1	775,650	11	1				428,835	18	//
1743	816,797	13	9	860,178	10	1				43,380	16	4
1744	390,874	11	6	703,227	14	4				312,353	2	10
1745	1,441,498	13	//	910,920	4	//	530,578	9	//			
1746	532,686	9	6	796,157	19	11				263,471	10	5
1747	541,393	2	3	748,677	17	11				207,284	15	8
1748	464,489	3	3	906,424	4	//				441,935	//	9
1749	567,776	18	11	1,006,045	16	7				438,268	17	8
1750	612,808	1	11	1,316,600	2	2				703,792	//	3
1751	664,484	17	11	1,174,493	3	//				510,008	5	1
1752	563,959	16	//	1,140,608	10	1				576,648	14	1
1753	561,489	1	//	1,149,552	7	//				588,063	6	//
1754	610,466	13	3	1,173,829	//	3				563,362	7	//
1755	643,165	15	5	1,070,063	10	6				426,897	15	1
1756	827,811	//	6	1,111,801	15	10				283,990	15	4
1757	687,471	8	4	960,843	7	4				273,371	19	//
1758	1,050,332	19	3	926,886	10	1	123,446	9	2			
1759	832,127	12	9	931,358	15	5				99,231	2	8
1760	904,180	14	8	1,050,401	//	10				146,220	6	2
1761	853,804	8	//	1,476,114	14	3				622,310	6	3
1762	889,368	6	10	1,528,696	6	10				639,328	//	//
1763	769,379	11	8	1,640,713	3	3				871,333	11	7
1764	777,412	19	8	1,634,382	1	8				856,969	2	//
1765	1,070,533	11	11	1,767,020	1	6				696,486	9	7
1766	1,154,982	4	7	1,920,015	19	6				765,033	14	11
1767	1,103,285	6	11	1,880,486	13	9				777,201	6	10
1768	1,226,094	//	3	2,248,315	6	5				1,022,221	6	2
1769	1,265,107	12	8	1,964,742	1	9				699,634	9	1
1770	1,214,398	4	5	2,125,466	12	8				911,068	8	3
1771	1,380,737	14	11	1,983,818	17	6				603,081	2	7
1772	1,242,305	18	5	1,963,787	4	//				721,481	5	7
1773	1,252,817	3	7	1,918,802	18	10				665,985	15	3

COMMERCE DE LA GRANDE-BRETAGNE
Avec L'ITALIE.

ANNÉES.	IMPORTATIONS.			EXPORTATIONS.			EXCÉDANT des IMPORTATIONS.			EXCÉDANT des EXPORTATIONS.		
	liv.	sous	den.	liv.	sous	den.	liv.	sous	den.	liv.	sous	den.
1697	80,708	14	6	38,765	8	4	41,943	6	2			
1698	163,624	17	9	82,011	5	3	81,613	12	6			
1699	329,188	16	2	100,549	7	4	228,639	8	10			
1700	348,019	7	1¾	111,901	16	1¼	236,117	11	//			
1701	384,937	10	//	135,202	2	7	249,735	7	5¾			
1702	261,174	4	2¾	57,146	15	5¼	204,027	8	9			
1703	159,257	3	5¾	173,529	18	10¼	...	...	...	14,272	15	4½
1704	250,145	9	3¼	178,794	18	6¼	71,350	10	9			
1705	173,996	10	9½	134,466	9	11	39,530	//	10½			
1706	190,457	1	6¼	187,466	10	1¼	2,990	11	5			
1707	164,227	19	2¼	169,050	1	8	...	...	...	4,822	2	5¾
1708	165,518	1	10¼	162,271	6	1	3,246	15	9¼			
1709	123,099	14	8¼	122,498	19	9	600	14	11¼			
1710	169,654	16	11	126,089	1	2	43,565	15	9			
1711	125,193	16	6¾	158,457	14	11	...	...	...	33,263	18	4¼
1712	117,790	16	10¼	214,689	7	4¾	...	...	...	96,898	10	6½
1713	314,521	5	10¾	226,729	//	7	87,792	5	3¾			
1714	415,540	9	8¾	237,485	13	9¾	178,054	15	11			
1715	428,903	15	1	161,534	5	6	267,369	9	7			
1716	555,830	16	1	176,187	18	//	379,642	18	1			
1717	513,679	8	6	192,250	17	4	321,428	11	2			
1718	373,838	5	//	151,304	18	//	222,533	7	//			
1719	342,496	2	1	158,770	2	9	183,725	19	4			
1720	436,169	12	7	123,292	15	9	312,876	16	10			
1721	407,405	5	1	115,170	5	//	292,235	//	1			
1722	131,716	3	9	132,298	18	6	298,947	5	3			
1723	435,003	9	4	115,693	5	6	319,310	3	10			
1724	478,056	6	11	124,745	4	5	353,311	2	6			
1725	529,424	14	11	151,952	19	2	377,471	15	9			
1726	488,292	//	4	161,071	6	2	327,220	14	2			
1727	459,377	10	2	133,588	11	10	[illegible]5,788	18	4			
1728	411,558	3	7	123,841	13	2	287,716	10	5			
1729	385,510	3	1	116,427	5	10	269,082	17	3			
1730	490,694	//	3	50,739	8	//	439,954	12	3			
1731	387,050	3	3	72,586	1	10	314,464	1	5			
1732	399,253	9	5	94,469	8	10	304,784	//	7			
1733	495,036	8	//	164,909	19	11	330,126	8	1			
1734	468,097	11	7	169,052	3	10	299,045	7	9			
1735	497,064	10	11	162,461	13	3	334,602	17	8			
1736	349,285	7	10	123,564	5	7	225,721	2	3			
1737	233,229	15	//	175,103	2	4	58,126	12	8			
1738	507,265	7	6	144,039	9	2	363,225	18	4			
1739	380,989	17	8	126,681	8	8	254,308	9	//			

COMMERCE DE LA GRANDE-BRETAGNE
Avec L'ITALIE.

ANNÉES.	IMPORTATIONS.			EXPORTATIONS.			EXCÉDANT des IMPORTATIONS.			EXCÉDANT des EXPORTATIONS.		
	liv.	sous	den.	liv.	sous	den.	liv.	sous	den.	liv.	sous	den.
1740	462,770	//	11	141,781	10	//	320,988	10	14			
1741	544,967	18	11	89,826	1	//	455,141	17	11			
1742	444,497	15	2	76,441	9	10	368,056	5	4			
1743	639,250	6	4	114,086	14	6	525,163	11	10			
1744	536,572	18	9	124,582	17	7	411,990	1	2			
1745	455,293	2	//	88,106	4	3	367,186	17	9			
1746	377,022	3	9	95,009	17	4	282,012	6	5			
1747	676,088	14	1	134,157	12	11	541,931	1	2			
1748	602,173	6	8	229,889	5	6	372,284	1	2			
1749	530,574	3	6	188,164	1	11	342,410	1	7			
1750	291,526	3	6	172,159	1	3	119,367	2	3			
1751	551,018	1	10	268,974	5	7	282,043	16	3			
1752	614,936	//	5	264,792	11	7	358,143	//	10			
1753	561,923	5	1	256,782	15	10	305,140	9	3			
1754	533,742	2	3	255,514	10	11	278,227	11	4			
1755	690,136	9	7	216,429	4	1	473,707	5	6			
1756	380,294	//	1	262,797	16	1	117,496	4	//			
1757	402,521	11	//	295,457	9	2	107,064	1	10			
1758	662,127	16	3	339,669	18	1	322,457	18	2			
1759	514,719	5	11	280,712	5	11	234,007	//	//			
1760	506,100	15	7	210,096	10	2	296,004	5	5			
1761	761,916	18	7	199,461	6	9	562,455	11	10			
1762	508,951	14	5	509,517	13	10	....	...	...	565	19	5
1763	948,140	8	//	468,779	18	4	479,360	9	8			
1764	810,902	9	5	754,446	4	2	56,456	5	3			
1765	785,030	7	6	824,803	5	8	....	...	...	39,772	18	2
1766	812,179	4	//	839,838	7	7	....	...	...	27,659	3	7
1767	630,447	17	6	606,506	5	1	23,941	12	5			
1768	673,915	11	5	781,350	11	11	....	...	...	107,435	//	6
1769	930,045	19	//	746,220	6	2	183,825	12	10			
1770	815,944	17	2	756,385	11	3	59,559	5	11			
1771	947,138	12	8	782,582	15	7	164,555	17	1			
1772	858,599	8	10	831,514	1	8	27,085	7	2			
1773	480,349	6	//	848,729	//	1	....	...	...	368,379	14	1

COMMERCE DE LA GRANDE-BRETAGNE
Avec les ISLES MADÈRES.

ANNÉES	IMPORTATIONS (liv.)	(fous)	(den.)	EXPORTATIONS (liv.)	(fous)	(den.)	EXCÉDANT des IMPORTATIONS (liv.)	(fous)	(den.)	EXCÉDANT des EXPORTATIONS (liv.)	(fous)	(den.)
1697	2,640	11	10	6,777	5	6				4,136	13	8
1698	1,270	12	6	26,762	9	1				25,491	16	7
1699	2,298	"	4	7,741	1	$4\frac{3}{4}$				5,443	1	$"\frac{1}{4}$
1700	528	10	2	11,510	16	$11\frac{1}{4}$				10,982	6	$9\frac{1}{4}$
1701	1,614	8	$10\frac{1}{4}$	11,444	17	$8\frac{1}{4}$				9,830	8	$10\frac{1}{2}$
1702	3,199	16	3	13,631	5	$8\frac{1}{4}$				10,431	9	$5\frac{3}{4}$
1703	1,570	11	2	22,057	7	$3\frac{1}{4}$				20,486	16	$1\frac{1}{4}$
1704	3,210	12	$"\frac{1}{4}$	13,798	10	11				10,587	18	$10\frac{1}{4}$
1705	8,285	15	$8\frac{1}{2}$	19,498	7	$1\frac{1}{4}$				11,212	11	$4\frac{3}{4}$
1706	64	6	3	6,616	1	10				6,551	15	7
1707	1,533	6	8	4,369	17	1				2,836	10	5
1708	2,246	17	$3\frac{1}{2}$	27,074	13	5				24,827	16	$1\frac{1}{2}$
1709	1,164	15	$11\frac{1}{2}$	16,442	9	$7\frac{1}{4}$				15,277	13	$7\frac{3}{4}$
1710	6,536	8	3	17,318	17	4				10,782	9	1
1711	2,961	16	"	11,920	4	$10\frac{1}{4}$				8,958	8	$10\frac{1}{4}$
1712	2,808	10	$9\frac{1}{4}$	35,672	5	$1\frac{1}{4}$				32,863		4
1713	2,011	"	9	88,157	14	$3\frac{1}{2}$				86,146	13	$6\frac{1}{2}$
1714	5,336	4	$2\frac{1}{2}$	79,946	6	$3\frac{1}{2}$				74,610	2	1
1715	7,149	13	9	57,564	9	2				50,414	15	5
1716	3,740	7	2	105,175	18	2				101,435	11	"
1717	3,992	3	3	81,541	14	1				77,549	10	10
1718	3,119	8	2	66,511	14	4				63,392	6	2
1719	6,358	15	"	91,454	9	10				85,095	14	10
1720	4,628	17	4	39,338	7	6				34,709	10	2
1721	3,070	7	6	49,436	11	"				46,366	3	6
1722	3,848	1	"	59,724	15	2				55,876	11	2
1723	3,403	9	"	66,266	15	6				62,863	6	6
1724	5,896	8	1	51,422	3	3				45,525	15	2
1725	4,049	19	10	66,672	18	8				62,622	18	10
1726	3,497	17	7	31,005	6	5				27,507	8	10
1727	2,834	7	6	30,890	13	9				28,056	6	3
1728	1,416	17	9	36,636	13	"				35,219	15	3
1729	3,529	2	7	27,467	2	7				23,938	"	"
1730	6,365	7	2	40,831	5	3				34,465	18	1
1731	4,248	18	8	13,007	13	6				8,758	14	10
1732	1,607	19	4	8,021	7	6				6,413	8	2
1733	4,245	"	4	11,703	1	1				7,458	"	9
1734	4,298	5	3	14,089	9	5				9,791	4	2
1735	4,950	19	2	23,947	8	6				18,996	9	4
1736	2,267	9	2	17,484	8	4				15,216	19	2
1737	8,706	2	10	18,075	10	2				9,369	7	4
1738	4,552	11	9	24,241	15	2				19,689	3	5
1739	2,674	17	3	6,630	2	8				3,955	5	5

COMMERCE DE LA GRANDE-BRETAGNE
Avec les ISLES MADÈRES.

ANNÉES.	IMPORTATIONS.			EXPORTATIONS.			EXCÉDANT des IMPORTATIONS.			EXCÉDANT des EXPORTATIONS.		
	liv.	fous	den.	liv.	fous	den.				liv.	fous	den.
1740	3,019	//	7	12,772	15	8				9,753	15	1
1741	5,977	17	5	15,689	1	//				9,711	3	7
1742	3,316	13	3	22,371	//	8				19,054	7	5
1743	4,613	17	9	27,719	9	11				23,105	12	2
1744	2,933	6	4	19,922	8	6				16,989	2	2
1745	2,395	11	//	21,966	11	6				19,571	//	6
1746	4,145	15	1	26,077	9	3				21,931	14	2
1747	8,143	18	11	30,831	19	4				22,688	//	5
1748	4,619	8	6	23,116	1	5				18,496	12	11
1749	3,883	15	8	22,634	18	11				18,751	3	3
1750	2,554	2	7	20,134	8	6				17,580	5	11
1751	4,869	18	3	20,536	11	3				15,666	13	//
1752	3,203	2	11	32,595	6	8				29,392	3	9
1753	3,965	3	3	32,893	18	9				28,928	15	6
1754	4,958	8	7	17,102	10	11				12,144	2	4
1755	3,075	17	1	16,486	16	8				13,410	19	7
1756	2,149	2	8	19,728	8	3				17,579	5	7
1757	2,019	2	7	13,985	9	9				11,966	7	2
1758	1,342	2	3	21,508	15	4				20,166	13	1
1759	3,052	7	1	32,517	1	10				29,464	14	9
1760	3,386	14	10	31,605	11	9				28,218	16	11
1761	6,714	15	9	46,931	16	9				40,217	1	//
1762	3,729	19	7	43,232	6	5				39,502	6	10
1763	1,119	3	9	37,278	13	3				36,159	9	6
1764	5,792	9	3	40,152	12	6				34,360	3	3
1765	3,974	12	1	40,797	3	3				36,822	11	2
1766	6,988	17	8	36,260	10	//				29,271	12	4
1767	6,211	//	//	34,253	5	6				28,042	5	6
1768	3,864	16	8	25,588	6	3				21,723	9	7
1769	4,935	9	7	27,459	2	3				22,523	12	8
1770	4,935	12	6	26,500	15	3				21,565	2	9
1771	2,067	18	2	11,213	17	9				9,145	19	7
1772	3,333	3	8	12,107	2	2				8,776	18	6
1773	2,499	//	8	13,118	14	7				10,619	13	11

COMMERCE DE LA GRANDE-BRETAGNE
Avec TERRE-NEUVE.

ANNÉES.	IMPORTATIONS.			EXPORTATIONS.			EXCÉDANT des IMPORTATIONS.			EXCÉDANT des EXPORTATIONS.		
	liv.	fous	den.	liv.	fous	den.	liv.	fous	den.	liv.	fou^s	den.
1697	9,384	"	4	21,659	10	9				12,275	10	5
1698	4,899	13	1	15,620	9	1				10,720	16	"
1699	18,402	6	1¼	17,661	8	5¼	740	17	8			
1700	16,706	3	8½	26,075	4	5				9,369	"	8½
1701	19,696	18	2½	9,156	6	5½	10,540	11	9			
1702	11,811	8	2	6,425	3	7¼	5,386	4	6¾			
1703	7,021	4	8	4,757	12	2¾	2,263	12	5¼			
1704	13,401	6	11¾	9,619	1	10¼	3,782	5	1½			
1705	5,008	15	9	8,596	"	4¾				3,587	4	7¾
1706	11,857	16	3	8,729	"	8¾	3,128	15	6¼			
1707	9,011	16	11	10,533	16	3				1,521	9	4
1708	8,577	1	5¼	13,902	13	11				5,325	12	5¾
1709	12,151	4	3	11,158	9	6	992	14	9			
1710	13,965	1	4	11,874	8	7	2,090	12	9			
1711	10,759	12	9	5,830	6	4½	4,929	6	4½			
1712	19,640	"	4	11,473	17	9¾	8,166	2	6¼			
1713	12,059	18	5½	6,677	9	3½	5,382	9	2			
1714	11,491	17	1½	9,601	12	5¾	1,890	4	7¾			
1715	11,288	2	2	8,120	1	10	3,168	"	4			
1716	9,487	"	4	7,162	18	1	2,324	2	3			
1717	12,086	8	3	5,724	6	1	6,362	2	2			
1718	13,134	8	8	8,134	16	7	4,999	12	1			
1719	11,394	9	6	7,680	11	9	3,713	17	9			
1720	14,643	12	3	11,859	3	9	2,784	8	6			
1721	17,858	3	5	6,815	"	10	11,043	2	7			
1722	21,382	17	7	11,775	4	9	9,607	12	10			
1723	18,830	11	4	10,614	10	8	8,216	"	8			
1724	19,846	8	2	12,624	13	7	7,221	14	7			
1725	19,243	5	11	22,528	2	5				3,284	16	6
1726	19,220	4	11	14,133	15	10	5,086	9	1			
1727	39,973	6	4	10,986	19	2	28,986	7	2			
1728	37,972	7	7	14,202	3	8	23,770	3	11			
1729	46,889	15	6	15,462	"	1	31,427	15	5			
1730	28,954	12	6	21,725	3	9	7,229	8	9			
1731	31,373	17	3	18,987	3	6	12,386	13	9			
1732	56,281	14	5	27,693	6	4	28,588	8	1			
1733	29,751	4	2	30,564	5	1				813	"	11
1734	30,395	16	4	18,932	8	9	11,463	7	7			
1735	30,101	12	6	25,535	"	"	4,566	12	6			
1736	32,009	10	5	28,740	7	6	3,269	2	11			
1737	43,752	17	8	38,041	7	8	5,711	10	"			
1738	34,666	2	"	33,821	4	10	844	17	2			
1739	46,753	18	8	31,746	19	1	15,006	19	7			

COMMERCE DE LA GRANDE-BRETAGNE
Avec TERRE-NEUVE.

ANNÉES.	IMPORTATIONS.			EXPORTATIONS.			EXCÉDANT des IMPORTATIONS.			EXCÉDANT des EXPORTATIONS.		
	liv.	sous	den.	liv.	sous	den.	liv.	sous	den.	liv.	sous	den.
1740	43,588	8	6	21,562	7	2	22,026	1	4			
1741	48,519	15	9	20,251	7	8	28,268	8	1			
1742	51,274	5	4	39,740	12	11	11,533	12	5			
1743	34,074	2	7	34,951	2	//				876	19	5
1744	19,803	5	5	21,831	17	//				2,028	11	7
1745	28,488	1	5	28,302	17	4	185	4	1			
1746	33,891	//	7	32,829	6	6	1,061	14	1			
1747	26,097	9	6	49,021	16	4				22,924	6	10
1748	44,770	5	9	37,182	8	//	7,587	17	9			
1749	39,672	16	8	58,936	4	4				19,263	7	8
1750	37,372	19	7	44,867	11	6				7,494	11	11
1751	48,256	4	8	52,833	8	7				4,577	3	11
1752	41,459	4	7	46,995	2	11				5,535	18	4
1753	37,824	14	10	40,927	8	10				3,102	14	//
1754	32,803	14	4	50,752	4	9				17,948	10	5
1755	37,105	9	5	36,946	8	8	159	//	9			
1756	21,427	1	9	29,648	1	5				8,220	19	8
1757	33,324	6	2	23,537	7	9	9,786	18	5			
1758	38,220	16	1	25,454	9	11	12,766	6	2			
1759	50,772	19	7	36,923	8	4	13,849	11	3			
1760	26,360	2	4	56,643	1	6				30,282	19	2
1761	25,282	7	8	57,964	2	10				32,681	15	2
1762	23,436	8	11	34,387	13	1				10,951	4	2
1763	34,102	18	8	55,102	8	7				20,999	9	11
1764	30,354	2	4	72,588	6	3				42,234	3	11
1765	43,928	4	11	70,498	7	9				26,570	2	10
1766	45,207	15	//	65,779	10	9				20,571	15	9
1767	48,950	18	6	53,550	10	7				4,599	12	1
1768	48,357	//	6	46,761	2	1	1,595	18	5			
1769	50,835	3	3	64,080	5	4				13,245	2	1
1770	45,108	11	//	91,058	//	//				45,949	9	//
1771	49,424	18	8	89,394	1	7				39,969	2	11
1772	67,625	2	11	107,822	14	//				40,197	11	1
1773	68,087	11	9	77,744	1	4				9,656	9	7

COMMERCE DE LA GRANDE-BRETAGNE
Avec le PORTUGAL.

ANNÉES.	IMPORTATIONS.			EXPORTATIONS.			EXCÉDANT des IMPORTATIONS.			EXCÉDANT des EXPORTATIONS.		
	liv.	fous	den.	liv.	fous	den.				liv.	fous	den.
1697	86,755	10	2	125,274	10	3				38,519	//	1
1698	155,310	16	1	365,251	7	6				209,940	11	5
1699	164,539	7	½	337,600	14	7¾				173,061	7	6¼
1700	279,156	1	6¼	336,357	11	2¼				57,201	9	8
1701	206,924	6	4½	277,109	4	10				70,184	18	5½
1702	193,998	18	8½	460,465	6	9½				266,466	8	1¼
1703	257,180	11	8¼	714,241	9	4				457,060	17	7¾
1704	330,689	//	10¾	780,664	7	11½				449,975	7	//¾
1705	222,542	19	5½	818,995	16	7¾				596,452	17	2¼
1706	241,929	6	2½	762,666	10	//				520,737	3	9½
1707	240,512	16	5¾	614,773	5	//				374,260	8	6¼
1708	271,505	1	11	538,193	12	9¾				266,688	10	10¾
1709	252,478	3	1¼	731,751	6	11¼				479,273	3	10
1710	192,113	//	8½	614,635	1	8½				422,522	1	//
1711	247,108	7	2¼	576,044	9	2				328,936	1	11¾
1712	202,364	13	//½	564,750	16	1¾				362,386	3	1¼
1713	196,416	1	9¼	527,980	10	8¾				431,564	8	11½
1714	281,268	4	8¾	793,623	17	6¼				512,355	12	9½
1715	333,385	6	//	625,381	9	9				291,996	3	9
1716	303,459	//	5	752,638	2	//				449,179	1	7
1717	338,661	3	4	617,581	19	6				278,920	16	2
1718	429,235	1	7	514,079	16	5				84,844	14	10
1719	356,083	18	5	816,367	19	2				460,284	//	9
1720	319,476	3	9	775,835	17	3				456,359	13	6
1721	422,620	12	1	771,312	6	2				348,691	14	1
1722	363,604	14	1	973,107	16	2				609,503	2	1
1723	349,908	18	9	864,528	//	//				514,619	3	3
1724	388,517	17	6	666,781	8	7				278,263	11	1
1725	410,967	15	9	780,992	9	6				370,024	13	9
1726	231,369	15	2	865,729	11	5				634,359	16	3
1727	399,774	5	4	792,817	15	4				393,043	10	//
1728	495,676	19	6	898,899	7	4				403,222	7	10
1729	441,527	//	3	996,149	7	9				554,622	7	6
1730	228,118	9	6	1,015,754	15	3				787,636	5	9
1731	363,873	8	6	903,349	//	11				539,475	12	5
1732	295,123	5	9	1,022,054	5	8				726,930	19	11
1733	300,057	17	9	1,141,773	12	4				841,715	14	7
1734	311,275	13	2	1,007,397	13	7				696,122	//	5
1735	358,056	8	10	1,045,533	11	//				687,477	2	2
1736	303,655	8	6	1,261,576	3	11				957,920	15	5
1737	387,265	16	10	1,349,027	9	7				961,761	12	9
1738	306,366	//	11	1,405,010	4	10				1,098,644	3	11
1739	304,759	9	//	1,017,576	8	2				712,816	19	2

COMMERCE DE LA GRANDE-BRETAGNE
Avec le PORTUGAL.

ANNÉES.	IMPORTATIONS.			EXPORTATIONS.			EXCÉDANT des IMPORTATIONS.			EXCÉDANT des EXPORTATIONS.		
	liv.	fous	den.	liv.	fous	den.				liv.	fous	den.
1740	201,603	7	2	789,046	17	6				587,443	10	4
1741	553,692	7	//	1,321,286	12	7				767,594	5	7
1742	492,260	12	4	1,154,160	8	6				661,899	16	2
1743	466,355	2	11	1,145,418	5	6				679,063	2	7
1744	212,180	2	2	889,483	15	7				677,303	13	5
1745	418,452	9	10	1,065,156	9	6				646,703	19	8
1746	305,728	10	3	1,051,796	12	8				746,068	2	5
1747	359,896	3	10	1,239,208	2	11				879,311	19	1
1748	321,412	11	4	1,081,866	19	5				760,454	8	1
1749	387,520	6	1	989,828	//	4				602,307	14	3
1750	244,276	9	4	1,208,248	19	5				963,972	10	1
1751	258,990	4	5	1,157,718	2	1				898,727	17	8
1752	253,160	6	3	938,742	12	3				685,582	6	//
1753	332,279	8	//	1,156,001	11	6				823,722	3	6
1754	254,033	10	1	1,165,087	4	1				911,053	14	//
1755	263,080	16	9	1,072,700	6	7				809,619	9	10
1756	171,952	3	8	1,512,581	9	10				1,340,629	6	4
1757	281,544	11	8	1,587,989	9	5				1,306,444	17	9
1758	257,150	5	8	889,490	17	2				632,340	11	6
1759	273,268	14	5	1,221,787	13	2				948,518	18	9
1760	299,088	4	8	1,291,560	11	10				992,472	7	2
1761	241,956	1	9	1,264,071	15	1				1,022,115	13	4
1762	359,127	14	8	908,729	2	9				549,601	8	1
1763	304,056	//	10	727,623	12	9				423,567	11	11
1764	312,974	8	5	1,244,198	6	7				931,223	18	2
1765	354,307	5	1	679,037	16	1				324,730	11	//
1766	347,806	2	2	667,104	7	8				319,298	5	6
1767	340,289	13	1	515,080	14	3				174,791	1	2
1768	391,502	3	8	711,908	4	4				320,406	//	8
1769	369,120	9	1	545,367	2	2				176,246	13	1
1770	329,663	3	4	534,708	19	1				205,045	15	9
1771	354,631	10	7	716,122	3	5				361,490	12	10
1772	347,373	11	2	635,114	4	2				287,740	13	//
1773	349,214	13	4	522,379	10	1				173,164	16	9

COMMERCE DE LA GRANDE-BRETAGNE
Avec la RUSSIE.

ANNÉES.	IMPORTATIONS.			EXPORTATIONS.			EXCÉDANT des IMPORTATIONS.			EXCÉDANT des EXPORTATIONS.		
	liv.	sous	den.	liv.	sous	den.	liv.	sous	den.	liv.	sous	den.
1697	64,190	12	//	2	//	//	64,188	12	//			
1698	74,738	2	5	36,996	//	2	37,742	2	3			
1699	99,845	5	5	58,118	5	//	41,727	//	5			
1700	176,620	2	1	79,282	7	//¼	97,337	15	//¼			
1701	90,581	13	2¼	69,201	10	4¾	21,380	2	9½			
1702	105,459	7	4½	81,867	7	6¾	23,591	19	9¾			
1703	75,895	6	8	143,412	14	5½	....	...	...	67,517	7	9½
1704	223,449	13	9	141,506	12	4¼	81,943	1	4¾			
1705	142,134	10	7¾	74,247	1	11¼	67,887	8	8½			
1706	28,771	3	5¼	106,093	1	//	....	...	...	77,321	17	6¼
1707	116,596	//	9¾	191,718	//	10	....	...	...	75,122	//	//¼
1708	164,535	6	11¾	183,011	7	9½	....	...	...	18,476	//	9¾
1709	174,373	7	9	121,427	1	1¼	52,946	6	7¼			
1710	115,725	6	7½	212,318	10	//½	....	...	...	96,543	3	5
1711	186,719	14	5½	123,804	7	1¼	62,915	7	4¼			
1712	140,627	3	//¾	49,429	//	10	91,198	2	2¾			
1713	157,990	9	1½	58,028	15	9	99,961	13	4½			
1714	86,515	8	10½	94,502	11	11½	....	...	...	7,987	3	1
1715	241,876	7	11	105,153	10	//	136,722	17	11			
1716	197,270	2	2	113,154	2	2	84,116	//	//			
1717	209,898	8	2	105,834	16	10	104,063	11	4			
1718	284,494	16	5	79,625	10	4	204,869	6	1½			
1719	140,549	13	3	55,294	19	5	85,254	13	10			
1720	169,932	12	9	92,229	1	8	77,703	11	1			
1721	156,258	//	1	95,179	8	9	61,078	11	4			
1722	117,166	13	5	54,733	//	//	57,733	13	5			
1723	151,768	19	10	56,696	16	9	95,072	3	1			
1724	212,229	12	9	35,563	13	9	176,665	19	//			
1725	250,315	6	11	24,847	14	10	225,467	12	1			
1726	235,869	2	5	29,512	1	8	206,357	//	9			
1727	144,450	10	9	21,882	19	11	122,567	10	10			
1728	232,702	18	7	25,867	14	10	206,835	3	9			
1729	156,381	//	5	35,092	7	7	121,288	12	10			
1730	258,802	1	6	46,275	7	5	212,526	14	1			
1731	174,013	3	4	44,464	4	4	129,548	19	//			
1732	291,898	6	6	49,657	8	10	242,240	17	8			
1733	314,134	2	9	42,355	13	2	271,778	9	7			
1734	298,969	16	//	36,532	2	11	262,437	13	1			
1735	252,068	4	8	54,335	14	8	197,732	10	//			
1736	218,870	9	8	34,278	8	11	184,592	//	9			
1737	381,693	16	//	41,159	8	2	340,534	7	10			
1738	271,918	10	5	62,625	4	3	209,293	6	2			
1739	324,027	10	9	58,488	17	6	265,538	13	3			

COMMERCE DE LA GRANDE-BRETAGNE
Avec la RUSSIE.

ANNÉES.	IMPORTATIONS.			EXPORTATIONS.			EXCÉDANT des IMPORTATIONS.			EXCÉDANT des EXPORTATIONS.
	liv.	fous	den.	liv.	fous	den.	liv.	fous	den.	
1740..........	300,751	12	//	62,287	8	8	238,464	3	4	
1741..........	295,814	17	5	104,463	7	4	191,351	10	1	
1742..........	318,536	3	5	65,907	10	8	252,628	12	9	
1743..........	232,594	13	1	100,432	4	3	132,162	8	10	
1744..........	320,107	14	9	44,512	8	3	275,595	6	6	
1745..........	294,702	13	9	62,672	3	8	232,030	10	1	
1746..........	261,575	10	9	86,988	4	1	174,587	6	8	
1747..........	321,015	10	//	53,556	17	3	267,458	12	9	
1748..........	439,625	14	4	133,626	5	2	305,999	11	11	
1749..........	346,621	6	1	100,248	5	6	246,372	19	8	
1750..........	584,091	16	8	111,846	6	4	472,245	10	4	
1751..........	353,556	//	1	141,644	5	9	211,911	14	4	
1752..........	440,883	18	1	95,450	2	3	345,433	15	10	
1753..........	555,777	15	2	94,103	17	6	461,673	17	8	
1754..........	473,705	13	4	73,862	16	9	399,842	16	7	
1755..........	661,740	1	11	85,327	8	3	576,412	13	8	
1756..........	569,685	2	3	76,497	19	//	493,187	3	3	
1757..........	436,533	1	2	57,206	7	11	379,326	13	3	
1758..........	370,131	13	2	102,939	14	11	267,191	18	3	
1759..........	928,354	13	3	45,153	13	11	883,200	19	4	
1760..........	474,680	2	9	38,710	//	1	435,970	2	8	
1761..........	765,427	17	9	47,479	17	10	717,947	19	11	
1762..........	627,451	19	1	61,509	19	8	565,941	19	5	
1763..........	801,279	//	7	78,901	1	11	722,377	18	8	
1764..........	920,293	12	3	67,952	8	6	852,341	3	9	
1765..........	967,339	11	7	76,170	18	9	891,168	12	10	
1766..........	684,585	16	5	109,900	16	10	574,684	19	7	
1767..........	822,271	14	5	125,208	19	7	697,062	14	10	
1768..........	934,817	13	6	126,569	14	4	808,247	19	2	
1769..........	1,038,614	15	10	158,777	11	5	879,837	4	5	
1770..........	1,046,710	5	11	145,743	6	9	900,966	19	2	
1771..........	1,274,620	12	//	150,159	16	6	1,124,460	15	6	
1772..........	1,008,948	11	5	139,470	15	5	869,477	16	//	
1773..........	850,112	18	5	196,229	1	3	653,883	17	2	

COMMERCE DE LA GRANDE-BRETAGNE
Avec L'ESPAGNE.

ANNÉES.	IMPORTATIONS.			EXPORTATIONS.			EXCÉDANT des IMPORTATIONS.			EXCÉDANT des EXPORTATIONS.		
	liv.	sous	den.	liv.	sous	den.	liv.	sous	den.	liv.	sous	den.
1697	192,708	15	6	132,134	19	11	60,573	15	7			
1698	354,164	10	8	580,499	3	6				226,334	12	10
1699	469,903	3	$3\frac{1}{4}$	574,628	11	$11\frac{1}{2}$				104,725	8	$8\frac{1}{4}$
1700	545,056	//	$9\frac{1}{2}$	610,912	4	$7\frac{3}{4}$				65,856	3	$10\frac{1}{4}$
1701	532,691	1	$10\frac{1}{2}$	430,515	4	$9\frac{1}{4}$	102,175	17	$1\frac{1}{4}$			
1702	297,042	15	$11\frac{1}{4}$	145,278	3	6	151,764	11	$6\frac{1}{4}$			
1703												
1704	208	5	6				208	5	6			
1705	10,346	8	10	22,827	7	6				12,480	18	8
1706	109,083	10	$7\frac{1}{2}$	92,633	16	$5\frac{1}{4}$	16,449	14	$2\frac{2}{4}$			
1707	146,255	16	$2\frac{1}{4}$	114,837	5	$11\frac{1}{4}$	31,418	11	$2\frac{1}{2}$			
1708	179,724	14	2	219,459	//	1				39,734	5	11
1709	272,822	5	$6\frac{1}{4}$	184,756	7	8	88,065	17	$10\frac{1}{4}$			
1710	271,401	19	$10\frac{1}{2}$	215,935	7	4	55,466	12	$6\frac{1}{2}$			
1711	308,361	16	$8\frac{1}{2}$	262,852	17	$11\frac{3}{4}$	45,508	18	$8\frac{3}{4}$			
1712	346,077	7	$4\frac{3}{4}$	475,740	16	$11\frac{1}{2}$				129,663	9	$6\frac{3}{4}$
1713	337,285	10	$5\frac{3}{4}$	485,999	5	9				148,713	15	$3\frac{1}{4}$
1714	306,201	12	$6\frac{1}{4}$	410,123	17	$10\frac{1}{2}$				103,922	5	$4\frac{1}{4}$
1715	302,807	7	10	395,868	9	3				93,061	1	5
1716	312,805	10	7	448,079	4	10				135,273	14	3
1717	408,138	3	4	749,191	7	4				341,053	4	//
1718	264,535	13	6	296,419	16	3				31,884	3	2
1719	167,738	19	//	148,741	11	7	18,997	7	5			
1720	251,984	19	2	499,324	8	//				247,339	8	10
1721	361,076	1	2	615,306	7	9				254,730	6	7
1722	542,146	1	//	603,757	7	10				61,611	6	10
1723	404,620	13	7	458,598	5	1				53,977	11	6
1724	374,040	6	3	494,179	//	6				120,138	14	3
1725	437,823	19	5	636,192	17	5				198,368	18	//
1726	451,397	5	7	488,674	5	2				37,276	19	7
1727	240,608	1	2	464,936	13	5				224,328	12	3
1728	492,084	1	8	673,303	9	//				181,219	7	4
1729	464,670	10	1	757,390	19	1				292,720	9	//
1730	518,972	6	8	777,949	6	11				258,977	//	3
1731	445,243	5	6	620,736	3	8				175,492	18	2
1732	494,289	9	8	822,592	2	1				328,302	12	5
1733	445,980	12	6	820,052	18	7				374,072	6	1
1734	443,328	1	7	877,203	16	5				433,875	14	10
1735	659,602	2	1	761,760	1	3				102,157	19	2
1736	489,797	7	1	790,760	//	8				300,962	13	7
1737	528,253	17	4	1,020,070	9	9				491,816	12	5
1738	579,842	1	7	1,159,343	13	6				579,501	11	11
1739	253,101	3	6	436,029	2	2				182,927	18	8

COMMERCE DE LA GRANDE-BRETAGNE
Avec L'ESPAGNE.

ANNÉES.	IMPORTATIONS.			EXPORTATIONS.			EXCÉDANT des IMPORTATIONS.			EXCÉDANT des EXPORTATIONS.		
	liv.	fous	den.	liv.	fous	den.	liv.	fous	den.	liv.	fous	den.
1740.	229,134	10	6	101,635	18	8	127,498	11	10			
1741	4,445	8	11	96,386	18	9				91,941	9	10
1742	56,707	6	7	103,002	3	//				46,294	16	5
1743	75,840	19	8	89,258	17	4				13,417	17	8
1744	16,876	16	4	62,348	10	1				45,471	13	9
1745	168,352	15	2	82,681	3	8	85,671	11	6			
1746	70,187	15	6	73,508	15	9				3,321	//	3
1747	42,990	11	5	82,301	12	8				39,311	1	3
1748	138,176	5	9	362,910	12	6				224,734	6	9
1749	625,940	16	2	1,210,127	11	//				584,186	14	10
1750	379,116	1	6	1,783,075	19	8				1,403,959	18	2
1751	456,769	15	1	1,244,982	1	7				788,212	6	6
1752	390,376	8	1	972,190	9	3				581,814	1	2
1753	441,903	6	3	1,064,428	1	2				622,524	14	11
1754	368,644	9	7	936,160	6	4				567,515	16	9
1755	368,464	17	3	973,335	4	5				604,870	7	2
1756	468,925	13	4	1,463,613	4	3				994,687	10	11
1757	332,520	18	8	1,164,973	11	3				832,452	12	7
1758	462,768	14	6	1,147,341	1	3				684,572	6	9
1759	340,191	6	4	1,548,016	13	11				1,207,825	7	7
1760	460,042	13	9	1,048,222	18	1				588,180	4	4
1761	433,917	4	9	1,253,737	17	11				819,820	13	2
1762	131,279	7	1	139,580	19	5				8,301	12	4
1763	590,506	5	11	1,168,072	1	3				577,565	15	4
1764	503,489	6	4	1,318,345	4	11				814,855	18	7
1765	594,893	9	3	1,237,551	3	11				642,657	14	8
1766	558,002	12	7	1,078,731	10	1				520,728	17	6
1767	593,504	19	3	1,144,777	19	8				551,273	//	5
1768	472,045	2	6	1,076,005	7	10				603,960	5	4
1769	577,816	6	4	830,893	19	6				253,077	13	2
1770	505,267	13	2	887,099	1	4				381,831	8	2
1771	568,323	11	3	1,224,811	11	10				656,488	//	7
1772	510,637	9	1	805,038	//	1				294,400	11	//
1773	462,342	12	6	839,072	7	6				376,729	15	//

COMMERCE DE LA GRANDE-BRETAGNE
Avec GIBRALTAR.

ANNÉES.	IMPORTATIONS.			EXPORTATIONS.			EXCÉDANT des IMPORTATIONS.			EXCÉDANT des EXPORTATIONS.		
	liv.	sous	den.	liv.	sous	den.				liv.	sous	den.
1697				87,585	7	7				87,585	7	7
1698				300,472	9	//				300,472	9	//
1699				408,163	12	$2\frac{3}{4}$				408,163	12	$2\frac{3}{4}$
1700				456,575	10	$4\frac{1}{4}$				456,575	10	$3\frac{1}{4}$
1701				389,167	16	$2\frac{1}{4}$				389,167	16	$2\frac{1}{4}$
1702				144,331	18	$//\frac{1}{4}$				144,331	18	$//\frac{1}{4}$
1703				304,553	16	$2\frac{1}{2}$				304,553	16	$2\frac{1}{2}$
1704				325,607	18	$5\frac{1}{4}$				325,607	18	$5\frac{1}{4}$
1705				196,118	18	$11\frac{3}{4}$				196,118	18	$11\frac{3}{4}$
1706	6,709	12	$10\frac{1}{2}$	232,232	10	//				225,522	17	$1\frac{1}{2}$
1707	10,023	6	$4\frac{1}{2}$	294,249	10	7				284,226	4	$2\frac{1}{2}$
1708	13,419	14	$1\frac{3}{4}$	264,612	4	$10\frac{3}{4}$				251,192	10	9
1709	3,529	6	2	209,892	12	2				206,363	6	//
1710	870	10	5	275,385	3	$6\frac{1}{2}$				274,514	13	$1\frac{1}{2}$
1711	3,010	3	$11\frac{1}{2}$	285,832	10	$7\frac{1}{4}$				282,822	6	$8\frac{1}{4}$
1712	6,645	9	$2\frac{1}{4}$	337,446	1	3				330,800	12	$//\frac{3}{4}$
1713	30,354	1	$8\frac{1}{4}$	420,014	2	$3\frac{1}{2}$				389,660	//	$6\frac{1}{4}$
1714	13,871	14	$9\frac{3}{4}$	411,334	2	8				397,462	7	$10\frac{1}{4}$
1715	30,041	1	7	380,696	5	8				350,655	4	1
1716	26,721	12	7	383,156	18	7				356,435	6	//
1717	17,092	14	8	493,655	8	9				476,562	14	1
1718	26,218	7	5	464,842	//	4				438,623	12	11
1719	38,835	5	4	398,915	2	9				360,079	17	5
1720	43,014	19	9	342,715	4	3				299,700	14	6
1721	49,756	16	//	431,951	1	3				382,194	5	3
1722	51,588	2	3	523,642	1	9				472,053	19	6
1723	99,132	7	1	404,667	5	9				305,534	18	8
1724	103,376	19	1	610,911	6	5				507,534	7	4
1725	98,824	//	9	515,633	17	//				416,809	16	3
1726	113,437	7	10	452,087	3	//				338,649	15	2
1727	118,512	7	3	499,529	8	6				381,017	1	3
1728	157,352	8	2	644,897	//	9				487,544	12	7
1729	117,426	4	7	457,599	4	3				340,172	19	8
1730	136,488	5	3	494,735	14	3				358,247	9	//
1731	125,237	6	5	645,558	1	1				520,320	14	8
1732	151,977	10	11	673,823	1	9				521,845	10	10
1733	186,565	1	7	796,253	4	3				609,688	2	8
1734	155,286	1	8	649,263	10	//				493,977	8	4
1735	95,341	19	5	802,745	//	9				707,403	1	4
1736	47,031	19	//	812,689	7	6				765,657	8	6
1737	101,889	4	3	760,654	10	3				658,765	6	//
1738	146,007	16	9	675,224	8	9				529,216	12	//
1739	81,453	14	6	592,030	4	//				510,576	9	6

COMMERCE DE LA GRANDE-BRETAGNE
Avec GIBRALTAR.

ANNÉES.	IMPORTATIONS.			EXPORTATIONS.			EXCÉDANT des IMPORTATIONS.			EXCÉDANT des EXPORTATIONS.		
	liv.	fous	den.	liv.	fous	den.				liv.	fous	den.
1740	74,386	8	9	605,685	14	//				531,299	5	3
1741	42,140	10	11	709,082	14	2				666,942	3	3
1742	17,391	14	10	609,149	14	10				591,758	//	//
1743	28,717	2	//	510,885	13	6				482,168	11	6
1744	15,913	12	2	343,730	14	3				327,817	2	1
1745	7,674	4	8	422,615	10	9				414,941	6	1
1746	15,645	5	11	484,129	14	9				468,484	8	10
1747	25,468	7	//	560,054	15	1				534,586	8	1
1748	48,321	//	3	621,688	19	//				573,367	18	9
1749	82,381	13	4	630,365	3	9				547,983	10	5
1750	94,663	17	7	762,929	5	//				668,265	7	5
1751	100,845	7	2	640,672	13	7				539,827	6	5
1752	113,946	3	6	541,693	13	7				427,747	10	1
1753	95,126	6	7	655,181	8	8				560,055	2	1
1754	158,666	//	8	711,372	19	7				552,706	18	11
1755	137,414	17	4	547,310	2	//				409,895	4	8
1756	84,135	4	11	519,854	3	//				435,718	18	1
1757	75,039	6	4	447,283	19	6				372,244	13	2
1758	74,038	13	10	473,673	8	2				399,634	14	4
1759	66,633	2	7	453,695	5	9				387,062	3	2
1760	61,850	1	4	399,819	1	9				337,969	//	5
1761	103,628	16	5	389,577	5	2				285,948	8	9
1762	11,876	17	10	58,964	12	9				47,087	14	11
1763	20,276	11	4	325,622	18	6				305,346	7	2
1764	32,271	4	11	120,574	9	7				88,303	4	8
1765	28,057	7	8	80,306	16	//				52,249	8	4
1766	14,103	13	10	59,678	19	1				45,575	5	3
1767	11,375	19	11	69,772	5	4				58,396	5	5
1768	12,212	18	6	91,005	18	2				88,792	19	8
1769	7,775	5	7	142,237	15	4				134,462	9	9
1770	7,083	11	5	148,813	18	3				141,730	6	10
1771	3,604	13	6	153,323	16	11				149,719	3	5
1772	13,902	15	1	141,729	8	7				127,826	13	6
1773	714	9	//	63,098	6	9				62,383	17	9

COMMERCE DE LA GRANDE-BRETAGNE
Avec la SUÈDE.

ANNÉES.	IMPORTATIONS			EXPORTATIONS.			EXCÉDANT des IMPORTATIONS.			EXCÉDANT des EXPORTATIONS.
	liv.	sous	den.	liv.	sous	den.	liv.	sous	den.	
1697	150,313	16	11	40,767	10	4	109,546	6	7	
1698	219,492	1	11	52,379	3	8	167,112	18	3	
1699	245,802	5	$5\frac{3}{4}$	57,166	12	$10\frac{3}{4}$	188,635	12	7	
1700	198,824	15	$9\frac{1}{2}$	57,467	7	10	141,357	7	$11\frac{1}{2}$	
1701	190,509	18	$5\frac{1}{2}$	70,806	19	$2\frac{1}{4}$	119,702	19	$2\frac{3}{4}$	
1702	142,651	//	3	64,211	6	8	78,439	13	7	
1703	235,930	12	$//\frac{1}{4}$	65,066	5	$4\frac{1}{2}$	170,864	6	$7\frac{3}{4}$	
1704	201,718	14	8	45,679	9	$4\frac{3}{4}$	156,039	5	$3\frac{1}{4}$	
1705	205,856	9	$7\frac{1}{4}$	46,747	5	$8\frac{3}{4}$	159,109	3	$10\frac{1}{2}$	
1706	208,652	14	9	61,558	18	6	147,093	16	3	
1707	171,403	10	$7\frac{1}{2}$	92,522	12	//	78,880	18	$7\frac{1}{2}$	
1708	210,290	11	$10\frac{3}{4}$	58,810	12	$10\frac{1}{2}$	151,479	19	$//\frac{1}{4}$	
1709	145,351	5	//	22,361	18	10	122,989	6	2	
1710	173,585	10	2	27,620	3	$7\frac{1}{2}$	145,965	6	$6\frac{1}{2}$	
1711	148,423	4	$9\frac{1}{4}$	24,324	//	//	124,099	4	$9\frac{1}{4}$	
1712	168,240	4	9	65,298	13	2	102,941	11	7	
1713	159,863	13	$3\frac{1}{4}$	42,128	5	$7\frac{3}{4}$	117,735	7	$7\frac{1}{2}$	
1714	237,337	1	$7\frac{3}{4}$	26,826	5	8	210,510	15	$11\frac{3}{4}$	
1715	165,631	10	9	37,235	7	1	128,396	3	8	
1716	136,959	3	8	24,101	18	9	112,857	4	11	
1717	16,268	5	7	....	..	..	16,268	5	7	
1718	916	10	//	....	..	..	916	10	//	
1719	90,174	17	6	22,518	18	3	67,655	19	3	
1720	191,352	5	11	111,555	7	4	79,796	18	7	
1721	145,487	6	2	51,858	6	9	93,628	19	5	
1722	200,390	19	8	52,503	11	3	147,887	8	5	
1723	166,437	19	1	31,150	16	6	133,187	2	7	
1724	167,163	5	4	29,898	4	9	137,265	//	7	
1725	161,884	12	7	38,324	15	8	123,559	16	11	
1726	177,093	5	11	31,056	14	10	146,036	11	1	
1727	119,028	17	//	50,721	12	3	68,307	4	9	
1728	167,114	9	9	25,928	13	11	141,185	15	10	
1729	178,307	17	11	26,238	19	9	152,068	18	2	
1730	191,022	15	7	15,271	11	11	175,751	3	8	
1731	207,713	11	11	21,152	12	10	186,560	19	1	
1732	165,337	7	4	19,310	8	6	146,026	18	10	
1733	176,021	12	1	21,551	2	4	154,470	9	9	
1734	193,785	7	//	26,279	9	1	167,505	17	11	
1735	213,850	9	5	25,514	17	6	188,335	11	11	
1736	197,791	9	10	34,683	8	2	163,108	1	8	
1737	203,187	19	7	24,463	14	4	178,724	5	3	
1738	231,952	2	//	34,596	8	11	197,355	13	1	
1739	230,218	1	5	18,203	18	6	212,014	2	11	

COMMERCE DE LA GRANDE-BRETAGNE
Avec la SUÈDE.

ANNÉES.	IMPORTATIONS.			EXPORTATIONS.			EXCÉDANT des IMPORTATIONS.			EXCÉDANT des EXPORTATIONS.
	liv.	sous	den.	liv.	sous	den.	liv.	sous	den.	
1740............	180,839	17	1	15,557	14	5	165,282	2	8	
1741............	192,586	10	3	22,166	7	5	170,420	2	10	
1742............	157,151	17	5	15,255	10	8	141,896	6	9	
1743............	125,097	16	10	20,271	//	7	104,826	16	3	
1744............	199,421	1	//	34,279	15	//	165,141	6	//	
1745............	250,707	11	10	30,310	8	4	220,397	3	6	
1746............	177,486	2	7	36,134	6	6	141,351	16	1	
1747............	176,911	15	3	71,710	2	3	105,201	13	//	
1748............	216,717	14	9	41,814	4	8	174,903	10	1	
1749............	154,788	11	9	34,605	2	8	120,183	9	1	
1750............	187,022	9	1	19,162	2	7	167,860	6	6	
1751............	184,278	8	4	15,566	6	11	168,712	1	5	
1752............	147,993	6	10	16,431	3	3	131,562	3	7	
1753............	208,667	//	8	8,897	//	7	199,770	//	1	
1754............	230,627	//	4	23,117	11	3	207,509	9	1	
1755............	200,049	5	2	19,234	2	8	180,815	2	6	
1756............	205,881	3	2	36,902	4	7	168,978	18	7	
1757............	222,572	13	//	13,594	1	10	208,978	11	2	
1758............	236,844	3	4	16,394	1	6	220,450	1	10	
1759............	185,204	2	2	19,113	8	4	166,090	13	10	
1760............	193,340	2	5	13,657	13	//	179,682	9	5	
1761............	270,968	7	7	23,128	4	8	247,840	2	11	
1762............	201,160	3	//	17,507	13	7	183,652	9	5	
1763............	249,540	15	//	20,494	1	7	229,046	13	5	
1764............	253,280	1	11	28,351	4	7	224,928	17	4	
1765............	234,452	//	1	49,003	17	8	185,448	2	5	
1766............	195,449	5	9	47,393	18	1	148,055	7	8	
1767............	175,515	7	6	44,336	16	5	131,178	11	1	
1768............	204,278	17	2	56,352	19	7	147,925	17	7	
1769............	182,896	8	3	57,211	14	8	125,684	13	7	
1770............	136,616	6	//	58,576	4	8	78,040	1	4	
1771............	157,851	10	1	64,180	//	1	93,671	10	//	
1772............	187,826	15	2	54,698	12	9	133,128	2	5	
1773............	161,603	16	1	36,308	//	//	125,295	16	1	

COMMERCE DE LA GRANDE-BRETAGNE
Avec le LEVANT.

ANNÉES.	IMPORTATIONS.			EXPORTATIONS.			EXCÉDANT des IMPORTATIONS.			EXCÉDANT des EXPORTATIONS.		
	liv.	ſous	dén.	liv.	ſous	dén.	liv.	ſous	dén.	liv.	ſous	dén.
1697	338,062	18	6	45,752	3	//	292,310	15	6			
1698	162,037	5	3	172,049	3	4				10,011	18	1
1699	255,904	//	$5\frac{1}{4}$	223,403	14	1	32,500	6	$3\frac{1}{2}$			
1700	303,072	12	$//\frac{3}{4}$	238,456	14	$1\frac{3}{4}$	64,615	17	$11\frac{3}{4}$			
1701	386,611	2	9	239,102	12	8	147,508	10	1			
1702	324,542	10	$5\frac{3}{4}$	119,569	18	$11\frac{1}{2}$	204,972	11	$6\frac{1}{4}$			
1703	80,029	19	$3\frac{3}{4}$	236,688	4	$7\frac{1}{4}$				156,658	5	4
1704	478,476	2	$9\frac{1}{2}$	131,867	3	$2\frac{1}{4}$	346,608	19	$7\frac{1}{2}$			
1705	50,874	11	$8\frac{3}{4}$	90,443	8	$4\frac{1}{2}$				39,568	16	$7\frac{3}{4}$
1706	237,374	18	$10\frac{1}{2}$	251,465	12	8				14,090	13	$9\frac{1}{2}$
1707	17,730	3	$4\frac{1}{4}$	1,411	13	6	16,318	9	$10\frac{3}{4}$			
1708	407,420	14	$6\frac{1}{4}$	355,411	2	6	52,009	12	$//\frac{1}{4}$			
1709	535,759	14	$11\frac{1}{4}$	551	2	3	535,208	12	$8\frac{1}{4}$			
1710	11,610	//	$10\frac{1}{4}$	417,690	2	$5\frac{1}{2}$				406,080	1	$7\frac{1}{4}$
1711	500,091	1	11	42	15	8	500,048	6	3			
1712	41,378	8	$4\frac{1}{4}$	482,582	9	6				441,204	1	$1\frac{3}{4}$
1713	502,730	19	4	158,715	13	$2\frac{3}{4}$	344,015	6	$1\frac{1}{4}$			
1714	248,241	18	2	154,019	17	4	94,222	//	10			
1715	311,903	10	5	181,109	7	1	130,794	3	4			
1716	131,132	3	//	278,079	4	5				146,947	1	5
1717	383,130	18	11	271,644	17	10	111,486	1	1			
1718	427,294	6	10	12,803	9	4	414,490	17	6			
1719	157,723	//	9	319,527	14	4				161,804	13	7
1720	398,564	9	6	359,838	17	10	38,725	11	8			
1721	23,065	1	8	137,584	10	9				114,519	9	1
1722	404,941	17	1	261,480	17	9	143,460	19	4			
1723	419,238	13	3	161,475	10	1	257,763	2	11			
1724	246,098	18	3	208,992	17	5	37,106	//	10			
1725	345,379	17	11	252,317	9	1	93,062	8	10			
1726	273,287	9	5	253,743	13	8	19,543	15	9			
1727	384,565	12	9	250,665	10	10	133,900	1	11			
1728	302,772	19	2	188,459	11	7	114,313	7	7			
1729	225,237	8	//	179,117	2	2	46,120	5	10			
1730	291,786	17	1	174,103	13	2	117,683	3	11			
1731	280,355	//	2	210,580	10	5	69,774	9	9			
1732	118,385	17	7	221,858	19	7				103,473	2	//
1733	320,425	11	10	183,817	17	6	136,607	14	4			
1734	290,967	7	1	67,460	//	//	223,507	7	1			
1735	126,191	12	7	292,797	10	1				166,605	17	6
1736	280,653	2	10	134,905	18	5	145,747	4	5			
1737	136,227	2	//	180,708	9	4				44,481	7	4
1738	233,043	4	11	300,150	19	1				67,107	14	2
1739	199,967	12	6	35,211	6	3	164,756	6	3			

COMMERCE DE LA GRANDE-BRETAGNE
Avec le LEVANT.

ANNÉES.	IMPORTATIONS.			EXPORTATIONS.			EXCÉDANT des IMPORTATIONS.			EXCÉDANT des EXPORTATIONS.		
	liv.	fous	den.	liv.	fous	den.	liv.	fous	den.	liv.	fous	den.
1740............	26,787	7	3	150,374	19	4	....	...	...	123,587	12	1
1741............	338,332	7	5	61,708	6	3	276,624	1	2			
1742............	7,498	10	6	109,520	9	8	....	...	...	102.021	19	2
1743............	180,186	7	10	185,909	18	2	....	...	...	5,723	10	4
1744............	70,160	2	4	124,512	19	2	....	...	...	54,352	16	10
1745............	225,797	12	9	780	8	//	225,017	4	9			
1746............	105,195	2	1	172,493	8	9	....	...	...	67,298	6	8
1747............	186,451	6	4	137,084	1	//	49,367	5	4			
1748............	163,242	19	10	85,792	9	//	77,450	10	10			
1749............	176,467	9	2	147,241	10	5	29,225	18	9			
1750............	189,285	16	7	172,800	5	1	16,485	11	6			
1751............	202,357	14	2	92,632	5	10	109,725	8	4			
1752............	155,721	18	7	144,222	5	10	11,499	12	9			
1753............	226,967	19	2	136,652	1	10	90,315	17	4			
1754............	156,012	8	6	170,585	18	//	....	...	...	14,573	9	6
1755............	69,687	1	7	71,589	12	9	....	...	...	1,902	11	2
1756............	170,881	7	6	91,770	7	7	79,110	19	11			
1757............	222,346	9	1	71,467			150,878	10	10			
1758............	26,294	16	4	9,588	12	1	16,706	4	3			
1759............	285,013	14	6	30,728	//	5	254,085	14	1			
1760............	58,916	12	6	55,730	//	10	3,186	11	8			
1761............	163,366	19	6	54,282	14	2	109,084	5	4			
1762............	71,761	9	9	63,738	19	5	8,022	10	4			
1763............	76,004	9	2	93,646	13	11	....	...	...	17,642	4	9
1764............	191,565	16	//	70,008	16	11	121,556	19	1			
1765............	122,652	2	11	91,735	1	3	30,917	1	8			
1766............	106,522	7	9	100,796	4	4	5,726	3	5			
1767............	99,950	15	10	44,094	19	10	55,855	16	//			
1768............	103,679	19	4	109,194	7	8	....	...	...	5,514	8	4
1769............	144,419	17	3	90,880	12	6	53,539	4	9			
1770............	164,366	3	6	22,032	15	8	142,333	7	10			
1771............	100,443	2	9	20,573	15	3	79,869	7	6			
1772............	154,052	8	3	96,823	4	4	57,229	3	11			
1773............	163,538	17	9	118,425	6	//	45,063	11	9			

COMMERCE DE LA GRANDE-BRETAGNE
Avec VENISE.

ANNÉES.	IMPORTATIONS.			EXPORTATIONS.			EXCÉDANT des IMPORTATIONS.			EXCÉDANT des EXPORTATIONS.		
	liv.	sous	den.	liv.	sous	den.	liv.	sous	den.	liv.	sous	den.
1697	20,259	11	//	6,017	//	2	14,242	10	10			
1698	53,601	13	2	12,806	9	8	40,795	3	6			
1699	50,051	12	9	34,034	10	7	16,017	2	2			
1700	47,927	13	$4\frac{1}{4}$	31,091	18	$10\frac{1}{4}$	16,835	14	6			
1701	56,801	9	$6\frac{3}{4}$	65,401	12	$4\frac{3}{4}$				8,600	2	10
1702	54,290	16	$10\frac{1}{4}$	17,745	9	4	36,545	7	$6\frac{1}{4}$			
1703	37,717	10	6	15,953	15	$6\frac{1}{4}$	21,763	14	$11\frac{1}{4}$			
1704	26,389	8	$7\frac{3}{4}$	18,781	17	$9\frac{1}{4}$	7,607	10	$10\frac{1}{2}$			
1705	49,110	1	$1\frac{1}{2}$	17,534	9	$8\frac{1}{4}$	31,575	11	$5\frac{1}{4}$			
1706	38,586	n	$3\frac{1}{2}$	28,878	4	5	9,707	15	$10\frac{1}{2}$			
1707	54,354	19	$9\frac{1}{2}$	15,531	9	8	38,823	10	$1\frac{1}{2}$			
1708	47,336	6	5	26,999	14	11	20,336	11	6			
1709	33,270	11	$8\frac{1}{2}$	36,279	7	$8\frac{1}{2}$				3,008	16	//
1710	42,756	9	$3\frac{1}{2}$	45,960	15	$\text{//}\frac{1}{2}$				3,204	5	9
1711	25,716	6	9	23,882	17	//	1,833	9	9			
1712	40,526	6	$1\frac{1}{4}$	28,116	19	$1\frac{1}{4}$	12,409	7	//			
1713	63,844	11	$6\frac{1}{4}$	27,502	5	$11\frac{1}{2}$	36,342	5	$6\frac{3}{4}$			
1714	46,799	4	1	27,152	18	$6\frac{3}{4}$	19,646	5	$6\frac{1}{4}$			
1715	61,197	17	8	29,382	8	2	31,815	9	6			
1716	55,031	1	2	26,280	3	10	28,750	17	4			
1717	52,522	2	2	50,543	16	2	1,978	6	//			
1718	50,907	//	5	68,059	19	2				16,052	18	9
1719	46,157	16	11	27,786	18	1	18,370	18	10			
1720	38,370	1	3	19,836	18	5	18,533	2	10			
1721	42,184	19	8	21,562	16	7	20,622	3	1			
1722	59,477	//	5	38,634	4	1	20,842	16	4			
1723	50,938	4	//	23,520	19	2	27,417	4	10			
1724	50,801	16	8	24,339	7	8	26,462	9	//			
1725	34,273	3	11	18,614	6	11	15,658	17	//			
1726	66,302	1	9	23,644	12	10	42,657	8	11			
1727	50,229	1	11	17,429	9	8	32,799	12	3			
1728	30,170	4	1	18,585	10	9	11,584	13	4			
1729	59,738	//	//	18,025	16	6	41,712	3	6			
1730	57,916	14	//	12,928	1	//	44,988	13	//			
1731	36,243	1	//	14,409	9	4	21,833	11	8			
1732	45,984	9	7	19,442	13	3	26,541	16	4			
1733	61,860	16	8	13,271	7	6	48,589	9	2			
1734	41,181	6	3	9,640	2	4	31,541	3	1			
1735	52,173	6	11	20,417	5	8	31,756	1	3			
1736	34,158	12	4	9,048	9	10	25,110	2	6			
1737	36,836	7	6	10,830	13	11	26,005	13	7			
1738	49,919	15	6	15,497	7	7	34,422	7	11			
1739	43,987	11	6	7,979	17	//	36,007	14	6			

COMMERCE DE LA GRANDE-BRETAGNE
Avec VENISE.

ANNÉES.	IMPORTATIONS.			EXPORTATIONS.			EXCÉDANT des IMPORTATIONS.			EXCÉDANT des EXPORTATIONS.		
	liv.	fous	den.	liv.	fous	den.	liv.	fous	den.	liv.	fous	den.
1740............	62,044	8	9	12,158	//	//	49,886	8	9			
1741............	58,410	18	//	4,976	12	2	53,434	5	10			
1742............	28,903	7	4	10,985	//	11	17,918	6	5			
1743............	36,955	1	2	8,828	3	11	28,126	17	3			
1744............	64,796	8	6	4,667	7	9	60,129	//	9			
1745............	46,445	14	6	20,551	10	6	25,894	4	//			
1746............	13,975	6	8	21,946	13	9	....	...	...	7,971	7	1
1747............	40,809	12	7	18,816	6	11	21,993	5	8			
1748............	36,917	15	10	9,815	12	3	27,102	3	7			
1749............	33,290	5	9	12,417	3	2	20,873	2	7			
1750............	38,576	3	9	2,191	7	7	36,384	16	2			
1751............	65,366	16	8	5,749	8	10	59,617	7	10			
1752............	45,514	6	11	6,046	15	8	39,467	11	3			
1753............	27,253	2	4	4,790	17	11	22,462	4	5			
1754............	36,374	3	1	6,539	1	1	29,835	2	//			
1755............	28,886	5	//	8,790	14	8	20,095	10	4			
1756............	54,525	10	1	7,829	2	3	46,696	7	10			
1757............	27,806	19	7	26,266	11	2	1,540	8	5			
1758............	45,493	15	7	23,209	3	10	22,284	11	9			
1759............	48,644	3	11	15,173	6	5	33,470	17	6			
1760............	41,138	2	6	6,105	5	11	35,032	16	7			
1761............	15,229	12	5	26,367	6	7	....	...	...	11,137	14	2
1762............	9,916	//	8	32,246	18	5	....	...	...	22,330	17	9
1763............	31,841	18	4	20,259	14	//	11,582	4	4			
1764............	54,992	10	5	9,952	11	10	45,039	18	7			
1765............	47,912	11	10	22,481	1	4	25,431	10	6			
1766............	63,105	7	9	42,643	10	//	20,461	17	9			
1767............	57,457	12	7	31,984	3	//	25,473	9	7			
1768............	78,209	6	4	41,294	17	8	36,914	8	8			
1769............	60,376	5	8	74,371	8	8	....	...	...	13,995	3	//
1770............	82,963	19	7	71,541	5	4	11,422	14	3			
1771............	83,335	//	2	73,956	18	1	9,378	2	1			
1772............	64,605	8	//	80,849	17	//	....	...	...	16,244	9	//
1773............	104,003	10	7	98,371	4	6	5,632	6	1			

COMMERCE DE LA GRANDE-BRETAGNE
Avec L'ISLE D'AURIGNY.

ANNÉES.	IMPORTATIONS.			EXPORTATIONS.			EXCÉDANT des IMPORTATIONS.			EXCÉDANT des EXPORTATIONS.		
	liv.	fous	den.	liv.	fous	den.	liv.	fous	den.	liv.	fous	den.
1697............	129	19	//	1,176	15	6	....	...	...	1,046	16	6
1698............	278	11	//	3,007	10	6	....	...	...	2,728	19	6
1699............	180	8	3	340	18	$2\frac{1}{4}$	....	...	...	160	9	$11\frac{1}{4}$
1700............	107	10	9	493	5	3	....	...	...	385	14	6
1701............	718	//	$2\frac{1}{2}$	40	13	//	677	7	$2\frac{1}{2}$			
1702............	147	12	$4\frac{1}{2}$	85	7	//	62	5	$4\frac{1}{2}$			
1703............	45	19	//	....	..	..	45	19	//			
1704............	34	//	//	....	..	..	34	//	//			
1705............	20	10	//	30	//	//	....	...	...	9	10	//
1706............	59	9	6	30	8	7	29	//	11			
1707............	32	7	//	79	9	3	....	...	...	47	2	3
1708............	55	6	3	177	//	3	....	...	...	121	14	//
1709............	12	9	6	71	12	//	....	...	...	59	2	6
1710............	24	18	//	102	4	3	....	...	...	77	6	3
1711............												
1712............	167	6	//	608	19	4	....	...	...	441	13	4
1713............	65	16	//	637	4	$9\frac{1}{2}$	....	...	...	571	8	$9\frac{1}{2}$
1714............	43	8	//	799	8	//	....	...	...	756	//	//
1715............	67	12	//	434	7	6	....	...	...	366	15	6
1716............	72	9	//	531	3	//	....	...	...	458	14	//
1717............	15	//	//	502	15	7	....	...	...	487	15	7
1718............	7	//	//	781	7	2	....	...	...	774	7	2
1719............	108	4	//	669	19	9	....	...	...	561	15	9
1720............	35	//	//	257	1	6	....	...	...	222	1	6
1721............	....	..	..	196	5	10	....	...	...	196	5	10
1722............	....	,,	..	18	//	//	....	...	...	18	//	//
1723............	422	8	1	493	10	3	....	...	...	71	2	2
1724............	98	9	3	365	4	//	....	...	...	266	14	9
1725............	152	17	9	497	12	6	....	...	...	344	14	9
1726............	226	//	5	971	14	8	....	...	...	745	14	3
1727............	527	13	11	208	5	7	319	8	4			
1728............	1,327	5	8	660	14	1	666	11	7			
1729............	202	8	//	485	10	//	....	...	...	283	2	//
1730............	77	14	8	501	12	//	....	...	...	423	17	4
1731............	352	4	8	536	18	3	....	...	...	184	13	7
1732............	94	6	11	770	4	//	....	...	...	675	17	1
1733............	95	3	10	778	7	2	....	...	...	683	3	4
1734............	60	11	6	418	9	10	....	...	...	357	18	4
1735............	55	6	2	478	15	8	....	...	...	423	9	6
1736............	98	18	//	432	9	8	....	...	...	333	11	8
1737............	206	//	1	488	4	5	....	...	...	282	4	4
1738............	115	19	5	499	//	9	....	...	...	383	1	4
1739............	82	7	4	1,571	19	7	....	...	...	1,489	12	3

COMMERCE DE LA GRANDE-BRETAGNE
Avec L'ISLE D'AURIGNY.

ANNÉES.	IMPORTATIONS.			EXPORTATIONS.			EXCÉDANT des IMPORTATIONS.			EXCÉDANT des EXPORTATIONS.		
	liv.	fous	den.	liv.	fous	den.	liv.	fous	den.	liv.	fous	den.
1740	194	14	//	562	//	2				367	6	2
1741	171	3	4	572	5	8				401	2	4
1742	134	9	3	466	//	3				331	11	//
1743	117	18	10	695	12	5				577	13	7
1744	91	17	//	202	14	1				110	17	1
1745	49	10	//	427	5	11				377	15	11
1746	7	18	//	619	10	10				611	12	10
1747	434	7	11	888	4	1				453	16	2
1748	1,764	14	5	555	1	8	1,209	12	9			
1749	118	2	6	534	//	9				415	18	3
1750	147	14	//	938	1	3				790	7	3
1751	53	5	//	458	12	6				405	7	6
1752	25	//	//	751	//	2				726	//	2
1753	103	5	//	519	16	1				416	11	1
1754	84	17	6	714	11	7				629	14	1
1755	5	5	//	877	11	5				872	6	5
1756	29	8	//	968	9	11				939	1	11
1757	35	//	//	744	18	3				709	18	3
1758	17	10	//	784	14	7				767	4	7
1759	50	10	//	2,029	17	4				1,979	7	4
1760	51	3	6	921	4	10				870	1	4
1761	45	10	/	1,138	19	//				1,093	9	//
1762	112	8	1	1,535	16	9				1,423	8	8
1763	63	//	//	1,239	14	6				1,176	14	6
1764	173	10	1	1,104	3	2				930	13	1
1765	157	//	5	1,333	16	5				1,176	16	//
1766	82	5	//	1,984	//	3				1,901	15	3
1767	153	13	//	1,242	13	//				1,089	//	//
1768	134	15	//	662	8	6				527	13	6
1769	112	1	//	814	18	7				702	17	7
1770	38	10	//	992	9	8				953	19	8
1771	95	13	8	1,125	12	9				1,029	19	1
1772	79	13	//	1,470	18	1				1,391	5	1
1773	623	5	9	1,891	15	7				1,268	9	10

COMMERCE DE LA GRANDE-BRETAGNE
Avec L'ISLE DE GARNESEY.

ANNÉES.	IMPORTATIONS.			EXPORTATIONS.			EXCÉDANT des IMPORTATIONS.			EXCÉDANT des EXPORTATIONS.		
	liv.	sous	den.	liv.	sous	den.	liv.	sous	den.	liv.	sous	den.
1697	4,757	6	5	6,069	15	7				1,312	9	2
1698	10,663	10	2	20,487	12	3				9,824	2	1
1699	10,199	9	11¼	15,910	14	7½				5,711	4	7¾
1700	6,066	14	2¼	15,888	5	3¼				9,821	11	1
1701	7,834	16	//	7,681	19	2	152	16	10			
1702	12,705	13	2¾	3,949	4	9	8,756	8	5¼			
1703	10,137	14	4¾	3,775	16	8¾	6,361	17	8			
1704	11,260	7	//	4,647	10	9¾	6,612	16	2¼			
1705	7,438	9	11	4,001	19	8¼	3,436	10	2¾			
1706	31,283	5	8¾	1,626	2	11	29,657	2	9¾			
1707	11,915	3	6	10,397	18	2	1,517	5	4			
1708	10,122	4	6¾	9,367	12	//	754	12	6¾			
1709	14,960	1	//¾	14,486	15	//¼	473	6	//			
1710	14,126	12	4	9,769	16	5½	4,356	15	10½			
1711	14,098	9	//¼	11,556	6	7¾	2,542	2	4½			
1712	16,863	18	11¼	18,731	//	8				1,867	1	8¾
1713	9,552	7	11	21,545	11	11¾				11,993	4	//¾
1714	14,071	9	10	34,175	8	9¼				20,103	18	11¼
1715	6,663	13	3	25,067	12	9				18,403	19	6
1716	11,443	4	9	27,219	19	10				15,776	15	1
1717	7,991	4	6	26,304	11	//				18,313	6	6
1718	12,438	2	3	26,409	9	8				13,971	7	5
1719	8,732	11	3	18,390	9	11				9,057	18	8
1720	11,699	14	3	24,371	6	6				12,671	12	3
1721	6,193	2	6	14,108	18	2				7,915	15	8
1722	4,189	8	//	12,618	//	2				8,428	12	2
1723	11,590	//	//	21,386	15	//				9,796	15	//
1724	11,443	15	5	21,676	6	8				10,232	11	3
1725	7,639	1	8	30,281	13	1				22,642	11	5
1726	10,107	14	3	19,157	9	11				9,049	15	8
1727	11,170	2	9	26,098	7	9				14,928	5	//
1728	10,146	2	1	25,406	13	11				15,260	11	10
1729	8,982	2	11	20,590	19	3				11,608	16	4
1730	8,660	//	4	17,689	//	//				9,028	19	8
1731	14,661	2	11	33,545	3	1				18,884	//	2
1732	16,912	12	1	30,232	10	10				13,319	18	9
1733	11,218	15	6	31,086	19	6				19,868	4	//
1734	11,743	4	2	32,508	7	5				20,765	3	3
1735	18,672	15	2	41,101	13	//				22,428	17	10
1736	21,308	2	6	66,874	12	2				45,566	9	8
1737	22,691	17	7	67,591	5	6				44,899	7	11
1738	21,462	8	5	103,964	18	//				82,502	9	7
1739	24,157	3	1	71,924	13	4				47,767	10	3

COMMERCE DE LA GRANDE-BRETAGNE
Avec L'ISLE DE GARNESEY.

ANNÉES.	IMPORTATIONS.			EXPORTATIONS.			EXCÉDANT des IMPORTATIONS.			EXCÉDANT des EXPORTATIONS.		
	liv.	sous	den.	liv.	sous	den.	liv.	sous	den.	liv.	sous	den.
1740..........	58,279	9	8	62,700	11	7				4,421	1	11
1741..........	26,573	18	3	55,422	14	5				28,848	16	2
1742..........	21,303	1	8	63,940	//	2				42,636	18	6
1743..........	29,852	4	11	52,362	17	9				22,510	12	10
1744..........	30,433	10	5	97,790	2	3				67,356	11	10
1745..........	30,377	5	7	37,202	4	1				6,824	18	6
1746..........	20,954	4	7	17,775	9	11	3,178	14	8			
1747..........	24,406	19	2	22,292	16	3	2,114	2	11			
1748..........	34,090	5	1	27,035	7	2	7,054	17	11			
1749..........	27,911	13	6	33,945	6	2				6,033	12	8
1750..........	31,751	12	3	40,942	11	10				9,190	19	7
1751..........	33,340	9	8	40,108	5	2				6,767	15	6
1752..........	29,433	18	8	46,003	5	4				16,569	6	8
1753..........	31,273	12	1	58,046	11	6				26,772	19	5
1754..........	33,213	16	4	42,976	16	3				9,762	19	11
1755..........	36,085	15	11	26,049	2	3	10,036	13	8			
1756..........	47,231	13	5	37,949	5	2	9,282	8	3			
1757..........	34,394	6	3	25,522	//	1	8,872	6	2			
1758..........	46,391	17	1	24,620	6	8	21,771	10	5			
1759..........	49,902	12	2	30,867	10	11	19,035	1	3			
1760..........	39,119	4	2	44,761	18	8				5,642	14	6
1761..........	58,339	17	4	32,162	4	//	26,177	13	4			
1762..........	109,657	5	2	27,588	1	3	82,069	3	11			
1763..........	127,192	14	5	26,219	17	10	100,972	16	7			
1764..........	27,075	15	11	34,064	19	4				6,989	3	5
1765..........	17,595	3	5	29,024	10	2				11,429	6	9
1766..........	22,534	2	1	40,059	3	11	17,525	1	10	17,525	1	10
1767..........	17,898	4	9	36,968	15	6	19,070	10	9	19,070	10	9
1768..........	21,850	3	4	29,031	7	6				7,181	4	2
1769..........	17,912	12	1	37,508	14	10				19,596	2	9
1770..........	27,735	18	8	26,656	14	6	1,079	4	2			
1771..........	38,103	7	6	34,541	//	1	3,562	7	5			
1772..........	31,845	1	7	31,564	10	3	280	11	4			
1773..........	43,291	5	9	39,223	//	9	4,068	5	//			

COMMERCE DE LA GRANDE-BRETAGNE
Avec L'ISLE DE JERSEY.

ANNÉES.	IMPORTATIONS.			EXPORTATIONS.			EXCÉDANT des IMPORTATIONS.			EXCÉDANT des EXPORTATIONS.		
	liv.	fous	den.	liv.	fous	den.	liv.	fous	den.	liv.	fous	den.
1697	6,440	6	4	7,799	16	1				1,359	9	9
1698	15,195	19	11	7,464	16	10	7,731	3	1			
1699	15,605	16	9½	12,696	19	7	2,908	17	2½			
1700	13,244	11	6¾	16,191	11	4¼				2,946	19	9½
1701	12,888	5	5½	8,516	12	4¾	4,371	13	"¾			
1702	4,327	14	4½	3,341	16	1½	985	18	3			
1703	13,876	8	6	1,054	17	7½	12,821	10	10½			
1704	17,225	6	10¼	460	10	5¾	16,764	16	4½			
1705	12,521	6	10¾	1,765	6	4	10,756	"	6¾			
1706	19,960	4	2½	4,199	14	6	15,760	9	8½			
1707	17,317	18	11	6,609	"	1	10,708	18	10			
1708	19,953	11	10	6,756	11	"½	13,197	"	9½			
1709	20,055	"	8½	4,784	8	3¾	15,270	12	4¾			
1710	16,429	7	10	7,094	16	8½	9,334	11	1½			
1711	2,246	5	"	8,417	3	8				6,170	18	8
1712	12,894	17	"	16,730	4	4				3,835	7	4
1713	17,419	14	6	11,828	17	7¾	5,590	16	10¼			
1714	10,906	7	6½	25,449	11	8¼				14,543	4	1¾
1715	9,147	11	4	15,136	1	2				5,988	9	10
1716	13,261	3	8	10,350	19	11	2,910	3	9			
1717	11,061	17	"	15,819	12	11				4,757	15	11
1718	9,350	"	"	17,769	18	4				8,419	18	9
1719	11,550	4	11	11,635	11	9				85	6	10
1720	13,795	14	10	13,184	15	5	610	19	5			
1721	11,626	11	6	7,392	7	9	4,234	3	9			
1722	11,058	16	11	21,722	1	6				10,663	4	7
1723	16,249	1	4	14,264	0	9	1,981	12	7			
1724	10,856	9	5	10,668	9	10	187	19	7			
1725	9,472	9	"	13,353	9	11			7	3,881	"	11
1726	9,493	8	10	13,506	16	8				4,013	7	10
1727	11,382	14	9	13,836	16	2				2,454	1	5
1728	12,613	10	7	19,618	18	9				7,005	8	2
1729	6,866	19	9	15,828	15	6				8,961	15	9
1730	10,393	7	9	19,878	19	2				9,485	11	5
1731	12,365	9	2	15,028	11	6				2,663	2	4
1732	11,423	15	5	20,615	13	4				9,191	17	11
1733	9,665	9	5	30,975	7	6				21,309	18	1
1734	10,697	5	8	16,473	13	9				5,776	8	1
1735	8,840	15	2	26,394	14	5				17,553	19	3
1736	22,605	9	7	26,025	5	8				3,419	16	1
1737	25,146	6	"	23,298	12	5	1,847	13	7			
1738	23,683	17	4	27,664	17	9				3,981	"	5
1739	25,267	4	1	23,660	"	"	1,607	4	1			

COMMERCE DE LA GRANDE-BRETAGNE
Avec L'ISLE DE JERSEY.

ANNÉES.	IMPORTATIONS.			EXPORTATIONS.			EXCÉDANT des IMPORTATIONS.			EXCÉDANT des EXPORTATIONS.		
	liv.	fous	den.	liv.	fous	den.	liv.	fous	den.	liv.	fous	den.
1740	24,483	17	9	13,816	2	4	10,667	15	5			
1741	26,226	7	8	29,963	1	1				3,736	13	5
1742	38,115	9	5	29,665	14	9	8,449	14	8			
1743	21,044	9	8	28,489	17	1				7,445	7	5
1744	18,720	13	1	15,922	1	4	2,798	11	9			
1745	27,360	17	5	13,955	6	10	13,405	10	7			
1746	23,732	1	10	12,382	18	//	11,349	3	10			
1747	26,218	13	6	10,044	6	10	16,174	6	8			
1748	19,492	14	10	14,718	15	8	4,773	19	2			
1749	20,983	2	//	21,125	12	5				142	10	5
1750	23,707	2	6	15,772	1	11	7,935	//	7			
1751	23,529	19	3	19,013	16	2	4,516	3	1			
1752	17,841	19	7	20,582	16	8				2,740	17	1
1753	14,659	15	3	15,450	12	5				790	17	2
1754	14,567	4	8	15,714	6	6				1,147	1	10
1755	18,016	17	1	18,962	4	2				945	7	1
1756	20,932	1	10	18,162	2	2	2,769	19	8			
1757	17,557	16	6	19,086	15	8				1,528	19	2
1758	25,415	17	8	17,244	//	4	8,171	17	4			
1759	29,306	19	5	30,585	19	//				1,278	19	7
1760	23,003	9	1	27,865	17	//				4,862	7	11
1761	26,704	15	4	21,132	15	1	5,572	//	3			
1762	17,912	7	10	15,357	13	11	2,554	14	//			
1763	17,639	13	4	16,287	//	5	1,352	12	11			
1764	18,282	//	5	19,353	1	1				1,071	//	8
1765	16,793	4	7	12,109	6	10	4,683	17	9			
1766	12,241	19	4	23,521	5	4				11,279	6	//
1767	18,646	15	8	21,652	//	4				3,005	4	8
1768	14,302	9	8	17,762	5	9				3,459	16	1
1769	14,703	7	3	27,471	6	5				12,767	19	2
1770	19,768	5	9	24,959	1	7				5,190	15	10
1771	18,603	12	9	22,898	14	6				4,295	1	9
1772	17,627	3	5	31,099	12	10				13,472	9	5
1773	11,881	4	4	20,665	1	//				8,783	16	8

COMMERCE DE LA GRANDE-BRETAGNE
Avec ANTIGOA.

ANNÉES.	IMPORTATIONS.			EXPORTATIONS.			EXCÉDANT des IMPORTATIONS.			EXCÉDANT des EXPORTATIONS.		
	liv.	fous	den.	liv.	fous	den.	liv.	fous.	den.			
1697..........	28,209	//	2	8,029	16	3	20,179	3	11			
1698..........	52,903	18	8	20,758	11	3	32,145	7	5			
1699..........	109,440	15	$2\frac{3}{4}$	30,226	18	$9\frac{1}{4}$	79,213	16	5			
1700..........	87,773	11	2	32,174	5	$2\frac{3}{4}$	55,599	5	$11\frac{1}{4}$			
1701..........	82,110	6	9	27,963	13	10	54,146	12	11			
1702..........	91,208	18	$4\frac{1}{4}$	28,513	14	8	62,695	3	$8\frac{1}{4}$			
1703..........	104,360	3	$4\frac{1}{4}$	22,125	8	$9\frac{3}{4}$	82,234	14	$6\frac{1}{2}$			
1704..........	66,200	14	$9\frac{3}{4}$	24,430	1	$1\frac{1}{2}$	41,770	13	$8\frac{1}{4}$			
1705..........	104,278	5	1	22,092	5	$10\frac{1}{4}$	82,185	19	$2\frac{3}{4}$			
1706..........	29,676	17	$1\frac{3}{4}$	18,895	//	$5\frac{1}{2}$	10,781	16	$8\frac{1}{4}$			
1707..........	144,022	10	$11\frac{3}{4}$	17,413	18	3	126,608	12	$8\frac{3}{4}$			
1708..........	70,615	5	$3\frac{3}{4}$	18,133	15	$6\frac{1}{4}$	52,481	9	$9\frac{1}{2}$			
1709..........	96,932	12	$9\frac{1}{4}$	26,367	17	$\prime\prime\frac{1}{4}$	70,564	15	9			
1710..........	171,592	3	5	26,954	17	3	144,637	6	2			
1711..........	44,624	6	$1\frac{3}{4}$	25,053	17	$7\frac{3}{4}$	19,570	8	$6\frac{1}{2}$			
1712..........	96,333	3	$10\frac{1}{4}$	20,604	2	$10\frac{3}{4}$	75,729	//	$11\frac{1}{2}$			
1713..........	185,677	7	$4\frac{1}{4}$	35,520	18	$1\frac{3}{4}$	150,156	9	$2\frac{1}{2}$			
1714..........	131,490	9	$8\frac{1}{2}$	23,447	6	$7\frac{3}{4}$	108,043	3	$\prime\prime\frac{3}{4}$			
1715..........	162,503	17	9	27,032	5	9	135,471	12	//			
1716..........	189,579	3	6	34,739	13	10	154,839	9	8			
1717..........	209,093	18	9	30,795	19	10	178,297	18	11			
1718..........	64,696	8	7	18,922	8	8	45,773	19	11			
1719..........	175,334	14	2	25,087	5	7	150,247	8	7			
1720..........	172,006	5	6	18,295	17	5	153,710	8	1			
1721..........	72,871	//	8	17,128	3	6	55,742	17	2			
1722..........	133,951	10	//	22,567	16	4	111,384	1	8			
1723..........	234,693	14	6	26,275	5	11	208,418	8	7			
1724..........	179,955	5	11	28,111	2	4	151,844	3	7			
1725..........	217,452	16	9	35,873	8	3	181,579	8	6			
1726..........	104,245	8	3	19,817	//	10	84,428	7	5			
1727..........	161,013	19	6	28,261	12	4	132,752	7	2			
1728..........	282,719	14	9	37,258	12	2	245,461	2	7			
1729..........	299,530	15	5	48,610	6	//	250,920	9	5			
1730..........	268,801	9	3	32,582	11	4	236,218	17	11			
1731..........	197,907	3	3	28,752	7	5	169,154	15	10			
1732..........	202,660	8	5	22,376	3	4	180,284	5	1			
1733..........	290,959	13	2	22,451	15	3	268,507	17	11			
1734..........	140,142	13	4	29,795	15	10	110,346	17	6			
1735..........	284,480	//	//	44,203	15	3	240,276	4	9			
1736..........	230,025	16	4	24,768	18	6	205,256	17	10			
1737..........	63,412	12	4	26,451	7	8	36,961	4	8			
1738..........	227,909	10	//	32,269	//	6	195,640	9	6			
1739..........	291,988	4	6	45,757	4	7	246,230	19	11			

COMMERCE DE LA GRANDE-BRETAGNE
Avec ANTIGOA.

ANNÉES.	IMPORTATIONS.			EXPORTATIONS.			EXCÉDANT des IMPORTATIONS.			EXCÉDANT des EXPORTATIONS.		
	liv.	fous	den.	liv.	fous	den.	liv.	fous	den.	liv.	fous	den.
1740..........	172,129	11	4	36,708	5	4	135,421	6	//			
1741..........	203,522	8	7	48,337	13	6	155,184	15	1			
1742..........	158,591	14	8.	39,552	4	4	119,039	10	4			
1743..........	217,176	16	3	44,379	16	1	172,797	//	2			
1744..........	197,896	14	7	38,778	17	4	159,117	17	3			
1745..........	188,650	16	11	32,769	4	//	155,881	12	11			
1746..........	210,036	15	8	67,399	17	10	142,636	17	10			
1747..........	98,685	9	9	44,487	//	2	54,198	9	7			
1748..........	258,793	8	6	47,727	15	//	211,065	13	6			
1749..........	253,232	19	9	55,118	14	5	198,114	5	4			
1750..........	203,453	11	//	72,191	3	2	131,262	7	10			
1751..........	208,558	8	9	64,217	12	//	144,340	16	9			
1752..........	174,031	10	4	68,185	18	8	105,845	11	8			
1753..........	330,416	10	10	109,067	13	9	221,348	17	1			
1754..........	98,877	16	8	77,237	8	2	21,640	8	6			
1755..........	366,012	19	10	80,686	18	5	285,326	1	5			
1756..........	256,278	16	//	110,808	2	6	145,470	13	6			
1757..........	322,733	2	2	113,308	8	8	209,424	13	6			
1758..........	327,202	18	3	124,279	10	6	202,923	7	9			
1759..........	150,317	1	10	119,761	14	6	30,555	7	4			
1760..........	159,162	19	//	191,117	13	2	....	...	...	31,954	14	2
1761..........	280,869	16	1	108,244	4	8	172,625	11	5			
1762..........	249,367	//	9	125,323	9	//	124,043	11	9			
1763..........	180,347	3	1	101,574	8	2	78,772	14	11			
1764..........	307,392	6	8	63,136	10	10	244,255	15	10			
1765..........	159,152	12	5	149,751	1	8	9,401	10	9			
1766..........	396,465	12	3	142,326	16	7	254,138	15	8			
1767..........	394,727	10	2	119,740	16	6	274,986	13	8			
1768..........	330,013	9	4	132,139	9	6	197,873	19	10			
1769..........	232,680	8	6	151,642	2	9.	81,038	5	9			
1770..........	349,102	1	8	112,533	2	//	236,568	19	8			
1771..........	180,923	3	//	118,152	10	11	62,770	12	1			
1772..........	166,351	12	4	116,074	10	11	50,277	1	5			
1773..........	112,779	//	10	93,323	1	3	19,455	19	7			

COMMERCE DE LA GRANDE-BRETAGNE
Avec la BARBADE.

ANNÉES.	IMPORTATIONS.			EXPORTATIONS.			EXCÉDANT des IMPORTATIONS.			EXCÉDANT des EXPORTATIONS.
	liv.	fous	den.	liv.	fous	den.	liv.	fous	den.	
1697............	196,532	18	5	77,465	8	1	119,067	10	4	
1698............	308,090	10	9	146,851	//	4	161,239	10	5	
1699............	273,947	15	5	150,532	7	$5\frac{1}{4}$	123,415	7	$11\frac{3}{4}$	
1700............	366,024	6	$\frac{3}{4}$	167,609	3	$5\frac{1}{4}$	198,415	2	$7\frac{1}{2}$	
1701............	280,678	4	$3\frac{1}{4}$	182,045	15	$4\frac{1}{2}$	98,632	8	$10\frac{3}{4}$	
1702............	114,327	7	//	104,405	9	$4\frac{1}{2}$	9,921	17	$7\frac{1}{2}$	
1703............	223,591	8	$1\frac{3}{4}$	79,092	11	$5\frac{1}{4}$	144,498	16	$8\frac{1}{2}$	
1704............	136,556	19	$3\frac{1}{4}$	121,518	10	$1\frac{1}{2}$	15,038	9	$1\frac{3}{4}$	
1705............	353,578	18	$4\frac{1}{2}$	127,906	8	//	225,672	10	$4\frac{1}{2}$	
1706............	303,001	12	$5\frac{1}{2}$	60,629	19	5	242,371	13	$\frac{1}{2}$	
1707............	196,506	7	$6\frac{1}{2}$	62,248	5	$9\frac{1}{2}$	134,258	1	9	
1708............	251,529	13	$\frac{1}{2}$	96,179	12	$4\frac{1}{2}$	155,350	//	8	
1709............	259,526	13	$11\frac{1}{4}$	85,436	10	$11\frac{3}{4}$	174,090	2	$11\frac{1}{2}$	
1710............	230,047	14	$2\frac{3}{4}$	64,223	11	9	165,824	2	$5\frac{1}{4}$	
1711............	253,186	7	$4\frac{1}{4}$	81,659	10	10	171,526	16	$6\frac{1}{2}$	
1712............	195,531	15	$11\frac{3}{4}$	102,906	18	$9\frac{1}{4}$	92,624	17	$2\frac{1}{2}$	
1713............	166,699	8	$4\frac{1}{4}$	118,996	8	$8\frac{1}{2}$	47,702	19	$7\frac{3}{4}$	
1714............	307,014	//	$1\frac{3}{4}$	140,613	13	$\frac{1}{4}$	166,400	7	$1\frac{1}{2}$	
1715............	386,787	7	3	144,649	3	10	242,138	3	5	
1716............	326,056	1	1	154,403	10	5	171,652	10	8	
1717............	380,828	12	2	123,040	9	2	257,788	3	//	
1718............	341,079	14	//	144,840	18	11	196,238	15	1	
1719............	191,564	9	7	103,670	2	9	87,894	6	10	
1720............	312,962	19	9	91,011	15	//	221,951	4	9	
1721............	124,575	//	4	60,266	14	6	64,308	5	10	
1722............	156,855	6	1	71,907	3	2	84,948	2	11	
1723............	262,803	4	2	82,804	4	6	179,998	19	0	
1724............	371,420	12	5	126,720	17	8	244,699	14	9	
1725............	360,912	//	2	107,008	1	4	253,903	18	10	
1726............	267,578	2	3	90,701	11	1	176,876	11	2	
1727............	253,651	7	1	73,184	2	8	180,467	4	5	
1728............	356,975	18	2	89,376	12	11	267,599	5	3	
1729............	241,501	10	10	97,914	3	5	143,587	7	5	
1730............	368,326	18	9	118,240	3	5	250,086	15	4	
1731............	218,628	19	3	66,775	6	7	151,853	12	8	
1732............	157,821	12	7	60,191	6	9	97,630	5	10	
1733............	254,944	3	6	55,765	17	8	199,178	5	10	
1734............	121,049	2	11	43,586	13	1	77,462	9	10	
1735............	201,973	8	8	52,096	13	5	149,876	15	3	
1736............	230,441	2	9	57,453	19	4	172,987	3	5	
1737............	168,038	9	2	50,672	12	//	117,365	17	2	
1738............	209,935	5	2	56,765	13	6	153,169	11	8	
1739............	197,838	1	3	56,354	17	//	141,483	4	3	

COMMERCE DE LA GRANDE-BRETAGNE
Avec la BARBADE.

ANNÉES.	IMPORTATIONS.			EXPORTATIONS.			EXCÉDANT des IMPORTATIONS.			EXCÉDANT des EXPORTATIONS.		
	liv.	fous	den.	liv.	fous	den.	liv.	fous	den.	liv.	fous	den.
1740............	228,811	15	6	81,859	17	9	146,951	17	9			
1741............	297,748	14	3	103,865	1	//	193,883	13	3			
1742............	223,344	2	3	97,848	2	2	125,496	//	1			
1743............	258,709	11	3	94,918	12	1	163,790	19	2			
1744............	90,794	17	4	50,626	6	3	40,168	11	1			
1745............	165,779	11	8	90,813	13	10	74,965	17	10			
1746............	209,969	6	7	145,444	18	5	64,524	8	2			
1747............	131,888	//	10	95,107	1	5	36,780	19	5			
1748............	235,098	18	8	101,092	4	7	134,006	14	1			
1749............	211,563	14	4	144,509	7	6	67,054	6	10			
1750............	215,255	17	3	150,097	18	//	65,157	19	3			
1751............	162,729	11	6	159,959	11	8	2,769	19	10			
1752............	219,791	12	9	172,822	15	5	46,968	17	4			
1753............	279,014	1	6	190,487	14	1	88,526	7	5			
1754............	206,516	4	2	158,005	15	3	48,510	8	11			
1755............	275,490	1	3	197,267	7	7	78,222	13	8			
1756............	222,424	4	1	133,492	6	7	88,931	17	6			
1757............	221,564	3	10	156,932	17	6	64,631	6	4			
1758............	220,602	11	1	142,140	1	10	78,462	9	3			
1759............	167,916	16	11	127,398	12	6	40,518	4	5			
1760............	223,716	12	11	269,449	6	2	....	...	...	45,732	13	3
1761............	253,900	10	1	215,479	16	3	38,420	13	10			
1762............	254,866	17	6	213,177	4	5	41,683	13	1			
1763............	252,537	10	//	213,909	4	9	38,628	5	3			
1764............	300,213	17	3	181,710	11	3	118,503	6	//			
1765............	326,688	6	8	191,202	19	//	135,485	7	8			
1766............	296,732	16	7	194,042	7	1	102,690	9	6			
1767............	219,682	3	9	145,083	4	4	74,598	19	5			
1768............	281,461	3	8	191,601	17	7	89,859	6	1			
1769............	254,092	15	6	165,050	10	9	89,042	4	9			
1770............	283,455	19	1	203,568	9	8	79,887	9	5			
1771............	163,053	1	4	120,011	//	3	43,042	1	1			
1772............	210,842	12	6	138,841	10	7	72,001	1	11			
1773............	168,682	6	1	148,817	9	3	19,864	16	10			

COMMERCE DE LA GRANDE-BRETAGNE
Avec les BERMUDES.

ANNÉES.	IMPORTATIONS.			EXPORTATIONS.			EXCÉDANT dés IMPORTATIONS.			EXCÉDANT dés EXPORTATIONS.		
	liv.	sous	den.	liv.	sous	den.	liv.	sous	den.	liv.	sous	den.
1697	20	6	3	626	16	//				609	9	9
1698	2,926	8	11	3,971	10	//				1,045	1	1
1699	300	10	//½	1,439	13	11				1,139	3	10½
1700	1,232	6	8	1,014	//	6	218	6	2			
1701	1,079	17	7½	1,065	18	4¾	13	19	2¾			
1702	6	16	//¾	828	13	2				821	17	1¼
1703	497	5	10				497	5	10			
1704				2,375	//	5¾				2,375	//	5¾
1705				61	2	11				61	2	11
1706												
1707				653	12	6				653	12	6
1708	475	4	6	252	17	//	222	7	6			
1709	198	18	9½	69	14	//	129	4	9½			
1710				1,228	2	5				1,228	2	5
1711	582	10	2				582	10	2			
1712				17	19	11				17	19	11
1713												
1714	1,932	14	5	407	19	7½	1,524	14	9½			
1715	523	7	10	1,809	17	11				1,286	10	1
1716				19	//	//				19	//	//
1717	715	10	8	2,359	11	10				1,644	1	2
1718	754	1	10	712	7	10	41	14	//			
1719	602	//	2	2,648	9	//				2,046	8	10
1720	1,897	10	7	2,172	9	3				274	18	8
1721	3,332	10	7	3,367	10	7				35	//	//
1722	3,227	12	11	3,983	16	4				756	3	5
1723	4,964	9	11	6,845	14	8				1,881	4	9
1724	5,677	17	5	7,249	10	8				1,571	13	3
1725	4,829	12	2	7,213	14	9				2,384	2	7
1726	5,584	8	6	5,693	8	9				109	//	3
1727	1,780	7	3	2,388	15	3				608	8	//
1728	2,316	12	3	2,388	5	4				71	13	1
1729	1,953	18	10	3,933	//	1				1,979	1	3
1730	329	11	4	68	10	//	261	1	4			
1731	542	10	//	1,492	1	1				949	11	1
1732	103	16	8	325	8	4				221	11	8
1733	527	16	3				527	16	3			
1734	399	5	//	1,913	15	7				1,514	10	7
1735	125	9	10	285	14	10				160	5	//
1736	445	3	7	637	12	1				192	8	6
1737	2,392	4	4				2,392	4	//			
1738	1,583	1	5	102	12	//	1,480	9	5			
1739	215	5	2	197	18	//	17	7	2			

COMMERCE DE LA GRÀNDE-BRETAGNE
Avec les BERMUDES.

ANNÉES.	IMPORTATIONS.			EXPORTATIONS.			EXCÉDANT des IMPORTATIONS.			EXCÉDANT des EXPORTATIONS.		
	liv.	fous	den.	liv.	fous	den.	liv.	fous	den.	liv.	fous	den.
1740.............	14	12	//	632	13	10	....	....	....	618	1	10
1741.............	165	2	2	31	8	//	133	14	2			
1742.............				224	2	2	....	....	....	224	2	2
1743.............	13	10	//	496	5	3	....	....	....	482	15	3
1744.............				465	9	7	....	....	....	465	9	7
1745.............	123	3	//	487	4	2	....	....	....	364	1	2
1746.............	130	13	//	4,032	19	2	....	....	....	3,902	6	2
1747.............				3,891	13	8	....	....	....	3,891	13	8
1748.............	43	//	5	2,901	9	11	....	....	....	2,858	9	6
1749.............	952	10	11	3,502	4	//	....	....	....	2,549	13	1
1750.............	1,986	10	10	16,447	3	8	....	....	....	14,460	12	10
1751.............	1,297	19	6	11,227	11	11	....	....	....	9,929	12	5
1752.............	3,278	2	9	11,767	14	11	....	....	....	8,489	12	2
1753.............	896	14	2	11,148	//	2	....	....	....	10,251	6	//
1754.............	2,248	19	9	2,421	11	7	....	....	....	172	11	10
1755.............				4,074	2	3	....	....	....	4,074	2	5
1756.............	2,081	//	1	7,569	18	4	....	....	....	5,488	18	3
1757.............	5	2	8	2,890	10	7	....	....	....	2,885	7	11
1758.............	26	5	//	9,489	2	2	....	....	....	9,462	17	2
1759.............	386	16	4	17,418	10	6	....	....	....	17,031	14	2
1760.............	70	12	7	16,115	14	8	....	....	....	16,045	2	1
1761.............	1,266	//	3	14,207	2	2	....	....	....	12,941	1	11
1762.............	988	15	//	7,786	7	//	....	....	....	6,797	12	//
1763.............				8,623	15	11	....	....	....	8,623	15	11
1764.............	165	11	1	10,534	3	7	....	....	....	10,368	12	6
1765.............	9,973	4	8	17,715	15	3	....	....	....	7,742	10	7
1766.............	3,475	14	1	11,299	6	3	....	....	....	7,823	12	2
1767.............	1,417	12	5	12,133	9	4	....	....	....	10,715	16	11
1768.............	829	8	//	10,526	9	11	....	....	....	9,697	1	11
1769.............	1,744	19	3	12,621	8	9	....	....	....	10,876	9	6
1770.............				9,705	15	6	....	....	....	9,705	15	6
1771.............	836	8	3	8,645	15	9	....	....	....	7,809	7	6
1772.............	525	2	10	11,798	14	6	....	....	....	11,273	11	8
1773.............	509	10	//	10,051	18	9	....	....	....	9,542	8	9

COMMERCE DE LA GRANDE-BRETAGNE
Avec la CAROLINE.

ANNÉES.	IMPORTATIONS.			EXPORTATIONS.			EXCÉDANT des IMPORTATIONS.			EXCÉDANT des EXPORTATIONS.		
	liv.	sous	den.	liv.	sous	den.	liv.	sous	den.	liv.	sous	den.
1697	12,374	5	3	5,289	19	1	7,084	6	2			
1698	9,265	7	6	18,462	13	1				9,197	5	7
1699	12,327	1	$9\frac{3}{4}$	11,401	18	$5\frac{1}{2}$	925	3	$4\frac{1}{4}$			
1700	14,058	14	6	11,003	12	$4\frac{1}{2}$	3,055	2	$1\frac{1}{2}$			
1701	16,973	6	3	13,908	8	$3\frac{1}{2}$	3,064	17	$11\frac{1}{2}$			
1702	11,870	"	$"\frac{1}{2}$	10,460	18	$3\frac{3}{4}$	1,409	1	$8\frac{1}{4}$			
1703	13,197	8	$1\frac{3}{4}$	12,428	12	$8\frac{1}{4}$	768	15	5			
1704	14,067	7	4	6,621	8	$7\frac{1}{2}$	7,445	18	$8\frac{1}{2}$			
1705	2,698	18	"	19,788	6	8				17,089	8	8
1706	8,652	12	6	4,001	"	$7\frac{1}{2}$	4,651	11	$10\frac{1}{2}$			
1707	23,311	10	1	10,492	18	2	12,818	11	11			
1708	10,340	8	$3\frac{1}{2}$	11,996	18	$2\frac{1}{2}$				1,656	9	11
1709	20,431	4	2	28,521	1	$11\frac{1}{4}$				8,089	17	$9\frac{1}{4}$
1710	20,793	9	"	19,613	18	$11\frac{3}{4}$	1,179	10	$"\frac{1}{4}$			
1711	12,871	13	$11\frac{3}{4}$	20,406	17	4				7,535	3	$4\frac{1}{4}$
1712	29,394	17	"	20,015	4	8	9,379	12	4			
1713	32,449	16	$4\frac{1}{4}$	23,967	8	$2\frac{3}{4}$	8,482	8	$1\frac{1}{2}$			
1714	31,290	9	$7\frac{3}{4}$	23,712	2	6	7,578	7	$1\frac{3}{4}$			
1715	29,158	"	5	16,631	19	1	12,526	1	4			
1716	46,287	6	4	27,272	18	7	19,014	7	9			
1717	41,275	1	8	25,058	12	"	16,216	9	8			
1718	46,385	13	6	15,841	17	"	30,543	16	6			
1719	50,373	18	5	19,630	19	2	30,742	19	3			
1720	62,736	6	8	18,290	12	11	44,445	13	9			
1721	61,858	3	10	17,703	9	2	44,154	14	8			
1722	79,650	14	11	34,374	12	7	45,276	2	4			
1723	78,103	19	"	42,246	16	5	35,857	2	7			
1724	90,504	8	6	37,839	17	7	52,664	10	11			
1725	91,942	13	7	39,182	12	8	52,760	"	11			
1726	93,453	1	9	43,934	10	"	49,518	11	9			
1727	96,055	"	10	23,254	8	11	72,800	11	11			
1728	91,175	18	11	33,067	3	1	58,108	15	10			
1729	113,329	4	4	58,366	5	7	54,962	18	9			
1730	151,739	17	6	64,785	11	5	86,954	6	1			
1731	159,771	16	5	71,145	19	9	88,625	16	8			
1732	126,207	8	4	58,298	4	9	67,909	3	7			
1733	177,845	18	6	70,466	10	5	107,379	8	1			
1734	120,466	8	2	99,658	12	10	20,807	15	4			
1735	145,348	7	11	117,837	3	10	27,511	4	1			
1736	214,083	13	10	101,147	3	1	112,936	10	9			
1737	187,758	3	2	58,986	18	8	128,771	4	6			
1738	141,119	15	11	87,793	3	7	53,326	12	4			
1739	236,192	19	9	94,445	5	9	141,747	14	"			

COMMERCE DE LA GRANDE-BRETAGNE
Avec la CAROLINE.

ANNÉES.	IMPORTATIONS.			EXPORTATIONS.			EXCÉDANT des IMPORTATIONS.			EXCÉDANT des EXPORTATIONS.		
	liv.	fous	den.	liv.	fous	den.	liv.	fous	den.	liv.	fous	den.
1740	266,560	4	5	181,821	14	11	84,738	9	6			
1741	236,830	19	3	204,770	2	2	32,060	17	1			
1742	154,607	8	4	127,063	6	5	27,544	1	11			
1743	235,136	15	2	111,499	6	11	123,637	8	3			
1744	192,594	11	//	79,141	8	//	113,453	3	//			
1745	91,847	5	3	86,815	13	6	5,031	11	9			
1746	76,897	19	6	102,809	19	6	...	...	...	25,912	//	//
1747	107,500	1	5	95,529	9	6	11,970	11	11			
1748	167,305	4	4	160,172	13	10	7,132	10	6			
1749	150,499	5	8	164,085	1	3	...	...	...	13,585	15	7
1750	191,607	6	3	133,037	//	9	58,570	5	6			
1751	245,491	1	4	138,244	4	9	107,246	16	7			
1752	288,264	15	9	150,777	16	5	137,486	19	4			
1753	164,634	10	11	213,009	18	7	...	...	...	48,375	7	8
1754	307,238	18	8	149,215	10	4	158,023	8	4			
1755	325,525	13	6	187,887	4	9	137,638	8	9			
1756	222,915	4	11	181,780	//	3	41,135	4	8			
1757	130,889	5	9	213,949	17	3	...	...	...	83,060	11	6
1758	150,511	14	4	181,002	12	2	...	...	...	30,490	17	10
1759	206,534	2	2	215,255	7	1	...	...	...	8,721	4	11
1760	162,769	6	7	218,131	7	8	...	...	...	55,362	1	1
1761	253,002	17	11	254,587	11	//	...	...	...	1,584	13	1
1762	181,695	10	3	194,170	14	1	...	...	...	12,475	3	10
1763	282,366	3	6	250,132	2	//	32,234	1	6			
1764	341,727	12	7	305,808	1	6	35,919	11	1			
1765	385,918	12	//	334,709	12	8	51,208	19	4			
1766	293,587	7	8	296,732	1	4	...	...	...	3,144	13	8
1767	395,027	10	1	244,093	6	//	150,934	4	1			
1768	508,108	6	10	289,868	12	3	218,239	14	7			
1769	387,114	12	1	306,600	5	6	80,514	6	7			
1770	278,907	14	//	146,273	17	//	132,633	17	//			
1771	420,311	14	8	409,169	9	4	11,142	5	4			
1772	425,923	1	1	449,610	2	2	...	...	...	23,687	1	1
1773	456,513	8	4	344,859	9	1	111,653	19	3			

COMMERCE DE LA GRANDE-BRETAGNE
Avec la BAIE DE HUDSON.

ANNÉES.	IMPORTATIONS.			EXPORTATIONS.			EXCÉDANT des IMPORTATIONS.			EXCÉDANT des EXPORTATIONS.		
	liv.	fous	den.	liv.	fous	den.	liv.	fous.	den.	liv.	fous	den.
1697	1,995	1	//	1,291	19	7	703	1	5			
1698	8,031	11	4	2,853	8	6	5,178	2	10			
1699	4,235	5	$//\frac{1}{4}$	943	15	$7\frac{1}{4}$	3,291	9	5			
1700	2,495	1	6	......	..	..	2,495	1	6			
1701	5	5	//	1,658	9	$8\frac{1}{2}$	......	...	...	1,653	4	$8\frac{1}{2}$
1702	1,791	16	6	972	16	$3\frac{3}{4}$	819	//	$//\frac{1}{4}$			
1703	52,954	14	6	......	..	..	52,954	14	6			
1704												
1705	......	..	..	2,021	10	$//\frac{3}{4}$	......	...	...	2,021	10	$//\frac{3}{4}$
1706	7,024	8	$6\frac{1}{2}$	958	6	2	6,066	2	$4\frac{1}{2}$			
1707												
1708	3,601	8	1	2,025	3	6	1,576	4	7			
1709	1,585	14	$3\frac{3}{4}$	......	..	..	1,585	14	$3\frac{1}{4}$			
1710	......	..	..	1,160	4	$3\frac{1}{4}$	......	...	..	1,160	4	$3\frac{3}{4}$
1711	647	6	1	760	2	//	......	...	...	112	15	11
1712	6,716	15	$//\frac{1}{2}$	745	14	1	5,971	//	$11\frac{1}{2}$			
1713	6,680	15	6	893	14	3	5,787	1	3			
1714	6,815	16	//	2,349	7	9	4,466	8	3			
1715	......	..	..	1,402	18	8	......	...	...	1,402	18	8
1716	13,049	7	10	1,259	17	3	11,789	10	7			
1717	7,645	12	10	3,191	2	9	4,454	10	1			
1718	9,580	9	7	1,847	18	7	7,732	11	//			
1719	3,672	13	9	1,731	11	9	1,941	2	//			
1720	10,947	2	3	1,897	9	9	9,049	12	6			
1721	10,989	2	9	1,788	4	4	9,200	18	5			
1722	11,171	5	2	2,449	15	11	8,721	9	3			
1723	10,853	5	7	2,305	2	7	8,548	3	//			
1724	6,469	10	10	1,497	18	7	4,971	12	3			
1725	11,343	17	7	2,410	17	1	8,933	//	6			
1726	9,479	13	6	1,599	15	11	7,879	17	7			
1727	8,632	5	4	1,756	2	.	6,876	3	4			
1728	13,206	3	1	2,571	13	4	10,634	9	9			
1729	10,610	19	10	1,941	19	7	8,669	//	3			
1730	12,466	4	11	2,315	3	9	10,151	1	2			
1731	13,980	3	5	2,876	1	2	11,104	2	3			
1732	12,565	14	9	3,350	12	3	9,215	2	6			
1733	11,097	1	3	3,110	9	9	7,986	11	6			
1734	10,700	14	6	3,930	19	9	6,769	14	9			
1735	9,479	8	2	2,232	17	11	7,246	10	3			
1736	9,924	8	7	1,549	16	10	8,374	11	9			
1737	10,813	5	9	4,124	18	2	6,688	7	7			
1738	10,821	11	7	3,879	17	7	6,941	14	//			
1739	13,659	10	5	3,984	4	4	9,675	6	1			

COMMERCE DE LA GRANDE-BRETAGNE
Avec la BAIE DE HUDSON.

ANNÉES.	IMPORTATIONS.			EXPORTATIONS.			EXCÉDANT des IMPORTATIONS.			EXCÉDANT des EXPORTATIONS.		
	liv.	sous	den.	liv.	sous	den.	liv.	sous	den.			
1740............	11,869	3	7	3,837	2	8	8,032	"	11			
1741............	9,656	3	6	4,203	17	1	5,452	6	5			
1742............	12,647	9	10	3,028	17	"	9,618	12	10			
1743............	12,466	3	11	3,644	2	9	8,822	1	2			
1744............	11,036	3	9	4,871	10	1	6,164	13	8			
1745............	11,380	16	4	3,790	10	3	7,590	6	1			
1746............	8,560	9	"	3,320	9	10	5,239	19	2			
1747............	7,408	8	9	2,994	12	6	4,413	16	3			
1748............	12,392	14	"	3,651	11	8	8,741	2	4			
1749............	11,836	2	8	4,721	6	5	7,114	16	3			
1750............	8,609	4	7	4,375	19	"	4,233	5	7			
1751............	8,776	2	5	4,009	3	8	4,766	18	9			
1752............	8,092	4	7	3,380	6	"	4,711	18	7			
1753............	9,874	10	1	3,778	18	4	6,095	11	9			
1754............	6,966	"	11	4,671	1	10	2,294	19	1			
1755............	7,998	12	1	3,849	15	5	4,148	16	8			
1756............	7,595	6	7	4,257	10	"	3,337	16	7			
1757............	8,276	18	3	4,033	17	6	4,243	"	9			
1758............	7,504	12	"	3,273	2	1	4,231	9	11			
1759............	7,715	19	"	3,602	3	9	4,113	15	3			
1760............	9,142	12	5	4,959	15	10	4,182	16	7			
1761............	11,294	3	2	5,858	16	10	5,435	6	4			
1762............	12,119	14	5	4,122	2	9	7,997	11	8			
1763............	8,567	10	1	4,393	2	7	4,174	7	6			
1764............	9,272	9	2	3,892	11	2	5,379	18	"			
1765............	10,654	10	1	4,394	5	5	6,260	4	8			
1766............	10,199	17	6	4,631	6	3	5,568	11	3			
1767............	9,942	10	11	4,981	18	8	4,960	12	3			
1768............	8,008	7	6	5,500	13	9	2,507	13	9			
1769............	7,087	5	7	4,655	13	4	2,431	12	3			
1770............	10,715	"	7	4,623	2	1	6,091	18	6			
1771............	9,225	18	"	5,822	1	8	3,403	16	4			
1772............	8,005	17	1	6,381	2	9	1,624	14	4			
1773............	8,943	4	2	6,467	9	9	2,475	14	5			

COMMERCE DE LA GRANDE-BRETAGNE
Avec la JAMAÏQUE.

ANNÉES.	IMPORTATIONS.			EXPORTATIONS.			EXCÉDANT des IMPORTATIONS.			EXCÉDANT des EXPORTATIONS.		
	liv.	fous	den.	liv.	fous	den.	liv.	fous	den.	liv.	fous	den.
1697	70,000	6	//	40,726	7	8	29,273	18	4			
1698	189,567	10	4	120,777	15	4	68,789	15	//			
1699	174,845	//	$8\frac{1}{4}$	136,733	6	1	38,111	14	$7\frac{1}{4}$			
1700	239,758	18	$9\frac{1}{4}$	100,847	16	$11\frac{3}{4}$	138,911	2	$8\frac{1}{2}$			
1701	235,214	14	$11\frac{1}{4}$	105,234	12	8	129,980	2	$3\frac{1}{4}$			
1702	149,389	11	//	95,657	18	2	53,731	12	10			
1703	182,551	16	9	165,893	17	$11\frac{1}{4}$	16,657	19	$8\frac{3}{4}$			
1704	184,365	18	$11\frac{3}{4}$	89,952	1	$8\frac{1}{4}$	94,413	16	$4\frac{1}{2}$			
1705	75,388	3	4	125,047	17	$7\frac{1}{4}$	...	...	...	49,659	14	$3\frac{1}{4}$
1706	162,278	12	$10\frac{1}{2}$	165,999	11	$2\frac{1}{2}$	...	...	...	3,720	18	4
1707	197,867	1	$4\frac{3}{4}$	186,491	16	$5\frac{3}{4}$	11,375	4	11			
1708	213,806	1	$4\frac{3}{4}$	173,997	6	$6\frac{1}{4}$	39,808	14	$10\frac{1}{4}$			
1709	239,363	18	$3\frac{3}{4}$	219,064	10	$5\frac{1}{2}$	20,299	7	$10\frac{1}{2}$			
1710	213,990	//	$6\frac{1}{2}$	95,913	15	$8\frac{1}{2}$	118,076	4	10			
1711	176,452	11	10	100,761	15	11	75,690	15	11			
1712	253,604	16	$9\frac{3}{4}$	115,196	11	$10\frac{3}{4}$	138,408	4	11			
1713	243,190	6	$9\frac{3}{4}$	164,119	16	$1\frac{3}{4}$	79,070	10	8			
1714	274,043	13	9	144,962	1	$4\frac{1}{4}$	129,081	12	$4\frac{3}{4}$			
1715	273,747	3	6	110,870	7	4	162,876	16	2			
1716	339,610	14	1	185,890	11	5	153,720	2	8			
1717	383,440	5	1	147,032	17	10	236,407	7	3			
1718	362,221	7	6	164,573	5	11	197,648	1	7			
1719	278,444	13	9	89,145	18	11	189,298	14	10			
1720	384,691	5	3	85,632	6	10	299,058	18	5			
1721	458,578	13	9	111,530	18	7	347,047	15	2			
1722	422,491	6	2	140,189	3	1	282,302	3	1			
1723	282,789	13	11	147,863	15	1	134,925	18	10			
1724	355,342	9	6	185,718	12	7	169,623	16	11			
1725	449,408	17	4	182,883	18	4	266,524	19	//			
1726	476,870	//	9	129,721	18	11	347,148	1	10			
1727	315,174	5	9	107,218	//	5	207,956	5	4			
1728	464,677	//	3	152,682	9	3	311,994	11	//			
1729	570,110	13	//	180,528	5	5	389,582	7	7			
1730	533,517	19	8	155,566	10	8	377,951	9	//			
1731	538,604	7	//	121,882	6	4	416,722	//	8			
1732	515,766	13	6	132,780	5	9	382,986	7	9			
1733	572,270	10	1	130,211	1	9	442,059	8	4			
1734	529,087	17	9	126,193	12	5	402,894	5	4			
1735	525,395	12	1	132,490	13	5	392,904	18	8			
1736	565,526	17	//	169,855	12	11	395,671	4	1			
1737	492,824	6	7	144,430	11	4	348,393	15	3			
1738	665,668	2	//	113,334	7	2	552,333	14	10			
1739	705,675	13	6	126,745	17	3	578,929	16	3			

COMMERCE DE LA GRANDE-BRETAGNE
Avec la JAMAÏQUE.

ANNÉES.	IMPORTATIONS.			EXPORTATIONS.			EXCÉDANT des IMPORTATIONS.			EXCÉDANT des EXPORTATIONS.		
	liv.	fous	den.	liv.	fous	den.	liv.	fous	den.			
1740............	507,624	19	4	194,697	1	1	312,927	18	3			
1741............	581,301	18	//	280,631	5	5	300,670	12	7			
1742............	584,657	18	3	364,355	12	9	220,302	5	6			
1743............	580,054	18	3	260,206	12	6	319,848	5	9			
1744............	532,390	19	11	163,632	1	9	368,759	18	2			
1745............	358,385	9	6	131,322	16	6	227,062	13	//			
1746............	400,078	12	9	218,860	3	5	181,218	9	4			
1747............	521,836	7	4	215,283	6	11	306,553	//	5			
1748............	654,058	14	1	231,977	11	3	422,081	2	10			
1749............	659,174	18	5	267,284	14	10	391,890	3	7			
1750............	731,429	11	6	242,349	10	//	489,080	1	6			
1751............	723,755	10	//	305,305	//	7	418,450	9	5			
1752............	727,960	16	9	351,475	10	4	376,485	6	5			
1753............	852,024	16	5	387,459	12	4	464,565	4	1			
1754............	852,589	8	8	363,846	16	7	488,742	12	1			
1755............	775,096	9	6	335,504	14	1	439,591	15	5			
1756............	805,945	7	//	374,656	9	//	431,288	18	//			
1757............	866,124	17	5	352,797	9	9	513,327	7	8			
1758............	896,855	//	8	462,080	6	6	434,774	14	2			
1759............	1,199,899	//	9	570,040	6	4	629,858	14	5			
1760............	1,034,283	3	8	585,771	13	2	448,511	10	6			
1761............	932,197	5	8	441,618	12	3	490,578	13	5			
1762............	852,777	14	//	460,631	16	//	392,145	18	//			
1763............	1,159,023	15	11	584,978	2	5	574,045	13	6			
1764............	1,076,155	1	9	456,528	1	11	619,626	19	10			
1765............	1,023,091	13	9	415,624	//	4	607,467	13	5			
1766............	1,201,801	16	4	415,544	17	4	786,256	19	//			
1767............	1,243,742	13	9	467,681	4	4	776,061	9	5			
1768............	1,215,628	19	9	473,146	13	3	742,482	6	6			
1769............	1,266,630	9	4	570,468	10	11	696,161	18	5			
1770............	1,274,807	13	6	558,219	10	6	716,588	3	//			
1771............	1,261,675	7	9	444,888	//	10	766,787	6	11			
1772............	1,483,818	19	8	592,733	5	1	891,085	14	7			
1773............	1,286,888	16	6	683,451	8	10	603,437	7	8			

COMMERCE DE LA GRANDE-BRETAGNE
Avec MONTSERRAT.

ANNÉES.	IMPORTATIONS.			EXPORTATIONS.			EXCÉDANT dès IMPORTATIONS.			EXCÉDANT dès EXPORTATIONS.		
	liv.	sous	den.	liv.	sous	den.	liv.	sous	den.			
1697............	14,699	14	3	3,532	17	//	11,166	17	3			
1698............	24,422	2	6	3,372	12	8	21,049	9	10			
1699............	23,163	9	6	7,162	14	$2\frac{1}{4}$	16,000	15	$3\frac{3}{4}$			
1700............	42,343	4	$6\frac{3}{4}$	7,939	19	$4\frac{1}{4}$	34,403	5	$2\frac{1}{2}$			
1701............	31,569	5	$4\frac{3}{4}$	2,191	15	$10\frac{3}{4}$	29,377	9	6			
1702............	31,576	3	$5\frac{1}{2}$	4,598	10	6	26,977	12	$11\frac{1}{2}$			
1703............	21,057	12	$8\frac{3}{4}$	2,955	3	$9\frac{1}{4}$	18,102	8	$11\frac{1}{2}$			
1704............	24,089	13	$1\frac{1}{4}$	8,185	4	$4\frac{3}{4}$	15,904	8	$8\frac{1}{2}$			
1705............	29,702	14	$3\frac{3}{4}$	6,604	14	$8\frac{3}{4}$	23,097	19	7			
1706............	13,472	3	$5\frac{1}{4}$	6,135	10	7	7,336	12	$10\frac{1}{4}$			
1707............	23,315	1	10	933	9	5	22,381	12	5			
1708............	11,778	6	$7\frac{3}{4}$	1,652	1	8	10,126	4	$11\frac{3}{4}$			
1709............	16,555	15	$7\frac{3}{4}$	5,173	5	7	11,382	10	$11\frac{3}{4}$			
1710............	24,805	13	$10\frac{1}{4}$	2,369	15	10	22,435	18	$11\frac{1}{4}$			
1711............	19,719	9	8	3,639	8	5	16,080	1	3			
1712............	28,125	2	2	5,280	11	5	22,844	10	9			
1713............	32,181	11	$1\frac{1}{2}$	3,702	10	7	28,479	//	$6\frac{1}{2}$			
1714............	14,970	16	$2\frac{1}{4}$	620	//	10	14,350	15	$4\frac{1}{4}$			
1715............	30,675	8	9	4,476	11	6	26,198	17	3			
1716............	40,887	4	9	4,122	15	10	36,764	8	11			
1717............	31,893	3	11	6,165	7	4	25,727	16	7			
1718............	32,202	13	11	1,610	1	11	30,592	12	//			
1719............	40,104	10	9	3,967	3	3	36,137	7	6			
1720............	39,511	9	9	2,965	5	//	36,546	4	9			
1721............	33,915	11	8	2,007	17	3	31,907	14	5			
1722............	45,524	9	7	2,402	1	//	43,122	8	7			
1723............	45,552	14	7	5,871	6	11	39,681	7	8			
1724............	27,976	9	1	3,492	3	2	24,484	5	11			
1725............	44,322	5	//	3,385	16	1	40,936	8	11			
1726............	37,969	14	3	2,719	18	1	35,249	16	2			
1727............	48,216	17	//	5,660	6	3	42,556	10	9			
1728............	74,429	//	//	7,335	//	2	67,093	19	10			
1729............	52,714	17	11	3,372	6	10	49,342	11	1			
1730............	65,599	14	2	3,755	15	3	61,843	18	11			
1731............	48,987	10	11	1,525	4	5	47,462	6	6			
1732............	69,333	3	5	2,075	18	11	67,257	4	6			
1733............	69,772	5	7	4,217	10	11	65,554	14	8			
1734............	52,929	6	5	1,738	9	6	51,190	16	11			
1735............	94,550	//	8	6,559	16	2	87,990	4	6			
1736............	73,150	17	9	7,592	19	//	65,557	18	9			
1737............	47,858	4	4	10,267	15	//	37,590	9	4			
1738............	84,501	10	1	3,661	12	7	80,839	17	6			
1739............	39,382	12	4	1,509	19	5	37,872	12	11			

N n

COMMERCE DE LA GRANDE-BRETAGNE
Avec MONTSERRAT.

ANNÉES.	IMPORTATIONS.			EXPORTATIONS.			EXCÉDANT des IMPORTATIONS.			EXCÉDANT des EXPORTATIONS.		
	liv.	fous	den.	liv.	fous	den.	liv.	fous	den.			
1740............	71,535	16	11	4,838	8	5	66,697	8	6			
1741............	54,632	6	7	4,898	10	9	49,733	15	10			
1742............	44,534	11	9	6,890	12	1	37,643	19	8			
1743............	66,244	3	3	7,203	17	2	59,040	6	1			
1744............	60,983	12	6	5,936	1	11	55,047	10	7			
1745............	49,139	3	9	1,145	8	7	47,993	15	2			
1746............	50,031	1	7	9,412	10	11	40,618	10	8			
1747............	31,215	14	7	1,650	12	7	29,565	2	//			
1748............	72,835	4	5	3,027	7	4	69,807	17	1			
1749............	76,616	9	3	3,451	1	5	73,165	7	10			
1750............	51,463	15	//	11,406	16	1	40,056	18	11			
1751............	56,197	14	9	10,127	15	2	46,069	19	7			
1752............	36,929	2	1	5,307	14	10	31,621	7	3			
1753............	18,972	10	1	18,501	18	8	60,470	11	5			
1754............	53,449	5	7	11,317	18	10	42,131	6	9			
1755............	79,972	2	3	4,488	15	8	75,483	6	7			
1756............	70,028	13	4	5,978	10	9	64,050	2	7			
1757............	68,125	7	4	18,069	1	//	50,056	6	4			
1758............	68,233	14	4	9,929	1	7	58,304	12	9			
1759............	45,182	12	9	12,253	17	1	32,928	15	8			
1760............	75,936	12	4	23,143	13	4	52,792	19	//			
1761............	79,982	//	4	21,072	2	9	58,909	17	7			
1762............	57,122	6	//	23,895	9	11	33,226	16	1			
1763............	59,571	15	11	15,505	18	1	44,065	17	10			
1764............	82,966	15	//	7,532	8	9	75,434	6	3			
1765............	66,694	12	11	15,938	15	4	50,755	17	7			
1766............	71,762	2	4	26,826	1	10	44,936	//	6			
1767............	54,960	9	9	23,071	9	3	31,889	//	6			
1768............	69,563	11	3	25,572	5	10	43,991	5	5			
1769............	77,653	16	//	23,110	1	9	44,553	14	3			
1770............	83,947	9	1	19,297	16	5	64,649	12	8			
1771............	63,034	4	8	15,642	//	6	47,392	4	2			
1772............	82,873	18	2	23,334	7	8	59,539	10	6			
1773............	47,911	12	8	14,974	6	1	32,937	6	7			

COMMERCE DE LA GRANDE-BRETAGNE
Avec NEVIS.

ANNÉES.	IMPORTATIONS.			EXPORTATIONS.			EXCÉDANT des IMPORTATIONS.			EXCÉDANT des EXPORTATIONS.		
	liv.	fous	den.	liv.	fous	den.	liv.	fous	den.			
1697	17,096	13	3	13,043	8	//	4,053	5	3			
1698	54,748	16	8	14,550	13	7	40,198	3	1			
1699	4,857	17	6¼	16,480	6	4¾	58,377	7	1½			
1700	44,172	16	5	24,481	19	3½	19,690	17	1¾			
1701	87,447	//	8	19,417	10	10¾	68,029	9	9¼			
1702	74,305	17	7	21,148	2	11¾	53,157	14	7¼			
1703	83,375	3	5	14,262	5	2	69,112	18	3			
1704	73,563	4	9¾	19,838	//	5	53,725	4	4¾			
1705	121,576	1	3½	20,607	//	4¾	100,969	//	10¾			
1706	17,073	13	7¼	9,471	8	9	7,602	4	10¼			
1707	19,535	5	3½	5,933	8	1½	13,601	17	2			
1708	24,536	3	3	4,207	17	10	20,328	5	5			
1709	14,623	15	//½	9,746	3	11¼	4,877	11	1¼			
1710	95,825	11	2	10,640	16	10¾	85,184	14	3¼			
1711	32,820	8	11¾	7,739	12	9	25,080	16	2¾			
1712	45,743	11	//¾	11,402	10	1½	34,341	//	11½			
1713	106,998	12	2	23,988	2	11	83,010	9	3			
1714	63,847	3	4¾	16,046	3	5¾	47,800	19	11			
1715	88,161	17	1	9,498	14	//	78,663	3	1			
1716	87,118	6	//	20,418	2	5	66,700	3	7			
1717	79,956	3	6	8,271	13	8	71,684	9	10			
1718	31,447	16	10	6,527	18	3	24,919	18	7			
1719	71,294	//	6	8,461	12	1	62,832	8	5			
1720	71,695	4	3	8,302	8	11	63,392	15	4			
1721	52,876	11	7	7,073	7	3	45,803	4	4			
1722	85,789	7	//	7,168	2	10	78,621	4	2			
1723	81,173	12	//	9,912	4	5	71,261	7	7			
1724	77,593	//	1	6,037	17	7	71,555	2	6			
1725	86,646	11	10	7,412	5	4	79,234	6	6			
1726	41,864	//	5	4,708	//	//	37,156	//	5			
1727	44,186	4	6	6,116	18	//	38,069	6	6			
1728	72,936	12	1	6,002	11	6	66,934	//	7			
1729	102,747	16	11	16,187	2	10	86,560	14	1			
1730	87,229	18	11	7,655	17	2	79,574	1	9			
1731	41,068	9	2	4,872	9	9	36,195	19	5			
1732	79,873	6	3	4,666	9	8	75,206	16	7			
1733	92,741	13	6	3,463	15	1	89,277	18	5			
1734	51,524	6	4	2,608	2	8	48,916	3	8			
1735	67,370	13	//	7,152	10	7	60,218	2	5			
1736	57,683	12	4	1,810	6	9	55,873	5	7			
1737	19,295	14	3	781	2	4	18,514	11	11			
1738	63,988	18	6	5,679	18	4	58,309	//	2			
1739	68,431	4	3	1,156	6	4	67,274	17	11			

COMMERCE DE LA GRANDE-BRETAGNE
Avec NEVIS.

ANNÉES.	IMPORTATIONS.			EXPORTATIONS.			EXCÉDANT des IMPORTATIONS.			EXCÉDANT des EXPORTATIONS.		
	liv.	sous	den.	liv.	sous	den.	liv.	sous	den.			
1740............	36,309	15	3	4,254	15	6	32,054	19	9			
1741............	55,820	13	5	1,176	2	2	54,644	11	3			
1742............	21,619	11	//	595	13	10	21,023	17	2			
1743............	56,337	//	11	4,247	8	8	52,089	12	3			
1744............	51,902	12	10	3,908	1	4	47,994	11	6			
1745............	49,314	10	9	1,399	2	6	47,915	8	3			
1746............	53,270	7	3	3,992	12	5	49,277	14	10			
1747............	23,362	12	4	583	15	10	22,778	16	6			
1748............	58,344	1	9	4,888	11	7	53,455	10	2			
1749............	33,611	6	6	7,310	5	1	26,301	1	5			
1750............	31,738	8	10	3,874	10	5	27,863	18	5			
1751............	36,767	//	//	8,693	7	6	28,075	12	6			
1752............	45,182	4	8	10,442	13	1	34,739	11	7			
1753............	73,154	8	3	14,233	14	9	58,920	13	6			
1754............	44,620	10	2	15,654	15	3	28,965	14	11			
1755............	82,463	15	6	14,260	13	9	68,203	1	9			
1756............	68,695	12	5	12,079	8	10	56,616	3	7			
1757............	84,055	10	7	15,420	4	10	68,635	5	9			
1758............	71,009	7	10	21,909	16	10	49,099	11	//			
1759............	38,042	2	10	4,970	2	//	33,072	//	10			
1760............	45,750	11	//	20,390	9	8	25,360	1	4			
1761............	67,538	12	3	12,134	14	4	55,403	17	11			
1762............	42,095	3	8	9,066	6	3	33,028	17	5			
1763............	45,280	9	10	29,557	9	8	15,723	//	2			
1764............	60,652	11	2	7,934	16	5	52,717	14	9			
1765............	54,528	17	6	11,905	19	5	42,622	18	1			
1766............	74,200	16	//	18,989	8	//	55,211	8	//			
1767............	60,690	14	7	11,875	18	8	48,814	15	11			
1768............	71,144	17	10	15,874	//	3	55,270	17	7			
1769............	40,379	4	6	10,428	9	5	29,950	15	1			
1770............	97,152	19	5	17,307	10	3	79,845	9	2			
1771............	67,291	3	2	19,751	7	1	47,539	16	1			
1772............	82,331	17	9	18,277	15	1	64,054	2	8			
1773............	39,299	7	6	9,181	14	8	30,117	12	10			

COMMERCE DE LA GRANDE-BRETAGNE
Avec la NOUVELLE-ANGLETERRE.

ANNÉES.	IMPORTATIONS.			EXPORTATIONS.			EXCÉDANT des IMPORTATIONS.			EXCÉDANT des EXPORTATIONS.		
	liv.	sous	den.	liv.	sous	den.	liv.	sous	den.	liv.	sous	den.
1697	26,282	2	3	68,468	17	9				42,186	15	6
1698	31,254	18	10	93,517	1	10				62,262	3	//
1699	26,660	16	8	127,279	19	$2\frac{1}{2}$				100,619	2	$6\frac{1}{2}$
1700	41,486	11	9	91,918	14	$6\frac{3}{4}$				50,432	2	$9\frac{3}{4}$
1701	32,656	7	2	86,322	13	$11\frac{1}{4}$				53,666	6	$9\frac{1}{4}$
1702	37,026	11	$9\frac{1}{2}$	64,625	9	$8\frac{1}{2}$				27,598	17	11
1703	33,539	10	$11\frac{1}{2}$	59,608	//	10				26,068	9	$10\frac{1}{2}$
1704	30,823	18	$7\frac{3}{4}$	74,896	14	$1\frac{1}{2}$				44,072	15	$5\frac{3}{4}$
1705	22,793	4	$8\frac{1}{2}$	62,504	//	$10\frac{1}{2}$				39,710	16	2
1706	22,210	19	$11\frac{1}{2}$	57,050	//	6				34,839	//	$6\frac{1}{2}$
1707	38,793	//	4	120,631	18	$2\frac{1}{2}$				81,838	17	$10\frac{1}{2}$
1708	49,635	4	1	115,505	//	$4\frac{1}{4}$				65,869	16	$3\frac{1}{4}$
1709	29,559	14	$3\frac{3}{4}$	120,349	7	$4\frac{1}{2}$				90,789	13	$\frac{3}{4}$
1710	34,112	17	$7\frac{1}{2}$	106,338	6	4				75,225	8	$8\frac{1}{2}$
1711	26,415	15	$7\frac{1}{2}$	137,421	18	$1\frac{1}{4}$				111,006	2	$5\frac{3}{4}$
1712	24,699	18	7	128,105	3	$5\frac{3}{4}$				103,405	4	$10\frac{3}{4}$
1713	49,904	4	$6\frac{1}{2}$	120,778	19	8				70,874	15	$1\frac{1}{2}$
1714	51,541	6	$10\frac{1}{4}$	121,288	7	6				69,747	//	$7\frac{1}{4}$
1715	66,555	12	8	164,650	7	6				98,094	14	10
1716	69,595	2	9	121,156	19	10				51,561	17	1
1717	58,898	6	1	132,001	16	2				73,103	10	1
1718	61,591	3	8	131,885	12	9				70,294	9	1
1719	54,452	13	11	125,317	16	10				70,865	2	11
1720	49,206	12	6	128,767	2	11				79,560	10	5
1721	50,483	1	10	114,524	2	3				64,041	//	5
1722	47,955	15	11	133,722	14	8				85,766	18	9
1723	59,337	13	4	176,486	//	1				117,148	6	9
1724	69,585	6	1	168,507	//	8				98,921	14	7
1725	72,021	12	6	201,768	//	4				129,746	7	10
1726	63,816	4	8	200,882	9	5				137,066	4	9
1727	75,052	3	1	187,277	9	11				112,225	6	10
1728	64,689	1	2	194,590	19	1				129,901	17	11
1729	52,512	//	//	161,102	17	2				108,590	17	2
1730	54,701	5	10	208,196	5	5				153,494	19	7
1731	49,048	10	5	183,467	5	4				134,418	14	11
1732	64,095	5	1	216,600	14	11				152,505	9	10
1733	61,983	13	3	184,570	13	,				122,586	19	9
1734	82,252	3	9	146,460	2	6				64,207	18	9
1735	72,899	15	6	189,125	5	7				116,225	10	1
1736	66,788	19	3	222,158	4	4				155,369	5	1
1737	63,347	15	1	223,923	17	11				160,576	2	10
1738	59,116	14	10	203,233	//	4				154,116	5	6
1739	46,604	9	9	220,378	6	4				173,773	16	7

COMMERCE DE LA GRANDE-BRETAGNE
Avec la NOUVELLE-ANGLETERRE.

ANNÉES.	IMPORTATIONS.			EXPORTATIONS.			EXCÉDANT des IMPORTATIONS.			EXCÉDANT des EXPORTATIONS.		
	liv.	sous	den.	liv.	sous	den.				liv.	sous	den.
1740............	72,389	16	2	171,081	2	5	....	....	....	98,691	6	3
1741............	60,052	16	8	198,147	14	8	....	....	....	138,094	18	//
1742............	53,166	1	8	148,899	10	2	....	....	....	95,733	8	6
1743............	63,185	1	4	172,461	19	4	....	....	....	109,276	18	//
1744............	50,243	7	7	143,982	15	3	....	....	....	93,734	7	8
1745............	38,948	10	9	140,463	4	7	....	....	....	101,514	13	10
1746............	38,612	15	7	209,177	9	2	....	....	....	170,564	13	7
1747............	41,771	16	11	210,640	4	9	....	....	....	168,868	7	10
1748............	29,748	9	1	197,682	11	1	....	....	....	167,934	2	//
1749............	39,999	5	1	238,286	11	9	....	....	....	198,287	6	8
1750............	48,455	9	//	343,659	6	8	....	....	....	295,203	17	8
1751............	63,287	14	4	305,974	3	2	....	....	....	242,686	8	10
1752............	74,313	//	3	273,340	8	8	....	....	....	199,027	8	5
1753............	83,395	13	5	345,523	3	8	....	....	....	262,127	10	3
1754............	66,538	7	1	329,433	11	//	....	....	....	262,895	3	11
1755............	59,533	6	11	341,796	7	3	....	....	....	282,263	//	4
1756............	47,359	13	1	384,371	15	4	....	....	....	337,012	2	3
1757............	27,556	9	5	363,404	//	9	....	....	....	335,847	11	4
1758............	30,204	14	7	465,694	16	3	....	....	....	435,490	1	8
1759............	25,985	8	11	527,067	2	8	....	....	....	501,081	13	9
1760............	37,802	13	1	599,647	14	8	....	....	....	561,845	1	7
1761............	46,225	11	11	334,225	13	7	....	....	....	288,000	1	8
1762............	41,733	17	6	247,385	18	3	....	....	....	205,652	//	9
1763............	74,815	1	1	258,854	19	6	....	....	....	184,039	18	5
1764............	88,157	1	9	459,765	//	11	....	....	....	371,607	19	2
1765............	145,819	//	1	451,299	14	7	....	....	....	305,480	14	6
1766............	141,733	4	11	409,642	7	6	....	....	....	267,909	2	7
1767............	128,207	17	4	406,081	9	2	....	....	....	277,873	11	10
1768............	148,375	3	6	419,797	9	4	....	....	....	271,422	5	10
1769............	129,353	3	8	207,993	14	3	....	....	....	78,640	10	7
1770............	148,011	14	9	394,451	7	5	....	....	....	246,439	12	8
1771............	150,381	17	2	1,420,119	1	1	....	....	....	1,269,737	3	11
1772............	126,265	7	6	824,830	8	9	....	....	....	698,565	1	3
1773............	124,624	19	6	527,055	15	10	....	....	....	402,430	16	4

COMMERCE DE LA GRANDE-BRETAGNE
Avec la NOUVELLE-YORCK.

ANNÉES.	IMPORTATIONS.			EXPORTATIONS.			EXCÉDANT des IMPORTATIONS.			EXCÉDANT des EXPORTATIONS.		
	liv.	fous	den.	liv.	fous	den.	liv.	fous	den.	liv.	fous	den.
1697	10,093	16	10	4,579	3	5	5,514	13	5			
1698	8,763	13	8	25,279	14	1				16,516	//	5
1699	16,818	18	$10\frac{1}{2}$	42,792	1	1				25,973	2	$2\frac{1}{2}$
1700	17,567	10	$//\frac{1}{2}$	49,410	15	$//\frac{3}{4}$				31,843	5	$1\frac{1}{4}$
1701	18,547	3	6	31,910	6	$6\frac{3}{4}$				13,363	3	$//\frac{3}{4}$
1702	7,965	5	$4\frac{3}{4}$	29,991	15	4				22,026	9	$11\frac{1}{4}$
1703	7,471	8	$7\frac{3}{4}$	17,562	2	$10\frac{1}{4}$				10,090	14	$2\frac{1}{2}$
1704	10,540	16	$11\frac{3}{4}$	22,294	15	$1\frac{1}{2}$				11,753	18	$1\frac{3}{4}$
1705	7,393	1	4	27,902	14	$9\frac{1}{2}$				20,509	13	$5\frac{1}{}$
1706	2,849	17	$6\frac{3}{4}$	31,588	8	2				28,738	10	$7\frac{1}{2}$
1707	14,283	7	$2\frac{1}{4}$	29,855	2	8				15,571	15	$5\frac{3}{4}$
1708	10,847	7	2	26,899	10	8				16,052	3	6
1709	12,259	8	$4\frac{1}{4}$	34,577	7	$6\frac{1}{2}$				22,317	19	$2\frac{1}{4}$
1710	8,203	18	$2\frac{3}{4}$	31,475	//	$9\frac{1}{2}$				23,271	2	$6\frac{3}{4}$
1711	12,193	14	$9\frac{1}{4}$	28,856	4	$9\frac{1}{4}$				16,662	10	//
1712	12,466	11	4	18,524	14	$11\frac{1}{2}$				6,058	3	$7\frac{1}{2}$
1713	14,428	14	$2\frac{1}{4}$	46,470	11	9				32,041	17	$6\frac{3}{4}$
1714	29,810	17	$3\frac{1}{2}$	44,643	17	$11\frac{1}{4}$				14,833	//	$7\frac{3}{4}$
1715	21,316	19	10	54,629	1	5				33,312	1	7
1716	21,971	14	10	52,173	7	9				30,201	12	11
1717	24,534	14	4	44,140	10	5				19,605	16	1
1718	27,331	12	1	62,966	16	3				35,635	4	2
1719	19,596	6	5	56,355	3	9				36,758	17	4
1720	16,836	12	7	37,397	19	5				20,561	6	10
1721	15,681	3	11	50,754	1	4				35,072	17	5
1722	20,118	13	5	57,478	15	8				37,360	2	3
1723	27,992	5	6	53,013	19	5				25,021	13	11
1724	21,191	2	3	63,020	//	9				41,828	18	6
1725	24,976	5	3	70,650	8	//				45,674	2	9
1726	38,307	17	10	84,866	16	4				46,558	18	6
1727	31,617	8	1	67,452	4	9				35,834	16	8
1728	21,141	18	6	81,634	8	7				60,492	10	1
1729	15,833	18	9	64,760	15	11				48,926	17	2
1730	8,740	11	3	64,356	16	6				55,616	5	3
1731	20,756	1	11	66,116	17	3				45,360	15	4
1732	9,411	6	8	65,540	17	4				56,129	10	8
1733	11,626	17	4	65,417	13	//				53,790	15	8
1734	15,307	12	//	81,758	7	6				66,450	15	6
1735	14,155	8	2	80,405	9	4				66,250	1	2
1736	17,944	19	1	86,000	10	5				68,055	11	4
1737	16,833	15	10	125,833	14	1				108,999	18	3
1738	16,228	3	7	133,438	15	2				117,210	11	7
1739	18,459	5	10	106,070	5	1				87,610	19	3

COMMERCE DE LA GRANDE-BRETAGNE
Avec la NOUVELLE-YORCK.

ANNÉES.	IMPORTATIONS.			EXPORTATIONS.			EXCÉDANT des IMPORTATIONS.			EXCÉDANT des EXPORTATIONS.		
	liv.	fous	den.	liv.	fous	den.	liv.	fous	den.	liv.	fous	den.
1740	21,498	//	5	118,777	8	10				97,279	8	5
1741	21,142	7	9	140,430	13	7				119,288	5	10
1742	13,536	17	10	167,591	6	6				154,054	8	8
1743	15,067	6	11	135,487	18	1				120,420	11	2
1744	14,527	18	5	119,920	4	3				105,392	5	10
1745	14,083	3	9	54,957	1	2				40,873	17	5
1746	8,841	3	2	86,712	14	10				77,871	11	8
1747	14,992	//	6	137,984	16	9				122,992	16	3
1748	12,358	3	1	143,311	5	2				130,953	2	1
1749	23,413	9	//	265,773	9	11				242,360	//	11
1750	35,634	8	6	267,130	//	//				231,495	11	6
1751	42,363	15	11	248,941	3	11				206,577	8	//
1752	40,648	16	10	194,030	7	8				153,381	10	10
1753	50,553	2	4	277,864	19	10				227,311	17	6
1754	26,663	10	8	127,497	5	3				100,834	4	7
1755	28,054	12	3	151,071	5	//				123,016	12	9
1756	24,073	1	4	250,425	9	6				226,352	8	2
1757	19,168	4	5	353,311	17	8				334,143	13	3
1758	14,260	15	7	356,555	5	7				342,294	10	//
1759	21,684	10	3	630,785	8	6				609,100	18	3
1760	21,125	//	//	480,106	3	1				458,981	3	1
1761	48,648	//	2	289,570	5	1				240,922	4	11
1762	58,882	6	5	288,046	16	10				229,164	10	5
1763	53,988	14	4	238,560	2	1				184,571	7	9
1764	53,697	10	4	515,416	12	1				461,719	1	9
1765	54,959	18	2	382,349	11	1				327,389	12	11
1766	67,020	11	8	330,829	15	8				263,809	4	//
1767	87,115	5	10	482,930	14	4				395,815	8	6
1768	87,115	5	10	482,930	14	4				395,815	8	6
1769	73,466	3	9	74,918	7	10				1,452	4	1
1770	69,882	10	5	475,991	12	//				406,109	1	7
1771	95,875	8	11	653,621	7	6				557,745	18	7
1772	82,707	8	6	343,970	19	9				261,263	11	3
1773	76,246	12	//	289,214	19	7				212,968	7	7

COMMERCE DE LA GRANDE-BRETAGNE
Avec la PENSYLVANIE.

ANNÉES.	IMPORTATIONS.			EXPORTATIONS.			EXCÉDANT des IMPORTATIONS.			EXCÉDANT des EXPORTATIONS.		
	liv.	fous	den.	liv.	fous	den.	liv.	fous	den.	liv.	fous	den.
1697	3,347	16	1	2,997	16	4	349	19	9			
1698	2,720	6	10	10,704	12	1				7,984	5	3
1699	1,477	15	6	17,064	1	7¾				15,586	6	1¾
1700	4,608	9	8¾	18,529	6	2¼				13,920	16	5½
1701	5,220	6	3	12,003	16	10				6,783	10	7
1702	4,145	2	9	9,342	11	5¼				5,197	8	8¼
1703	5,160	19	2	9,899	18	7¼				4,738	19	5¼
1704	2,430	8	11¼	11,819	2	8¼				9,388	14	8½
1705	1,309	17	7	7,206	10	3½				5,896	12	8½
1706	4,210	7	10	11,037	2	11				6,826	15	1
1707	786	19	8	14,365	17	11½				13,578	17	4½
1708	2,120	"	8¾	6,722	16	1½				4,602	15	4¼
1709	617	18	9	5,881	7	4½				5,263	8	7½
1710	1,277	2	7	8,594	14	5¼				7,317	11	10½
1711	38	10	9	19,408	2	3¼				19,369	11	6¼
1712	1,471	2	3½	8,464	8	9½				6,993	6	6
1713	178	15	"	17,037	4	3¼				16,858	9	3¾
1714	2,663	3	"	14,927	11	1				12,264	8	1
1715	5,461	4	9	16,182	7	7				10,721	2	10
1716	5,193	10	4	21,842	13	6				16,649	3	2
1717	4,499	6	1	22,505	1	6				18,005	15	5
1718	5,588	13	11	22,716	4	10				17,127	10	11
1719	6,564	14	3	27,068	14	2				20,503	19	11
1720	7,928	14	10	24,531	15	2				16,603	"	4
1721	8,037	"	1	21,548	4	11				13,511	4	10
1722	6,882	1	6	26,397	9	6				19,515	8	7
1723	8,332	3	9	15,992	19	4				7,660	15	7
1724	4,057	2	1	30,324	16	1				26,267	14	"
1725	11,981	1	3	42,209	14	2				30,228	12	11
1726	5,960	2	5	37,634	17	8				31,674	15	3
1727	12,823	5	9	31,979	10	7				19,156	4	10
1728	15,230	14	6	37,478	19	11				22,248	5	5
1729	7,434	16	1	29,799	10	10				22,364	14	9
1730	10,582	1	4	48,592	7	5				38,010	6	1
1731	12,786	11	6	44,260	1	1				31,474	4	7
1732	8,524	12	6	41,698	13	7				33,174	1	1
1733	14,776	19	4	40,565	8	1				25,788	8	9
1734	20,217	3	2	54,392	7	10				34,175	4	8
1735	21,919	6	3	48,804	11	4				26,885	5	1
1736	20,786	4	3	61,513	18	4				40,727	14	1
1737	15,198	17	4	56,690	6	7				41,491	9	3
1738	11,918	11	6	61,450	4	3				49,531	12	9
1739	8,134	11	9	54,452	11	11				46,318	"	2

P p

COMMERCE DE LA GRANDE-BRETAGNE
Avec la PENSYLVANIE.

ANNÉES.	IMPORTATIONS.			EXPORTATIONS.			EXCÉDANT des IMPORTATIONS.			EXCÉDANT des EXPORTATIONS.		
	liv.	sous	den.	liv.	sous	den.				liv.	sous	den.
1740	15,048	12	//	56,751	14	9				41,703	2	9
1741	17,158	//	8	91,010	11	11				73,852	11	3
1742	8,527	12	8	75,295	3	4				66,767	10	8
1743	9,596	3	6	79,340	6	4				69,744	2	10
1744	7,446	7	1	62,214	6	6				54,767	19	5
1745	10,130	9	2	54,280	10	11				44,150	1	9
1746	15,779	7	4	73,699	12	2				57,920	4	10
1747	3,832	3	3	82,404	17	7				78,572	14	4
1748	12,363	14	2	75,330	5	9				62,966	11	7
1749	14,944	8	//	238,637	2	10				223,692	14	10
1750	28,191	//	//	217,713	//	10				189,522	//	10
1751	23,870	19	11	190,917	5	1				167,046	5	2
1752	29,978	8	3	201,666	19	11				171,688	11	8
1753	38,527	12	5	245,644	13	11				207,117	1	6
1754	30,649	16	10	244,647	14	8				213,997	17	10
1755	32,336	10	6	144,456	7	2				112,119	16	8
1756	20,095	14	7	200,169	19	9				180,074	5	2
1757	14,190	//	9	268,426	6	6				254,236	5	9
1758	21,383	14	10	260,953	11	1				239,569	16	3
1759	22,404	13	1	498,161	5	3				475,756	12	2
1760	22,754	15	3	707,998	12	//				685,243	16	9
1761	39,170	//	//	204,067	2	3				164,897	2	3
1762	38,091	2	2	206,199	18	8				168,108	16	6
1763	38,228	10	2	284,152	16	//				245,924	5	10
1764	36,258	18	1	435,191	14	//				398,932	15	11
1765	25,148	10	10	363,368	17	5				338,220	6	7
1766	26,851	3	1	327,314	5	3				300,463	2	2
1767	37,641	17	//	371,830	8	10				334,188	11	10
1768	59,406	8	5	432,107	17	4				372,701	8	11
1769	26,111	11	4	199,909	17	11				173,798	6	7
1770	28,109	5	11	134,881	15	5				106,772	9	6
1771	31,615	19	9	728,744	19	10				697,129	//	1
1772	29,133	12	3	507,909	14	//				478,776	1	9
1773	36,652	8	9	426,448	17	3				389,796	8	6

COMMERCE DE LA GRANDE-BRETAGNE
Avec la VIRGINIE & le MARILAND.

ANNÉES.	IMPORTATIONS.			EXPORTATIONS.			EXCÉDANT des IMPORTATIONS.			EXCÉDANT des EXPORTATIONS.		
	liv.	sous	deu.	liv.	sous	den.	liv.	sous	den.	liv.	sous	den.
1697	227,756	11	4	58,796	10	11	168,960	//	5			
1698	174,053	4	5	310,135	//	//				136,081	15	7
1699	198,115	16	10	205,078	//	$2\frac{1}{2}$				6,962	3	$4\frac{1}{2}$
1700	317,302	12	$11\frac{1}{4}$	173,481	10	4	143,821	2	$7\frac{1}{4}$			
1701	235,738	18	$4\frac{1}{2}$	199,683	2	$3\frac{1}{4}$	36,055	16	$1\frac{1}{4}$			
1702	274,782	14	$9\frac{1}{2}$	72,391	13	$11\frac{1}{2}$	202,391	//	10			
1703	144,928	3	$1\frac{1}{4}$	196,713	9	$8\frac{1}{2}$				51,785	6	$7\frac{1}{4}$
1704	264,112	15	$9\frac{3}{4}$	60,458	11	1	203,654	4	$8\frac{3}{4}$			
1705	116,768	17	$8\frac{1}{2}$	174,322	17	$3\frac{1}{4}$				57,553	19	7
1706	149,152	10	1	58,015	12	$1\frac{3}{4}$	91,136	17	$11\frac{1}{4}$			
1707	207,625	8	5	237,901	//	$3\frac{3}{4}$				30,275	11	$10\frac{3}{4}$
1708	213,493	4	$1\frac{3}{4}$	79,061	1	$1\frac{1}{4}$	134,432	3	// $\frac{1}{2}$			
1709	261,668	18	$7\frac{1}{4}$	80,268	15	$9\frac{1}{2}$	181,400	2	$9\frac{3}{4}$			
1710	188,429	8	6	127,639	//	$5\frac{3}{4}$	60,790	8	// $\frac{1}{2}$			
1711	273,181	4	$1\frac{1}{2}$	91,535	11	$3\frac{3}{4}$	181,645	12	$9\frac{3}{4}$			
1712	297,941	9	4	134,583	10	$2\frac{3}{4}$	163,357	19	$1\frac{1}{4}$			
1713	206,263	12	$11\frac{1}{2}$	76,304	11	$3\frac{3}{4}$	129,959	1	$7\frac{3}{4}$			
1714	280,470	15	$8\frac{1}{4}$	128,873	10	$10\frac{3}{4}$	151,597	4	10			
1715	174,756	4	6	199,274	17	1				24,518	12	7
1716	281,343	4	7	179,599	17	7	101,743	7	//			
1717	296,884	2	7	215,962	19	9	80,921	2	10			
1718	316,576	7	5	191,925	//	7	124,651	6	10			
1719	332,069	14	1	164,630	15	4	167,438	18	9			
1720	331,482	2	5	110,717	17	10	220,764	4	7			
1721	357,812	//	11	127,376	15	10	230,435	5	1			
1722	283,091	13	8	172,754	10	5	110,337	3	3			
1723	287,997	6	8	123,853	2	1	164,144	4	7			
1724	277,344	7	2	161,894	6	2	115,450	1	//			
1725	214,730	2	2	195,884	11	6	18,845	10	8			
1726	324,767	16	4	185,981	18	8	138,785	17	8			
1727	421,588	2	6	192,965	6	10	228,622	15	8			
1728	413,089	9	9	171,092	8	2	241,997	1	7			
1729	386,174	18	6	108,931	//	7	277,243	17	11			
1730	346,823	2	3	150,931	6	5	195,891	15	10			
1731	408,502	14	1	171,278	1	5	237,224	12	8			
1732	310,799	11	6	148,289	3	8	162,510	7	10			
1733	403,198	18	10	186,177	13	7	217,021	5	3			
1734	373,090	16	10	172,086	8	9	201,004	8	1			
1735	394,995	12	5	220,381	6	9	174,614	5	8			
1736	380,163	9	9	204,794	12	8	175,368	17	1			
1737	492,246	9	10	211,301	12	3	280,944	17	7			
1738	391,814	15	//	258,860	8	//	132,954	7	//			
1739	444,654	10	2	217,200	1	4	227,454	8	10			

COMMERCE DE LA GRANDE-BRETAGNE
Avec la VIRGINIE & le MARILAND.

ANNÉES.	IMPORTATIONS.			EXPORTATIONS.			EXCÉDANT des IMPORTATIONS.			EXCÉDANT des EXPORTATIONS.		
	liv.	sous	den.	liv.	sous	den.	liv.	sous	den.	liv.	sous	den.
1740	341,997	10	11	281,428	10	11	60,569	"	"			
1741	577,109	1	4	248,582	17	1	328,526	4	3			
1742	427,769	8	4	264,186	2	5	163,583	5	11			
1743	557,821	"	10	328,195	"	5	229,626	"	5			
1744	402,709	15	"	234,855	18	4	167,853	16	8			
1745	399,423	6	3	197,799	12	3	201,623	14	"			
1746	419,371	15	"	282,545	8	7	136,826	6	5			
1747	492,619	6	7	200,088	16	10	292,530	9	9			
1748	494,852	9	5	252,624	16	3	242,227	13	2			
1749	434,618	15	8	323,600	6	2	111,018	9	6			
1750	508,939	1	10	349,419	18	3	159,519	3	7			
1751	460,085	16	9	347,027	"	7	113,058	16	2			
1752	569,453	14	6	325,151	13	2	244,302	1	4			
1753	632,574	4	8	356,776	11	3	275,797	13	5			
1754	573,435	6	1	323,513	19	2	249,921	6	11			
1755	489,668	17	10	285,157	4	5	204,511	13	5			
1756	337,759	18	6	334,897	8	6	2,862	10	"			
1757	418,881	12	3	426,687	3	10	....	...	...	7,805	11	7
1758	454,362	15	4	438,471	17	8	15,890	17	8			
1759	357,228	7	4	459,007	"	1	....	...	...	101,778	12	9
1760	504,451	4	11	605,882	19	5	....	...	...	101,431	14	6
1761	455,083	"	2	545,350	14	6	....	...	...	90,267	14	4
1762	415,709	10	9	417,599	15	6	....	...	...	1,890	4	9
1763	642,294	2	9	555,391	12	10	86,902	9	11			
1764	559,408	15	1	515,192	10	6	44,216	4	7			
1765	505,671	9	9	383,224	13	"	122,446	16	9			
1766	461,693	9	4	372,548	16	1	89,144	13	3			
1767	437,926	15	"	437,628	2	6	298	12	6			
1768	406,048	13	11	475,954	6	2	....	...	...	69,905	12	3
1769	361,892	12	"	488,362	15	1	....	...	...	126,470	3	1
1770	435,094	9	7	717,782	17	3	....	...	...	282,688	7	8
1771	577,848	16	6	920,326	3	8	....	...	...	342,477	7	8
1772	528,404	10	6	793,910	13	2	....	...	...	265,506	7	2
1773	589,803	14	5	328,904	15	8	260,898	18	9			

COMMERCE DE LA GRANDE-BRETAGNE
Avec SAINT-CHRISTOPHE.

ANNÉES.	IMPORTATIONS.			EXPORTATIONS.			EXCÉDANT des IMPORTATIONS.			EXCÉDANT des EXPORTATIONS.
	liv.	sous	den.	liv.	sous	den.	liv.	sous	den.	
1700	44,172	16	5				44,172	16	5	
1701	21,581	9	10	2,396	1	2½	19,185	8	7½	
1702	15,360	8	4¼	542	2	1	14,818	6	10	
1703	11,552	1	3¾	505	12	"	11,046	9	3¾	
1704	5,129	11	4¼	3,316	16	2½	1,812	15	2½	
1705	22,050	14	4½	3,591	12	1¼	18,459	2	3¼	
1706	12,141	9	3¾	5,509	15	2	6,631	14	1¾	
1707	23,662	19	6½	4,451	15	4	19,211	4	2½	
1708	20,484	5	11½	369	1	2	20,115	4	9½	
1709	18,686	5	5¼	3,942	"	8½	14,744	4	9¼	
1710	44,243	10	7¼	3,698	18	8	40,544	11	11¼	
1711	29,394	6	5¼	2,774	9	11½	26,619	16	6¼	
1712	29,559	"	11	9,707	6	1½	19,851	14	9½	
1713	57,500	4	10¼	11,642	15	11½	45,857	8	11¼	
1714	52,023	10	8	6,506	4	9½	45,517	5	10½	
1715	57,536	3	"	4,077	3	9	53,458	19	3	
1716	120,937	5	"	13,535	18	5	107,401	6	7	
1717	117,845	7	4	15,933	19	3	101,911	8	1	
1718	64,383	1	2	9,936	3	3	54,446	17	11	
1719	118,615	3	1	13,039	11	3	105,575	11	10	
1720	136,710	"	2	12,009	7	6	124,700	12	8	
1721	109,711	"	2	17,644	13	8	92,066	6	6	
1722	171,006	7	2	16,037	4	5	154,969	2	9	
1723	180,239	19	8	20,036	1	1	160,203	18	7	
1724	148,460	19	10	26,381	18	5	122,079	1	5	
1725	200,442	4	1	19,982	5	3	180,459	18	10	
1726	193,984	6	1	18,793	12	10	175,190	13	3	
1727	217,271	"	6	26,474	12	8	190,796	7	10	
1728	246,285	14	8	37,996	13	6	208,289	1	2	
1729	248,817	10	1	29,934	5	8	218,883	4	5	
1730	248,135	16	3	30,723	6	4	217,412	9	11	
1731	265,385	"	10	22,547	7	"	242,837	13	10	
1732	290,004	19	10	18,024	13	4	271,980	6	6	
1733	337,326	14	1	19,882	9	4	317,444	4	9	
1734	246,336	7	10	11,046	11	8	235,289	16	2	
1735	286,839	10	6	19,808	8	7	267,031	1	11	
1736	266,223	5	7	32,660	19	1	233,562	6	6	
1737	154,995	11	3	21,672	1	1	133,323	10	2	
1738	223,909	19	1	25,904	1	7	198,005	17	6	
1739	263,324	19	8	14,000	4	8	249,324	15	"	
1740	168,698	15	9	19,260	18	6	149,437	17	3	
1741	209,963	10	"	15,075	8	6	194,888	1	6	
1742	177,140	7	"	25,609	12	10	151,530	14	2	

COMMERCE DE LA GRANDE-BRETAGNE
Avec SAINT-CHRISTOPHE.

ANNÉES.	IMPORTATIONS			EXPORTATIONS.			EXCÉDANT des IMPORTATIONS.			EXCÉDANT des EXPORTATIONS.		
	liv.	fous	den.	liv.	fous	den.	liv.	fous	den.			
1743............	226,089	8	11	33,188	3	10	192,901	5	1			
1744............	222,986	14	11	18,581	7	2	204,405	7	9			
1745............	212,829	9	10	21,859	//	2	190,970	9	8			
1746............	224,739	6	1	47,899	8	3	176,839	17	10			
1747............	134,130	1	3	27,743	5	3	106,386	16	//			
1748............	329,879	1	5	50,117	2	9	279,761	18	8			
1749............	236,701	11	3	72,583	11	8	164,117	19	7			
1750............	253,200	14	2	48,995	4	3	204,205	9	11			
1751............	244,433	9	2	69,406	10	1	175,026	19	1			
1752............	212,922	19	8	83,917	18	4	129,005	1	4			
1753............	258,450	11	8	100,755	15	3	157,694	16	5			
1754............	195,253	18	6	57,190	17	4	138,063	1	2			
1755............	269,575	9	3	57,927	1	10	211,648	7	5			
1756............	241,962	1	11	88,226	18	5	153,735	3	6			
1757............	320,498	11	7	116,549	3	//	203,949	8	7			
1758............	241,483	6	8	108,237	13	8	133,245	13	//			
1759............	208,121	5	3	82,896	15	9	125,224	9	6			
1760............	292,470	19	2	149,142	4	10	143,328	14	4			
1761............	294,850	14	5	134,069	11	11	160,781	2	6			
1762............	246,360	16	//	102,627	2	10	143,733	13	2			
1763............	234,981	17	9	104,724	7	10	130,257	9	11			
1764............	283,842	4	1	98,321	8	2	185,520	15	11			
1765............	245,095	3	7	111,357	9	11	133,737	13	8			
1766............	304,778	9	2	91,736	17	6	213,041	11	8			
1767............	276,013	9	9	106,162	8	7	169,851	1	2			
1768............	301,328	15	6	143,739	//	7	157,589	14	11			
1769............	224,096	9	9	115,609	10	4	108,486	19	5			
1770............	324,287	7	8	96,834	10	1	227,452	17	7			
1771............	268,276	16	8	95,442	17	10	172,833	18	10			
1772............	302,952	2	//	118,914	4	9	184,037	17	3			
1773............	150,512	5	5	62,607	19	10	87,904	5	7			

ESPÈCES ÉTRANGÈRES
ET MATIÈRES D'OR & D'ARGENT.

ANNÉES.	IMPORTATIONS.	EXPORTATIONS.			EXCÉDANT des IMPORTATIONS.			EXCÉDANT des EXPORTATIONS.		
		liv.	sous	den.				liv.	sous	den.
1699		850,904	14	6				850,904	14	6
1700		833,570	2	3				833,570	2	3
1701		751,187	12	10				751,187	12	10
1702		438,588	15	"				438,588	15	"
1703		473,750	4	3				473,750	4	3
1704		365,076	9	2				365,076	9	2
1705		192,711	5	"				192,711	5	"
1706		261,109	7	6				261,109	7	6
1707		327,208	10	"				327,208	10	"
1708		404,666	6	3				404,666	6	3
1709		713,688	8	6				713,688	8	6
1710		395,620	"	10				395,620	"	10
1711		484,183	3	7				484,183	3	7
1712		600,017	2	1				600,017	2	1
1713		460,913	14	6				460,913	14	6
1714		353,570	1	6				353,570	1	6
1715		457,145	10	3				457,145	10	3
1716		564,093	4	4				564,093	4	4
1717		1,151,112	19	4				1,151,112	19	4
1718		1,893,912	12	6				1,893,912	12	6
1719		874,811	8	"				874,811	8	"
1720		1,025,829	16	6				1,025,829	16	6
1721		1,479,805	3	3				1,479,805	3	3
1722		1,385,704	8	"				1,385,704	8	"
1723		2,093,903	12	5				2,093,903	12	5
1724		1,542,636	6	"				1,542,636	6	"
1725		2,870,598	5	6				2,870,598	5	6
1726		1,713,891	4	"				1,713,891	4	"
1727		2,277,885	"	"				2,277,885	"	"
1728		2,924,166	7	2				2,924,166	7	2
1729		3,235,847	17	10				3,235,847	17	10
1730		3,425,153	6	3				3,425,153	6	3
1731		3,304,902	6	6				3,304,902	6	6
1732		2,915,866	7	3				2,915,866	7	3
1733		2,939,171	13	3				1,939,171	13	3
1734		2,701,241	11	3				2,701,341	11	3
1735		4,215,303	2	9				4,215,303	2	9
1736		1,913,917	15	5				1,913,917	15	5
1737		1,760,608	6	1				1,760,608	6	1
1738		2,093,951	15	6				2,093,951	15	6
1739		651,742	7	"				651,742	7	"
1740		672,151	3	"				672,151	3	"
1741		1,899,786	7	1				1,899,786	7	1

ESPÈCES ÉTRANGÈRES
ET MATIÈRES D'OR & D'ARGENT.

ANNÉES.	IMPORTATIONS.			EXPORTATIONS.			EXCÉDANT des IMPORTATIONS.			EXCÉDANT des EXPORTATIONS.		
	liv.	fous	den.	liv.	fous	den.	liv.	fous	den.	liv.	fous	deu.
1742				2,010,235	7	3				2,010,235	7	3
1743				3,313,355	15	3				3,313,355	15	3
1744				2,239,007	5	1				2,239,007	5	1
1745				1,425,543	12	//				1,425,543	12	//
1746				593,954	3	6				593,954	3	6
1747				1,666,708	16	//				1,666,708	16	//
1748				1,210,231	16	3				1,210,231	16	3
1749				1,420,508	7	3				1,420,608	7	3
1750				2,432,923	11	9				2,432,923	11	9
1751				1,548,313	//	//				1,548,313	//	//
1752				1,526,204	//	6				1,526,204	//	6
1753				2,021,009	17	//				2,021,009	17	//
1754				1,609,024	16	9				1,609,024	16	9
1755				1,117,012	9	9				1,117,012	9	9
1756				796,894	13	//				796,894	13	//
1757				1,099,729	5	//				1,099,729	5	//
1758				2,416,659	11	9				2,416,639	11	9
1759				749,104	//	//				749,104	//	//
1760				884,102	11	3				834,102	11	3
1761				1,492,761	19	9				1,492,761	19	9
1762				588,922	2	6				588,922	2	6
1763				1,672,674	12	6				1,672,674	12	6
1764				310,024	19	6				310,024	19	6

COMMERCE DE LA GRANDE-BRETAGNE
Avec les INDES OCCIDENTALES en général.

ANNÉES.	IMPORTATIONS.			EXPORTATIONS.			EXCÉDANT des IMPORTATIONS.			EXCÉDANT des EXPORTATIONS.		
	liv.	sous	den.	liv.	sous	den.				liv.	sous	en.
1704	2,610	8	8¼	37,559	4	11¾				34,948	16	3½
1705				31,765	9	5¼				31,765	9	¼
1706				34,008	11	1½				34,008	11	1½
1707	144	5	11	28,554	6	7½				28,410	//	8¼
1708	1,083	4	4	51,054	18	3¼				49,971	13	11¼
1709	2,046	13	5¼	68,628	17	6¼				66,582	4	1
1710	5,164	1	9½	34,383	4	11¾				29,219	3	2¼
1711	629	18	10½	44,461	8	6¾				43,831	9	8¼
1712	35,676	16	11	69,496	11	2				33,819	14	3
1713	2,416	4	10½	110,323	7	7¾				107,907	2	9¼
1714	2,041	12	10¼	156,405	4	2¾				154,363	11	4
1715	2,366	9	8	106,629	//	11				104,262	11	3
1716	2,218	17	8	92,557	6	//				90,338	8	4
1717	5,590	3	10	91,772	11	9				86,182	7	11
1718	11,332	18	11	225,929	2	2				214,596	3	3
1719	10,424	16	1	95,569	2	3				85,144	6	2
1720	5,666	//	5	82,539	19	7				76,873	19	2
1721	2,518	18	9	125,150	9	9				122,631	11	//
1722	2,550	17	1	147,701	10	8				145,150	13	7
1723	16,860	18	6	154,675	11	2				137,814	12	8
1724	10,785	16	2	159,512	14	2				148,726	18	//
1725	4,428	10	//	239,603	6	8				235,174	16	8
1726	929	14	9	121,466	18	10				120,537	4	1
1727	7,269	3	2	124,679	17	1				117,410	13	11
1728	8,036	//	3	197,738	2	5				189,702	2	2
1729	5,515	15	9	192,193	11	11				186,677	16	2
1730	7,877	12	2	147,260	19	5				139,383	7	3
1731	6,507	16	3	121,276	14	1				114,768	17	10
1732	5,831	14	11	120,275	13	7				114,443	18	8
1733	815	//	10	130,264	5	4				129,449	4	6
1734	7,571	17	4	164,010	14	4				156,138	17	//
1735	26,746	19	10	172,095	//	2				145,348	//	4
1736	12,940	16	3	198,533	1	6				185,592	5	3
1737	7,188	15	3	202,471	10	7				195,282	15	4
1738	1,603	//	8	166,276	13	2				164,673	12	6
1739	2,247	17	3	206,252	17	8				204,005	//	5
1740	5,339	5	11	320,328	1	4				314,988	15	5
1741	877	14	10	416,646	11	6				415,768	16	8
1742	3,861	1	4	459,340	16	4				455,479	15	//
1743	2,563	18	2	351,472	2	2				348,908	4	//
1744	807	13	5	221,761	14	5				220,954	1	//
1745	14,159	7	6	193,598	9	10				179,439	2	4
1746	1,581	17	7	359,421	8	1				357,839	10	6
1747	5,755	5	11	345,348	19	5				339,593	13	6
1748	4,525	2	10	351,708	3	3				347,183	//	5
1749	3,109	7	//	184,643	16	2				181,534	9	2
1763				39,578	10	10				39,578	10	10
1765				1,383	15	3				1,383	15	3
1766				1,673	11	//				1,673	11	//
1767				763	13	//				763	13	//
1768				3,328	15	8				3,328	15	8

COMMERCE DE LA GRANDE-BRETAGNE
Avec le GROENLAND.

ANNÉES.	IMPORTATIONS.			EXPORTATIONS.			EXCÉDANT des IMPORTATIONS.			EXCÉDANT des EXPORTATIONS.		
	liv.	sous	den.	liv.	sous	den.	liv.	sous	den.	liv.	sous	den.
1698............	3,694	17	6	....	.	..	3,694	17	6			
1699...........	273	17	6	....	.	..	273	17	6			
1700...........	469	6	3	....	..	.	469	6	3			
1706...........	178	5	9	....	..	.	178	5	9			
1725...........	4,262	15	2	24	18	4	4,237	16	10			
1726...........	....	..	..	158	8	//	....	...	...	158	8	//
1727...........	....	..	..	138	12	//	....	...	...	138	12	//
1729...........	....	..	..	154	11	7						
1730...........	....	..	..	462	10	9	....	...	...	154	11	7
1731...........	11,103	3	4	140	2	//	10,963	1	4	462	10	9
1732...........	....	..	..	285	11	8						
1736...........	8,678	12	8	....	..	..	8,678	12	8	285	11	8
1737...........	1,913	17	2	....	..	..	1,913	17	2			
1738...........	1,794	8	//	....	..	..	1,794	8	//			
1739...........	1,640	16	6	15	//	//	1,625	16	6			
1741...........	243	16	6	....	.	..	243	16	6			
1742...........	95	10	11	....	..	..	95	10	11			
1744..........	3,356	//	//	....	..	..	3,356	//	//			
1746..........	1,300	//	//	....	.	..	1,300	//	//			
1747..........	1,057	//	//	....	..	.	1,057	//	//			
1748..........	394	13	//	....	..	..	394	13	//			
1749..........	1,282	17	4	....	..	..	1,282	17	4			
1750..........	6,368	13	5	....	..	..	6,368	13	5			
1751..........	6,876	14	3	3	15	//	6,872	19	3			
1752..........	11,536	10	4	....	..	..	11,536	10	4			
1753..........	18,684	3	10	21	15	//	18,662	8	10			
1754..........	30,259	8	2	609	12	9	29,649	15	5			
1755..........	28,857	5	4	1,367	14	11	27,489	10	5			
1756..........	22,301	5	7	....	..	..	22,301	5	7			
1757..........	19,518	5	//	....	..	..	19,518	5	//			
1758..........	13,473	10	8	....	..	..	13,473	10	8			
1759..........	9,927	6	4	7	//	//	9,920	6	4			
1760..........	10,824	3	//	27	11	7	10,796	11	5			
1761..........	7,972	17	10	34	11	10	7,938	6	//			
1762..........	4,217	11	8	17	3	1	4,200	8	7			
1763..........	8,117	15	2	22	15	3	8,094	19	11			
1764..........	7,936	17	//	....	..	.	7,936	17	//			
1765..........	10,639	11	//	15	5	7	10,624	5	5			
1766..........	9,625	5	4	33	//	//	9,592	5	4			
1767..........	7,900	17	9	....	..	..	7,900	17	9			
1768..........	12,483	15	6	63	12	//	12,420	3	6			
1769..........	21,353	//	5	72	//	//	21,281	//	5			
1770..........	22,626	6	1	29	6	4	22,596	19	9			
1771..........	13,803	5	10	10	6	3	13,792	19	7			
1772..........	23,449	16	5	36	15	4	23,413	1	1			
1773..........	17,644	14	10	28	10	4	17,616	4	6			

COMMERCE DE LA GRANDE-BRETAGNE
Avec la GEORGIE.

ANNÉES.	IMPORTATIONS.			EXPORTATIONS.			EXCÉDANT des IMPORTATIONS.			EXCÉDANT des EXPORTATIONS.		
	liv.	sous	den.	liv.	sous	den.	liv.	sous	den.	liv.	sous	den.
1732				828	19	//				828	19	//
1733	203	2	6	1,695	1	9				1,491	19	3
1734	18	7	//	1,921	2	11				1,902	15	11
1735	3,010	16	11	12,112	13	2				9,101	16	3
1736				2,012	7	11				2,012	7	11
1737				5,701	6	2				5,701	6	2
1738	17	10	//	6,496	14	//				6,479	4	//
1739	233	17	1	3,324	2	3				3,090	5	2
1740	924	9	8	3,524	7	7				2,599	17	11
1741				2,553	14	4				2,553	14	4
1742	1,622	9	2	17,018	16	11				15,396	7	9
1743	2	11	8	2,291	7	8				2,288	16	//
1744				769	12	//				769	12	//
1745				939	14	1				939	14	1
1746				984	10	11				984	10	11
1747				24	//	//				24	//	//
1748				1,314	5	//				1,314	5	//
1749	51	//	//	5	//	//	46	//	//			
1750	1,942	19	11	2,125	15	5				182	15	6
1751	555	9	//	2,065	4	3				1,509	15	3
1752	1,526	5	11	3,163	11	3				1,637	5	4
1753	3,057	//	6	14,128	8	//				11,071	7	6
1754	3,236	18	11	1,974	14	8	1,262	4	3			
1755	4,437	16	10	2,630	19	4	1,806	17	6			
1756	7,155	8	3	536	7	4	6,619	//	11			
1757				2,571	6	8				2,571	6	8
1758				10,212	9	5				10,212	9	3
1759	6,074	3	9	15,178	18	10				9,104	15	1
1760	12,198	14	10				12,198	14	10			
1761	5,764	11	9	24,279	19	9				18,515	8	//
1762	6,522	17	7	23,761	8	10				17,238	11	3
1763	14,469	18	4	44,908	19	9				30,439	1	5
1764	31,325	9	4	18,338	2	11	12,987	6	5			
1765	34,183	15	8	29,165	16	9	5,017	18	11			
1766	53,074	16	7	67,268	5	5				14,193	8	10
1767	35,856	15	7	23,334	14	2	12,522	1	5			
1768	42,402	13	10	56,562	13	5				14,159	19	7
1769	82,270	2	3	58,340	19	4	23,929	2	11			
1770	55,532	7	5	56,193	16	7				661	9	2
1771	63,810	10	9	70,493	19	3				6,683	8	6
1772	66,083	18	9	92,406	4	4				26,322	5	7
1773	85,391	1	8	62,932	19	8	22,458	2	//			

COMMERCE DE LA GRANDE-BRETAGNE
Avec LUCAYE.

ANNÉES.	IMPORTATIONS.			EXPORTATIONS.			EXCÉDANT des IMPORTATIONS.			EXCÉDANT des EXPORTATIONS.		
	liv.	sous	den.	liv.	sous	den.	liv.	sous	den.	liv.	sous	den.
1697	708	4	9	1,422	15	4				714	10	7
1698	184	14	10				184	14	10			
1699				305	4	"				305	4	"
1700	3,704	19	1½	130	13	9¼	3,574	5	3¼			
1701	982	6	"¼				982	6	"¼			
1703				207	18	3				207	18	3
1728	1,138	6	"				1,138	6	"			
1730	226	10	2				226	10	2			
1731	703	5	6	706	10	3				3	4	9
1732	429	12	11				429	12	11			
1733				30	5	"				30	5	"
1734	100	"	"				100	"	"			
1735	322	11	8	385	1	"				62	9	4
1737				152	"	9				152	"	9
1740				685	"	"				685	"	"
1748	1,451	"	10	199	4	2	1,251	16	8			
1749	2,205	6	7				2,205	6	7			
1750	2,462	11	1				2,462	11	1			
1751	2,291	5	6				2,291	5	6			
1752	901	6	10				901	6	10			
1753	3,932	9	6	540	18	3	3,391	11	3			
1754	2,707	19	"	164	14	2	2,543	4	10			
1755	1,473	"	6				1,473	"	6			
1756	2	1	8				2	1	8			
1757	3,530	17	4	1,013	5	5	2,517	11	11			
1758	4,173	11	8				4,173	11	8			
1759	776	3	8				776	3	8			
1760	1,730	"	7				1,730	"	7			
1761	1,727	7	"				1,717	7	"			
1762	1,902	7	3				1,902	7	3			
1763	6,438	2	11				6,438	2	11			
1764	4,436	6	-	2,808	6	9	1,627	19	10			
1765	4,871	3	5	4,227	18	3	643	5	2			
1766	4,585	9	5	15,085	13	9				10,500	4	4
1767	4,487	3	"	14,986	"	3				10,498	17	3
1768	2,523	6	4	6,752	13	9				4,229	7	5
1769	4,435	15	11	6,682	18	8				2,247	2	9
1770	6,387	11	10	6,060	7	7	327	4	3			
1771	7,837	"	3				7,837	"	3			
1772	5,817	18	9	1,564	"	9	4,253	18	"			
1773	3,379	11	4	2,132	16	4	1,246	15	"			

COMMERCE DE LA GRANDE-BRETAGNE
Avec L'Amérique Espagnole.

ANNÉES.	IMPORTATIONS.			EXPORTATIONS.			EXCÉDANT des IMPORTATIONS.			EXCÉDANT des EXPORTATIONS.		
	liv.	sous	den.	liv.	sous	den.	liv.	sous	den.	liv.	sous	den.
1713				17,600	1	$4\frac{1}{2}$				17,600	1	$4\frac{1}{2}$
1714				19,857	9	7				19,857	9	7
1715				196,691	17	1				196,691	17	1
1716	16,413	9	1				16,413	9	1			
1717	163,219	1	2	160,961	"	11	2,258	"	3			
1718	73,071	5	7	37,295	17	2	35,775	8	5			
1719	18,417	9	10				18,417	9	10			
1721	1,012	2	"	17,573	12	1				16,561	10	1
1722	8,125	"	"	195,950	3	5				187,825	3	5
1723	6,013	5	2	181,320	6	1				175,307	"	11
1724	156,083	9	1	46,049	"	2	110,034	8	11			
1725	20,136	"	10	244,876	16	3				224,740	15	5
1726	45,902	8	6	13,969	2	9	31,933	5	9			
1727	7,269	3	2	124,679	17	1				117,410	13	11
1728	9,166	"	10	10,704	11	8				1,538	10	10
1729	1,024	7	10	7,273	6	"				6,248	18	2
1730	125,956	15	7	245,995	4	1				120,038	8	6
1731	147,958	16	"	2,949	7	6	145,009	8	6			
1732	51,543	8	5	225,960	4	1				174,416	15	8
1733	11,608	17	10	40	6	4	11,568	11	6			
1734	25,629	2	4	4,930	13	2	20,698	9	2			
1735	16,989	15	6	9,956	14	11	7,033	"	7			
1736	4,037	15	3	13.272	11	10				9,234	16	7
1737	1,695	11	3	24,763	19	10				23,068	8	7
1738	3,432	10	"	8,389	11	7				4,957	1	7
1739	62,914	10	11	2,666	10	4	60,248	"	7			
1740	202	8	9				202	8	9			
1741	2,519	3	"				2,519	3	"	1,214	16	4
1743				1,214	16	4				175	16	"
1751				175	16	"						
1764	9,398	11	3				9,398	11	3			
1765	11,874	5	8	113	8	8	11,760	17	"			
1766	11,601	2	6	3,555	1	11	8,046	"	7			
1767	15,611	8	3	7,995	4	5	7,616	3	10			
1768	34,633	8	1	4,694	18	"	29,938	10	1			
1769	81,494	2	6	11,352	3	7	70,141	18	11			
1770	87,256	19	2	9,115	1	9	78,141	17	5			
1771	39,988	"	9	4,311	"	2	35,687	"	7			
1772	51,079	13	10	1,535	14	10	49,543	19	"			
1773	35,941	5	7	15,114	18	11	20,826	6	8			

PRISES.

ANNÉES.	IMPORTATIONS.			EXPORTATIONS.			EXCÉDANT des IMPORTATIONS.			EXCÉDANT des EXPORTATIONS.		
	liv.	sous	den.	liv.	sous	den.	liv.	sous	den.	liv.	sous	den.
1697	54,279	10	11	54,279	10	11						
1698	160,996	8	3	160,996	8	3						
1699	5,986	9	6½				5,986	9	6½			
1702	16,027	13	6				16,027	13	6			
1703	276,220	2	11½				276,220	2	11½			
1704	115,049	4	9½				115,049	4	9½			
1705	96,084	11	4¾				96,084	11	4¾			
1706	45,508	14	1				45,508	14	1			
1707	55,390	4	1				55,390	4	1			
1708	19,983	"	11¾				19,983	"	11¾			
1709	56,386	17	5				56,386	17	5			
1710	64,567	18	10¾				64,567	18	10¾			
1711	45,783	8	6½				45,783	8	6½			
1712	174,583	12	5¾				174,583	12	5¾			
1713	115,263	13	7½				115,263	13	7½			
1714	1,951	13	4				1,951	13	4			
1740	29,747	10	11	27,736	3	1	2,011	7	10			
1741	5,393	5	10	2,452	"	"	2,941	5	10			
1742	60,094	4	8	18,352	3	1	41,742	1	7			
1743	211,720	7	4	26,607	12	2	185,112	15	2			
1744	340,023	4	10	332,435	"	1	7,588	4	9			
1745	413,728	12	"	734,447	"	1				320,718	8	1
1746	330,324	1	"	323,701	15	1	6,622	5	11			
1747	507,835	16	4	292,525	13	10	215,310	2	6			
1748	575,741	12	5	408,146	12	3	167,595	"	2			
1749	32,474	8	6	81,948	15	2				49,474	6	8
1750	4,213	4	9	7,833	14	10				3,620	10	1
1751	1,538	7	6	5,386	11	4				3,848	3	10
1752	33	5	"				33	5	"			
1753	659	1	5				659	1	5			
1756	211,266	4	5	274,545	11	"				63,279	6	7
1757	1,052,522	10	6	1,205,809	12	4				153,287	1	10
1758	627,553	8	8	901,207	9	9				273,654	1	1
1759	441,364	17	"	692,743	7	3				251,378	10	3
1760	465,602	18	5	340,336	3	5	125,266	15	"			
1761	248,702	5	1	195,164	14	1	53,537	11	"			
1762	302,819	10	"	235,364	8	9	67,455	1	3			
1763	160,516	12	10	201,194	6	7				40,677	13	9
1764	44,361	5	2	35,782	19	2	8,578	6	"			

COMMERCE DE LA GRANDE-BRETAGNE
Avec TORTOLA.

ÁNNÉES.	IMPORTATIONS.			EXPORTATIONS.			EXCÉDANT des IMPORTATIONS.			EXCÉDANT des EXPORTATIONS.		
	liv.	fous	den.	liv.	fous	den.	liv.	fous	den.			
1748.............	5,939	4	4	....	..	..	5,939	4	4			
1749.............	7,167	6	1	....	..	..	7,167	6	1			
1750.............	24,838	3	//	1,186	10	6	23,651	12	6			
1751.............	12,336	4	9	2,102	8	2	10,233	16	7			
1752.............	12,008	16	6	....	..	..	12,008	16	6			
1753.............	26,106	17	6	531	17	6	25,575	//	//			
1754.............	11,010	6	5	....	..	..	11,010	6	5			
1755.............	18,556	18	7	457	19	8	18,098	18	11			
1756.............	21,844	7	3	647	1	10	21,197	5	5			
1757.............	23,056	//	3	304	9	7	22,751	10	8			
1758.............	32,944	9	//	253	8	7	32,691	//	5			
1759.............	24,169	16	4	....	..	..	24,169	16	4			
1760.............	30,351	19	//	397	18	7	29,954	//	5			
1761.............	44,286	2	11	998	4	2	43,287	18	9			
1762.............	33,265	3	6	2,052	//	1	31,213	3	5			
1763.............	58,571	4	2	1,901	1	4	56,670	2	10			
1764.............	41,549	1	11	2,485	1	//	39,064	//	11			
1765.............	38,972	13	10	21,171	17	9	17,800	16	1			
1766.............	48,280	5	8	18,218	//	7	30,062	5	1			
1767.............	48,864	8	4	27,010	1	4	21,854	7	//			
1768.............	50,443	19	10	17,746	//	9	32,697	19	1			
1769.............	54,560	1	5	27,106	12	10	27,453	8	7			
1770.............	43,230	4	4	16,985	12	9	26,244	11	7			
1771.............	41,466	4	1	20,969	5	//	20,496	19	1			
1772.............	58,111	9	5	30,586	//	11	27,525	8	6			
1773.............	48,090	5	2	26,927	3	3	21,073	1	11			

COMMERCE DE LA GRANDE-BRETAGNE
Avec la NOUVELLE-ÉCOSSE.

ANNÉES.	IMPORTATIONS.			EXPORTATIONS.			EXCÉDANT des IMPORTATIONS.			EXCÉDANT des EXPORTATIONS.		
	liv.	sous	den.	liv.	sous	den.	liv.	sous	den.	liv.	sous	den.
1749	19	10	″	4,730	1	5				4,710	11	5
1750	226	2	9	13,875	19	7				13,649	16	10
1751	786	1	3	43,487	2	11				42,701	1	8
1752	49	15	3	19,310	13	11				19,260	18	8
1753	934	9	7	29,552	14	9				28,618	5	2
1754	2,102	7	9	14,702	4	7				12,599	16	10
1755	487	17	3	24,052	14	10				23,564	17	7
1756	671	6	2	42,634	6	9				41,963	″	7
1757	96	14	2	70,600	7	2				70,503	13	″
1758	530	18	8	78,005	2	4				77,474	3	8
1759	18	3	″	76,699	16	7				76,681	13	7
1760	701	7	4	52,767	2	2				52,065	14	10
1761	80	14	″	59,408	17	3				59,328	3	3
1762	1,144	6	5	25,071	2	4				23,926	15	11
1763	4,312	9	10	16,303	3	4				11,990	13	6
1764	32	19	3	15,434	17	″				15,401	17	9
1765	164	2	1	48,211	19	8				48,047	17	7
1766	1,433	9	4	14,181	6	5				12,747	17	1
1767	753	4	5	25,094	10	1				24,341	5	8
1768	1,247	2	6	19,571	12	10				18,324	10	4
1769	2,270	3	7	19,271	″	2				17,000	16	7
1770	7,324	7	4	45,092	4	10				37,767	17	6
1771	3,451	14	3	51,581	12	8				48,129	18	5
1772	4,663	12	3	34,688	3	3				30,024	11	″
1773	1,719	9	3	27,032	18	4				25,313	9	1

SAINTE-CROIX.

ANNÉES.	IMPORTATIONS.			EXPORTATIONS.			EXCÉDANT des IMPORTATIONS.			EXCÉDANT des EXPORTATIONS.		
	liv.	sous	den.	liv.	sous	den.	liv.	sous	den.	liv.	sous	den.
1756				127	11	9				127	11	9
1757				197	9	6				197	9	6
1758	5,434	16	3	13,725	4	10				8,290	8	7
1759	1,186	15	4	3,510	14	1				2,323	18	9
1760				1,657	3	7				1,657	3	7
1761	199	10	″	254	11	5				55	1	5
1762	4,464	4	10	6,254	6	9				1,790	1	11
1763	4,312	9	10	16,303	3	4				11,990	13	6
1764	8,681	12	6	6,625	16	10	2,055	15	8			
1765	7,089	10	4	4,800	18	11	2,288	11	5			
1766	11,807	3	7	1,425	7	″	10,381	16	7			
1767	10,584	1	2	882	7	2	9,701	14	″			
1768	12,383	19	4	6,387	4	4	5,996	15	″			
1769	18,220	1	3	2,809	4	10	15,410	16	5			
1770	21,386	12	9	1,069	5	3	20,317	7	6			
1771	4,685	16	2				4,685	16	2			
1772	24,947	18	″				24,947	18	″			
1773	6,706	8	5	1,248	3	6	5,458	4	11			

TOILES ANGLOISES ET IRLANDOISES
Exportées pour l'ÉTRANGER, avec gratification.

ANNÉES.	IMPORTATIONS.			EXPORTATIONS.			EXCÉDANT des IMPORTATIONS.			EXCÉDANT des EXPORTATIONS.		
	liv.	sous	den.	liv.	sous	den.	liv.	sous	den.	liv.	sous	den.
1756				2,361	13	//				2,361	13	//
1757				3,181	13	6				3,181	13	6
1758				3,472	11	//				3,472	11	//
1759				4,563	1	//				4,563	1	//
1760				4,692	4	//				4,692	4	//
1761				12,691	12	//				12,691	12	//
1762				1,071	6	8				1,071	6	8
1763				1,963	6	3				1,963	6	3
1764				1,295	18	2				1,295	18	2

Exportées pour les COLONIES BRITANNIQUES, avec gratification.

ANNÉES.	IMPORTATIONS.			EXPORTATIONS.			EXCÉDANT des IMPORTATIONS.			EXCÉDANT des EXPORTATIONS.		
1756				52,982	8	//				52,982	8	//
1757				147,346	1	11				147,346	1	11
1758				200,657	16	3				200,657	16	3
1759				177,886	3	//				177,886	3	//
1760				183,467	1	//				183,467	1	//
1761				141,895	6	//				141,895	6	//
1762				28,260	13	1				28,260	13	1
1763				28,641	//	3				28,641	//	3
1764				23,567	11	//				23,567	11	//

COMMERCE DE LA GRANDE-BRETAGNE
Avec le CAP BRETON.

ANNÉES.	IMPORTATIONS.			EXPORTATIONS.			EXCÉDANT des IMPORTATIONS.			EXCÉDANT des EXPORTATIONS.		
1745				203	11	10				203	11	10
1746	003	13	6	5,063	17	3				4,180	3	9
1747	1,455	18	9	4,408	6	8				2,952	7	11
1748	9	16	11	1,992	16	6				1,982	19	7
1749	8	5	//				8	5	//			
1754				41	11	6				41	11	6
1758				12,409	14	3				12,409	14	3
1759	62	17	1	22,165	1	8				22,102	4	7
1760	5	8	3	11,048	14	5				11,043	6	2
1761	16	//	//				16	//	//			
1770	197	4	4				197	4	4			
1771	14	9	5				14	9	5			
1772	255	8	7	121	6	9	134	1	10			
1773		16	6	984	6	4				983	9	10

COMMERCE DE LA GRANDE-BRETAGNE
Avec ANGUILLE.

ANNÉES.	IMPORTATIONS.			EXPORTATIONS.			EXCÉDANT des IMPORTATIONS.			EXCÉDANT des EXPORTATIONS.		
	liv.	sous	den.	liv.	sous	den.	liv.	sous	den.	liv.	sous	den.
1750............	3,075	3	10	....	..	..	3,075	3	10			
1751............	....	..	..	1,049	1	11	....	...	...	1,049	1	11
1753............	....	..	..	192	2	//	....	...	...	192	2	//
1754............	296	//	//	....	..	..	296	//	//			
1755............	2,091	11	2	....	..	..	2,091	11	2			
1758............	97	10	//	....	..	..	97	10	//			
1763............	2,369	18	9	....	..	..	2,369	18	9			
1765............	3,536	11	//	....	..	..	3,536	11	//			
1766............	3,225	19	11	....	..	..	3,225	19	11			
1767............	4,117	13	10	....	..	..	4,117	13	10			
1768............	6,607	12	1	....	..	..	6,607	12	1			
1769............	3,747	17	3	....	..	..	3,747	17	3			
1770............	167	17	11	....	..	..	167	17	11			

LA GRENADE.

ANNÉES.	IMPORTATIONS.			EXPORTATIONS.			EXCÉDANT des IMPORTATIONS.			EXCÉDANT des EXPORTATIONS.		
1762............	26,560	16	9	119	6	1	26,441	10	8			
1763............	261,552	3	//	53,118	5	6	208,433	17	6			
1764............	206,889	13	6	65,935	3	9	140,954	9	9			
1765............	199,909	//	11	77,673	9	1	122,235	11	10			
1766............	264,194	5	7	89,431	1	9	174,763	3	10			
1767............	243,618	18	3	89,767	19	2	153,850	19	1			
1768............	376,940	12	2	120,419	18	2	256,520	14	//			
1769............	307,562	15	1	113,054	6	8	194,508	8	5			
1770............	433,421	12	1	136,792	12	8	296,628	19	5			
1771............	361,839	10	7	138,431	6	6	223,408	4	1			
1772............	492,974	5	3	191,774	18	9	301,199	6	6			
1773............	445,041	//	9	102,761	1	6	342,279	19	3			

LA FLORIDE.

ANNÉES.	IMPORTATIONS.			EXPORTATIONS.			EXCÉDANT des IMPORTATIONS.			EXCÉDANT des EXPORTATIONS.		
1763............	....	..	..	9,946	3	2	....	...	...	9,946	3	2
1764............	294	3	4	15,004	15	7	....	...	...	14,710	12	3
1765............	684	8	4	19,888	9	8	....	...	...	19,204	1	4
1766............	2,113	7	7	38,718	14	10	....	...	...	36,605	7	3
1767............	12,681	6	8	30,963	13	11	....	...	...	18,282	7	3
1768............	14,078	6	3	32,572	//	7	....	...	...	18,493	14	4
1769............	1,744	12	2	29,509	4	10	....	...	...	27,764	12	8
1770............	3,688	3	//	39,857	12	11	....	...	...	36,169	9	11
1771............	21,856	11	11	66,647	9	11	....	...	...	44,790	18	//
1772............	15,722	17	6	40,458	2	9	....	...	...	24,735	5	3
1773............	7,129	13	6	51,502	7	2	....	...	...	44,372	13	8

COMMERCE DE LA GRANDE-BRETAGNE
Avec la DOMINIQUE.

ANNÉES.	IMPORTATIONS.			EXPORTATIONS.			EXCÉDANT des IMPORTATIONS.			EXCÉDANT des EXPORTATIONS.		
	liv.	sous	den.	liv.	sous	den.	liv.	sous	den.	liv.	sous	den.
1763	....	..	..	1,264	5	6	....	...	...	1,264	5	6
1764	31,894	6	2	16,415	12	6	15,478	13	8			
1765	73,497	10	10	8,656	3	3	64,841	7	7			
1766	111,649	5	9	20,792	6	"	90,856	19	9			
1767	118,978	19	3	30,863	6	6	88,115	12	9			
1768	203,828	14	8	18,411	3	1	185,417	11	7			
1769	158,543	2	4	31,863	10	1	126,679	12	3			
1770	136,152	18	7	34,209	7	10	101,943	10	9			
1771	170,623	19	3	55,612	2	3	115,011	17	"			
1772	215,667	7	1	60,526	14	2	155,140	12	11			
1773	248,868	16	5	43,679	12	7	205,189	3	10			

CANADA.

ANNÉES.	IMPORTATIONS.			EXPORTATIONS.			EXCÉDANT des IMPORTATIONS.			EXCÉDANT des EXPORTATIONS.		
1763	26,856	13	5	149,539	16	4	....	...	...	122,683	2	11
1764	44,669	9	5	251,385	12	6	....	...	...	206,716	3	1
1765	39,034	4	2	213,509	14	9	....	...	...	174,475	10	7
1766	46,982	12	3	366,573	4	11	....	...	...	319,590	12	8
1767	42,044	12	5	194,406	3	9	....	...	...	152,361	11	4
1768	37,162	6	4	110,598	12	5	....	...	...	73,436	6	1
1769	43,434	2	3	174,435	5	7	....	...	...	131,001	3	4
1770	40,703	6	7	231,626	6	6	....	...	...	190,922	19	11
1771	37,286	12	8	170,962	8	11	....	...	...	133,675	16	3
1772	47,995	4	4	203,779	5	6	....	...	...	155,784	1	2
1773	42,394	11	2	316,867	19	6	....	...	...	274,473	8	4

ÉCOSSE.

ANNÉES.	IMPORTATIONS.			EXPORTATIONS.			EXCÉDANT des IMPORTATIONS.			EXCÉDANT des EXPORTATIONS.		
1697	91,302	16	10	73,203	6	"	18,099	10	10			
1698	124,835	1	11	58,043	17	9	66,791	4	2			
1699	86,309	19	1	66,303	15	8	20,006	3	5			
1700	130,087	9	$10\frac{3}{4}$	85,194	1	$3\frac{1}{4}$	44,893	8	$7\frac{1}{2}$			
1701	73,988	18	$11\frac{1}{4}$	56,802	2	2	17,186	16	$9\frac{1}{4}$			
1702	71,428	18	$11\frac{3}{4}$	58,688	2	2	12,740	16	$9\frac{3}{4}$			
1703	76,448	8	3	57,338	15	5	19,109	12	10			
1704	54,379	16	$8\frac{1}{4}$	87,536	9	$8\frac{1}{4}$	....	...	...	33,156	13	"
1705	57,902	12	$"\frac{3}{4}$	50,035	13	$2\frac{3}{4}$	7,866	18	10			
1706	50,309	"	$10\frac{3}{4}$	60,313	3	$7\frac{1}{4}$	....	...	...	10,004	2	9
1707	6,733	1	8	47,779	"	1	....	...	...	41,045	18	5

COMMERCE DE LA GRANDE-BRETAGNE
Avec SAINT-VINCENT.

ANNÉES,	IMPORTATIONS.			EXPORTATIONS.			EXCÉDANT des IMPORTATIONS.			EXCÉDANT des EXPORTATIONS.		
	liv.	fous	den.	liv.	fous	den.	liv.	fous	den.	liv.	fous	den.
1764				971	15	2				971	15	1
1765	4,459	14	5	1,443	18	9	3,015	15	8			
1766	31,028	1	7	5,325	6	7	25,702	15	"			
1767	24,282	7	1	14,822	2	"	9,460	5	1			
1768	35,762	6	8	24,553	13	4	11,208	13	4			
1769	70,772	9	3	33,720	16	10	37,051	12	5			
1770	81,965	18	3	42,821	13	11	39,144	4	4			
1771	123,919	4	5	35,200	1	11	88,719	2	6			
1772	155,182	18	"	38,361	18	10	116,820	19	2			
1773	145,619	"	2	38,444	4	5	107,174	15	9			

SAINT-THOMÉ.

ANNÉES,	IMPORTATIONS.			EXPORTATIONS.			EXCÉDANT des IMPORTATIONS.			EXCÉDANT des EXPORTATIONS.		
1754	8,063	4	6				8,063	4	6			
1755	31,279	11	6				31,279	11	6			
1756	14,087	9	9				14,087	9	9			
1757	626	19	4				626	19	4			
1758	185	6	3				185	6	3			
1761	5	"	"				5	"	"			

SAINT-THOMAS.

ANNÉES,	IMPORTATIONS.			EXPORTATIONS.			EXCÉDANT des IMPORTATIONS.			EXCÉDANT des EXPORTATIONS.		
1762				525	16	5				525	16	5
1768	19	5	"				19	5	"			
1773				271	14	3				271	14	3

LA MARTINIQUE.

ANNÉES,	IMPORTATIONS.			EXPORTATIONS.			EXCÉDANT des IMPORTATIONS.			EXCÉDANT des EXPORTATIONS.		
1762	288,425	8	8	166,196	2	5	122,229	6	3			
1763	344,162	7	1	12,455	12	2	331,706	12	11			
1764	3,169	6	8				3,169	6	8			
1765	24	16	1				24	16	1			
1766	13	15	"				13	15	"			
1767	572	"	8				572	"	8			

TOBAGO.

ANNÉES,	IMPORTATIONS.			EXPORTATIONS.			EXCÉDANT des IMPORTATIONS.			EXCÉDANT des EXPORTATIONS.		
1764				349	8	5				349	8	5
1765				546	19	11				546	19	11
1766				13	2	6				13	2	6
1768				485	"	2				485	"	2
1769				6,119	"	"				6,119	"	"
1770	2,323	11	10	19,123	4	9				16,799	12	11
1771	7,091	2	7	28,610	14	11				21,519	12	4
1772	19,718	19	8	36,797	4	10				17,078	5	2
1773	20,453	19	2	30,049	2	"				9,595	2	10

COMMERCE DE LA GRANDE-BRETAGNE
Avec la GUADELOUPE.

ANNÉES.	IMPORTATIONS.			EXPORTATIONS.			EXCÉDANT des IMPORTATIONS.			EXCÉDANT des EXPORTATIONS.		
	liv.	fous	den.	liv.	fous	den.	liv.	fous	den.	liv.	fous	den.
1759............	72,726	6	9	43,339	11	8	29,386	15	1			
1760............	424,366	18	4	118,569	5	10	305,797	12	.6			
1761............	482,179	2	2	131,942	19	11	350,236	2	3			
1762............	513,244	9	9	170,226	9	1	343,018	"	8			
1763............	412,303	18	7	11,159	1	4	401,144	17	3			
1764............	33,551	17	"	....	..	..	33,551	17	"			
1765............	66,560	15	.7	....	..	..	66,560	15	7			

SAINT-EUSTACHE.

ANNÉES.	IMPORTATIONS.			EXPORTATIONS.			EXCÉDANT des IMPORTATIONS.			EXCÉDANT des EXPORTATIONS.		
1764............	917	"	10	....	..	..	917	"	10			
1766............	96	1	6	....	..	..	96	1	6			
1767............	2,740	7	8	....	..	..	2,740	7	8			
1770............	476	18	11	....	..	..	476	18	11			
1771............	1,406	2	11	....	..	..	1,406	2	11			
1772............	8,152	5	"	....	..	..	8,152	5	"			
1773............	5,730	19	4	....	..	..	5,730	19	4			

SAINTE-LUCIE.

ANNÉES.	IMPORTATIONS.			EXPORTATIONS.			EXCÉDANT des IMPORTATIONS.			EXCÉDANT des EXPORTATIONS.		
1765............	447	3	6	....	..	..	447	3	6			
1766............	581	5	"	....	..	..	581	5	"			
1767............	629	13	9	....	..	..	629	13	9			
1768............	891	3	"	....	..	..	891	3	"			

LA HAVANNE.

ANNÉES.	IMPORTATIONS.			EXPORTATIONS.			EXCÉDANT des IMPORTATIONS.			EXCÉDANT des EXPORTATIONS.		
1762............	....	..	"	116,777	9	11	....	...	...	116,777	9	11
1763............	249,387	4	8	6,643	11	6	242,743	13	2			
1764............	5,735	8	"	....	..	..	5,735	8	"			
1765............	6,451	"	"	....	..	..	6,451	"	"			
1766............	1,511	3	3	....	..	..	1,511	3	3			

MONTI CHRISTI.

ANNÉES.	IMPORTATIONS.			EXPORTATIONS.			EXCÉDANT des IMPORTATIONS.			EXCÉDANT des EXPORTATIONS.		
1761............	8,314	11	5	2,533	4	5	5,781	7	"			
1762............	20,487	8	"	....	..	..	20,487	8	"			

CÔTE DES MOSQUITES.

ANNÉES.	IMPORTATIONS.			EXPORTATIONS.			EXCÉDANT des IMPORTATIONS.			EXCÉDANT des EXPORTATIONS.		
1772............	15,580	3	"	4,728	12	11	10,851	10	1			

COMMERCE DE LA GRANDE-BRETAGNE
Avec BELLE-ISLE.

ANNÉES.	IMPORTATIONS.			EXPORTATIONS.			EXCÉDANT des IMPORTATIONS.			EXCÉDANT des EXPORTATIONS.		
	liv.	sous	den.	liv.	sous	den.	liv.	sous	den.	liv.	sous	den.
1761	821	4	//	54,576	12	8				53,755	8	8
1762	715	3	//	21,625	7	9				20,910	4	9
1763	17	13	7	929	9	6				911	15	11
1764		4	6					4	6			

QUEBEC.

ANNÉES.	IMPORTATIONS.			EXPORTATIONS.			EXCÉDANT des IMPORTATIONS.			EXCÉDANT des EXPORTATIONS.		
1759	158	12	1				158	12	1			
1760	2,154	18	5	51,629	18	5				49,475	//	//
1761	14,015	16	1	226,292	9	5				212,276	13	4
1762	32,079	9	6	148,478	4	2				116,398	14	8

BAIE DE HONDURAS.

ANNÉES.	IMPORTATIONS.			EXPORTATIONS.			EXCÉDANT des IMPORTATIONS.			EXCÉDANT des EXPORTATIONS.		
1772	51,079	13	10	1,535	14	10	49,543	19	//			

ISLE DE MAN.

ANNÉES.	IMPORTATIONS.			EXPORTATIONS.			EXCÉDANT des IMPORTATIONS.			EXCÉDANT des EXPORTATIONS.		
1773	4,563	4	8	18,336	4	4				13,772	19	8

ISLE DE SAINT-JEAN.

ANNÉES.	IMPORTATIONS.			EXPORTATIONS.			EXCÉDANT des IMPORTATIONS.			EXCÉDANT des EXPORTATIONS.		
1764	80	17	2				80	17	2			
1765				862	11	9				862	11	9
1766				560	19	2				560	19	2
1767	178	12	8	1,942	//	8				1,763	8	//

FIN.